BAEDEKER

D

DÄNEMARK

»

Das wunderbarste Märchen ist das Leben selbst.

«

Hans Christian

baedeker.com

DAS IST DÄNEMARK

TOUREN

LEGENDE

Baedeker Wissen
● Textspecial, Infografik & 3D

Baedeker-Sterneziele
★★ Top-Reiseziele
★ Herausragende Reiseziele

ZIELE VON A BIS Z

HINTERGRUND

ERLEBEN & GENIESSEN

PRAKTISCHE INFORMATIONEN

PREISKATEGORIEN

Restaurants
Preiskategorien
für ein Hauptgericht
€€€€ über 350 DKK
€€€ 280 – 350 DKK
€€ 200 – 280 DKK
€ bis 200 DKK

Hotels
Preiskategorien
für ein Doppelzimmer
€€€€ über 2500 DKK
€€€ 1700 – 2500 DKK
€€ 1000 – 1700 DKK
€ bis 1000 DKK

ANHANG

MAGISCHE MOMENTE

ÜBERRASCHENDES

D
DAS IST …

Dänemark

Die großen Themen
rund um das hygglige Königreich.
Lassen Sie sich inspirieren!

Feierabend in Nørre Vorrupør.
Die Fischerboote sind auf den Strand gezogen. ▶

SKAGERAK
T248
Maagen
Lystfiskerture

BEGEGNUNG MIT DEM HÖCHSTEN GLÜCK

Warum leben in Dänemark die glücklichsten Menschen der Welt? Ist es die Bewegung, die glücklich macht? Fast 40 Prozent der Kopenhagener beispielsweise nutzen täglich ihr Rad für den Weg zur Schule, Uni oder Arbeit. Auch Jogging und Fitness-studio gehören zu den Lieblings-beschäftigungen der Dänen.

Im Park von Schloss Rosenborg fängt das Glück schon mal ein wenig an. ►

ODER ist es die Leidenschaft fürs Süße, das für glücklich machende Endorphine sorgt? Mit fast 37 Kilogramm pro Kopf und Jahr finden sich hier wahre Zuckerfreunde. Laut OECD jedenfalls gehören die 5,7 Millionen Dänen zu den glücklichsten Menschen der Welt: Dänemark liegt im »World Happiness Report« immer ganz oben.

Meer macht glücklich: ob mit Sonnenuntergang oder zum Winterbaden.

Chancengleichheit

»Ich glaube, dass es letztlich um Geld, Wohlstand und wirtschaftliche Sicherheit geht«, sagt Professor Bent Greve. Der dänische Gesellschaftswissenschaftler von der Universität in Roskilde weiß, wovon er spricht: Der 63-Jährige ist hauptberuflicher Glücksforscher und hat mehrere Bücher zum Thema geschrieben. »Dänemark ist ein reiches Land. Und Menschen in wohlhabenden Gesellschaften sind generell glücklicher als jene in ärmeren Nationen«, so Greve. Und bestätigt damit wichtige Parameter der OECD-Studie wie **Sicherheit, Stabilität und Zukunftsvertrauen**. »In Dänemark vertrauen die Menschen einander. Dann sind wir stolz auf unseren gut funktionierenden Wohlfahrtsstaat. Schule und Gesundheitssystem etwa sind kostenlos. Dies alles heißt, dass wir uns sicher fühlen können – sowohl konkret, etwa wenn wir auf die Straße gehen, aber auch sozial«, ergänzt der Soziologe. Zu letzterem gehört vor allem, dass Männer und Frauen gleiche Chancen auf dem Arbeitsmarkt und im Berufsleben haben.

Gelassen und kinderfreundlich

Dass die Dänen gelassener sind als die meisten anderen Europäer, fällt besonders in Kopenhagen auf – in keiner anderen europäischen Hauptstadt ist die Atmosphäre so entspannt. Familie und Freizeit genießen einen hohen Stellenwert. Und die **Work-Life-Balance** wird in den meisten Unternehmen großgeschrieben. Das kann in der Praxis auch schon mal dazu führen, dass sich eine Managerin oder ein Manager vorzeitig aus einem Meeting verabschiedet, weil sie – oder er – seinen Nachwuchs vom Kindergarten abholen muss. Karriere und Familie schließen sich in Dänemark nicht aus.

Ein wichtiger Faktor ist auch die berühmte **Hygge**: Gemütlich und gelassen zu sein, ist ein dänischer Grundzustand – ob beim Treffen mit Freunden, beim Konzertbesuch oder im Kerzenschein zuhause in der dunklen Jahreszeit.

Das Glück am Meer

Landleben macht glücklich – und Dänemarks Küsten ebenfalls. So jedenfalls kann man das Ergebnis einer repräsentativen Umfrage interpretieren, die Danmarks Statistik 2016 vorgenommen hat. Wie das Ergebnis ausfiel? Kurz gefasst: Auf einer Skala von eins bis zehn leben die unglücklichsten Menschen in Kopenhagen – ihre Selbsteinschätzung liegt bei »lediglich« 7,4. An der Glücksspitze sehen sich die Menschen in der Kommune Ringkøbing-Skjern, in der auch die beliebten Urlaubsorte Hvide Sande und Søndervig liegen: Ihr Score erreicht mit 7,9 das höchste Resultat in ganz Dänemark. Nichts wie hin!

BAEDEKER DAS IST …

MEET THE DANES

Wie dem Glück näher rücken? Besuchen Sie eine typisch dänische Familie und essen sie mit ihr zu Abend! So erfährt beim selbstgemachten Drei-Gänge-Menü mehr über Leben und Alltag im kleinen Königreich. Die Begegnung dauert meist etwa vier Stunden, aber vielleicht ist es ja so hyggelig, dass Sie noch etwas länger bleiben. (Preis pro Erwachsenem 480 DKK, Kinder zwischen 8 und 13 Jahren zahlen 240 DKK. Kinder unter 8 Jahren sind kostenlos dabei. Mehr Hintergründe und Anmeldung auf www.meetthedanes.dk

BY
MALENE BIR

TREND-SETTER IN SACHEN MODE

Die dänische Kronprinzessin Mary tritt nicht nur durch soziales Engagement hervor, sondern sorgt als Botschafterin dänischen Stils und dänischer Mode weltweit für Aufmerksamkeit.

◂ Malene Birgers Mode steht für erschwingliche Eleganz. Wie Prinzessin Mary engagiert sie sich als UNICEF-Botschafterin.

DAS dänische Königshaus ist immer mit der Zeit gegangen – dies gilt für die modebewusste Kronprinzessin Mary umso mehr. Sie besitzt umfassende Kenntnisse der Modebranche und entwirft sogar selbst. Auch ihre langjährige Schirmherrschaft für die **Copenhagen Fashion Week** zeigt diese Vorliebe. Immer im Februar und August präsentieren bei Nordeuropas größter Modemesse rund 1100 Aussteller auf Laufstegen an verschiedensten Locations in der Øresundmetropole mehr als 2500 Kollektionen. Für Männer, Frauen und Kinder. Immer schön, meistens tragbar.

Schlicht mit Pfiff

Dänemarks Modeszene kennt seit den 1990er Jahren nur noch eine Richtung: nach oben. Damals schossen noch heute bekannte dänische Modemarken wie Bruuns Bazaar, Day und Munthe plus Simonsen förmlich aus dem Boden. Heute gibt es landesweit rund 500 Marken, von denen viele weltweit vertrieben werden. Der Modekonzern Bestseller gehört mit Labels wie Street One oder Jack & Jones zu Dänemarks größten Exporteuren.
Trotz seines rasanten – und königlichen – Erfolges ist dänische Mode immer **erschwinglich** für alle geblieben. Der Stil ist dabei ebenso tragbar wie schick, ein Anspruch, der auf die nordische Designgeschichte zurückgeht, die auch die dänische Mode von heute noch prägt. Zum Beispiel in den spannenden Kollektionen von Ole Yde, Malene Birger oder Noir. Auch ein **Hauch von Avantgarde** fehlt nicht: Design jenseits des Konventionellen wie das von Vibe Johansson und Henrik Vibskov bereichern die Modewelt regelmäßig um ungewöhnliche, erstaunliche Kreationen – und beeindrucken weltweit.
Die dänische Kronprinzessin schweigt zu ihren Modefavoriten. Kenner wissen aber, dass Mary sicher gern in Entwürfen von Baum und Pferdgarten sowie Julie Fagerholt Heartmade zeigt. Die Linie von beiden zeigt sich klassisch mit einem Touch Sportlichkeit und Alltagstauglichkeit. Ein Stil, der perfekt zur privaten wie zur offiziellen Seite der Kronprinzessin passt.

BAEDEKER DAS IST …

ZEITREISE DURCH DAS DESIGN DES KÖNIGREICHS

Die feste Modeausstellung im Designmuseum gefällt sicherlich nicht nur Mary, denn sie nimmt BesucherInnen mit auf eine Zeitreise durch die Mode- und Textilgeschichte des Königreichs vom Rokoko bis zu angesagten DesignerInnen wie Anne-Sofie Madsen, Henrik Vibskov und anderen. Zeitloses bis aufregendes Möbeldesign und dänische Klassiker zeigt das Museum übrigens auch. Und: Die Bredgade gilt als Kopenhagens Designstraße, an der viele Antiquitätengeschäfte und Auktionshäuser wie Bruun Rasmussen liegen. (▶ S. 197, 382)

OBEN: Kronprinzessin Mary zeichnet die Gewinner der Kopenhagen Fashion Week aus.
UNTEN: Fehlt noch die Aufnahme ins Designmuseum.

Modetrend Nachhaltigkeit

Die vierfache Mutter engagiert sich auch für Modemacher und Designer von morgen. Mary ist Schirmherrin von **Designer's Nest** – einer Auszeichnung für junge Designtalente aus ganz Skandinavien im Rahmen der Copenhagen Fashion Week. Nachhaltigkeit und Umweltbewusstsein gewinnen auch in der dänischen Modebranche an Bedeutung – dänisches Design wird grün. Ihr angeborenes Gespür für Stil und zurückhaltende Eleganz hat Kronprinzessin Mary nicht nur zu einer Botschafterin der großen dänischen Modenamen gemacht, sondern auch zu einer Hoffnungsträgerin für die nachhaltige Welt von morgen.

FRANCE
Slagterens
DANISH CROWN

WO JEDER ZUM GENIE-SSER WIRD

Dänemark steht für kulinarische Trends wie die Neue Nordische Küche und Michelin-gekrönte Restaurants ebenso wie für Frisches vom Bauernhof und Traditionsreiches wie Smørrebrød & Co. – besonders spannend ist ein Besuch der lokalen Foodfestivals.

◀ Dänemarks Starköche fachsimpeln beim Kulinarikfestival auf Bornholm.

Klassiker Smørrebrød: ganz bio, ganz bunt

WAS für eine Auswahl! Wer sich Dänemark im wahrsten Sinn des Wortes auf der Zunge zergehen lassen möchte, hat die Qual der Wahl – im positiven Sinn. Denn die dänische Küche, das lässt sich ohne Übertreibung sagen, hat seit der Jahrtausendwende eine echte Revolution erlebt. Smørrebrød oder Sterneküche? Hotdog oder Mehrgänge-Menü? Restaurantbesuch oder Selberkochen? In Dänemark sind das keine Gegensätze – Genuss verspricht beides. Mal einfach und traditionell, mal hochkarätig und innovativ.

Ausgezeichnet speisen

Die Strahlkraft der dänischen Küche und der dänischen Köche ist seit Jahren ungebrochen. Die Neue Nordische Küche, die auf den Luxus der heimische Natur und die Wiederentdeckung lokaler und regionaler Lebensmittel – am besten in Bioqualität – setzt, scheint seit ihrer Erfindung anno 2004 schon fast auf dem Weg zum Klassiker. Dänische Spitzenköche wie Rene Redzepi, Rasmus Kofoed oder Claus Meyer kennen Gourmets und Kritiker weltweit. Und dänische **Spitzenrestaurants** wie Noma und Geranium in Kopenhagen vermögen nicht nur die Experten des renommierten Guide Michelin immer wieder aufs Neue zu überzeugen.
Nicht nur in der dänischen Hauptstadt lässt sich hochkarätig speisen – auch zahlreiche Gaststätten auf dem Land setzen inzwischen auf saisonale, nordische Gerichte mit aktuellem Esprit. Sogar traditionsreiche Badehotels wie beispielsweise das Stammershalle Ba-

dehotel auf Bornholm oder Henne Kirkeby Kro an der Nordseeküste verwöhnen ihre Gäste mit eigenen Gourmetrestaurants von internationalem Ruf. Doch Sie ahnen es wohl: Wer in einem der Michelin-gekrönten Restaurants wie Geranium, formel B oder A.O.C. in der dänischen Hauptstadt einkehren möchte, muss meist monatelange **Wartezeiten** in Kauf nehmen. Und das nötige Kleingeld sollte auch nicht fehlen ....

Ausgesuchte Küche für Jedermann und-frau

Aber, um ehrlich zu sein, muss man nicht unbedingt ein Sterne-Restaurant besuchen, um auf den Geschmack von Dänemark zu kommen: Eine ebenso bezahlbare wie ausgesuchte Küche für Jedermann bieten nämlich auch die typischen Landgasthöfe, **die Kros**. Oft haben diese auch spezielle Regionalgerichte auf der Karte. Die perfekte Ergänzung zum gastronomischen Angebot sind Biere aus einer der vielen spannenden Mikro- oder Hausbrauereien, Weine von einem dänischen Winzer (Dänemark ist immerhin ein von der EU anerkanntes Weinanbauland!) sowie Apfel- oder Fliederbeer-Biosäfte aus dänischem Obst. Übrigens erleben auch **dänische Klassiker** wie Smørrebrød und Hotdog gerade eine Renaissance, gern in Bioqualität beispielsweise in der Mittagspause – besonders bei jungen Dänen.

Ein persönlicher Tipp ist der Besuch eines der beliebten lokalen oder regionalen **Foodfestivals**, die vielerorts im Königreich meist rund um die Erntesaison die leckersten Erzeugnisse in den Mittelpunkt rücken. Bauern, Produzenten und oft auch Köche entführen bei Gourmetevents wie dem Rohwarenfestival auf Samsø, dem Jomfruhummerfestival (dt. Kaisergranat) auf Læsø, dem Apfelfest in Ebeltoft und zahlreichen anderen Foodevents in die vielfältige Welt von dänischen Feld- und Meeresfrüchten, Obst und Co. Besonders hoch ist die Dichte auf Fünen: Gleich drei Foodevents rücken hier im Herbst die Köstlichkeiten der Region in den Fokus.

BAEDEKER DAS IST ...

KULINARIKSONNE ÜBER BORNHOLM

Einmal im Jahr kocht Bornholm – im wahrsten Sinne des Wortes. Beim gastronomischen Weltklasseduell »Sol over Gudhjem« wetteifern dänische Michelin-gekrönte Köche um die Gunst der Preisrichter. Aufgabe der Star-köche ist es, aus saisonalen Bornholmer Gourmetzutaten außergewöhnliche, leckere Gerichte zu zaubern. Und zwar nicht irgendwelche – denn benannt ist der Kulinarikwettbewerb nach dem Bornholmer Nationalgericht »Sonne über Gudhjem«, einem Smørrebrød mit geräuchertem Hering, rohem Eigelb, Schnittlauch und Radieschen. Gäste dürfen den Kochstars bei der Arbeit über die Schulter schauen. (www.solovergudhjemkonkurrence.dk)

ÆTER
GRØD
-40%

LEBENSGEFÜHL UND GRUNDEINSTELLUNG

Ein dänisches Lebenselexier hat in den letzten Jahren einen Siegeszug um die Welt angetreten: Hygge gehört vom Kaffee im Büro bis hin zu Hobbies wie Stricken zu jedem dänischen Tag einfach dazu.

Hygge hat viel mit Entspannung und Nachbarschaft zu tun. Im Kopenhagener Nørrebro-Viertel klappt das schon ganz gut.

KENNEN Sie das? Die Erklärung zu einem Begriff liegt Ihnen auf der Zunge – aber Sie suchen nach Worten, weil eine Beschreibung eben doch nicht so einfach ist wie gedacht. Genau so ist es mit Hygge! Das dänische Phänomen hat jüngst einen Siegeszug rund um die Welt angetreten. Zeitungen, Zeitschriften, ja ganze Bücher versuchen, das nordische Lebensgefühl zu beschreiben und nacherlebbar zu machen.

Mehr als nur Gemütlichkeit

Hygge ist Gemütlichkeit, heißt es dabei oft. Aber wer dabei an deutsche Gemütlichkeit denkt, greift auf jeden Fall zu kurz. Denn Hygge ist Wohlbefinden, das Mit-sich-im-Einklang sein, Zufriedenheit – und all dies lebt von **unendlich vielen Zutaten** und ihrer Zusammenführung. Sei es das warme Licht der Kerzen in der Dämmerung, die Ästhetik von Wohnung, Haus, Ferienhaus oder Arbeitsplatz mit ansprechendem Design, sei es die informell-schicke Kleidung im Berufsalltag, sei es das kleine Picknick beim Sonntagsausflug mit selbstgebackenem Kuchen und Kaffee aus der Thermoskanne. Hygge ist die Kunst der Dänen, den Alltag so auf Distanz zu halten, dass seine stressigen Elemente nicht überhandnehmen. Und das macht man nicht durch Rückzug ins stille Kämmerlein, sondern durch das Teilen der eigenen Welt – im Privaten mit Familie und Freunden, im Berufsleben mit Kollegen und Geschäftspartnern.

Gelebtes Miteinander

Das Miteinander ist wichtiger Teil der Lebensqualität. Gelebt wird es oft im Kleinen, sodass man es manchmal erst auf den zweiten Blick und nicht selten gar nicht erkennt: Da stehen Kaffee und Kekse unscheinbar auf einem kleinen Tischchen im Second-Hand-Laden eines caritativen Vereins, sodass Stöbernde sich kostenlos und ungezwungen bedienen können. Dort loben Bekannte beim Besuch die neue Wohnung: »Ihr wohnt aber hygglig!« Und ziehen womöglich noch die passenden Hausschuhe an, die Hyggesko – frei übersetzt »Gemütlichkeitsschuhe«.
Echte Hygge verbreitet auch ein Trend, der in den letzten Jahren wieder viele Fans gefunden hat: **Handwerken** wie Stricken, Nähen, Basteln, Töpfern, Musizieren und andere Do-It-Yourself-Tätigkeiten. Das Singen im Chor gehört ebenfalls dazu, denn auch dieses fördert ja das Miteinander. Andererseits: Dass auch scheinbar individuelle Leidenschaften wie Stricken gemeinsam noch schöner werden, beweist der noch recht neue Trend der zahlreichen **Kreativfestivals**. Dazu gehören besonders die Strickfestivals überall im Königreich.

Draußen ungemütlich, drinnen hygglig

Das Klima in den nördlichen Breitengraden kann während der kalten Jahreszeit eine Herausforderung sein, der es zu begegnen gilt. Dann ist die Hochzeit für Hygge-Liebhaber, die ihre Wohnungen und Häuser in wahre Lichtermeere verwandeln, dem Kaminofen wohlige Wärme entlocken und bei einem guten Wein dem Treiben der Natur im Dunkel der Nacht lauschen. Die dunkle Jahreszeit wirkt auf Hygge und ihre Zutaten wie ein Verstärker, lässt Wohnungen und Häuser zu **konkonartigen Refugien** werden. Auch die so beliebten, typisch dänischen Ferienhäuser natürlich.

BAEDEKER DAS IST ...

WOLLE UND WELLEN

Das Wollfestival in Saltum gilt als größtes seiner Art in Skandinavien: Alljährlich im Mai lädt der kleine Ort an der dänischen Nordsee zum »Uldfestival Saltum«. Das Wollevent lockt traditionell am zweiten Mai-Wochenende in- und ausländische Handarbeitsfans in eine der wellenreichsten Urlaubsregionen Dänemarks. Auf dem Programm des Festivals stehen unter anderem Workshops im Stricken oder Häkeln und Verarbeiten von Wolle und anderen Textilien, Färbekurse mit natürlichen Pflanzenfarben, Vorträge, Vorführungen alter Handwerkskunst im lokalen historischen Museum, Musik, Kulinarisches und vieles mehr. (www.uldfestival.dk)

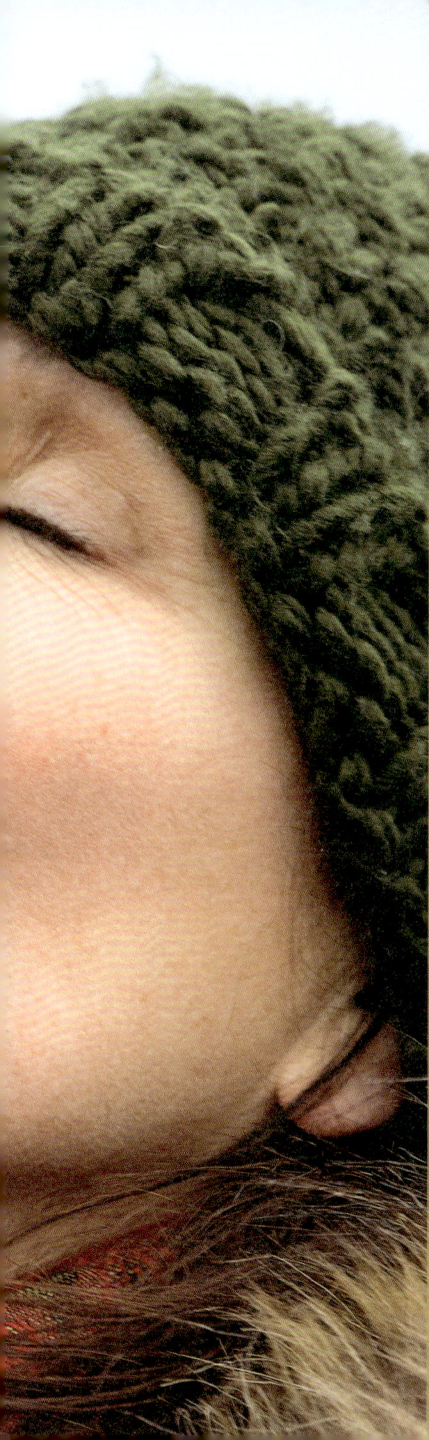

AUF SAFARI

Ein Wintermorgen Anfang Februar an der dänischen Westküste. Kurz vor acht Uhr. Treffpunkt Wattenmeercenter in Vester Vedsted, wenige Kilometer südwestlich von Dänemarks ältester Stadt Ribe. Es ist kalt, vielleicht ein, zwei Grad über Null. Nebel liegt über der grünen Landschaft. Kein Tag für Abenteuer – und schon gar nicht für eine Austernsafari.

◂ Frischer geht's nicht als auf der Austernsafari.

BAEDEKER DAS IST ...

NATURTOUREN

Landesweit bieten rund 300 dänische Ranger, die Naturvejleder, ganzjährig geführte Touren zu spannenden Themen an. Wann und wo eine Naturtour auch in deutscher oder englischer Sprache stattfindet, weiß die örtliche Touristeninformation. Mehr über die dänischen Ranger verrät www.naturvejleder.dk/who-are-we/.

DER frühen Uhrzeit zum Trotz hat sich eine kleine Gruppe eingefunden, um in der Marsch eine der sensibelsten Naturlandschaften der Welt zu entdecken – das Wattenmeer und eine besondere Delikatesse zu schlürfen.

Watthosen statt Designermode

Nach einem kurzen Rundgang durch die Ausstellung »Wattenmeer, Marsch und Menschen« gilt es: Der Naturvejleder zeigt auf eine beeindruckende Auswahl an Watthosen in allen Größen, praktisch und vor allem **wasserdicht**. Dann geht es mit dem Auto hinaus an Deich und Küste. Fallen die ersten Schritte im quietschenden Schlick noch leicht, spürt man sehr schnell die Beinmuskeln. Schon verschwimmen Deich und Kirchturm von Vester Vedsted im Nebel des allmählich heller werdenden Vormittags. Ein GPS-Gerät weist an Prielen und Untiefen vorbei den Weg zu den gut zwei Kilometer vor dem Ufer liegenden Austernbänken.

Gäste aus dem Pazifik

Die Austern wurden ursprünglich zur Zucht aus dem Pazifik ins Wattenmeer vor Sylt und Rømø eingeführt. Dass sie sich hier selbst vermehren würden, hatte man nicht erwartet, da die Nordsee dafür eigentlich zu kalt ist. Doch Klimawandel, steigender Nordsee-Temperatur und fehlender Feinde sei Dank leben allein im dänischen Wattenmeer heute **etwa 12 000 Tonnen Austern**.

Nach etwa einer Stunde Fußmarsch erreicht man das Ziel – eine Muschelbank. Austern soweit das Auge reicht. Im Durchschnitt etwa handgroß. Dazu kleinere Miesmuscheln. Der Naturguide erklärt: »Austern brauchen einen festen Untergrund, um zu wachsen – also docken sie sich an die Miesmuscheln an. Erst dann ist ihre Zukunft gesichert: Immerhin können sie bis zu 30 Jahre alt werden.«

Schlürfen, nicht essen

Der Naturvejleder macht es vor, greift eine Auster aus der Menge und öffnet sie sanft mit einem Messer. Dann löst er das Fleisch und schlürft den Inhalt roh aus der Muschel. Nach und nach wagen sich immer mehr Teilnehmer ebenfalls, das nicht nur bei Gourmets geschätzte Schalentier zu kosten. Der **Geschmack**? Stark salzig, etwas zäh, aber frisch und intensiv. Eine Muschel eben. Ein Schluck Weißwein rundet das Gourmetessen ab. Anschließend darf man auch noch Austern für den »Hausgebrauch« ernten und mitnehmen, bevor es wieder zurückgeht, da die Flut bereits steigt. Nach drei Stunden zurück am Ausgangspunkt steht ein wärmender Kakao auf der Genussskala dann noch höher als jede Auster.

T
TOUREN

Durchdacht, inspirierend, entspannt

Mit unseren Tourenvorschlägen
lernen Sie Dänemarks beste Seiten kennen.

Die Insel Møn gehört zweifellos zu Dänemarks besten Seiten. ▶

UNTERWEGS IN DÄNEMARK

An der Küste entlang oder lieber durchs Hinterland? Islandhopping, eine Radtour oder Muscheln und Bernstein sammeln? Entdecken Sie kilometerlange Strände an zwei Meeren, Schlösser und Museen sowie herrliche Wandergebiete. Wie immer gilt: Dort anhalten, wo es einem gefällt, ist die beste Methode, ein fremdes Land kennenzulernen. Hier ein paar Anregungen.

Die Küste ist nie weit

Dänemarks besonderer Reiz ergibt sich aus dem Wechsel zwischen Inland und Küste: hier hellgelbe Rapsfelder, im Wind wogendes Korn und herausgeputzte Dörfer, dort kilometerlange Sandstrände, schäumende Brandung und das Kreischen der Möwen. Hohe Berge werden Sie keine finden, dafür grün-violette Heiden zwischen glitzernden Seen. Die Saison beginnt im Mai und endet im September, Hauptreisezeit ist von Juni bis August. Andere hingegen kommen gerne im Winter nach Dänemark, mieten sich ein gemütliches Ferienhäuschen, genießen das stürmische Wintermeer und lassen sich die steife Brise um die Nase wehen.

Auch im Frühjahr und Herbst sind die Strände fast menschenleer, das von vielen Künstlern so geschätzte **Licht** leuchtet jedoch nicht weniger intensiv als im Sommer. Apropos Licht: Vor allem Besucher aus Süddeutschland, der Schweiz und Österreich werden feststellen, dass die Sommertage hier oben im Norden deutlich länger sind und es von Ende Juni bis Anfang August fast nicht dunkel werden will. Im Winter jedoch geht die Sonne in Kopenhagen bereits gegen 15.30 Uhr unter. Es lohnt sich, sowohl Badesachen als auch Wanderstiefel einzupacken. Außerdem ist es nützlich, ein Fernglas griffbereit zu haben, um in Ruhe Raubmöwen, Kormorane und Säbelschnäbler beobachten zu können. Das **Wetter** wechselt rasch und häufig – wer draußen unterwegs ist, sollte daher an Windjacke, Pullover und Regenzeug denken.

Gute Infrastruktur, nette Leute

Besonders beliebt ist ein geruhsamer Aufenthalt im Ferienhaus. Wer Dänemarks Schätze aber ganz auskosten möchte, sollte kein Stubenhocker sein. Mit Bus und Bahn kommt man fast überall hin, auch das Straßennetz ist hervorragend ausgebaut und an Tankstellen besteht kein Mangel. Wer sich verfahren hat, braucht nicht zu verzweifeln, denn viele Dänen sprechen deutsch oder englisch. Alle sind ausgesprochen hilfsbereit.

Margeritenroute

Seit 1991 besteht eine eigens für Autotouristen zusammengestellte Route, die auf einer Länge von 3540 km hauptsächlich über land-

schaftlich **reizvolle Nebenstrecken** zu den bedeutendsten Sehenswürdigkeiten Dänemarks führt. Aufgeteilt in fünf Einzelrouten, wird sie gekennzeichnet von braun-weiß-gelben Schildern mit einer blühenden Margerite, der Lieblingsblume von Dänemarks Königin Margrethe II.

www.visitdenmark.de

DÜNE, WATT UND STRAND IN JÜTLAND

Länge der Tour: rund 430 bzw. 550 km | **Start:** Tønder | **Ziel:** Skagen | **Dauer:** 4 – 5 Tage

Tour 1

Diese große Tour führt einmal quer durch Jütland von Tønder im Süden nach Skagen an der Nordspitze des Landes. Besonders allen Fans von Meeresbrise und Sandstrand dürfte diese Reise gefallen, wobei herausragende Städte wie Ribe und Aalborg für das nötige kulturelle Gegengewicht sorgen.

Klöppelspitzen und Prinzenschloss

Die Hochburg der Klöppelspitzen heißt ❶ **Tønder**, ein beliebtes Ausflugsziel wenige Kilometer hinter der deutsch-dänischen Grenze. Nur 5 km westlich in **Møgeltønder** liegt das **Schloss Schackenborg**. Durch seine Ziegelbauweise besticht 20 km nördlich das im 12. Jh. von Zisterziensern begonnene ★**Løgumkloster**. Feinsandig und endlos lang sind die Traumstrände der größten dänischen Nordseeinsel ★**Rømø**. Hier wie auf der Nachbarinsel **Mandø** ist eine Wattwanderung ein absolutes Muss.

Die älteste Stadt Dänemarks

Knapp 50 km nördlich von Tønder erreicht man schon die älteste Stadt Dänemarks: ❷★★**Ribe** – mehr als 100 Häuser der Fachwerkidylle stehen unter Denkmalschutz. Lust auf eine kleine Pause? In der Weis Stue können Sie bei Kaffee und Kuchen und köstlicher Küche dem Treiben auf dem Marktplatz zusehen. Das Fischerei- und Seefahrtsmuseum im 30 km entfernten ❸ ★**Esbjerg** berichtet vom Leben mit und auf der Nordsee. Nur 20 Minuten dauert von hier die Überfahrt nach **Fanø** mit kilometerlangen Sandstränden und reetgedeckten Fischerhäuschen. Über die hübsche Kleinstadt **Varde** und die Ferienhausmetropole ★**Henne Strand** geht die Fahrt nun zur stimmungsvollen Hafenstadt ❹ **Ringkøbing**. Die gesamte Küstenlinie des Ringkøbing Fjords ist ein durchgehender breiter Sandstrand, der Fjord selbst eines der besten Surfreviere Nordeuropas. Eine wahre Rhododendrenpracht bietet 30 km nördlich der Wallgrabengarten von **Nørre Vosborg** , bevor man 240 km von Tønder entfert ❺ **Holstebro** erreicht, das fast an jeder Ecke mit Straßenkunst aufwarten kann.

Auf den Spuren der Geschichte

Von Holstebro kann man direkt nach Viborg fahren oder einen Schlenker zum **Limfjord** machen, einem Paradies für Naturfreunde, Segler und Surfer mit einem bezaubernden Labyrinth aus Land und Wasser. Für den Besuch der alten Wikingerstadt ❻ **Viborg** sollten Sie sich Zeit lassen, den Dom und die alten Häuser in der

20 km
©BAEDEKER
Skagerrak
15
★★Skagen
Råbjerg Mile 40
Hulsig
Hirtshals
14
50
Tversted
Jerup
★Rubjerg Knude
19
12
13
20
13
Hørmested
Frederikshavn
Kilden
★Sæbygård
Østerby Havn
Løkken
11
Hjørring
10
Vesterø Havn
Serritslev
Jerslev
Brønderslev
Lyngså
Byrum
Blokhus
44
50
Flauenskjold
Læsø
Jammerbucht
Vendsyssel
Visgsø-Bucht
Vust
Aabybro
Hjallerup
Gerå
Asaa
Hanstholm
Fjerritslev
Halvrimmen
Nørresundby
Kattegat
Klitmøller
Østerild
Aggersund
Gjøl Bredning
9
Hou
Skinnerup
Sønderholm
Hals
Nørre Vorupør
Thy
Thisted
Løgstør
Skørbæk
30
★★Aalborg
Limfjord
Sundby
Ranum
Støvring
Dokkedal
Fur
Blære
Ålborg-
Mors
Nykøbing
Trend
Aars
8
Rebild Bakker
Agger
Hurup
Binderup
Rold
Sund-søre
Hadsund
Als
Thyborøn
Ydby
Karby
25
Mariager-Fjord
Vium
Assens
Salling
Nissum
★Fyrkat
Udbyhøj
Bucht
Harboøre
Odby
Skive
Mariager
Vasehuse
7
Klinkby
Sundstrup
Handest
Udby
Lemvig
Venø Bugt
Hald
Fjellerup
Bovbjerg 45
Struer
Vinderup
Løgstrup
36
Randers
Mønsted
Hammershøj
Auning
Grenaa
Bækmarksbro
6
Ålum
Fausing
Thorsminde
Vilborg
Djursland
48
Haderup
Ølst
Holstebro
5
Lysgård
Gudenå
Langå
Mørke
Trustrup
Husby
Ulfborg
Karup
Ans
Rønde
Mols
Aulum
Thorning
Ødum
Mols Bjerge
43
Ørnhøj
Sunds
Grauballe
Tved
137
Ebeltoft
Engesvang
Harsyssel
Herning
Ikast
Silkeborg
Søndervig
Brejning
Videbæk
Hjelm
Pårup
Them
Ry
Århus
Lind
Ørby
Helgenæs
4
Isenvad
Beder
Højmark
Kibæk
Arnborg
Skanderborg
Ringkøbing
Astrup
Ejstrupholm
Bryrup
Odder
Tunø
Nordby
Ringkøbing Fjord
Skjern
Sønder Felding
Brande
Brædstrup
Gedved
Hov
Vejrø
Nørre Havrvig
Tarm
Samsø
Nymindegab
Sønder Omme
Give
Horsens
Sejerø
Hemmet
Omme Å
Hjarnø
Kolby
Ølgod
Grindsted
Givskud
Glud
82
Ovtrup
Hedensted
Endelave
Ulstrup
Hodde
Eg
Vejle
Endelave By
Henne Strand
Billund
Bredsten
Juelsminde
Kalundborg
Ejers Strand
Oksbøl
Varde
Tofterup
Vorbasse
Gravens
Vejle-Fjord
Æbelø
Nordskov
Blåvand
Børkop
Krogsbølle
Oksby
Grimstrup
Hovborg
Veerst
Snoghøj
Fredericia
Bogense
Digerbanke 35
Skovby
Otterup
Esbjerg
3
Holsted
Vejen
Kolding
Middelfart
Odense-Fjord
Kerteminde
31
Søndersø
Gredstedbro
Nørre Aaby
Odense
Fanø
Sønderho
Vamdrup
Vadehavet
Rødding
Jels
Bavnehøj 131
Højby
★★Ribe
2
Ørsted
Gram Å
Moltrup
Haderslev
Nyborg
Mandø
Gabøl
Heden
Ringe
Spandet
Assens
Årø
Haarby
Fünen
Øksendrup
Rømø
Skærbæk
Toftlund
Bevtoft
Kleiner Belt
Kværndrup
Lohals
Lakolk
Halk
Faldsled
48
Rangstrup
Barsø
Faaborg
Havneby
Løgumkloster
Genner
Nordborg
Svendborg
Bøjden
Bredebro
Arnå
Lyø
Bjørnø
Ollerup
Thurø
Bøstrup
List
Hjerpsted
Aabenraa
Als
Avernakø
Skarø
Tåsinge
Sylt
Ulleruph
Søby
Drejø
Spodsbjerg
Westerland
★Tønder
1
Bredevad
Stubbæk
Fynshav
Skovballe
Sønderhav
Mommark
Strynø
Tinglev
Sønderborg
Tårs
Neukirchen
Süderlügum
Kruså
Ærø
Marstal
Flensburger Förde
Hörnum
Niebüll
Nordfriesische Inseln
Nordsee
Großer Belt
Samsø Belt

Sct. Morgens Gade ansehen und dem Skovgaard Museum einen Besuch abstatten – vier Generationen lang brachte die Familie bedeutende Künstler hervor. Nicht nur bei Regen einen Besuch wert sind die nahen Kalkgruben von Mønsted. Vorbei an der Wikingersiedlung 7 ★**Fyrkat** und durch das Himmerland mit dem Nationalpark 8 **Rebild Bakker** geht es nach 9 ★★**Aalborg**, »Geburtsort« des gleichnamigen Aquavits und eines herausragenden Kunstmuseums. Unser Übernachtungstipp: das Prinsen-Hotel mitten in der Stadt mit kleinen, aber komfortablen Zimmern und tollem Frühstücksbuffet (www.prinsenhotel.dk). Etwas außerhalb verwöhnt der Herregård Scheelsminde mit nostalgisch-noblen Zimmern und Schlemmerküche (www.scheelsminde.dk). Unweit von dort, in ★**Lindholm Høje**, sind ein gewaltiges Gräberfeld und eine Siedlung aus der Eisen- und der Wikingerzeit erhalten. Auf dem Weg Richtung Frederikshavn passiert man zwei prachtvolle Herrensitze: 10 ★**Sæbygaard** und ★**Bangsbo**. Nun trennen den Reisenden nur noch 45 km von 15 ★★**Skagen**, der Spitze Dänemarks, wo Skagerrak und Kattegat zusammenströmen. Allein die Bilder der berühmten Malerkolonie von Skagen sind eine Reise wert, und natürlich auch die äußerste Landzunge **Grenen**, Treffpunkt zweier Meere.

BAEDEKER MAGISCHE MOMENTE

WO DIE ROTE SONNE IM MEER VERSINKT

Sie lieben stimmungsvolle Sonnenuntergänge? Nirgendwo in Dänemark versinkt die Sonne so schön im Meer wie **in Skagen**! Bei gutem Wetter – und nicht nur dann – treffen sich im Sommer abends oft hunderte Romantiker in den Dünen an der Nordsee, um gemeinsam einen unvergesslichen (Urlaubs-)Tag ausklingen zu lassen. Treffpunkt der Fans ist der Solnedgangskiosken – am kleinen »Sonnenuntergangskiosk« gibt es Eis oder ein Glas Wein, je nach Geschmack. Und wenn der rote Ballon am Horizont verschwindet, erhält das schönste Naturschauspiel im Königreich lang anhaltenden Szenenapplaus.

Von Familienpark bis Wanderdüne

Alternativ kann man von Aalborg die längere Strecke über die Jammerbucht wählen, wo im Sommer an den weißen Stränden zwischen Blokhus und Hirtshals Hochbetrieb herrscht. Charmant reihen sich die weißgetünchten Strandhäuser von ⓫ **Løkken** vor den Dünen auf, während das örtliche Museum über das mühsame Geschäft der Strandfischerei informiert. Im großen Familienpark **Fårup Sommerland** bei Saltum kommen Wasserratten voll auf ihre Kosten. Nicht versäumen sollte man das Naturschauspiel der Wanderdüne ⓬★**Rubjerg Knude**, die 80 m zum Strand abfällt, bevor man ⓭ **Hjørring** mit seiner sorgsam restaurierten Altstadt ansteuert. Heringsschwärme, Robben und viele heimische Haiarten sind Thema im Nordsee Ozeanarium, knapp 20 km weiter nördlich in ⓮ **Hirtshals**. Gut 50 km weiter entlang der Tannisbucht, wo ein Abstecher zur Wanderdüne ★**Råbjerg Mile** lohnt, der größten, die Dänemark zu bieten hat, gelangt man ebenfalls nach ⓯ ★★**Skagen**, wo man den Sonnenuntergang genießen sollte.

DER REICHE OSTEN JÜTLANDS

Länge der Tour: rund 300 bzw. 400 km | **Start:** Aabenraa | **Ziel:** Aarhus/Grenaa | **Dauer:** 4 Tage

Tour 2

Auf dem Weg zur zweitgrößten Stadt des Landes, Aarhus, durchqueren Reisende die sanft gewellte »Bergwelt« Dänemarks, wie geschaffen für kleine Abstecher in die Natur. Dass die Ostküste schon immer zu den wohlhabenden Regionen zählte, beweisen die vielen schmucken Fachwerkstädtchen, Museen und grandiosen Schlösser.

Ringreiter und Freizeitkapitäne

Auf der ersten Etappe von der deutsch-dänischen Grenze zur Hauptstadt Jütlands warten am Ausgangspunkt der Tour in ❶ **Aabenraa** gleich zwei große Marinas auf Freizeitkapitäne. Wer im Juli anreist, sollte sich das spektakuläre Ringreiterfest auf keinen Fall entgehen lassen. Gute Wassersportmöglichkeiten findet man auch knapp 30 km nördlich am Fjord von ❷ ★**Haderslev**, dessen Museum die Kulturgeschichte der Region erzählt. Typisch für ❸ ★**Christiansfeld,** nur 12 km entfernt, ist die hervorragend erhaltene, schlichte und zum UNESCO-Welterbe zählende Architektur der Herrnhuter Brüdergemeinde, unwiderstehlich das Naschwerk seiner Honigkuchenbäckerei.

Altes und Neues verbinden

Eine geniale Verbindung von Alt und Neu bietet der Ruinensaal im Schloss von 4 **Kolding**, und moderne Möbelklassiker präsentiert das Kunstmuseum Trapholt. Dänische Küche mit einem Hauch Haute Cuisine kommt im Den Gyldene Hane (www.restdengyldnehane.dk)

auf den Tisch. Zudem empfiehlt sich der Besuch des Geografiske Have. Die Wellen des Wohnungskomplexes Bøgen am Hafen sind Wahrzeichen der etwa 30 km entfernten Industriestadt 5 **Vejle**, die im Smidtske Gård an der Søndergade ihr altes Fachwerkerbe bewahrt hat – betrachten Sie es bei einer Kaffeepause im kopfsteingepflasterten Hof. Zum Weltkulturerbe der UNESCO gehören die Runensteine 10 km außerhalb in ★**Jelling**, die als Taufurkunde Dänemarks gelten und zugelich das wunderbar verzierte Vermächtnis von **Harald Blauzahn** (940 – 985) zur ewigen Erinnerung an seine Eltern darstellen.

Berühmte Bausteine und extravagante Architektur

Weit über 1,5 Mio. Besucher, ob Groß oder Klein kommen jedes Jahr nach Billund westlich von Vejle, um sich am Geburtsort der bunten Steine im 6★★**Legoland** zu amüsieren. Dänemarks breiteste Fußgängerzone gehört indes nordöstlich von Vejle zur Fjordstadt 7 **Horsens**. Bei Skanderborg beginnt die liebliche Seenlandschaft des 8**Himmelbjerget**, aus dänischer Sicht schon eine »Bergwelt«, liegt hier doch der Møllehøj, mit 170,86 m der höchste Gipfel des Landes. Wer bleiben und ein wenig wandern möchte: Das Hotel Himmelbjerget bietet komfortable Zimmer und gute Küche, beides mit Paradeblicken auf das Seenhochland von Silkeborg (www.hotel-himmelbjerget.dk).
Etwa 2400 Jahre alt ist die Moorleiche im Hovedgården von 9 **Silkeborg**, einmalig die CoBrA-Ausstellung im Museum Jorn. Allein die extravagante Architektur von 10 **Hernings** Kunstmeile lohnt den Besuch: Hier sind Carl-Henning Pedersens fabulierende Keramikwerke zu bewundern.
Rund 80 km trennen die Heidestadt vom quirligen 11★★**Aarhus**, wirtschaftlich wie kulturell der Gegenpol zum übermächtigen Kopenhagen. Handlich und überschaubar ist Jütlands attraktive Hauptstadt. Ihr museales Highlight »Den Gamle By« widmet sich der Kleinstadtkultur vom 16. bis 20. Jahrhundert. Ganz modern zeigt sich die neue Hafenfront von Aarhus. Zentral und günstig lädt das Cabinn in der Kannikegade 14 zur Nacht (www.cabinn.com), mit einem Frühstücksraum im 10. Stock und stylish designten Zimmern begeistert das First Hotel Atlantic am Europaplads 10 (www.firsthotels.dk).

Abstecher nach Djursland

Wer Zeit und Lust hat, noch weitere gut 100 km zu reisen, kann von hier aus die Halbinsel Djursland erkunden. Es warten die romantischen Renaissance-Schlösser **Rosenholm** und **Gammel Estrup**. Wunderschön ist das Bilderbuchstädtchen 12★**Ebeltoft** , in dem die Nachtwächter abends bei ihrer Runde in die Geschichte entführen. Wer gerne Haie aus nächster Nähe beobachten möchte, der sollte einen Besuch im spannenden ★ **Kattegatcentret** von 13 **Grenaa** einplanen.

KÖNIGLICHE RESIDENZEN

Die mehr als 1000-jährige dänische Monarchie gehört zu den ältesten der Welt und geht zurück auf den alten Gorm. Heute ist Margrethe II. Staatsoberhaupt. Mit ihrer Familie nutzt sie in Kopenhagen und Nordseeland traditionsreiche Schlösser und ihre Jacht »Dannebrog«.

1 FREDENSBORG SLOT
Staatsgäste dürfen im Jagdschloss Frederiks IV. mit einem Diamanten ihren Namen in die Fensterscheibe ritzen.

2 FREDERIKSBORG SLOT
Im Wasserschloss bei Hillerød wurden alle dänischen Könige gesalbt. Die Schlosskapelle ist beliebt für royale Hochzeiten.

4 EREMITAGE SLOTTET
Eine Tafelmaschine mit Tisch und Zubehör beförderte einst das Essen durch eine Luke im Boden hinauf in den Speisesaal.

3 SORGENFRI SLOT
Das Landhaus der königlichen Familien (1705/1796) ist nicht öffentlich zugänglich.

5 AMALIENBORG SLOT
Das Rokokoschloss ist seit 1794 Residenz – ist Margrethe II. anwesend, findet täglich um 12 Uhr die Wachablösung statt.

Der königliche Haushalt 2016

Einnahmen	
Zuweisung vom Parlament	10,6 Mio. €
Weitere Einnahmen	309 400 €

Ausgaben	
Personalkosten	6,8 Mio. €
Hofhaltung	1,1 Mio. €
Verwaltung	732 580 €
Grundstückskosten	726 410 €
Abschreibungen	200 450 €

▶ **Neujahrsempfang**
Zu Beginn des neuen Jahres veranstaltet die Königin traditionellerweise einen dreitägigen Empfang.

Tag 1 und 2: Zweimal Neujahrs-Bankett im Schloss Amalienborg
Gäste Tag 1: die Regierung, hohe Staatsbeamte und die Leiter des königlichen Hofes
Gäste Tag 2: oberster Gerichtshof, Offiziere der Königlichen Leibgarde und des Royal Husar Garderegiments
Außerdem Tag 2: Empfang im Schloss Christiansborg für die Diplomaten

Tag 3: Empfang im Schloss Christiansborg
Gäste: Offiziere aus dem Verteidigungs- und Katastrophenschutz, geladene Vertreter großer nationaler Organisationen, Menschen mit königlicher Schirmherrschaft

6 ROSENBORG SLOT
Mit Marmorzimmer und Schatzkammer für die Kronjuwelen: ein Muss beim Kopenhagen-Besuch!

7 CHRISTIANSBORG SLOT
Heute residieren Parlament und Oberster Gerichtshof im Schloss. Jeden zweiten Montag gibt die Königin eine Audienz.

FÜNEN UND DIE DÄNISCHE SÜDSEE

Länge der Tour: rund 240 km | **Start:** Middelfart | **Ziel:** Hindsholm | **Dauer:** 3 Tage

Tour 3

Fünen, das gerne als der »Garten Dänemarks« bezeichnet wird, lockt mit einer lieblichen Landschaft, beeindruckenden Zeugnissen der Wikingerzeit und farbenfrohen Städten. Eine Fahrt durch die Heimat des Märchenerzählers Hans Christian Andersen lässt sich wunderbar auch mit einem Abstecher in die »dänische Südsee« verbinden.

Heimat der Märchen und Freilichtmuseen

Hüte, die Seefahrt und Brücken sind Thema im Stadtmuseum von 1 **Middelfart**, dem Einfallstor nach Fünen, das hier durch zwei Brücken mit dem dänischen Festland verbunden ist. Nordöstlich von Middelfart bezaubert die Küstenstadt 2 **Bogense** mit alten Fachwerkhäuschen. Von dort führt die E 20 weiter nach 3 ★★**Odense**. 12 km außerhalb haben Johanne Hyldal & Kim Lundvaldt den alten Munkebo Kro in ein »Gourmet Inn« verwandelt, einen luxuriösen Gasthof mit englischem Einfluss, wo nach sterneverdächtiger Regionalküche 22 Zimmern eine geruhsame Nacht versprechen (www.munkebokro.dk). Der Geburtsort des Märchendichters H. C. Andersen kann mit sehr schönen Fachwerkbauten und erstklassigen Museen aufwarten. Zwei Dutzend traditionelle, ländliche Gebäude aus allen Teilen Fünens sind im Freilichtmuseum ★**Den Fynske Landsby**, nur 4 km südlich der City, rekonstruiert worden. Gute 4 km weiter widmet sich der prachtvolle Herrensitz **Hollufgård** der Vor- und Frühgeschichte der Insel. Dass Märchen mitunter auch wahr werden können, beweist das südlich gelegene Bilderbuchschloss 4 ★★**Egeskov**, das mitten in einem See auf hunderten von Eichenpfählen ruht. Die gut 20 km entfernte Fjordstadt 5 **Faaborg** besitzt die größte Sammlung der Fünischen Maler im Faaborg Museum an der Grønnegade.

Dänische Südsee

Dutzende Eilande und Sandbänke gehören zur vorgelagerten Inselwelt, die »dänische Südsee« oder Südfünisches Inselmeer genannt wird. Eine Stunde braucht die Fähre hinüber nach 6 ★**Ærø**. Von Stockrosen umrankte Fachwerkhäuschen und verträumte Gartenlokale gehören zur Märchenstadt **Ærøskøbing**. Wieder eine Stunde Fahrt auf der Fähre müssen Inselhopper einplanen, die nun von Marstal hinüber nach 7 **Langeland** möchten. Gute 15 km nördlich von Rudkøbing sollte man sich dort das Land-Art-Museum bei **Schloss Tranæker** ansehen. Über eine Brücke ist man schnell auch auf dem Inselchen Tåsinge. Mit seinem Prisengeld aus der siegreichen Seeschlacht bei **Køge** erwarb der Seeheld

Niels Juel hier anno 1678 ★**Valdemars Slot**, das von seinem Enkel zu einer prachtvollen Barockanlage ausgebaut wurde – im Restaurant wird am Wochenende bis 14 Uhr ein leckerer Brunch serviert, abends zu Konzerten Hummersalat mit Babyspinat, gefolgt von Ochsenbrust mit Thymiankartoffeln und Rotweinsoße sowie einer leckeren Nachspeise (www.valdemarsslot.dk). Das Nordende von Tåsinge verbindet eine 1200 m lange Brücke direkt mit ⑧ **Svendborg**, dessen lebhafter Marktplatz durch das älteste Haus der Seefahrerstadt, das Anne Hvides Gård von 1560, entzückt. Nur 4 km außerhalb erhebt sich eines der herrlichsten dänischen Barockpalais: **Hvidkilde Slot**. Um das Jahr 1550 entstanden nach venezianischem Vorbild auch die Rundgiebel des Herrensitzes **Hesselagergård**, 15 km nördlich. Nächster Halt ist 9 **Nyborg**, dessen lange Geschichte der Fährschifffahrt 1998 zu Ende ging, als die gigantische **Storebæltbrücke** nach Seeland eröffnet wurde. Schmale Gassen mit kleinen, bunten Häuschen und die spannende Unterwasserwelt des **Meerescenters Fjord & Bælt** findet man in 10 **Kerteminde**. 4 km außerhalb am Kertinge Nor stößt man bei ★**Ladby** auf Dänemarks einziges Grabschiff der Wikingerzeit, in dem im 10. Jh. ein vermögender Mann seine letzte Reise antrat. Schließlich kann man noch einen Ausflug anhängen zur Halbinsel 11 **Hindsholm** mit schönen Stränden und dem gewaltigen Hünengrab Mårhøj bei Snave.

SCHLÖSSER UND KÖNIGE: RUND UM KOPENHAGEN

Länge der Tour: rund 230 km | **Start und Ziel:** Kopenhagen | **Dauer:** 2 – 3 Tage

Tour 4

Von der Hauptstadt aus startet man auf eine Rundtour zu traumhaften Schlössern, Kirchen und Museen im Norden Seelands, bei der Kultur- und Kunstliebhaber voll auf ihre Kosten kommen. Zwischendurch lässt es sich an herrlichen Sandstränden entspannen.

Königliches Nordseeland

Zu jedem Aufenthalt in 1 ★★**Kopenhagen** sollte auch ein Ausflug ins königliche Nordseeland gehören. Am besten folgt man der herrlichen Küstenstraße am Øresund immer Richtung Norden, vorbei an noblen Villen und Jachthäfen ins 30 km entfernte **Rungsted**. Hier begann und endete das bewegte Leben der Schriftstellerin Karen Blixen (▶ Interessante Mnschen), dem man im Museum auf Rungstedlund nachspüren kann. Im ★★**Louisiana Museum**, 10 km weiter, verschmelzen moderne Kunst, Architektur und die Landschaft zu einem harmonischen Dreiklang besonderer Art. Selbst Kunstabstinenzler könnten in diesem überragenden Museum auf den Geschmack kommen.

Renaissance in Vollendung

Sodann steuert man nach Westen Richtung Fredensborg. Auf drei Inseln inmitten eines Sees liegt bei 2 **Hillerød** Dänemarks schönstes Renaissanceschloss: ★**Frederiksborg Slot** (Nationalhistorisches Museum). Nur 6 km trennen es von Fredensborg Slot, Frühjahrs- und Herbstresidenz der königlichen Familie. Wer schnell vorankommen

will, wähle nun die Straße 6 nach Helsingør; wer Zeit für die schönere Strecke am Gurre Sø entlang mitbringt, folge der Margeritenroute. 3 ★★**Helsingør** wartet ebenfalls mit Renaissance in Vollendung auf: ★★**Kronborg Slot**, legendärer Schauplatz der Hamlettragödie.

Sandstrände und Wikingerschiffe

Dänemarks Reiz machen natürlich nicht nur seine Schlösser und Museen aus, sondern auch die legendären, langen Sandstrände: Für herrliche Sonnentage am Strand kann man an der Nordküste zwischen **Liseleje, Tisvildeleje, Hornbæk** und **Gilleleje** wählen, wo das Gilleleje, eines der schönsten dänischen Badehotels, Romantik und Nostalgie mit Lebensart, Komfort und Wellness vereint (www.gillelejebadehotel.dk). Zum Abschluss bietet sich noch ein Besuch beim Haus des Polarforschers Knud Rasmussen in 4 **Hundested** an. Auf dem Rückweg zur dänischen Metropole findet man zwischen zwei Fjorden noch ein stilles Stück Dänemark: **Jægerspris Slot** bei 5 **Frederikssund** war erst mittelalterliche Burg, wurde dann Jagdsitz der Krone und endlich prunklos-bequeme, königliche Wohnung »nach Gutsherrenart«. Kopenhagen ist von hier aus knapp 50 km entfernt. Wikingerfans sollten jedoch unbedingt noch einen Besuch in 6 ★★**Roskilde** einplanen. In den einzigartigen Wikingerschiffshalle sind fünf Wikingerschiffe ausgestellt, die man um 1000 vermutlich als Sperre im Roskildefjord versenkt hatte. Zu guter Letzt wird es noch einmal königlich: In der prachtvollen Domkirche von Roskilde haben 38 Regenten ihre letzte Ruhe gefunden. Über die Autobahn gelangt man nun rasch zurück nach Kopenhagen.

Z
ZIELE

Magisch, aufregend, einfach schön

Alle Reiseziele sind alphabetisch geordnet. Sie haben die Freiheit der Reiseplanung.

In Skagen treffen Ostsee und Nordsee zusammen. ▸

AABENRAA

Halbinsel: Jütland | **Region:** Syddanmark | **Einwohnerzahl:** 16 200

Eine Stadt am Meer muss sich der Welt zuwenden. Wer heute nach Aabenraa kommt, hält die Hafenstadt auf den ersten Blick für überschaubar und gemütlich. Besonders rund um die Kirche St. Nicolai in der Altstadt mit ihren herausgeputzten Bürgerhäusern und Kapitänshöfen ist Aabenraa das auch. Doch am Fjord, wo heute in den Jachthäfen im Sommer hunderte Freizeitboote liegen, erkennt man immer noch, dass Aabenraa als einst größte Hafen- und Werftstadt der Region weltweite Handelsbeziehungen bis nach Asien hatte.

Stadt am Meer

Große Namen wie die der Reederfamilie Jebsen, einer der größten Kulturförderer Südjütlands, belegen dies bis heute. Und dass die deutschsprachige Tageszeitung »Der Nordschleswiger« ihre Redaktion in Apenrade – so der deutsche Name – hat, bezeugt die wechselvolle Geschichte der Region.

Wohin in Aabenraa?

Durch die Stadt schlendern …

Sct. Nikolai

Wer Lust zum Einkaufen hat, schlendert durch die Fußgängerzone im alten Stadtkern, wo auch die Sct.-Nikolai-Kirche aus dem 13. Jh. steht, mit spätromanischem Taufstein und einer Altartafel von 1642. Der große Hauptmarkt wurde liebevoll restauriert, sodass die Gebäude rund um den Storetorv sehr ansprechend sind. Für das zweistöckige **Rathaus** zeichnete 1830 der damalige Stararchitekt Christian Frederik Hansen verantwortlich. Im Rathaussaal ist eine Porträtsammlung dänischer Monarchen zu bewundern.

… oder ins Museum

Kulturhistorie Aabenraa

Zu den Schätzen des Museums zur Schifffahrts- und Stadtgeschichte gehören **200 Buddelschiffe**, eine kuriose Sammlung von Souvenirs, die in aller Welt zusammengetragen wurden, sowie das Skelett des »Mannes von Nybøl«. In der Gemäldesammlung sind dänische Künstler des 19. und 20. Jh. ausgestellt. Dem Museum angegliedert ist der Jacob-Michelsen-Gård von 1704 am Toften 37.
In einem alten Bahnhofsgebäude zeigt die **Galerie Banegården** seit 1993 beachtliche Wechselausstellungen mit Kunst der Moderne. Regelmäßig finden hier auch Konzerte statt.
Kunstfreunde sollten **Schloss Brundlund** südlich der Innenstadt einplanen, das 1411 unter Königin Margrethe I. erbaut wurde und heute dänische Kunst vom 18. Jh. bis zur Gegenwart präsentiert.

Kulturgeschichte Abenrade: H.P. Hanssens Gade 33, Juni – Aug. Di. – So. 10 – 16, Sept. – Mai Di. – So. 13 – 16 Uhr | Eintritt 50 DKK, unter 18 Jahren frei | www.museum-sonderjylland.dk
Galerie Banegården: Jernbanegade 2, Di. – So 11 – 17 Uhr | Eintritt 25 DKK | www.banegaarden.dk
Brunlund Slot: April – Sept. Di. – So. 11 – 17, Okt. – März Di. – So, 12 – 16, 50 DKK, unter 18 Jahre frei | www.brundlund-slot.dk

Rund um Aabenraa

Schön wohnen und wandern

Løjt und Flensburger Förde

Nördlich vom Aabenraafjord erstreckt sich die Halbinsel Løjt. Wo früher wohlhabende Kapitäne ihr stolzes Anwesen hatten, findet man heute schöne Campingplätze und zahlreiche Ferienhäuser. Zur romanischen Løjt-Kirche gehört ein großer, spätgotischer Flügelaltar. Südlich hat die Geschichte überall Spuren im Grenzland an der Flensburger Förde hinterlassen – fast alle Bewohner hier sind zweisprachig. Die idyllische Landschaft lädt zu ausgedehnten Radtouren und Wanderungen ein, zum Baden, Segeln und einer historischen Reise auf Dänemarks ältester Straße, dem Heerweg, oder auf dem schönen **Gendarmenpfad bei Padburg**, wo blau uniformierte Grenzsoldaten bis 1920 Wache schoben. Heute ist der 74 km lange Gendarmsti einer der beliebtesten Fernwanderwege des Landes.
www.gendarmsti.dk/de

Wenn die Königsfamilie urlaubt, zieht es sie nach Schloss Gråsten.

Auch die Königin braucht mal Urlaub

Schloss Gråsten

In Gråsten residierte einst im Sommer die Königinmutter Ingrid, die im Jahr 2000 im Alter von 90 Jahren starb. Heute verbringen Königin Margrethe und ihre Kinder und Enkelkinder jeden Sommer drei Wochen im strahlend weißen Schloss, das um 1600 im holländischen Barockstil erbaut wurde. Beim Großbrand 1757 konnte man nur die reich verzierte, herzogliche Schlosskapelle und vier Türme retten. 1920 übernahm der dänische Staat das Anwesen. Ist die königliche Familie nicht anwesend, können die **Schlosskapelle** und der **Schlossgarten** mit seinen geschwungenen Pfaden, Waldpartien, großen Rasenflächen und fantastischer Blütenpracht besichtigt werden.

Schlosskapelle: April – Okt. Mo. 11 – 14, Sa. 10 – 12, So. 14 – 16 Uhr
Schlossgarten: tgl. ab 07.30 Uhr (Schließzeiten variieren je nach Jahreszeit) | www.kongeligeslotte.dk

Ziegel, wohin man schaut

Ziegelmuseum Cathrinesminde

Die um 1200 erbaute romanische **Ziegelkirche** von Broager besitzt charakteristische Doppeltürme, in der Apsis beeindrucken Wandmalereien (13. Jh.). Wie einst die Ziegelherstellung vom Lehmgraben bis zum Ringofen funktionierte, sieht man südöstlich im Cathrines-minde Teglværksmuseet, einer Industrieanlage aus dem 18. Jahrhundert.

24. März. – April u. Sep. – 27. Okt. tgl. 10 – 16, Mai – Aug. 10 – 17 Uhr
Eintritt 50 DKK, Kinder frei | www.museum-sonderjylland.dk

Von Verfolgung und Menschenrechten

Frøslev lejrens Museum

In den erhaltenen Baracken und Wachttürmen wird die Erinnerung an die Zeit der deutschen Besatzung in Südjütland lebendig gehalten. Das Frøslevlejren Museum dokumentiert den Alltag im KZ und die Deportationen.

Die Geschichte der freiwilligen dänischen Heimwehr, die bis ins Mittelalter zurückreicht, erzählt das **Hjemmeværnsmuseet. Ammesty International** macht in einem weiteren Gebäude die Menschenrechte zum Thema. Und das **FN Museet** der Vereinten Nationen stellt Dänen vor, die als Soldaten in Einheiten der UN oder EU weltweit tätig waren.

Frøslevlejren Museum: Feb. – Nov. Di. – Fr. 9 – 16, Sa./So. 10 – 17 Uhr
Eintritt frei | www.natmus.dk
Hjemmeværnsmuseet: Feb. – Nov. tgl. 9 – 17 Uhr | Eintritt frei
www.hjemmevaernsmuseet.dk
Amnesty International: April – Okt. tgl. 10 – 17 Uhr
www.amnesty.dk
FN Museet: Ende März. – Okt. tgl. 9 – 17 Uhr
Eintritt ab 12 Jahre 30 DKK
www.fnmuseet.dk

AABENRAA ERLEBEN

VISIT AABENRAA
Storegade 30
6200 Aabenraa
Tel. 74 62 35 00
www.visitaabenraa.dk

GRÅSTEN
Det Gamle Rådhus
Torvet 8
6300 Gråsten
Tel. 74 65 09 55
www.graastenraadhus.dk

RINGRIDING & TATTOO
Im Juli treffen sich hunderte Teilnehmer und tausende Zuschauer zum größten **Ringreiterfest** Südostjütlandsund um Schloss Brundlund.
www.intmiltattoo.dk

ABENRAA BJERGMARATHON
Ungewöhnlich, sportlich und einmalig in Dänemark ist das **Langlaufevent** Aabenraa Bjergmarathon, bei dem die Aktiven mehr als 500 Höhenmeter mit Steigungen bis zu 15 % bewältigen müssen.
www.bjergmarathon.dk

RESTAURANT OG BAR NELSON €€–€€€
Seafood und allerfeinste Steaks, die Nelson hätten schwärmen lassen. Beilagen zu Fisch und Fleisch werden separat geordert. Menü ab 309 DKK.
Rådhusgade 5
Tel. 74 62 44 22
www.nelson.dk

CAFÉ STORM €€
Originelles Ambiente und sehr netten Service bietet das 1999 eröffnete Restaurant am alten Markt, benannt nach dem Kopenhagener Robert Storm Petersen (1882 bis 1949), der durch seine humoristischen Zeichnungen bekannt geworden ist. Super Pasta und frische, knackige Salate.
Storetorv 4d
Tel. 73 62 10 00
www.cafestorm.dk

CHRISTIE'S SDR. HOSTRUP KRO €€–€€€€
Ca. 4 km nach der Autobahnabfahrt Aabenraa lockt der Kro mit Lifestyle-Living: ganzheitliches Verwöhnen für Körper, Geist und Seele mit Detox- und Schlank-Wraps, gesunder Schlemmerküche vom ehemaligen Hofkoch Jens-Peter Kolbeck und ruhigen Nächten im ländlichen Luxus.
Østergade 21
Sdr. Hostrup
Tel. 74 61 34 46
www.christies.dk
Luxuszimmer €€€€
Standard-DZ €€€
Gartenhaus-Fewos €€

RESTAURANT OG HOTEL KNAPP €€€
Anno 1836 beginnt die Geschichte des Hotels im Ortsteil Stollig, wo Chefkoch Torben Nass feinste Menüs zaubert, ergänzt durch edlen Wein. Zur Nacht laden drei kuschelige Zimmer und die Hochzeitssuite.
Stennevej 79
Stollig
Tel. 74 62 00 92
www.restaurant-hotel-knapp.dk

★★ AALBORG

Halbinsel: Jütland | **Region:** Nordjylland | **Einwohnerzahl:** Stadt 202 000, Großraum 250 000

Nur wer sich wandelt, bleibt sich treu. Das weltoffene Aalborg – schon 1070 als »bekannte Hafenstadt« bezeichnet – war vom Mittelalter bis zu Beginn des 21. Jh.s eines der wichtigsten Handelszentren des Nordens. Von seiner geschützte Lage am Limfjord profitierten Seefahrt, Werften, Heringsfischer und Industrie, die Wohlstand ins ländlich geprägte Nordjütland brachten. Doch was tun, wenn Werften schließen, die weltberühmten Kümmelschnäpse Aalborg Akvavit und Jubilæumsakvavit in Oslo gebrannt werden und Seefracht in anonymen, vollautomatisierten Containerhäfen umgeschlagen wird?

Eine Stadt im Wandel

Aalborg wagte den Sprung zum Wasser: An den noch vor wenigen Jahren von Lagerhallen bebauten Kais am Limfjord entstanden Parks, ein Hafenbad, eine Promade, Anleger für Kreuzfahrtschiffe – und sehenswerte Architektur wie das teils als Museum genutzte Utzon Center, der letzte Entwurf der dänischen Designerlegende Jørn Utzon. Wenige Schritte weiter erklingen im neuen Musikkens Hus hochkarätige Oper, Klassik, Jazz und Rock. Im alten Kohlekraftwerk zogen Kunsthalle, Kletterpark, Theater, Musikclubs und Gastronomie ein. Die frühere Schnapsfabrik von Aalborg Akvavit im Westen der Stadt wandelt sich zum Kreativquartier. Doch zum Glück ist nicht alles neu: Die Altstadt mit Schloss Aalborghus ist noch idyllisch wie einst. Und das Kunstmuseum KUNSTEN, das der große Finne Aalvar Aalto entwarf, gehört immer noch zu den besten Häusern seiner Art im Königreich.

Wohin in der Altstadt?

Das schönste Renaissancebürgerhaus Skandinaviens

★★ Jens Bangs Stenhus

Südlich der Stelle, wo die Limfjord-Brücke nach Nørresundby führt, bezaubert das alte Aalborg mit romantischen Winkeln. Einen Rundgang beginnt man am besten im Viertel der Kaufleute gegenüber vom Turistbureau in der Østerågade 9. Hier steht Aalborgs Hauptattraktion: Jens Bangs Stenhus, mit seinen fünf Stockwerken das größte und wohl schönste Renaissancebürgerhaus Skandinaviens. Der Prachtbau beherbergt seit 300 Jahren die älteste Apotheke der Stadt, und der Duus Vinkjælder im Keller gehört zu ihren gemütlichsten Kneipen. Erbauer des Hauses war 1624 der wohlhabende, prunkliebende Kaufmann Jens Bang. Er ließ den Backsteinbau mit Sandsteinornamenten

Die Jecken sind beim Aalborger Karneval erst an Pfingsten los.
Im Hintergrund der Turm von Sct. Budolfi.

überziehen, die den Einfluss der niederländischen Renaissance erkennen lassen. Weil ihn die Stadtoberen nicht in den Rat aufnahmen, soll Bang seine Widersacher in den Trollmasken am Haus karikiert haben – sich selbst ließ er als Steinfigur am geschweiften Giebel porträtieren, mit herausgestreckter Zunge in Richtung Rathaus.
Im Laufe der Zeit hat das von 1759 – 1762 errichtete **Rathaus** einige bauliche Veränderungen erfahren. Zum Gammeltorv hin wird der gelbe Rokokobau von der Büste Frederiks V., dem Reichswappen und dem Leitspruch des Königs, »Prudentia et Constantia« (Klugheit und Beständigkeit), geschmückt. Vom Gammeltorv aus wurde Aalborg einst regiert, denn hier standen Galgen und Pranger, waren Thing und Richtstätte.

Das Wahrzeichen der Stadt ist musikalisch

★ Sct. Budolfi Kirke

Westlich an der Algade erreicht man die weiß gekalkte Sankt-Budolfi-Kirche, benannt nach einem englischen Schutzpatron der Seefahrt, St. Botholphus. Der gotische Dom wurde um 1430 errichtet, wobei man die Mauerreste einer älteren romanischen Kirche einbezog. Um 1780 entstand die barocke Turmspitze, das Wahrzeichen Aalborgs. Zwischen 9 und 22 Uhr ertönt zu jeder vollen Stunde das Spiel der 48 Glocken. Im Vorraum, einer ehemaligen katholischen Kapelle, prangen **herrliche Fresken**. In der Vierung sieht man die vier Evangelis-

AALBORG ERLEBEN

INFOCENTER AALBORG
Kjellerups Torv 5
Tel. 99 31 75 00
www.visitaalborg.com

Karneval um Pfingsten herum hat einen enormen Vorteil: Die Chancen, dass das Wetter besser ist als im Februar, sind deutlich größer. An Nordeuropas größtem Narrenfest nehmen Narren aus aller Welt teil.
www.aalborgkarneval.dk
August: Das Blå Festival mit Blues und Jazz in der City
www.denblaafestival.dk
November: Aalborg Metal Festival
www.aalborgmetalfestival.dk

Im Gässchen Hjelmerstald (Nr. 15) lohnt ein Besuch im Atelier Lange. In den offenen Werkstätten werden originelles Steingut, geschmackvolles Porzellan und schöne Glasvasen hergestellt.
www.langekeramik.dk

1 MORTENS KRO €€€€
Morten Nielsen kocht nicht nur fantastisch, sondern machte auch mit seinen TV-Sendungen zu »sinnlichem Kochen« Furore. Unbedingt rechtzeitig reservieren!
Molleå 2 – 6
Tel. 98 12 48 60
ww.mortenskro.dk

2 DUUS VINKJÆLDER €€
Im Jens Bangs Stenhus speist man bei Kerzenlicht in einem rustikalen, historischen Weinkeller. Tipp für Samstag: das mittägliche Buffet (129 DKK).
Østerågade 9
Tel. 98 12 50 56
www.duusvinkælder.dk

3 PRINSES JULIANA €€
Jeden Samstag wird an Bord des früheren niederländischen Schulschiffes von 11 bis 14 Uhr ein leckeres Buffet serviert, die ganze Woche hindurch herzhaft maritime Kost im rustikal-eleganten Stil.
Vestre Havnepromenade 2
Tel. 98 11 55 66
www.prinsesjuliana.dk

4 RESTAURANT FUSION €€–€€€
Zum Paradeblick auf den Limfjord vereinen sich asiatische und französische Küche zu trendig-frischen Genüssen.
Strandvejen 4
www.restaurantfusion.dk

5 CANBLAU €€–€€€
Michael Miv Pedersen, Dänemarks Koch des Jahres 2013, hat gemeinsam mit Jimmy Holm im April 2013 sein erstes eigenes Restaurant eröffnet – eine spanisch inspirierte Tapas-Bar.
Ved Stranden 5
Tel. 97 88 88 98
www.canblau.dk

1 SCHEELSMINDE €€€–€€€€
Früher war Scheelsminde einer der schönsten Herrensitze Dänemarks. Einen Blick werfen sollte man in die Hausbibliothek oder in das französische Restaurant, das einen herrlichen Blick auf den großen Park bietet.
Scheelsmindevej 35

Tel. 98 18 32 33
www.scheelsminde.dk

2 HOTEL GESTUS € €

Das freundliche Stadthotel mit rund 80 Zimmern liegt nur wenige Minuten von Bahnhof, Zoo oder Innenstadt entfernt – ideal für einen Citytrip.
Vesterbro 36 – 38
Tel. 98 12 69 33
www.millinghotels.dk/hoteller/hotel-gestus/

3 COMWELL HVIDE HUS € € – € € €

Das stilvolle Hotel mit klassisch-nordischer Einrichtung liegt zentral. Von den knapp 200 Zimmern hat man teilweise einen Blick auf Altstadt und Limfjord.
Vesterbro 2
Tel. 98 13 84 00
www.comwellaalborg.dk

VRÅ SCHLOSSHOTEL € € – € € € €

Die Geschichte des Vrå Schlosshotels nördlich von Aalborg geht bis ins 14. Jh. zurück. Das alte Schloss hat den alten Stil und Charme beibehalten und ist stolz auf seine historische Atmosphäre.
Gammel Vraavej 66
9382 Tylstrup
Tel. 98 26 13 77
www.slotshotel.dk

DRONNINGLUND SLOT € € – € € € €

Mein Lieblings(hotel)schloss: Dronninglund Schloss an der Ostküste Nordjütlands nahe am Kattegatt ist eine alte Klosteranlage mit viel Geschichte. Die ursprüngliche Anlage kann bis ins 11. Jh. zurückdatiert werden.
Slotsgade 8
9330 Dronninglund
Tel. 98 84 33 00
www.dronninglund-slot.dk

KOKKEDAL SLOTSHOTEL € € – € € € €

Das Schloss im Norden Jütlands wird umfasst von einem großen Park. Restaurant, Weinkeller und Kunst(handwerk) gehören zum Ambiente, das liebevoll gepflegt wird.
Kokkedalsvej 17
9460 Brovst
Tel. 98 23 36 22
www.slotshotel.dk

---

tensymbole und über der Bogenöffnung die Opferung Isaaks sowie die Legende vom Feigenbaum.

Mit dem Fahrstuhl in den Untergrung

★ Aalborg Historiske Museet

Das Historische Museum zeigt Ausstellungen zur Frühgeschichte, Ständegesellschaft und Stadtgeschichte sowie eine schöne Sammlung nordjütischer Gläser. Ein Muss ist das elegante »**Aalborg-Zimmer**« von 1602 mit seinem bürgerlichen Renaissance-Interieur. Mit einem Fahrstuhl beim Salling-Kaufhaus geht es an der Aldgade 19 hinab zum **Gråbrødrekloster Museet**, das die unterirdischen Ruinen des mittelalterlichen Grauen Klosters und die Fundamente der Klosterkirche präsentiert.

Historisches Museum: Algade 48, April – Sept. Di. – So. 10 – 17 Jan. – März bis 16 Uhr | Eintritt 40 DKK, unter 18 Jahre und jeden Di. Eintritt frei | www.nordmus.dk
Gråbrødrekloster Museet: Di. – So. 10 – 17 Uhr, Fahrstuhl 40 DKK

Flanieren und entdecken

Gravensgade und Jørgen Olufsens Gård

Durch das schmale Lateinergässchen geht es weiter westlich zur belebten Gravensgade, der ältesten **Fußgängerzone** der Stadt. Wo früher der Befestigungsgraben verlief, flaniert man heute zwischen Kaufhäusern, Banken und Designerboutiquen.

An der Østerågade hingegen lohnt ein Blick auf das Jørgen Olufsens Gård (Nr. 25), eines der besterhaltenen dänischen **Kaufmannshäuser**, das aus der Zeit der Renaissance stammt. Das Sandsteinportal mit männlichen und weiblichen Hermes-Figuren trägt die Jahreszahl 1616.

Südlich an der Niels Ebbesensgade liegt die neoromanische **Vor Frue Kirke**, die um 1100 aus Granitquadern als Klosterkirche errichtet wurde. Beim Umbau 1878 setzte man das Nordportal mit Granitreliefs an den westlichen Haupteingang. Im Innern beeindrucken v. a. die Epitaphien aus dem 17. und 18. Jh. und die Kanzel des Bürgermeisters Povl Pop. Südlich davon erzählt die **Klokkestøbergade** mit hübschen Häuschen aus dem 18. Jh. von der kleinstädtischen Vielfalt früherer Zeiten.

Weiter Richtung Hafenfront

Schloss Aalborghus

Weiter in Richtung Limfjord wiederum stößt man bald auf Schloss Aalborghus, heute ein Verwaltungsgebäude. Erbaut wurde das Anwesen 1539 – 1555 im Auftrag König Christians III.; es diente als Wohnsitz und Lagerplatz für die enormen Naturalienabgaben, die der König Nordjütland abverlangte. Schlosshof und Teile der Wallanlagen sind im Sommer zu besichtigen (tgl. 8 – 21 Uhr).

Als grüne Oase zwischen Innenstadt und Hafenfront, die wie in vielen anderen dänischen Städten in den letzten Jahrzehnten einen umfassenden Strukturwandel erlebte, wurde der **Jomfru Ane Park** angelegt – im Westen als Multifunktionsbereich mit einer Freifläche für Märkte oder Events, Spielfeldern für Ballspiele und einem neuen Hafenhaus, im Osten als Erholungsbereich mit Stadtgarten, Rasenruhezonen und Hafenbad.

Mitte Juni – Sept. tgl. 10 – 18 Uhr | Eintritt frei

Dänisches Design erleben und erarbeiten

★ Utzon Center

Das 2400 m² große Utzon-Center erinnert mit Ausstellungsräumen, Architekturbibliothek, Auditorium und Archiv seit 2008 an den im gleichen Jahr verstorbenen, dänischen Architekten Jørn Utzon, der in Aalborg aufgewachsen ist. Der Multifunktionsbau wurde von Utzon gemeinsam mit seinem Sohn Kim entworfen und ist in seiner klaren, nordischen Formensprache innen wie außen ganz vom Stil des dänischen Designers geprägt. Integriert ist das **Universitarium** als lebendige Werkstatt für Architektur- und Designstudenten der Universität Aalborg sowie für Symposien und Sommerkurse rund um Themen wie Formgebung, Design und Architektur. Vom Utzon Café &

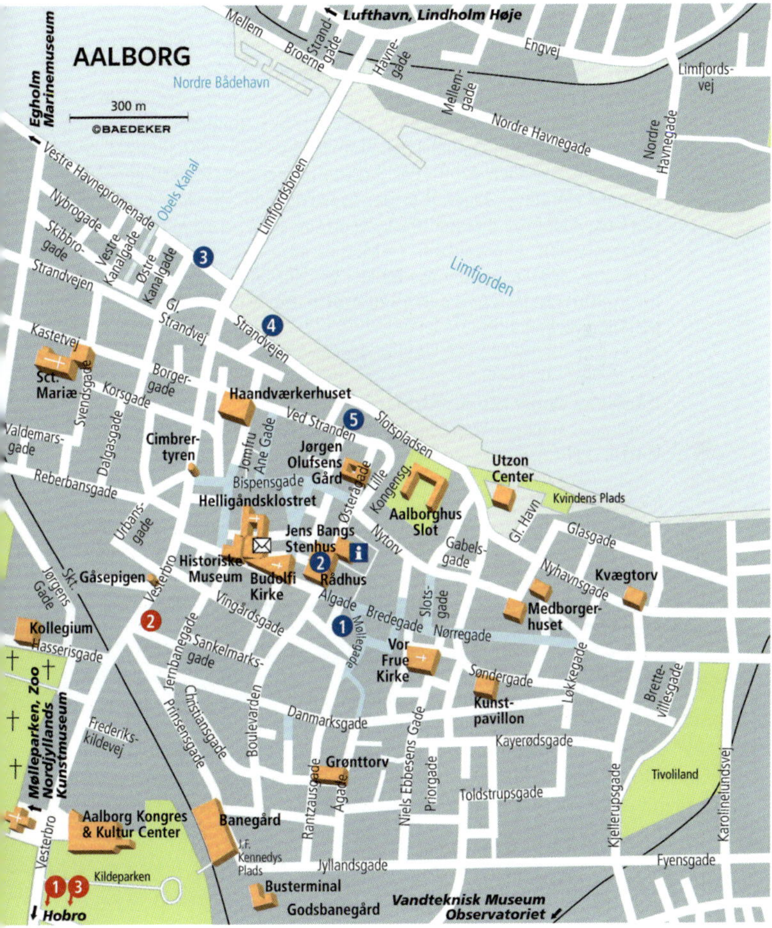

1 Mortens Kro
2 Duus Vinkjælder
3 Prinses Juliana
4 Restaurant Fusion
5 CANblau

1 Scheelsminde
2 Hotel Gestus
3 Comwell Hvide Hus

Restaurant eröffnen sich herrliche Ausblicke auf das Hafengebiet und den Limfjord.

Slotspladsen 4, Di. – Fr. 11 – 17, Sa./So. ab 10, Do. bis 21 Uhr | Eintritt 60 DKK, 4 – 17 Jahre 30 DKK | www.utzoncenter.dk

Rund um die Altstadt

Kunst und Kultur drinnen und draußen

Vesterbro

An der Einmündung der Bispensgade in die Vesterbro steht der »Zimberstier« (Cimbrertyren), 1937 von A. J. Bundgård geschaffen, auf dem Sockel ein Gedicht des Nobelpreisträgers Johannes V. Jensen. Weiter südlich grüßt das »Gänsemädchen« (Gåsepigen) von Gerhard Henning. Gegenüber der St.-Ansgar-Kirche liegt der **Kildeparken**, Aalborgs ältester Park, eröffnet 1802, u. a. mit den »Drei Grazien« von Thorvaldsen (▶Interessante Menschen). Musicals, Konzerte, Ausstellungen und Ballett werden in den 1953 eingeweihten **Aalborghallen** und den 1990 eröffneten Europahallen am Europa Plads veranstaltet.

Auskunft: Tel. 99 35 55 55 | www.akkc.dk

Dänische Kunst bis zur Moderne

★ Kunsten

Markanter Blickpunkt an der Kong Christians Allé ist der frisch renovierte, lichtdurchflutete Bau des Nordjütischen Kunstmuseums, 1968 – 1972 von den Finnen Elissa und Alvar Aalto sowie dem Dänen Jean Jacques Baruël erbaut. Zwei Privatsammlungen bilden den Grundstock der Gemäldeausstellung dänischer Künstler vom Ende

Dänische Architektur und Design sind im Utzon Center vereint.

des 18. Jh.s bis heute, darunter Arbeiten von J. F. Willumsen, Richard Mortensen und Nam June Paik. Ein Muss ist die große **CoBrA-Sammlung**. Die 1948 in Paris gegründete Künstlergruppe hat durch ihre kritische Auseinandersetzung mit Konventionen und Formprinzipien die Moderne nachhaltig beeinflusst. Zu den Mitgliedern gehörten die Dänen Asger Jorn, Ejler Bille, Carl-Henning Pedersen und Egill Jacobsen, der Niederländer Karel Appel und der Belgier Joseph Noiret. Im Skulpturenpark flankieren Bjørn Nørgårds »Traumschloss« und die »Zeitkrüge« von Mogens Møllers ein »Säulenlabyrinth« von Gunnar Ågård Andersen.

Kong Christians Allé 50, Di – So 10 – 17, Mi bis 21 Uhr | Eintritt 95 DKK, unter 18 Jahre frei

Hochkarätige Klassik, heiße Rhythmen und wilde Tiere

Musikkens Hus

An das Museum grenzt südlich der Skovbakken, ein bewaldeter Hügel mit Freilichtbühne. Vom 55 m hohen **Aalborgtårnet** hat man einen herrlichen Blick auf die Stadt und den Limfjord.

Mit dem Musikkens Hus besitzt Aalborg seit 2014 auch eine hervorragende Spielstätte für hochkarätige Klassikevents. Das moderne Kulturhaus der österreichischen Architekten Coop Himmelb(l)au ergänzt mit seinen vier Sälen – der größte Saal fasst 1300 Zuschauer – das Aalborg Kongres & Kultur Center und ist die Heimstätte des Aalborg Symfoniorkester, des jütländischen Konservatoriums, des Instituts für Musik der Aalborg Universität und des Centers für dänische Jazzgeschichte (www.musikkenshus.dk).

Heiße Rhythmen unter freiem Himmel bieten im Sommer die großen Rockkonzerte im Mølleparken, 2 km südwestlich der Altstadt. Am Mølleparkvej 63 ist der Eingang zum beliebten **Aalborger Zoo** mit 1600 Tieren aus aller Welt und einem afrikanischen Dorf.

April – Sept. tgl. 10 – 18, sonst bis 15 Uhr | Eintritt 185 DKK, Kinder 115 DKK | www.aalborgzoo.dk

Maritimes Erlebniszentrum

Springeren

Das Leben auf See, der Alltag im Aalborger Hafen und die Arbeit auf der Werft wird in diesem maritimen Erlebnisniszentrum lebendig. Höhepunkt sind das U-Boot »Springer«, die »Søbjørnen« als schnellstes Torpedoboot der Welt und ein Simulator, in dem man selbst als Kapitän eine moderne Schnellfähre steuert.

Vestre Fjordvej 81, Sept. – April tgl. 10 – 16, Mai, Juni, Aug. bis 17, Juli bis 20 Uhr | Eintritt 80 DKK, 6 – 14 Jahre 40 DKK
www.springeren-maritimt.dk

Bitte anfassen und probieren ...

Forsvars- og Garnisons-museum

... oder sich hinsetzen und zuschauen ist das Motto beim **Museum zur Geschichte der dänischen Streitkräfte**, der Heimatschutzgruppe, Polizei, der Rettungsdienste, der Besatzungszeit und der Aalborger Garnison. Zu sehen sind Fahrzeuge, Uniformen, Waffen und Kanonen aus den letzten 200 Jahren. Eine weitere Ausstellung zeigt Orden und Medaillen aus 14 Ländern, darunter auch aus Deutschland und der ehemaligen Sowjetunion.

Skydebanevej 22, April – Okt. tgl. 10 – 16, Juli/Aug. bis 17 Uhr
Eintritt 50 DKK, 4 – 14 Jahre 25 DKK | www.forsvarsmuseum.dk

Kultur statt Kohle und abends in die Sterne gucken

★ Nordkraft

Früher versorgte Nordkraft Aalborg mit Elektrizität. Heute indes versteht sich das einstige Kohlekraftwerk als Kultur und Freizeitzentrum. Im Skråen (www.skraaen.dk) und KUL (www.kulnordkraft.dk) treten nationale und internationale Musikstars auf, das Theater Nordkraft (www.teaternordkraft.dk) zeigt Produktionen aus ganz Europa, die Kunsthal Nord (www.kunsthalnord.dk) bietet spannende Gegenwartskunst. Jütländische Künstler stellen im Kunstpavillon Aalborg aus, das Biffen im ersten Stock ist Aalborgs einziges unabhängiges Kino (www.kunstpavillon.dk). Für kulinarische Freuden sorgen im Kulturzentrum das Mumbai als erstes indisches Restaurant-Café der Stadt (www.mumbaicafe.dk).
Im Winterhalbjahr lohnt mittwochabends ein Ausflug zur **Sternwarte**, um den Abendhimmel durch Dänemarks zweitgrößtes Linsenfernrohr betrachten.

Nordkraft: Kjellerups Torv, tgl. 7 – 23 Uhr | www.nordkraft.dk
Urania Observatoriet: Borgmester Jørgensensvej 13, Sep. – Mai Mi. 19.30 – 22 Uhr | www.nafa.dk

Rund um Aalborg

Lecker essen nach der Wanderung

Insel Egholm

Zur kleinen Limfjord-Insel Egholm setzt ganzjährig in fünf Minuten eine Fähre über. Unmittelbar am Fähranleger präsentiert seit 2006 ein Park & Natur-Infohaus die Tier- und Pflanzenwelt der 650 ha großen Insel, die am höchsten Punkt gerade mal 1,50 m aus dem Wasser ragt. Drei markierte Wanderwege erschließen von dort die Wiesen und Wälder, vorbei an alten Höfen und Aussichtspunkten auf den Fjord – auf den Felsen zwischen Egholm und Fruens Holm sonnen sich gerne Seehunde! Den Hunger stillt das **Restaurant Kronborg**, eine der besten Adressen für kreative Küche.

Restaurant Kronborg: Egholm 1, €€ | www.kronborg-egholm.dk

Einblick in das Leben am Fjord

Hals Museum

An der östlichen Einfahrt zum Limfjord, 31 km östlich von Aalborg, gewährt das Hals Museum Einblicke in das Leben an Meer und Fjord. Von den Besucherzahlen her gehört es zu den Top-10-Attraktionen in und um Aalborg. Wahrzeichen des Ortes Hals, der vor allem vom Tourismus lebt, ist der **Walkiefer** über einer Hauszufahrt.

Toften 1, Mai – Okt. Di. – So. 11 – 17 Uhr | Eintritt 40 DKK, unter 18 Jahre frei | www.nordmus.dk

Das größte Naturschutzgebiet Dänemarks

Lille Vildmose

Rund 38 km von Aalborg entfernt liegt im Osthimmerland zwischen Limfjord und Kattegatt Lille Vildmose. Das 76 km^{22} große **Hochmoor** ist das größte Naturschutzgebiet und spannendste Renaturierungsprojekt Dänemarks. Das frühere Torfabbaugebiet wurde teils geflutet. Heute leben hier Wasser- und Zugvögel – und Dänemarks einzige Elche. Natur, Aussichtstürme u. a. Anlaufstellen des Naturparks sind ganzjährig frei zugänglich.

Lille Vildmose Center, Birkesøvej 16, Dokkedal, 9280 Storvorde www.lillevildmose.dk. Aussstellung bis Okt. geöffnet | Eintritt 60 DKK, Kinder 30 DKK.

Sehenswerte Skulpturen

Nørresundby

Den Marktplatz von Nørresundby bewacht der »Steinhund« von Henrik Starcke. In der Fußgängerzone sind auch Skulpturen von Edgar Funch, Jørgen Brynjolf und Kaj Nielsen. Die Sundby Samlingerne, eingerichtet in einem ehemaligen Pachthof, präsentiert eine stadtgeschichtliche Bildersammlung, Buddelschiffe und einen Kaufmannsladen wie zu Großmutters Zeiten. **Badespaß** für die ganze Familie bietet das Svømmeland mit Wasserrutschen, Fitnesscenter und türkischem Bad.

Sundby Samlingerne: Fr. Raschs Vej 9 | Mi. – Fr. 13 – 16 Uhr Eintritt frei | www.sundbysamlingerne.dk

Svømmeland: Lerumbakken 11, Aqua Fun: Mo. – Do. 10 – 19.30, Fr. bis 17.30, Sa./So. 9 – 16 Uhr | Eintritt 52 DKK, Kinder 40 DKK www.nsbic.dk

Ein besonderes Zeugnis der Wikingerzeit

★ Lindholm Høje

Ein bedeutendes prähistorisches Denkmal Dänemarks liegt nördlich von Nørresundby: die Lindholmhöhe, ein **Gräberfeld** mit rund 740 Gräbern und einer Siedlung aus der jüngeren Eisenzeit und der Wikingerzeit (▶Baedeker Wissen, S. 318). Das Gräberfeld war von etwa 400 n. Chr. bis kurz vor der ersten Jahrtausendwende in Gebrauch. Bei 41 Gräbern handelt es sich um gewöhnliche, nicht markierte Erdgräber. Die übrigen sind Brandgräber: Die Verstorbenen wurden mit ihren Grabbeigaben vor Ort verbrannt und anschließend in einem Grab beigesetzt, das durch eine Steinsetzung markiert wurde. Während die älteren Steinsetzungen dreieckig sind, kennt man aus einer späteren Zeit runde und ovale, aus der Wikingerzeit auch markante in der Form von Schiffen. In der **Siedlung** nördlich vom Gräberfeld hat man holzgepflasterte Wege, Pfostenlöcher von Häu-

In Lindholm Høje begruben die Wikinger ihre Toten unter schiffsförmigen Steinsetzungen.

sern, Brunnen und Kochgruben freigelegt. Archäologen fanden Webgewichte, die darauf hindeuten, dass in einigen Häusern Stoffe gefertigt wurden. Um 1100 mussten die Bewohner die Siedlung, die immer wieder vom Flugsand begraben wurde – und deshalb, Ironie der Geschichte, gut erhalten blieb – endgültig verlassen. Wie die Menschen damals lebten, zeigen Fundstücke im Lindholm Høje Museet. Unvergesslich sind die viel besuchten **Wikingerspiele** Ende Juni.

April – Okt. Di. – So. 10 – 17, Nov. – März Di. – So. 10 – 16 Uhr | Eintritt 75 DKK, unter 18 Jahre frei | www.nordmus.dk

Ein Schloss voller Spukgeschichten

Voergaard Slot

Einen Besuch wert ist auch das Renaissanceschloss Voergaard Slot, ca. 30 km nordöstlich von Aalborg bei Flauenskjold, mit seiner Sammlung von Porzellan und französischer Kunst, seinen Spukgeschichten, Verliesen und seinem mysteriösen Blutfleck.

22. Juni – 25. Aug. tgl. 11 – 16, 11. Mai – 16. Juni, 31. Aug. – 20. Okt. sowie an Feiertagen und bei Veranstaltungen Sa./So. 11 – 16 Uhr Eintritt 100 DKK, 7 – 14 Jahre 40 DKK | www.voergaardslot.dk

★★ AARHUS · DJURSLAND

Halbinsel: Jütland | **Region:** Midtjylland | **Einwohnerzahl:** 336 000 (Metropolregion: 829 000)

Mit dem Motto »Let's Rethink« lockte Dänemarks zweitgrößte Metropole als Europäische Kulturhauptstadt 2017 Kunstfans und neugierige Cityreisende an. Tatsächlich hat sich die weltoffene Universitätsstadt im zurückliegenden Jahrzehnt auch selbst neu erfunden: Aus der etwas verschlafenen, gemütlichen Hauptstadt Jütlands hat sich eine moderne Metropole am Meer entwickelt.

K/L 14/15

Aarhus' Aufbruch begann mit der Eröffnung des Kunstmuseums **ARoS** im Jahr 2004. Doch erst die Wiederentdeckung der Hafenfront und international beachtete Neubauten wie Dokk 1, der unter anderem die Stadtbibliothek beherbergt, der neuen Universität und dem »Isbjerget« sorgte für den eigentlichen Wachstumsschub. Der »Eisberg« liegt im neuen Stadtteil **Aarhus Ø**, der mit 10 000 Einwohnern und 12 000 Arbeitsplätzen zum offenen Kattegatt ausgerichtet ist und einen Kontrapunkt zum nur wenige Minuten entfernten historischen Zentrum bildet.

Diese Stadt schöpft aus dem Vollen

Weit über die Landesgrenzen hinaus kennt man Jütlands Metropole außerdem als **lebendige Musikstadt**. Im Aarhuser Musikhuset sind ein Sinfonieorchester und die renommierte Jütische Oper zu Hause, zudem gastieren auf dieser Bühne Stars von Weltniveau. Hinzu kommen die vielen Spielstätten für Rock und Jazz, Theater und Stand-up-Comedy. In der alljährlichen Festwoche Anfang September lockt eines der größten **Kulturfestival**s in ganz Skandinavien viele Zuschauer an. Bürgerliche Wohnzimmer vergangener Zeiten zeigt die einzigartige Museumsstadt **»Den Gamle By«**, während Kinder im »Tivoli Friheden« ihren Spaß erleben. Auch auf künstlerischem Gebiet nimmt Aarhus eine Sonderstellung ein: Es besitzt nämlich eine Kunstakademie und außerdem ein Konservatorium. Sogar Königin Margrethe II., selbst eine bekannte Malerin, logiert im Sommer am Südrand der Stadt auf **Schloss Marselisborg**.

Wohin in der Altstadt?

Elemente aus verschiedenen Epochen

★ Sct. Clemens Kirke

Am großen Marktplatz (Storetorv) erzählt die farbenfrohe Fassade des Stadttheaters vom dänischen Bühnenleben der vorigen Jahrhundertwende. Schräg gegenüber fällt der Blick auf das von bronzenen

AARHUS ERLEBEN

VISITA ARHUS
Fredensgade 45 (am Busbahnhof)
Tel. 87 31 50 10
www.visitaarhus.de

AARHUSCARD
Freier Eintritt zu vielen Sehenswürdigkeiten, kostenlose Fahrt mit den Bussen und Straßenbahnen sowie einige weitere Vergünstigungen.
24 Stunden: 299 DKK; 48 Stunden: 449 DKK; 72 Stunden: 599 DKK

AARHUS CITYBIKES
Ca. 500 Citybikes an 56 Verleihstationen ermöglichen es vom 1. Mai bis zum 31. Okt., die Stadt vom Badestrand bei Risskov bis zum Marselis-Wald im Süden im Sattel zu entdecken – 20 Kronen als Pfand genügen.
www.aarhuscykelby.dk

PARKEN
In Aarhus sind vollautomatische Parkhäuser in Betrieb – so die Parkgarage des Dokk1 für 1000 Autos. 20 Lifte parken die Fahrzeuge in einem Regallager. Wird das bezahlte Parkticket in den Parkautomaten gesteckt, holen sie den Wagen binnen zwei, drei Minuten wieder hervor.

März: Aarhus Independent Pixels, junge nordische Talente in Film und Foto
www.theindependentpixels.com
April/Mai: SPOTFestival, neue nordische Popmusik
www.spotfestival.dk
Anf. Sept.: Aarhus Festuge, Nordeuropas größtes Kulturfestival
www.aarhusfestuge.dk

❶ GASTROMÉ €€€–€€€€
Aarhus ist stolz auf vier Michelin-dekorierte Restaurants – eines der schönsten ist das Gastromé im alten Viertel Latinerkvarter. Gekocht wird dänisch in neuer Interpretation.
Rosensgade 28
8000 Aarhus C
Tel. 28 78 16 17
www.gastrome.dk/en

❹ MIRO €€€–€€€€
Der Bayer Toni Leichtle zeigte bereits 1990, wie Gourmetküche modern und gesund mundet. Seitdem hat seine französisch inspirierte Küche, die kreativ mit Gewürzen und Traditionen spielt, zahlreiche Preise bekommen. Ebenso ausgezeichnet: die Weinkarte.
Marstrandsgade 2
www.restaurant-miro.dk

❷ TEATER BODEGA €€–€€€
Alle Bühnengrößen des dänischen Theaters sind hier auf Schwarzweißfotos an den Wänden verewigt. Ein Genuss: große Bratscholle, in der Pfanne serviert, und das Smørrebrød.
Skolegade 7
Tel. 86 19 17
www.teaterbodega.dk

❸ AARHUS STREET FOOD €–€€
Die Welt als Fingerfood: Aarhus' inspirierte Street-Food-Szene trifft sich in einem alten Depot am Busbahnhof. Das Angebot reicht von klassisch-dänisch im NORD bis zu thailändisch im Tuk Tuk. Lokale Craftbiere dürfen natürlich auch nicht fehlen.
Ny Banegaardsgade 46
www.aarhusstreetfood.com
So – Do. 11:30 – 21 Uhr, Fr. und Sa. bis 22 Uhr, Bars bis 24 Uhr

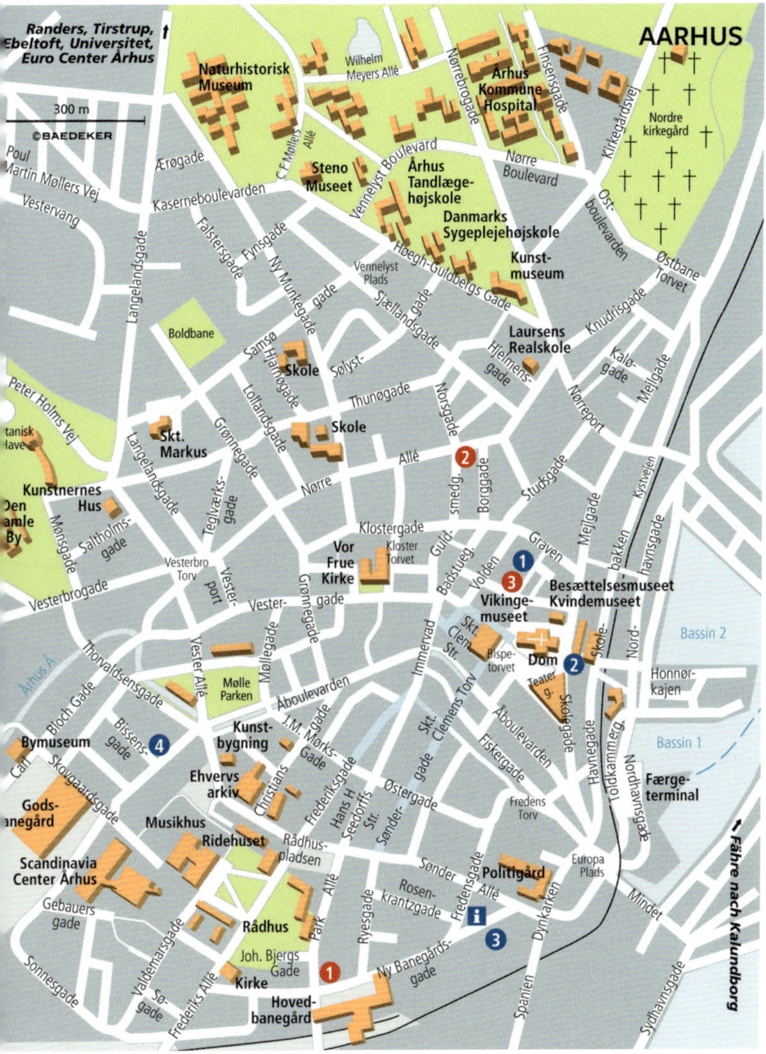

🍴
1 Gastromé
2 Teater Bodega
3 Aarhus Streetfood
4 Miro

🏠
1 Hotel Ritz
2 Hotel Guldsmeden
3 Hotel Royal

❶ HOTEL RITZ €€€€
Nicht nur gut zum Schlafen: Das Restaurant René des zentral gelegenen Hauses ist eine der besten Adressen der Stadt.
Banegårdspladsen 12
Tel. 86 13 44 44
www.hotelritz.dk

❸ HOTEL ROYAL €€€€
Das mehr als 170 Jahre alte Haus im Zentrum besticht durch seine historische Atmosphäre. Abends lädt das im Hotel untergebrachte klassische Royal Scandinavian Casino, eines der schönsten Kasinos Europas, zu Amerikanischem Roulette und Black Jack ein.
Store Torv 4
Tel. 86 12 00 11
www.hotelroyal.dk

❷ HOTEL GULDSMEDEN €€€
Vielleicht das erste Boutiquehotel in Dänemark – und immer noch mit persönlicher, liebevoller Atmosphäre. Ein Genuss: das Frühstück.
Guldsmedgade 40
Tel. 86 13 45 50
www.hotelguldsmeden.dk

Frauenskulpturen flankierte Entree des Hotel Royal, dem ersten Haus am Platz und Standort des noblen Royal Scandinavian Casino. Dominierendes Bauwerk jedoch ist der gewaltige Dom von Aarhus, die Sct. Clemens Kirke. Ihr erster Bau entstand als romanische Basilika zwischen 1200 und 1500. Romanische Elemente finden sich noch an den Außenmauern von Lang- und Querhaus, auch die Kapellen an der Ostseite des Querschiffs stammen aus dieser Zeit. Nach 1400 wurde der Dom zu einer gotischen Kathedrale umgebaut und die Fassade durch eine Einturmfront ersetzt. Im Inneren der spätgotischen, 1999 restaurierten Kathedrale verdient besonders der 1479 aufgestellte **Flügelaltar** des Lübecker Meisters Bernt Notke Beachtung. Die Kalkmalereien an den Gewölben stammen aus dem 15. Jahrhundert. Wer Lust und Zeit hat, sollte eines der **Kirchenkonzerte** besuchen, die regelmäßig stattfinden.
www.aarhusdomkirke.dk

Das Leben der Frauen von früher bis heute

Kvindemuseet

Von Teppichklopfern und Dienstbüchern bis zu Frauenliteratur, verschiedenen Modetrends und Liebesbriefen – das Kvindemuseet befasst sich mit allen Lebensbereichen der Frau früher und heute. Wechselausstellungen widmen sich Sonderthemen aus Kunst und Kultur. Im Hinterhaus dokumentiert das **Besættelsesmuseet** die deutsche Besatzung und den dänischen Widerstand.

Kvindemuseet: Domkirkeplads 5, Di. – Sa. 10 – 17, Mi. bis 20, So. bis 16, Sept. – Juni Sa. geschl. | Eintritt 65 DKK, unter 18 Jahre frei
www.kvindemuseet.dk
Besættelsesmuseet: Juni – Aug. Di. – So. 11 – 16 Uhr sonst nur Di./Sa./So. | Eintritt 30 DKK, unter 18 Jahre frei
www.besaettelsesmuseet.dk

Denkmalgeschützer »Pappkarton«

Einkaufen lässt es sich gut in der Fußgängerzone Sct. Clemens Torv und Søndergade. An der Südseite des Rådhuspladsen prunkt das funktionalistische Wahrzeichen der Stadt: das 1938 – 1942 von Arne Jacobsen und Erik Møller erbaute Rathaus, das mit norwegischem Marmor verkleidet ist. Der erst später hinzugekommene, 60 m hohe **Turm** gewährt einen herrlichen Blick auf die Stadt und das Meer. Einst betitelten die Stadtväter das umstrittene Gebäude als »salonkommunistischen Pappkarton«, seit 1994 jedoch steht es als Paradebeispiel dänischer Architektur unter Denkmalschutz.

★ Rådhus

Auf dem Rathausplatz befinden sich der Schweinebrunnen (Grisebrønden) von Mogens Bøggild und am Fuß des Rathausturms der Springbrunnen »Agnethe und der Wassermann«, der ein altes nordisches Märchen illustriert.

Heimstätte großer Klassik

Musikhuset

Die Konzerthalle in der nahen Thomas Jensens Allé erhielt 2008 für 40 Millionen Euro einen Anbau von dem renommierten dänischen Architekten C. F. Møller. Bespielt und genutzt werden der neue Sinfoniesaal, der Saal für rhythmische Musik und die Kammermusiksäle vom Aarhus Sinfonieorchester, dem Jütländischen Musikkonservatorium und dem Kindertheater Filuren. Auch die weit über Aarhus hinaus bekannte Jyske Opera ist im Musikhuset zu Hause.

Nördlich vom Musikhuset warten in der **Kunsthal Aarhus** Ausstellungen moderner Kunst und ein Plakatmuseum mit fast 70 000 Exponaten, präsentiert in kleinen Wechselausstellungen.

www.musikhusetaarhus.dk

Kunsthal: J. M. Mørks Gade 13, Di. - Fr. 10 - 17, Mi. bis 21, Sa./So. 12 - 17 Uhr | Eintritt frei | www.kunsthalaarhus.dk

Außergewöhnlicher Bau aus Glas und Stein

Das Kunstmuseum ARoS präsentiert seine umfassende Sammlung in einem außergewöhnlichen Kubus aus Glas und Stein. Entworfen wurde der 17 700 m² große Bau vom Architektenbüro Schmidt, Hammer und Lassen, das schon mit dem Ausbau der Königlichen Bibliothek in Kopenhagen Aufmerksamkeit erregte. Die lichtdurchfluteten Räume bergen Werke vom 17. Jh. bis zur Gegenwart.

★★ Kunstmuseum ARoS

Auf dem Dach erstrahlt seit 2010 das ganz aus Glas erbaute **»Your Rainbow Panorama«**, ein begehbares Kunstobjekt des dänisch-isländischen Lichtkünstlers Olafur Eliasson: angelegt als drei Meter breiter, 150 m langer Panoramaweg bietet es einen fabelhaften Rundblick auf die Türme der Stadt, den Kattegat mit der Insel Samsø, die Hügelkette Mols Bjerge im Osten und das jütländische Seenhochland im Westen.

Aros Allé 2 | Di. - So. 10 - 17, Mi. bis 22 Uhr | Eintritt 130 DKK, unter 30 Jahren 100 DKK, unter 18 Jahre frei | www.aros.dk

Bunte Aussichten auf Aarhus und den Kattegat hat man vom »Rainbow Panorama« im ARoS-Kunstmuseum.

Kunsthandwerk und Kirche

Vor Frue Kirke

Über Aboulevarden und Grønnegaden erreicht man kurz vor der Liebfrauenkirche den **Møllestien**, ein malerisches Gässchen mit mehreren stockrosenumrankten Kunsthandwerkerläden.

Gegenüber an der Vestergade erhebt sich die Liebfrauenkirche. Ursprünglich Teil eines mittelalterlichen Dominikanerklosters, ist sie heute ein rein gotischer Bau – mit Fresken und einer meisterhaften Altartafel von 1520 aus der Odenser Werkstatt von Claus Berg. 1955 fand man bei Grabungsarbeiten unterm Chor eine dreischiffige, um 1060 erbaute Tuffsteinkrypta, die Sct. Nikolai Kryptkirke.

Hier trifft sich das alternative Aarhus

★ Latinerkvater

Östlich der Liebfrauenkirche schlägt das junge Herz von Aarhus im Trendviertel Latinerkvater (»Lateinerviertel«) zwischen Badstuegade, Graven und Rosengade. In den kleinen Häuschen haben sich extravagante Boutiquen, gemütliche Kneipen und Restaurants wie etwa das französisch inspirierte Café Jordan etabliert. In der Mejlgade stößt man auf den **Kulturpalast der alternativen Szene**, Kulturgygnen, mit Konzerten, Ausstellungen, vegetarischem Restaurant und Disko bis zum frühen Morgen. Bei Grabungsarbeiten für die Fundamente der heutigen Nordea-Bank am Sct. Clemens Torv stieß man auf Reste eines **Wikingerwalls**, der vor mehr als 1000 Jahren eine kleine Siedlung schützte. Die Funde sind im **Vikingemuseet** im Untergeschoss der Bank ausgestellt.

Clemens Torv 6, Mo. – Fr. 10.15 – 16, Do. bis 17 Uhr | Eintritt frei | www.vikingemuseet.dk

★★ »Den Gamle By«

Jan. tgl. 11 – 15, Feb., März, Nov., Dez. 10 – 16, April, Mai, Sept., Okt. 10 – 17, Juni – August 9 – 18 Uhr | Eintritt 135 DKK, unter 18 Jahren frei | www.dengamleby.dk

»Die alte Stadt« ist überaus lebendig und bunt

Einzigartige Museumsstadt

Stimmungsvolle Straßen und Höfe, historische Interieurs und Werkstätten, romantische Gärten, Gaststuben und Geschäfte: »Den Gamle By« im Südteil des Botanischen Gartens gilt heute als das umfassendste und größte Freilichtmuseum für Stadtkultur in Europa. Aus allen Teilen des Landes stammen die originalgetreu wiedererrichteten Häuser vom ausgehenden 16. Jh. bis in die 1970er-Jahre. »Die alte Stadt« ist ein lebendiger Ort mit Pferdekutschen, Promenadenkonzerten, Krämerladen, Bäckerei und Handelshaus. Die Idee zu dieser einzigartigen Museumslandschaft lieferte zu Beginn des 20. Jh.s Peter Holm, ein Mitarbeiter des Museums von Aarhus. Den Anfang machte im Jahr 1914 der »Borgmestergården«, ein 1597 vom Ratsherrn Niels Skriver errichteter Kaufmannshof aus Aarhus im Zustand Ende des 18. Jh.s, während das Mobiliar den Geschmack wohlhabender Kaufleute von etwa 1600 bis um 1850 widerspiegelt. Heute zählt das Museum **75 historische Gebäude** aus ganz Dänemark, dazu 34 Werkstätten, fünf historische Gärten, ein historisches Stadtmuseum (1927), das im Stil von einst einen heute kurios anmutenden Überblick über 10 000 Jahre dänischer Geschichte gibt. Zur 100-Jahr-Feier wurde der Møntmestergården eingeweiht – als bislang größtes Restaurierungsprojekt Dänemarks war der **Münzmeisterhof** detailgetreu wiederaufgebaut worden. Ein Höhepunkt für Jüngere sind Geschäfte und Wohnungen aus den 1970ern – sogar eine echte dänische Wohngemeinschaft dürfen Besucher »live« erleben. Ebenfalls sehenswert ist das **Dansk Plakatmuseum**, dessen umfangreiche Plakatsammlung der Grafiker Peder Stougaard zusammengetragen hat – mit rund 400 000 Werken ist sie eine der größten der Welt.

www.plakatmuseum.dk

Vom Küchenmädchen bis zur Operndiva

Alltag wie einst erleben

In den Sommermonaten und in der Weihnachtszeit sind die »Stadtbewohner« in historischer Kleidung anzutreffen. Hier kann man dem Küchenmädchen beim Suppekochen am offenen Feuer zusehen oder

dem Drehorgelspieler lauschen, Gänse laufen frei herum. In der Hochsaison bekommt man am **Original-Würstchenwagen** die berühmten, dänischen roten Würstchen, »Pølserne« genannt. Überall gibt es etwas zu entdecken, idyllische Kräutergärtchen, eine Schule, das Zollamt und eine Brauerei. Töpferei und Postamt sind noch in Betrieb. Zu besichtigen sind auch eine historische Apotheke mit Giftschrank, die Werkstätten von Kerzengießern, Goldschmieden und Buchbindern, Böttchern und Hutmachern, eine Tabakmanufaktur sowie eine Seilerei und eine Mühle. Im einstigen Stadttheater von Helsingør werden heute illustre Opernabende gegeben. Wer nach soviel Kultur Hunger verspürt, bekommt im gemütlichen Gartenlokal Simonsens Have ein köstliches Smørrebrød serviert. Ebenfalls sehr lecker, aber teurer: der Gourmettempel »Prins Ferdinand«.

Wohin noch in Aarhus?

Spektakuläre Architektur und ein Eisberg

Aarhus Ø und Bassin 7

Wo noch vor wenigen Jahren Containerschiffe und Fähren anlegten, trifft sich jetzt ganz Aarhus: Am neuen Hafen liegt nicht nur **DOKK 1**, ein offenes Multikulturhaus, das auch Skandinaviens größte öffentliche Bücherei beherbergt – am Hafen liegt Aarhus' Zukunft. Die neue

Einen ganz anderen Blick auf die Zukunft von Aarhus eröffnet die neue Hafenpromenade.

Hafenfront mit Promenade, Terrassen und Kanälen erreicht ihre ganze architektonische Kraft in den neuen Quartieren Aarhus Ø und Bassin 7. Das alte Hafenbecken Bassin 7 wurde zur angesagten Meerbadeanstalt mit Gastronomie und Sportarealen. Weit hinaus auf die Bucht von Aarhus blickt man vom Aussichtsturm **Salling Tårnet**. Wer weiterschlendert, findet im futuristischen Viertel Aarhus Ø architektonische Hingucker wie den Isbjerget (»Eisberg«) und andere spektakuläre Entwürfe dänischer und internationaler Architekten.

Geballtes Wissen

Universitätspark

Im Universitetsparken und darum herum liegen nicht nur die Gebäude der 1928 gegründeten Universität mit dem 1946 fertiggestellten Hauptbau und dem sog. Buchturm von Christian Frederik Møller, sondern auch einige **Museen**. In den antiken Mittelmeerraum entführt das Museum für Alte Kunst – ausgestellt werden Gipsabdrücke berühmter Skulpturen, ägyptische Mumien und römische Münzen. Im Südteil des Parks befindet sich das naturgeschichtliche Museum. Hier werden ausgestopfte Tiere und Mineralien aus aller Welt gezeigt sowie die Gestaltung der Kulturlandschaft in Dänemark.Fernrohre des 19. Jh., medizinische Heilkräuter und die allerersten dänischen Computer aus den 1950er-Jahren bietet wiederum das Museum für Wissenschafts- und Medizingeschichte an der C. F. Møllers Allé.

Antikmuseet: Victor Albecks Vej 2 | Mo. – Do., So. 12 – 16 Uhr
Eintritt frei | www.antikmuseet.au.dk
Naturhistorisk Museet: tgl. 10 – 16, Fr. bis 14 Uhr | Eintritt 75 DKK, unter 18 Jahre frei | www.naturhistoriskmuseum.dk
Steno Museet: Di. – Fr. 9 – 16, Sa./So. 11 – 16 Uhr | Eintritt 30 DKK, unter 18 Jahre frei | www.sciencemuseerne.dk

Königliche Sommerresidenz mitten im Wald

Marselisborg Slot

Durch die Marselisborger Wälder führt der Kongevejen nach Süden zur königlichen Sommerresidenz, die 1902 im klassizistischen Stil erbaut wurde. Wenn sich Ihre Hoheiten dort aufhalten, findet täglich um 12 Uhr ein Wachaufzug der Garde statt. Der Schlosspark mit Rosengarten ist nur in Abwesenheit der königlichen Familie zugänglich. In Richtung Küste erinnert der **Mindepark** an den Ersten Weltkrieg; ein Ehrenmal trägt die Namen von insgesamt 4144 dänischen Nordschleswigern, die als deutsche Soldaten gefallen sind. Die **Marselisborger Wälder** erstrecken sich an der Küste kilometerweit nach Süden. Am Skovridervej sind in einem gesonderten Areal exotische Pflanzen und Vögel zu bewundern, während ein Teil des Waldes am Orneredevej als **Wildpark Dyrehaven** ausgewiesen worden ist, in dem man Sikahirsche und Wildschweine beobachten kann.
www.kongehuset.dk

Rund um Aarhus

Eine Moorleiche und ein Wikingerfest

Moesgård Museet

Rund 9 km nördlich lernt man im Moesgård Museum, das 2014 in einem Neubau von Henning Larsen im Norden des Herrensitzes Moesgard neu eröffnet wurde, etwas über die Geschichte Dänemarks von der Steinzeit bis zu den Wikingern. Größte, wenn auch etwas makabere Attraktion der Ausstellung ist der **»Mann von Grauballe«**, eine über 2000 Jahre alte, vollständig erhaltene Moorleiche. Entdeckt wurde der knapp 1,80 m große und zum Zeitpunkt seines Todes etwa 40 Jahre alte Mann 1952 in der Nähe von ▶Silkeborg. Zum Strand führt der 7 km lange »Weg der Vorzeit« (Oldtidssti), vorbei an rekonstruierten Häusern und Grabhügeln aus prähistorischer Zeit.
An jedem letzten Juliwochenende wird dort beim **»Vikingetræf«** der Waffengebrauch gezeigt, und wie die Wikingerschiffe von ihren Kriegsfahrten und Handelsexpeditionen heimkehrten (▶Baedeker Wissen, S. 318 und S. 364). In erster Linie handelt es sich jedoch um ein fröhliches Fest mit Olafsmarkt, bei dem nach alter Sitte ausgiebig gegessen und getrunken wird.
Di. – So. 10 – 17, Mi. bis 21 Uhr | Eintritt 140 DKK, unter 17 Jahre frei
www.moesgaardmuseum.dk

Auch im Landesinneren gibt es Wasser

Skanderborg

Das Tor zur mitteljütischen Seenlandschaft bildet das knapp 20 km entfernte Skanderborg am Nordufer des gleichnamigen Sees, den man mit dem Dampfer erkunden kann. Hier entstand eine **Königsburg**, die Dänemarks Monarchen im Mittelalter als Residenz diente. Erhalten sind noch ein Teil des Südflügels mit der 1570 geweihten Schlosskirche und ein Rundturm. Im Schlosspark steht eine Büste König Frederiks VI. von Bertel Thorvaldsen (▶Interessante Menschen). Hübsche Häuschen aus dem 18. Jh. findet man in der Borgergade und Skolegade. Im Skanderborg Museum wird Lokalgeschichte erzählt, in den Skanderborg Bunkerne, einst Hauptsitz der deutschen Luftwaffe, die Geschichte der Besatzungszeit.

Skanderborg Museum: Adelgade 5, Juni – Aug. Di. – So. 10 – 16, Sept. – Mai Di. – So. 13 – 16 Uhr | Eintritt 30 DKK, unter 18 Jahre frei
Skanderborg Bunkerne: Dyrehaven 6, 15. Juni – 15. Aug. Sa./So. 13 – 16, sonst nur So. | Eintritt 30 DKK, unter 18 Jahre frei, beide Museen: www.skanderborgmuseum.dk

Der höchste »Berg« Dänemarks

Møllehøj

Über ihren höchsten »Berg« haben die Dänen lange gestritten: Zunächst hatte der bei Skanderborg gelegene Yding Skovhøj diesen Rang inne. Weil er den Rekord von 173 m ü. d. M. aber nur einem auf seiner Spitze errichteten Hügelgrab verdankte, wurde ihm der Titel wieder aberkannt. Heute gilt der Møllehøj mit 170,86 m, südwestlich von Skanderborg, als höchste Erhebung Dänemarks.
www.visitskanderborg.dk

Ausflug nach Djursland

Einfluss der italienischen Renaissance

Rosenholm Slot

Von Aarhus führt die A 15 zur Halbinsel Djursland, die neben einer reizvollen Natur auch eine Reihe historischer Stätten zu bieten hat, so das unweit von Løgten gelegene Schloss Rosenholm aus der Zeit um 1560. Dänemarks ältester Familiensitz gehört zu den wenigen Schlössern des Landes, deren Architektur von der italienischen Renaissance beeinflusst ist. In den 1740er-Jahren wurden die Räume im Barockstil umgestaltet und ein 5 ha großer Park angelegt. Der Gartenpavillon »Pirkentavl« stammt noch aus der Mitte des 16. Jahrhunderts.
Etwa 10 km östlich steht in Thorsager die **einzige Rundkirche Jütlands**. Sie wurde um das Jahr 1200 begonnen. Wie die Rundkirchen auf ▶Bornholm diente die wehrhafte Doppelkapelle mit umlaufender Empore nicht nur als Gotteshaus, sondern auch als Schutzburg.

Schloss Rosenholm: 15.6. – 15.8. tgl. 11 – 16 Uhr | Eintritt Schlossführung und Park 75 DKK, bis 12 Jahre in Begleitung von Erw. 25 DKK | www.rosenholmslot.dk

Spiel und Spaß für Groß und Klein

Djurs Sommerland

Mit dem Liliputexpress durch die Höhle der Trolls fahren, auf einem Floß den Rio Grande bezwingen oder mehr als einen halben Kilometer Wasserrutschen ausprobieren – der **Vergnügungspark** am Randersvej 17 bei Nimtofte bietet mehr als 60 Attraktionen. Zuletzt kamen ein neues Wikingerland mit einer Drachenschiff-Schaukel und das Bauernhofland (Bondegårdsland) mit gleich zehn neuen Fahrgeschäften, Familien-Achterbahn und zwei Falltürmen hinzu.

Mai – Mitte Okt. ab 10 Uhr (nur im Hochsommer tgl., wechselnde Schließzeiten) | Eintritt Tageskarte 3 – 64 Jahre 260 DKK, Juli/Aug. 280 DKK | www.djurssommerland.dk

Lohnenswerte Abstecher

Ruine Kalø Slot

Auf der Weiterfahrt nach Ebeltoft passiert man eine Landzunge mit der Ruine von Schloss Kalø, das 1314 von König Erik Menved erbaut wurde. Gustav Wasa, der spätere König von Schweden, wurde hier 1518 gefangen gehalten, konnte jedoch fliehen.

Naturfreunden und Wanderern empfiehlt sich ein Abstecher in den **Nationalpark Mols Bjerge** mit seinen Wäldern, Mooren, Stränden und Strandwiesen und in die hügelige **Moränenlandschaft** Helgenæs, die ihre Entstehung der letzten Eiszeit verdankt (www.de.nationalparkmolsbjerge.dk).

»Rund um die Wölfe« und andere nordische Tiere heißt es wiederum im 24 ha großen **Tierpark** Skandinavisk Dyrepark, etwa 2 km nördlich vom Flughafen Tirstrup. Hier kann man Wölfe und Füchse, Elche, Wildschweine und Seeadler aus nächster Nähe erleben.

Tierpark: April – Okt. 10 – 17, Juli – 11. Aug. bis 18 Uhr | Eintritt 180 DKK, 3 – 11 Jahre 95 DKK | www.skandinaviskdyrepark.dk

Berühmte Glaskunst und eine Fregatte als Museum

★ Ebeltoft

Das idyllische Städtchen an der Ebeltoftbucht ist für seine Glaswerkstätten berühmt sowie für die liebevoll erhaltenen Häuser in den verwinkelten Gassen. Sehenswert sind das **kleine Rathaus**, mit dem Ebeltoft Museum am Torvet, und der Farvergård, eine alte Färberwerkstatt an der Adelgade 15. Wer schöne Mitbringsel sucht, sollte in einer der sechs örtlichen Glasbläsereien vorbeischauen. Kunst(handwerk)freunde können im »Museum für Modernes Glas« am Hafen zudem in eine der größten Sammlungen von Glaskunst in Dänemark und internationale Sonderausstellungen eintauchen. Es gibt dort eine eigene Schauglashütte mit Galerie und Shop sowie das empfehlenswerte Restaurant »Kampmann«.

Im Trockendock liegt die 1860 vom Stapel gelaufene Fregatte »Jylland«, die 1864 an der Schlacht vor Helgoland teilnahm, 1908 ausgemustert und 1970 als Museum eingeweiht wurde.

In solch einem Idyll kann nur Schönes entstehen: ein Innenhof in Ebeltoft.

Glasmuseet: Strandvejen 8, Nov. - März Mi. - So. 10 - 16, April - Okt. 10 - 17, Juli/Aug. 10 - 18, 100 DKK, Kinder 30 DKK (6 - 17 J.) www.glasmuseet.dk
Museum Fregatte Jylland: tgl. Mitte Feb. - Ende Nov. 10 - 15, Apr./Okt. bis 16, Mai/Juni u. Mitte Aug. - Ende Sept. bis 17, Juli - Mitte Aug. bis 18 Uhr | Eintritt 125 DKK, 4 - 12 Jahre 80 DKK www.fregatten-jylland.dk

Schöne Fachwerkkulisse

Grenaa

Grenaa besitzt einen modernen Fischerei- und einen Fährhafen nach Schweden (Varberg und Halmstad), Seeland (Hundested) und Anholt. Von der Blütezeit im 18. Jh. zeugen zahlreiche Fachwerkhäuser wie der Kaufmannshof in der Søndergade. Die Sammlungen des Djursland Museum und des Dansk Fiskerimuseum zeigt das **Museum Ostjylland** in einem Fachwerkhaus in der Søndergade. Wer altes Handwerk mag, kann in der **Alten Schmiede** (1849) noch dem Meister bei der Arbeit zusehen, während die Motorsamling (Kristiansmindevej 14) rund 200 Motoren aus den 1920er-Jahren ausstellt.

DJURSLAND ERLEBEN

TURISTINFORMATION FREGATTEN JYLLAND
S.A. Jensens vej 2 – 4
8400 Ebeltoft
Tel. 86 34 14 00
www.visitdjursland.com

DEN SKÆVE KRO € €
Fachwerkidylle mit zeitgenössischer Kunst aus Ebeltoft und Umgebung an den Wänden. Tipp für laue Sommerabende: der hübsche kleine Garten.
Villadsgyde 7, 8400 Ebeltoft
Tel. 86 34 18 38
www.denskaevekro.dk

MOLSKROEN € € €
Die meisten Zimmer des skandinavischen Landhauses mit Fachwerk verfügen über einen offenen Kamin und Meerblick. Auch im Restaurant hat man eine schöne Aussicht auf Meer und Garten.
Hovegaden 16, Femmøller Strand bei Ebeltoft
Tel. 86 36 22 00
www.molskroen.dk

GJERRILD KRO € €
Dorfidylle umgibt den mit dem »Grünen Schlüssel« ausgezeichneten Gasthof, zehn Autominuten vom Fährhafen Grenaa und 20 Minuten von Djurs Sommerland entfernt.
Gjerrild Bygaden 16, 8500 Grenaa
Tel. 86 38 40 20
www.hotel-gjerrild-kro.dk

SOSTRUP SLOT € €– € € €
Die Welt bleibt draußen: Auf Schloss Sostrup im Norden von Djursland wurden 2017 insgesamt 25 frühere Klosterzellen von Zisterziensernonnen zu gemütlich-ruhigen Hideaways. Gut ausgestattet mit besten Betten. Frühstück wird im Schlossrestaurant serviert. Dazu gibt es 17 Ferienwohnungen auf dem Gelände.
Maria Hjerte Engen 1
8500 Grenaa
Tel. 88 44 12 00
www.sostrup.org

Einige Kilometer nordöstlich der Stadt erreicht man beim 1892 erbauten **Leuchtturm von Fornæs** den östlichsten Punkt Jütlands.
Museum Ostjylland: 18. Juni – Aug. Di. – So. 10 – 16, Sept. – Mai Di. – So. 12 – 15 Uhr | Eintritt frei | www.museumoj.dk
Alte Schmiede: Smedestræde 2, Di. 13 – 16 Uhr

Rochen streicheln und Robben füttern

★ Kattegatcentret

Schwarmfische, Meerforellen, Dorsche und Hummer aus dänischen Küstengewässern tummeln sich in den großen Aquarien des Kattegatcentret von Grenaa. Im **Haitunnel** sieht man tropische Raubfische aus nächster Nähe, im Streichelzoo können Kinder den Flügelschlag der Rochen spüren, an der Lagune werden die Robben gefüttert. Wer sich selbst ein Bild von der Wasserqualität machen möchte, kann diese im Umwelt- und Sciencecenter überprüfen oder

aber dort Meeresströmungen, Wellen und Tidenhub erforschen. Eine weitere Attraktion ist ein dänisches Steinriff, das interaktiv das marine Leben im Tangwald präsentiert.
Færgevej 4 | April – Okt. tgl. 10 – 17, Nov. – März Di. – So. 10 – 16 Uhr | Eintritt 165 DKK, 3 – 11 Jahre 90 DKK | www.kattegatcentret.dk

★ ÆRØ

Region: Syddanmark | **Inselfläche:** 88 km² | **Bewohnerzahl:** 6200

S 15/16

Eine Insel wie aus dem Bilderbuch! Das von Als und Fünen aus mit der Fähre zu erreichende Ærø im Südfünischen Inselmeer ist ein Stück Dänemark im Kleinformat – und ein echtes Idyll. Auf nur 30 km Länge und 9 km Breite versammelt Ærø einige der schönsten Postkartenmotive des Landes: Das Hafenstädtchen Ærøskøbing glänzt mit Fachwerkhäusern und Stockrosen. Marstal im Inselsüden lebt bis heute vom Charme der früheren Hafen- und Werftstadt.

Dass von hier aus vor wenigen Jahrhunderten dänische Handelsbeziehungen in alle Welt gingen – unglaublich. Ærøs Natur mit Hügeln, Stränden und Steilküsten wie dem 30 m hohen Voderup Klint lassen sich entspannt per Rad oder auf einer Wanderung entdecken. 2014 wurde vor der Insel bei Æeroskøbing Dänemarks letzte Eisenbahnfähre in der Ostsee eingestellt – seitdem ist M/F Ærøsud Skandinaviens größter Hotspot für Taucher!

Eine Fahrt durch die Südsee

Wohin auf Ærø?

Fühlen Sie sich wie im Märchen

Ærøskøbing

An einem Landvorsprung der Nordküste liegt der älteste Inselort. In Ærøskøbing, das 1398 Handelsrecht erhielt, scheint die Zeit stillzustehen: bunte Fachwerkhäuschen, von Stockrosen umrankte alte Türen und Fenster, verträumte Gartenlokale – wen wundert der Titel »Märchenstadt«? Fast 40 Gebäude der gut erhaltenen Kaufmannsstadt des 17. und 18. Jh.s stehen unter Denkmalschutz, darunter das älteste Postamt Dänemarks von 1749 und das Kjøbinghus aus dem Jahr 1645. Im **Hammerichs Hus**, dem früheren Wohnhaus des Bildhauers Gunnar Hammerich, sind typisch dänische Möbel zu bewundern. Mehr als 1 000 Buddelschiffe nennt das Museum in der Smedegade 22 sein Eigen, das Lebenswerk von Peter Jacobsen, der seine

Zeit auf See im Miniaturformat rekonstruiert hat. Auch Hans Billedhuggers Schnitzereien sind hier zu sehen. Besonders fotogen ist das **Dukkehuset** in der Smedegade, das kleinste Häuschen der Stadt. Von Kleinstadtkultur und Seefahrt erzählt das Ærøskøbing Bymuseum.

Ærøskøbing Bymuseum: Brogade 3 – 5 | Juli/Aug. Mo. – Fr. 10 – 16, Sa./So. bis 17, März – Juni, Sept./Okt. 11 – 15, Nov. – März Mo. – Sa. 10 – 12 Uhr | Eintritt 40 DKK, unter 18 Jahre frei | www.arremus.dk

Hammerichs Hus: Gyden 22 | Ende Juni – Ende Aug. Mo. – Fr. 12 – 15, sonst nur nach Anmeldung | Eintritt 40 DKK

Von der Seefahrt geprägt

Marstal

Das Seefahrerstädtchen Marstal an der Ostspitze Ærøs war früher eine der bedeutendsten Hafenstädte Dänemarks. Die ortsansässige **Seefahrtsschule** bildet seit über 100 Jahren Navigationsoffiziere für die dänische Handelsflotte aus. Noch heute sind Werften und Reedereien ein wichtiger Lebensnerv des Orts. Schmale Gassen mit Fachwerk führen zur Hafenmole, die Seeleute und Bauern 1825 mühsam errichteten. In der 1738 erbauten Kirche hängen mehrere Schiffsmodelle, Marstaler Matrosen standen für die Apostelstatuen selbst Modell. Mehr als 200 Schiffsmodelle, Kapitänsbilder und Galionsfiguren sind im **Søfartsmuseum** ausgestellt. Mit einer 18 365 m² großen Solaranlage deckt der Ort 30 Prozent seines Wärmebedarfs.

Prinsegade 1 | Juni – Aug. tgl. 9 – 17, 23. Apr. – Mai, Sept. – 21. Okt. 10 – 16, 22. Okt. – 22. April Mo. – Fr. 10 – 16, Sa. 11 – 15 Uhr | Eintritt 60 DKK, unter 18 Jahre frei | www.marmus.dk

Fernwanderweg durch das Inselmeer

★ Søby Volde

An der Nordwestspitze der Insel ließ Herzog Hans um 1580 das bäuerliche Anwesen Søby Volde errichten. Es steht auf den Fundamenten einer mittelalterlichen Burg (12. Jh.). Nach umfangreichen Renovierungen konnte das Haupthaus 1997 wieder den Betrieb aufnehmen. Der **Leuchtturm** kann täglich von Sonnenauf- bis Sonnenuntergang bestiegen werden. Bei Søby beginnt mit dem Øhavsstien ein Wanderweg durch das Inselmeer, der nach 220 km bei Falsled auf Fünen endet. Auf Ærø verlaufen 36 km dieses beliebten Fernwanderweges.

Wanderinfos: www.visitfyn.de | www.detsydfynskeoehav.dk

★ Dänische Südsee

Zauberhafte Inselwelt in seichtem Wasser

Lyø und Avernakø

Fast wie ein Binnenmeer wirkt die Ostsee zwischen den lang gezogenen Inseln Ærø und ▶Langeland. Dutzende Eilande und Sandbänke bilden die Gipfel eines Landes, das während der letzten Eiszeit absackte. Entsprechend seicht ist hier das Wasser.

Ærøskøbing führt nicht umsonst den Titel »Märchenstadt«.

Von Søby setzt die Fähre über nach Lyø. Um 1540 waren die ersten Inselbewohner vor die Wahl gestellt worden: Hinrichtung oder Auswanderung hierher. Heute haben die Höfe die stattlichen Ausmaße von Herrensitzen und die 140 Einheimischen können zu Recht mit **»einem der schönsten Dörfer Dänemarks«** werben: Lyø By. Hier sieht man fast nur reetgedeckte Häuser und von Stockrosen umrankte Fachwerkfassaden mit rostrot, hellgrün oder samtblau gestrichenen Türen und Fenstern, wie Leuchtzeichen gegen das lange Grau des Winters. Weiter geht die Fahrt mit der Fähre nach Avernakø. Die rund 600 ha große Doppelinsel – ein Damm verbindet seit 1973 Avernak und Korshavn – gilt als **Vogelparadies**. Ihre 120 Bewohner leben noch vorwiegend von der Landwirtschaft – die mit Seetang gedüngten, fruchtbaren Böden werden bis nah an die Küste genutzt.

Eine »smukke tur« über die Insel(n)

Drejø und seine kleineren Schwestern

Fünf Kilometer in Ost-West-Richtung misst das 430 ha große **Drejø**. Um 1900 lebten auf der Insel etwa 400 Menschen, heute sind es nur noch knapp 80. Eine Rundfahrt gilt zu Recht als »smukke tur«: Felder und Weiden, die sich sanft über kleine Hügel breiten, Bauernhäuser hinter schlanken Baumreihen, reetgedeckt und fachwerkverwinkelt. Auf **Skarø**, wo die Höfe immer noch nach alter Sitte paarweise um den Dorfteich stehen, leben nur 20 Menschen. Die fünf Höfe auf dem

ÆRO ERLEBEN

ÆRØ TURISTKONTOR
Ærøskøbing Havn 4
5970 Ærøskøbing
Tel. 62 52 13 00
www.visitaeroe.dk

Autofähren verkehren zwischen Ærøskøbing und Svendborg (Fünen), Søby und Faaborg (Fünen) sowie Søby und Fynshav (Als).
www.aeroe-ferry.dk

RESTAURANT MUMM € €
Im Herzen von Ærøskøbing serviert das gemütliche Restaurant klassisch dänische Gerichte mit frischer Note.
Søndergade 12
5970 Ærøskøbing
Tel. 62 52 12 12
mumm.restaurant

HOTEL ÆRØHUS € € – € € €
Ein hübscher Garten umgibt dieses romantische Ferienhotel, wo man auch auf einer Terrasse speisen kann. Am Samstag wird im Ballsaal getanzt (allerdings nicht in den dänischen Sommerferien).
Vestergade 38
5970 Ærøskøbing
Tel. 62 52 10 03
www.aeroehus.dk

pfannkuchenflachen Inselchen Hjortø werden noch von 15 Einheimischen bewirtschaftet, die bis heute ihren »Oldermann« wählen, der zu entscheiden hat, wann der Tang auf den Feldern ausgebracht wird und das Vieh auf die Sommerweiden kommt. Das knapp 100 ha große **Birkholm** zählt heute zehn Bewohner – um 1900 waren es noch rund 80 – und ist so neben Hjortø eine der zwei kleinsten, bewohnten Inseln des Landes.
www.visitfyn.de

ALS

R/S 12-14

Region: Syddanmark | **Inselfläche:** 321 km² | **Bewohnerzahl:** 52 000

Über die Grenze und dann rechts halten – das zwischen Flensburger Förde und Fünen am Kleinen Belt gelegene Als ist die erste richtige Insel von Urlaubsdänemark. Mit Wäldern, Steilküsten im Westen und Buchten wie im Süden an der Landspitze Kegnæs gilt Als als eines der Bade-, vor allem aber tollsten Surfer- und SUP-Reviere der Region.

Dass Als ein »wundervolles, fruchtbares Stück Land« ist, wusste schon der expressionistische Maler Emil Nolde. Auch Schriftsteller Siegfried Lenz lebte und schrieb hier in der Harmonie des dänischen Südens. Eine Besonderheit der Region: Im Sommer findet in vielen Orten eines der **traditionsreichen Ringreiterfeste** statt – mit Festumzug und Turnier.

Traditionen erleben und aktiv sein

Wohin auf Als?

Sønderborg traditionell ...

★ Sønderborg

Direkt am Als Sund liegt Sønderborg, die größte Stadt der Insel. Die Burg vom Anfang des 12. Jh.s wurde im 16. Jh. zu einem vierflügeligen Renaissanceschloss umgebaut. Königinwitwe Dorothea gab von 1568 bis 1570 die schöne **Schlosskapelle** im Nordflügel in Auftrag: Skandinaviens älteste und Dänemarks erste protestantische Kirche. Im Schlossmuseum wird die bewegte Geschichte Nordschleswigs vom Mittelalter bis zur Gegenwart erzählt. Mit Schauergeschichten und Spuk lehrt das Ghostwalking auf **Schloss Sønderborg** Kinder ab 10 Jahre das Gruseln. Eine weitere sehenswerte Kirche ist die Marienkirche: Herzog Hans d. J. ließ die Sct. Marie Kirke Ende des 16. Jh.s auf ihre jetzige Größe erweitern. Den lichten Innenraum zieren Altartafeln (17. Jh.) von Niels Tagesen.

Kunst- und kulturhistorische Exponate im **Deutschen Museum Nordschleswig** dokumentieren wiederum die Geschichte der deutschen Minderheit. Nur wenige Schritte weiter erhält man in der Papirmuseets butik (Rønhaveplads 4) alles Wichtige für Puppenhäuser sowie Teddybären und originelle Karten.

Sønderborg Slot: Mai – Sept. tgl. 10 – 17, April/Okt. bis 16, Nov. – März Di. – So. 13 – 16 Uhr | Eintritt 80 DKK, Kinder frei
www.museum-sonderjylland.dk

Deutsches Museum Nordschleswig: Rønhaveplads 12, Di. 10 – 16, Fr. bis 13 Uhr | Eintritt frei | www.deutsches-museum.dk

... und modern

Hafen Sønderborg

So historisch sich Sønderborg am Schloss oder in der Altstadt rund um Rathaus und Fußgängerzone Perlegade zeigt, so modern ist die Universitätsstadt am Hafen: Noch auf dem Festland steht das **Kulturhaus Alsion**. Auf Als im Schatten der Kong-Christian-X-Brücke liegt der sehenswerte Neubau der Stadtbibliothek. Gleich nebenan entstehen Appartments, Studentenwohnungen und sogar ein mehr als 20 m hohes Hochhaus, das die neue Landmarke der Region werden soll. Den Masterplan für die Entwicklung entwarf Stararchitekt Frank Gehry.

Dänisch-deutsche Geschichte erleben

★ Dybbøl Mølle

Auf dem Festland südwestlich von Sønderborg erreicht man die **Düppelermühle**, die während der deutsch-dänischen Kriege zunächst bis

auf die Grundmauern zerstört und später als Symbol dänischer Tapferkeit wiederaufgebaut wurde: Ein Museum informiert über die Düppelerschanzen (Dybbøl Banke), einen natürlichen Höhenzug in der Nähe. Im Jahr 1864 überwältigten dort deutsche Truppen die zahlenmäßig unterlegenen Dänen; damals verlor Dänemark ganz Schleswig an Preußen. Im modernen Geschichtszentrum erläutert ein Schanzenmodell im Maßstab 1:10 die Taktik von 1864, außerdem sind eine rekonstruierte Schanze, Waffen sowie auch Uniformen ausgestellt
April – Okt. tgl. 11 – 16, Juli 10 – 17 Uhr | Eintritt 120 DKK, Kinder 70 DKK | www.museum-sonderjylland.dk

Der größte Skulpturenpark des Königreichs

★ Augustenborg Slot

Rund 7 km nordöstlich von Sønderborg steht in Augustenborg ein 1770 erbautes **Rokokoschloss**. Zu besichtigen sind der Gartensaal, das Arbeitszimmer des Herzogs und die Schlosskapelle mit schönen Stuckarbeiten Michelangelo Taddeis; der Taufstein ist ein Geschenk des Zaren Alexander I. Der Nordteil des Schlossparkes bildet als Augustiana den größten Skulpturenpark des Königreiches. Höhepunkt des Veranstaltungskalenders ist Mitte August ein großes, ganztägiges Familienkonzert am Sonntag,.
Schlossbesichtigung nur mit Führung, tgl. 10 – 18 Uhr | Eintritt 50 DKK, Kinder 25 DKK; Schlosskapelle: im Sommer Mo./Mi. 9 – 15, Di./Do./Fr. bis 17 Uhr | Skulpturenpark: www.augustiana.dk

Ein uraltes Kriegsboot aus Holz und moderne Technik

Nordborg

Schloss Nordborg im Norden der Insel war ursprünglich eine Burg, die Svend III. um 1150 zum Schutz gegen die Wenden errichten ließ. Während der Kriege mit Schweden wurde sie zerstört und von 1665 bis 1670 neu erbaut. Das Schloss ist heute Ausbildungsstätte, daher ist nur der Schlosspark zu besichtigen. In der **Hjortspring-Werft** kann der seetaugliche Nachbau eines Kriegsboots aus Lindenholz aus dem 4. Jh. besichtigt werden.

Im Technikerlebnismuseum **Danfoss Universe** wird mit über 150 Attraktionen anhand von Experimenten, interaktiven Spielen und multimedialen Herausforderungen in die faszinierende Welt der Wissenschaft eingeführt. Bei den Besuchern besonders beliebt: Europas erste Segwaybahn und »Lift a car«: Dank Archimedes' Hebelgesetz lässt sich hier ein gewöhnlicher Personenwagen mit nur wenig Kraftaufwand vom Boden abheben.
Hotspring-Werft: www.hjortspring.dk
Danfoss Universe: Juli – Mitte Aug. tgl. 10 – 18 Uhr, Juni/15. – 30. Aug. Mo. – Fr. 10 – 16, Sa./So. 10 – 17, Sept./Okt., April/Mai Sa./So. 10 – 17 Uhr | Eintritt 5 – 15 Jahre 195 DKK, ab 16 Jahre 245 DKK
www.universe.dk

Ohne Ehrgeiz geht nichts beim Ringstechen in Als.

ALS UND SØNDERBORG ERLEBEN

SØNDERBORG TURISTBUREAU
Rådhustorvet 7
6400 Sønderborg
Tel. 74 42 35 55
www.visitsonderborg.com

Das größte Ringreiterfest findet in Sønderborg statt. Kinder, die noch nicht im Pferdesattel sitzen können, nutzen zum Ringreiten ein Fahrrad.
www.ringriderfest.com

DYVIG BADEHOTEL
€€€–€€€€
Perfekt für eine kleine – oder längere – Flucht aus dem Alltag: Das Dyvig Badehotel im Norden von Als liegt mit Blick aufs Wasser. Charmant eingerichtete Zimmer und eine persönliche Atmosphäre machen das Haus zu einem Geheimtipp. Saisonal und regional ist die Karte im Haus-Restaurant »Vigen«.
Dyvigvej 31
6430 Nordborg
Tel. 73 16 43 00
www.dyvigbadehotel.dk

ANHOLT

Region: Midtjylland | **Inselfläche:** 22 km² | **Bewohnerzahl:** 145
Turistbüro: Bygaden 11 **www.anholt.dk**

Alle Dänen kennen Anholt – obwohl auf der weitab vom Festland gelegenen Insel die wenigsten gewesen sind. Anders gesagt: Anholt ist eines der größten Geheimnisse des Königreichs. Dass die Insel überhaupt zu Dänemark gehört, soll sie einem cleveren dänischen Unterhändler verdanken, der im 17. Jh. die Rückgabe der Provinzen Schonen, Halland und Blekinge an Schweden verhandelte. Dabei wurde Anholt scheinbar vergessen – der Däne hatte seinen Bierkrug auf die Karte gestellt, mitten ins Meer, direkt auf Anholt – rein zufällig natürlich...

Die vergessene Insel

Schon die Anfahrt ist beschwerlich: Eine Fähre hinüber nach Anholt verkehrt nur ab Grenaa in Djursland. Und die Überfahrt dauert zudem noch rund 3 Stunden lang. Darüber hinaus gibt es auf Anholt nur wenige Ferienhäuser oder Pensionen. Dafür aber eine Natur,wie man sie in Dänemark nur hier findet – mit Heide, weiten Sandstränden und einer echten »Wüste«: vier Fünftel von Anholt sind nichts als Sand.

Wohin auf Anholt?

Einzigartiges Dünenmeer

Wind und Wellen haben das einzigartige Dünenmeer auf der Insel geschaffen: Das 10 km lange Flugsandgebiet heißt **Ørkenen**, nach dem dänischen Wort für »Wüste«. Hier gibt es nichts, was Schatten spenden könnte, abgesehen von dem weißen, schlanken Leuchtturm von 1881. Fast 90 Prozent der Insel sind Naturschutzgebiet. Dazu gehören auch Dänemarks größte Seehundkolonie an der Dünenspitze Totten im Osten Anholts und das **Vogelschutzgebiet** Flakket im Nordwesten, wo im Frühjahr und Herbst die großen Vogelschwärme Rast machen. Den besten Überblick hat man vom Sønderbjerg, einer immerhin 48 m hohen Hügelkette im Westen.

Seehunde und Vogelschwärme

An der Hafenmole drängen sich heute Segelboote aus Dänemark, Schweden, Norwegen und Deutschland. Gleich hinter dem Kai gibt es zwei Restaurants. Wer übernachten will, kann zwischen dem Inselgasthof im 3 km entfernten Dorf, einigen Sommerhäusern und dem Campingplatz wählen. In einer ehemaligen Arztpraxis von 1867 dokumentiert das **Anholt Museum** die Inselgeschichte.

Ageren 3, Mo. – Fr. 10 – 13, Sa./So. 16 – 18 Uhr | Eintritt 30 DKK, 12 Jahre 10 DKK

★ BORNHOLM

Region: Bornholms Regionskommune | **Inselfläche:** 589,4 km²
Bewohnerzahl: 40 000

Es ist dieses ganz besondere Licht: Schon um 1900 bildete sich auf Bornholm eine der ersten dänischen Künstlerkolonien. Die »Bornholmermalerne« wie Michael Ancher, Olaf Rude oder später Oluf Høst liebten die scheinbar nicht endende Helligkeit, die die Sonnenreflexionen auf der Ostsee schaffen. Ähnlich wie in ▶Skagen gehört das Meer rund um Bornholm, das regelmäßig die meisten Sonnenstunden Dänemarks zählt, zu den größten Schätzen für Kreative. Heute leben und arbeiten mehr als 100 Künstler und Kunsthandwerker auf Bornholm und den vorgelagerten kleinen »Erbseninseln«, den Ertholmene – so viele wie nie.

Q/R 42-44

Mit allen Sinnen genießen

Dass dänisches Design, ob in Form von Möbeln oder Architektur, Weltruhm besitzt, ist ein offenes Geheimnis. Wie sehr aber auch Kunsthandwerk gepflegt wird, können Sie besonders auf Bornholm entdecken: rund 100 Glasbläser, Keramiker, Textildesigner und ande-

re Kreative leben und arbeiten hier. Darum tägt Bornholm seit 2017 als erste Region Europas den Titel **»World Craft Region«** und ist stolz darauf. Viele der Werkstätten sind für Besucher geöffnet. Und auch Bornholms Kunstmuseum, das Design-Kunsthandwerkscenter Grønbechs Gård, die traditionsreiche Fertigungsstätte Hjorths Keramikfabrik sowie die Designschule der Kopenhagener Kunstakademie sind einen Besuch wert.

Ebenso gehören zu einem Bornholmurlaub Outdoorerlebnisse an Felsen und Klippen im Inselnorden oder ein Abstecher nach Dueodde an der Südspitze, einen der schönsten Strände im Königreich. Kulinarische Erlebnisse in Bornholms bekannten **Heringsräuchereien** zählen darüber hinaus ebenso zu den Highlights der Sonneninsel wie ein Abend im Michelin-gekrönten Restaurant »kadeau« oder der Genuss von lokalen Qualitätserzeugnissen wie Käse oder Craftbier.

Skandinavien im Miniaturformat

Im Norden Klippen, im Süden lange Sandstrände

Auf Bornholm findet man Skandinavien im Miniaturformat. Dies ist auf die Lage der Insel und ihre Entstehungsgeschichte zurückzu-

führen, die mit der Bildung der Bornholmer Granite vor 1500 Mio. Jahren begann und mit der Sandsteinformation Südbornholms vor etwa 550 Mio. Jahren vollendet wurde – anschaulich präsentiert im **Erlebniscenter »NaturBornholm«** in Aakirkeby (►S. 92). Der mächtige, vielfach nur von einer dünnen Erdschicht überzogene Granitklotz Nordbornholms weist schöne, schärenartige Klippenpassagen auf – das findet man in ganz Dänemark sonst nirgends. Im Spaltental Døndalen rauscht hier im Norden der Insel der **einzige Wasserfall Dänemarks**. Der südliche Teil der Insel besitzt hingegen kilometerlange Sandstrände. Hier finden auch Surfer ideale Verhältnisse. Und die nahen Dünen versprechen ein ruhiges Plätzchen, geschützt vor Wind und fremden Blicken.
Im Frühjahr und Herbst ist Bornholm Rastplatz für **Millionen von Zugvögeln**, in lauen Frühlingsnächten singt Bornholms Nationalvogel, die Nachtigall. Das Innere der Insel ist teils bewaldet, teils mit Heidefläche und Mooren bedeckt, die zu Wanderungen einladen. Sportangler finden an der Küste Meerforellen, Hering und Hornfisch, in den idyllischen Seen Hecht, Regenbogenforelle, Barsch, Zander und Schleie.

Eigensinniges Inselvolk mit langer Tradition

Geschichte Steinzeitliche Hünengräber und Felszeichnungen aus der Bronzezeit belegen die frühe Besiedlung der Insel. Mehr als 1000 Jahre alte Zufluchtsburgen zeugen davon, wie Bornholm Spielball verschiedener Machthaber im Ostseegebiet war. Denkmäler aus der Wikingerzeit sind die vielen **Runensteine** und die Ruinen von Almindingen und Lilleborg. Auch die bis zu 800 Jahre alten romanischen **Rundkirchen**, die ursprünglich zur Verteidigung gegen die wendischen Seeräuber dienten, erzählen vom ewigen Unfrieden. 1525 – 1575 gehörte die Insel zu Lübeck. Nach dem Friedensschluss 1658 musste Bornholm an die Schwedische Krone abgetreten werden. Daraufhin nahmen die Bornholmer – typisch eigensinniges Inselvolk – ihr Schicksal selbst in die Hand, liquidierten kurzerhand den schwedischen Kommandanten und gaben die Insel 1660 an den dänischen König zurück.

Wohin auf Bornholm?

Die »Hauptstadt« der Insel

Rønne Hauptort von Bornholm ist Rønne, wo sich auch der Flugplatz und der wichtigste Hafen befinden. Die **Fachwerkhäuser** aus dem 18. und 19. Jh. rund um den Storetorv – Mi. und Sa. ist dort Markttag – bestechen durch ihre Liebe zum Detail, so etwa die Hauptwache (Søndergade 12), erbaut im Jahr 1743. Von der Frühgeschichte bis zur Neuzeit reichen die Exponate im **Bornholms Museum**. Zu sehen sind dort diverse Gegenstände der Seefahrt, traditionelle Stuben, Bornholmer Uhren; besonderes Augenmerk gilt den »Guldgubber«, kunstvollen Goldblechteilen aus der Eisenzeit. Dem Museum angeschlossen ist das Keramikmuseum in der Hjorths Fabrik (1859) an der Krystalgade 5.

Im Süden von Rønne steht seit 1650 das Kastell mit einem mächtigen Rundturm, wo heute das Verteidigungsmuseum eingerichtet ist. Ebenfalls zum Verbund des Bornholm Museums gehören der **Erichsens Gård**, der Bornholms Stadt-, Garten- und Esskultur thematisiert, außerdem der Melstedgård in Gudhjem.

Bornholms Museum: Sct. Mortens Gade 29| Mitte Okt. – Mitte Mai Mo. – Fr. 13 – 16, Sa. 11 – 15, Mitte Mai – Juni, Mitte Aug. – Mitte Okt. Mo. – Sa. 10 – 17, Juli – Mitte Aug. tgl. 10 – 17 Uhr | Eintritt 70 DKK, unter 18 Jahre frei | www.bornholmsmuseum.dk

Erichsens Gård: Laksegade 7 | Mitte Mai – Mitte Sept. Fr./Sa. 10 – 16 Uhr

Gewaltiges Meeresrauschen

Hasle Im Juli trifft man sich in Hasle zum Heringsfest, und in der Museumsräucherei kann man den Wandel vom silbernen Hering zum goldenen

Bornholmer sogar live erleben. Rund 7 km nördlich bildet die Brandung eine gewaltige Geräuschkulisse für eine steile Klippenküste mit dem 41 m hohen **Jons-Kapel-Felsen** – der Legende nach soll in seiner Grotte der Einsiedlermönch Jon gehaust haben. Wie vielseitig Bornholmer Kunsthandwerk ist, zeigt der Hof **Grønbechs Gård** mit Ausstellungen der besten Künstler der Insel.

Grønbechs Gård 4 | April – Mitte Okt. 10 – 17 Uhr | Eintritt 60 DKK
www.groenbechsgaard.dk

BORNHOLM ERLEBEN

BORNHOLMS VELKOMSTCENTER

Nordre Kystvej 3
3700 Rønne
Tel. 56 95 95 00
www.bornholm.info

Von Rønne, Bornholms Hauptstadt, aus fahren Autofähren nach Køge, südlich von Kopenhagen. Außerdem bestehen ab Rønne direkte Schiffsverbindungen nach Ystad in Südschweden, von wo man via Øresundbrücke nach Kopenhagen gelangt, sowie saisonal nach Sassnitz (Mukran) auf Rügen.
www.faergen.de

Sehenswürdigkeiten auf der Insel sind mit dem Bus ohne große Anstrengungen zu erreichen. Vom Mountainbike bis zum Pedersencykel sind Fahrräder in allen Variationen zu mieten – eine Broschüre mit den schönsten Radtouren ist bei allen Touristikbüros erhältlich
Flüge: Mehrmals täglich gehen ab Rønne Flüge nach Kopenhagen; im Sommer auch Charterflüge nach Berlin, Düsseldorf und Hamburg.

Aug.: Wonderfestiwall – Musikfestival zu Füßen von Hammerhus. Bands und DJs präsentieren sich ein langes Wochenende auf drei Bühnen Open-Air.
www.wonderfestiwall.dk
Sept.: Bornholmer Kulturwoche mit Konzerten, Theater, Malerei und Kunsthandwerk von jungen Talenten und Insel-Stars.
www.bornholmskulturuge.dk

GAARDEN

So schmeckt Bornholm: Fischer Fisch, Feldfrüchte, sorgfältig gereifter Käse, Milch, die berühmten Bornholmer Roggenkekse und vieles mehr – der alte Bauernhof »Gaarden« im kleinen Melsted bei Gudhjem ist ein kulinarischer Treffpunkt für Bornholmer und Urlauber. Ob traditionelle Gerichte, neue Trends oder eigene Ideen: Im »Madkulturhus«, dem Essenskulturhaus, findet man das Beste der lokalen Küche.
Melsted 25
3760 Gudhjem
Tel. 56950735
www.gaarden.nu

KADEAU €€€–€€€€

Bornholms einziges Michelin-gekröntes Restaurant entwickelte sich unter Starkoch Rasmus Kofoed zum internationalen Hotspot für Gourmets. Anders als der Kadeau-Ableger in Kopenhagen nur im Sommer geöffnet.
Baunevej 18
Vestre Sømark,
Pederskem Akirkeby
Tel. 56 97 82 50
www.kadeau.dk

ÆBLEHAVEN €€–€€€

Dänen-Küche einmal ganz exotisch: Sophia und Henrik servieren in ihrem lichten Restaurant auf weißem Tisch tuch die typischen Genüsse der Insel mit thailändischem Flair.
Hovedgade 15
Snogebæk
Tel. 56 48 88 85
www.aeblehaven.com

SIEMSENS GARD € € €

Ein Brüderpaar führt das Hotel in einem 350 Jahre alten Kaufmannshof direkt am Hafen. Vom Restaurant mit vorzüglicher Küche – und der Terrasse – hat man einen herrlichen Blick auf den Hafen und das Meer.

Havnebryggen 9
Svaneke
Tel. 56 49 61 49
www.siemsens.dk

STAMMERSHALLE € €

Eine Strandvilla für Nostalgiker – mit pastellfarbenen Zimmern und Retro-Flair. Restaurantchef und Sommelier Lars Spring ist Garant für eine ausgezeichnete Küche.

Sdr. Strandvej 128
Stammershalle
Gudhjem
Tel. 56 48 42 10
www.stammershalle-badehotel.dk

Picknick zu Füßen der beeindruckenden Burgruine

★ Hammershus

Weiter nordwärts kommt man nach Sandvig mit hübschen Fachwerkhäuschen. Auch der Nachbarort Allinge kann eine ganze Reihe ansprechender Fachwerkhäuser vorweisen, ein schmuckes altes Rathaus und eine Kirche, deren älteste Teile aus der Gotik stammen. Ein schöner Spaziergang führt nach Norden zum Leuchtturm von Hammeren, vorbei am **Stejleberg**, dem mit 84 m höchsten Felsen der Insel. Südwestlich vom Leuchtturm thront auf einem 74 m hohen Felsplateau Hammershus, Nordeuropas größte mittelalterliche Burgruine. Das einstige Schloss, um 1250 vom Erzbischof in Lund zum Schutz gegen die dänischen Könige errichtet, wurde im 16. Jh. in erster Linie als Aufbewahrungsort für die eingezogenen Steuern ausgebaut, als Bornholm für 50 Jahre im Besitz von Lübeck war. 1645 wurde die Burg vom schwedischen General Wrangel erobert. Danach diente sie als Staatsgefängnis, später sogar als Steinbruch, bis sie schließlich 1822 unter Denkmalschutz gestellt wurde. Heute ist sie vor allem Picknickziel für Familien; im Sommer gibt es mittelalterliche Markttage mit Turnieren in historischen Kostümen.
Zwei einstige Steinbrüche, mit Wasser vollgelaufen, bilden heute Bornholms größte **Seen** – über den Opalsee saust mit 55 Sachen Dänemarks längste Seilrutsche. Sie misst beachtliche 290 m.

Hammershus: frei zugänglich
Seilrutsche: Ende Juni – Anfang Aug. tgl. 10 – 17 Uhr
www.natureevent.dk

Atemberaubende Landschaft, beschaulicher Ort

★ Gudhjem

Eine atemberaubende Klippenküste erstreckt sich südlich von Allinge. Fast jeder Stein trägt hier einen seltsamen Namen oder kommt in Legenden vor. Höhepunkt sind die 22 m hohen **Felsnadeln** der Heiligtumsklippen, zu denen von Gudhjem aus ein Wanderweg führt. Gudhjem selbst, an den steilen Hängen des Bokulhügels gelegen, ist einer der schönsten Orte Bornholms, mit seinen steilen Gassen und vertäumten Häuserzeilen. In der Werkstatt von **Baltic Sea Glass** (Melstedvej 47) kann man die Arbeit mit dem glühenden Glas verfolgen. Das **Landwirtschaftsmuseum** Melstedgård erinnert in einem Fachwerkbauernhof an das alte Klöppelhandwerk ebenso wie an die traditionelle Getreideernte mit Pferd und Bindemäher.

Im **Erlebniszentrum von Rågelundsgård** wird das **Mittelalter** wieder lebendig, mit alten Häusern, Werkstätten, Bogenschießen und spannenden Reitturnieren.

Museum Melstedgard: Melstedvej 25, 15. Mai – Juni, 19. Aug. – 10. Okt. So. – Do. 10 – 16, Juli – 18. Aug. So. – Fr. 10 – 16 Uhr | Eintritt 70 DKK, unter 18 Jahre frei

Mittelaltercenter: Stangevej, Mai/Sept. Mo. – Fr. 11 – 15, Mitte – Ende Aug. Mo. – Fr. 10 – 16, Juni Mo. – Fr. 10 – 17, 1. – 10. Aug. Mo. – Sa. 10 – 17 Uhr | Eintritt saisonabhängig 11 – 66 Jahre 75 – 140 DKK 3 – 10 Jahre 40 – 70 DKK | www.bornholmsmiddelaldercenter.dk

★ Bornholms Kunstmuseum

Bornholmer Schule

Unweit bei **Rø** wird in Bornholms Kunstmuseum eine hervorragende Sammlung von Kunst und Kunsthandwerk der Inselbewohner präsentiert. Den Schwerpunkt bildet die Bornholmer Schule mit Werken

Empfangskomitee am Hafen: Willkommen in Gudhjem!

von Edvard Weie, Olaf Rude, Kræsten Iversen, Niels Lergaard und Oluf Høst. Außerdem ist dort eine der größten kunstgewerblichen Sammlungen des Landes zu bewundern.

Mai – Okt. Di. – So. 10 – 17, Nov. – April Di., Do. und So. 13 – 17 Uhr
Eintritt 70 DKK, unter 18 Jahre frei | www.bornholms-kunstmuseum.dk

Bedeutende Zeugnisse mittelalterlicher Architektur

★ Rundkirchen

Als bedeutender Beitrag zur mittelalterlichen Architektur des Nordens gelten die vier Rundkirchen Bornholms, die vermutlich alle aus dem 12 Jh. stammen. Knapp 8 km nordöstlich von Rønne steht in **Nyker** die kleinste und wohl jüngste der vier. Die frühgotischen Kalkmalereien zeigen Szenen aus der Passion Christi. Bei einer Restaurierung stieß man auf ein Runenalphabet im Wandverputz (▶ Abb. S. 373). Südöstlich von Rønne findet sich in Nylars eine zweite Rundkirche. Im Norden der Insel, südlich von Allinge wiederum steht die **Olskirke**, mit 30 m die höchste auf der Insel. Da ihr Schiff einen geringen Durchmesser hat, besitzt sie den Charakter eines Festungsturms. Landeinwärts von Gudhjem schließlich liegt im Süden **Østerlars** die größte und wohl älteste der Bornholmer Rundkirchen. Der figurenreich verzierte Mittelpfeiler des Rundschiffs ist als Rippengewölbe sogar begehbar.

Klein und gemütlich, aber voller Genüsse

★ Svaneke

Südöstlich von Gudhjem erreicht man die Klippenpartie Randkløveskår, bevor man nach gut 15 km in Svaneke mit seinen wunderschönen Fachwerkhäusern eintrifft. Hier findet man Antiquitätengeschäfte und Kunsthandwerker, wie am Brænderigænget die Glasbläserei von Pernille Bülow, wo nach alten Verfahren moderne Formgebung betrieben wird. Beliebter Treffpunkt ist der Hafenkai mit alten Kaufmannshöfen. Im Sommer kann man mit der **Pferdestraßenbahn** eine nostalgische Tour unternehmen oder samstags über den Markt schlendern und sich mit Bioerzeugnissen eindecken. Der futuristische Wasserturm des Ortes stammt vom Architekten Jørn Utzon. Doch so klein und beschaulich der Hafenort wirkt – so herrlich isst und genießt man hier! Hausgemachtes Eis mit Zutaten wie Sanddorn oder Früchten von Bornholm komponiert Vibeke Bohn (Svaneke Torv 3, www.svaneke-is.dk). Einige der besten Craftbiere des Königreichs entstehen gleich um die Ecke in der Mikrobrauerei **Svaneke Bryghus** (Svanegang 10, www.svanekebryghus.dk). Und was man alles mit **Lakritz** anstellen kann, beweist der in Svaneke geborene Johan Bülow, der »König« des dänischen Lakritzes (▶ Abb. S. 414).

Lakritz: Glastorvet 1, www.lakrids.nu

Abendliche Lesungen im Garten

Nexø

Südöstlicher Gegenpol zu Rønne ist Nexø mit seinen 4000 Einwohnern. An den hier geborenen Schriftsteller Martin Andersen Nexø

(▶Interessante Menschen) erinnert ein kleines Museum im Elternhaus; im kleinen Garten wird an Sommerabenden aus Nexøs Werken vorgelesen. Die Geschichte der 1968 eingestellten Bornholmer Eisenbahn dokumentiert das **Eisenbahnmuseum**, und im ehemaligen Gericht logiert heute ein Fischerei- und Seefahrtsmuseum, während das frühere Rathaus als Heimatmuseum genutzt wird.

M. Andersen Nexø-Museum: Ferskesøstræde 36 | 15. Mai – Juni, Sept. – Mitte Okt. Mo. – Fr. 13 – 16, Juli/Aug. Mo. – Fr. 10 – 16, Sa. 10 – 13 | Eintritt 50 DKK | www.andersennexoe.dk

Eisenbahnmuseum: Nordre Strandvej 8 | Juni – 19. Sept. Mo. – Fr. 10 – 16, Sa. 10 – 14 Uhr | Eintritt 40 DKK, Kinder 20 DKK www.dbj.dk

Erst genießen und dann an den Strand

Snogebæk

Auf dem Weg zur Südspitze der Insel müssen zumindest Feinschmecker einen Zwischenhalt in Snogebæk einlegen: Hier finden sie nämlich Gourmetrestaurants, Kunsthandwerksläden und eine Räucherei mit Fischspezialitäten sowie für »hinterher« die **Kjaerstrup Chocoladeglæde**, die dänische Pralinen nach altem Rezept zubereitet und offeriert.

Anschließend verdaut es sich am besten ganz im Süden zu Füßen des Leuchtturms von **Dueodde**. Sein über 20 km langer Strand liefert so feinen Sand, dass er früher sogar als Füllung von Sanduhren verwendet wurde!

Chocoladeglæde: Hovedgaden 9 | www.kjaerstrup.dk

Etwas über die Entstehung der Insel erfahren

Aakirkeby

Bornholms einzige Binnenstadt besitzt das größte Gotteshaus der Insel. Einblick in die Entstehungsgeschichte der Felseninsel gibt das Erlebniscenter **NaturBornholm**, das Henning Larsen entworfen hat. 70 Oldtimer, Motorräder, alte Motoren und eine Werkstatt anno 1920 präsentiert hingegen Bornholms **Automobilmuseum**. Wer wiederum ausgefallene Textilien mag: Karen Dam webt in Damasttechnik ganz besondere Plaids, Platzdecken, Teppiche und andere Wohntextilien.

NaturBornholm: Grønningen 30 | April – Okt. tgl. 10 – 17 Uhr Eintritt 120 DKK, 3 – 11 Jahre 60 DKK | www.naturbornholm.dk

Automobilmuseum: Grammegårdsvej 1 | Mai – Okt. Mo. – Sa. 10 – 16 Uhr | Eintritt 60 DKK, 3 – 14 Jahre 30 DKK www.bornholmsautomobilmuseum.dk

Karen Dam: Hegnedevejen 15 | www.karendam.dk

Die östlichsten Ausläufer des Landes

Ertholmene

Gut eine Stunde dauert von Allinge, Gudhjem und Svaneke aus die Überfahrt zu Dänemarks östlichsten Inseln, den **»Erbseninseln«**. Die ausgedehnten Festungsanlagen auf der Hauptinsel Christiansø

BAEDEKER ÜBERRASCHENDES

6X TYPISCH

Dafür fährt man nach Dänemark.

1. HAFENIDYLLE

Rund um Fischereihafen und Segelmarina im kleinen **Strandby bei Frederikshavn** erinnert noch manches an vergangene Zeiten. Erst recht bei der er morgendlichen Fischauktion, bei der auchUrlauber mitmachen können. (▶ **S. 118**)

2. FANGFRISCH

Eine Fischauktion bietet spannende und lebhafte Rituale, wenn frühmorgens fangfrischer Dorsch und Hering versteigert werden. Ersteigern Sie sich Zutaten für das Mittagessen, etwa in **Thorsminde** (▶ **S. 155**)

3. GENUSS

Seit 1783 gehört auch eine Spezialität fest zur Herrnhuterstadt **Christiansfeld**: köstliche Honigkuchen – nicht entgehen lassen! (▶ **S. 126**)

4. KERAMIK

In der Nähe von **Rønne** auf Bornholm steht ein guter Ton an, und noch heute gibt es hier fast zwei Dutzend Keramikwerkstätten, die u. a. die gelbe »Bornholmer Fayence« herstellen. (▶ **S. 83**)

5.

Ein kleines Dorf auf einer winzigen Insel zeigt, wie vor 200 Jahren alle dänischen Dörfer aussahen: Reetgedeckte Katen ducken sich hinter Apfelbäumen, am Fahnenmast flattert rotweiß der Danebrog in der steten Brise von **Nyord** auf Møn. (▶ **S. 248**)

6. ALTE ZEITEN

Im archäologischen Erlebnispark von **Skærbæk** wird die Frühzeit wieder lebendig. Hier kann man wie vor 2000 Jahren in Einbäumen herumpaddeln, mit Pfeil und Bogen schießen oder mit zeittypischen Geräten eine Mahlzeit zubereiten. (▶ **S. 329**)

ließ Christian V. anno 1684 anlegen. Eine Hängebrücke führt hinüber zur Nachbarinsel Frederiksø, einst ein weithin berüchtigter Verbannungsort. Das **Museum im Lille Tårn** (»Kleiner Turm«) besitzt alte Waffen und ein Modell des Kastells auf Christiansø.

Fähre zu den Ertholmene: www.christiansoefarten.dk

★ ESBJERG

Halbinsel: Jütland | **Region:** Syddanmark | **Einwohnerzahl:** Stadt 73 000, Kommune (inkl. Ribe und Bramming): 116 000

O/P 4

Dass Schönheit oft genug im Auge des Betrachters liegt, gilt ohne Frage auch für Esbjerg. Denn anders als in vielen, ja den meisten dänischen Städten verzaubert die Hafenstadt an der Nordsee Besucher nicht mit einer historischen Altstadt und reichlich Vergangenheit. Der Grund dafür ist einfach: Esbjerg ist modern – und mit seinen nur rund 150 Jahren Stadtgeschichte immer noch jung. Der Grund dafür: Nach dem Wiener Frieden und dem Verlust Südschleswigs besaßen die Dänen im Süden ihres Landes an der Nordsee keinen Hafen mehr. 1868 fiel darum die Wahl als Standort für einen neuen Hafen an der Westküste auf das verschlafene Esbjerg, das 1860 gerade einmal 30 Einwohner hatte.

Jung, dynamisch, erfolgreich

Sein Aufstieg zur heute fünftgrößten Stadt des Königreichs war rasant: Besonders der Export nach England sorgte für den ersten wirtschaftlichen Aufstieg. Immer noch ist Esbjerg auch ein wichtiger Fischereihafen, vor allem aber wird von seinem **Containerhafen** aus heute ein großer Teil der Agrarexporte in alle Welt verschifft. Darüber hinaus schlägt in Esbjerg das Herz der Nordsee-Öl- und Gasindustrie sowie der **Offshore-Windindustrie**: Im Nordhafen werden große Offshore-Plattformen für die verschiedenen Einsätze gebaut und gewartet.

Viele seiner Einnahmen investiert Esbjerg in **Kultur** und Bürgerprojekte: Das moderne Museum, die beiden beliebten Spielstätten Musikhuset und Tobakken für klassische Musik bis Rock sind ebenso Beleg dafür wie das Wahrzeichen der Stadt: die im Jahr 1995 gegenüber am Hertingvej enthüllte **Monumentalskulptur »Mennesket ved Havet«** von Svend Wiig Hansen. Das letzte große Werk des Künstlers, das, wie der Titel besagt Menschen am Meer darstellt, besteht aus vier 9 m hohen männlichen Gestalten, die ihren Blick auf die Nordsee richten.

Wohin in Esbjerg?

Kulturangebot für jeden Geschmack

Wasserturm

Im Stadtpark ragt der im Jahr 1897 erbaute Vandtårn auf, ein weiteres Wahrzeichen von Esbjerg. Die Aussicht von dort oben ist herrlich, und man kann sich allgemein über europäische Wassertürme kundig machen. Nebenan befindet sich das **Kunstmuseum** mit Werken von ca. 1920 bis zur Gegenwart. Ausgestellt sind u. a. die CoBrA-Maler, Richard Mortensen, surreale Arbeiten der Brüder Haugen Sørensen sowie Werke von Michael Kvium und Claus Carstensen aus den 1990er-Jahren. Am Eingang grüßt die Besucher Robert Jacobsens »Esbjerg«-Skulptur aus dem Jahr 1963, die als ein Hauptwerk des Konstruktivismus gilt. An das Kunstmuseum grenzt das von Jan und Jørn Utzon entworfene **Musikhuset**. Der 1997 eröffnete Komplex hat sich zu einer beliebten Bühne für Theater, Konzerte und Ausstellungen gemausert. Gleich hinter dem Bahnhof wiederum findet sich das **Kulturhaus Tobakken**, das ebenfalls Konzerte und andere Kulturveranstaltungen auf dem Programm hat.

Im ehemaligen Esbjerger E-Werk an der Ørstedsgade ist wiederum ein modernes **Musikkonservatorium** eingerichtet worden. Die Akustik im Konzertsaal, der von Hans Tyrrestrup ausgeschmückten, ehemaligen Turbinenhalle, gilt als ausgezeichnet. Vor dem Konservatorium steht seit 1998 Thorbjørn Laustens Skulptur Uret, eine futuristische Komposition verschiedener Uhrwerke.

Kunstmuseum: Eingang Havnegade 20 | tgl. 10 – 16 Uhr | Eintritt 60 DKK, unter 18 Jahre frei | www.eskum.dk
Musikhuset: Havnegade 18 | Tel. 76 10 90 10 | www.mhe.dk
Tobakken: Gasværksgade 2 | Tel. 75 18 00 00 | www.tobakken.dk

Modernes Stadtleben und alte Handwerkskunst

Kongensgade

Die Kongensgade ist Jütlands längste Einkaufsmeile, hier sind noch mehrere Jugendstilhäuser und Gründerzeitbauten erhalten geblieben. Beliebter Treffpunkt ist der große Marktplatz mit gemütlichen Restaurants und Cafés. In der Parallelstraße befindet sich das **Buchdruckmuseum**, das wie eine alte Setzerei und Druckerei eingerichtet ist, mit traditionellen Maschinen und Bleilettern, die ab 1850 verwendet wurden. Die Fabrik gründeten einst deutsche Arbeiter, die nach Dänemark gezogen waren.

Bogtrykmuseet: Borgergade 6 | Mitte Juni – Mitte Sept. Di. 10 – 12, Do. 12 – 16 Uhr Eintritt 30 DKK, Kinder 20 DKK | www.bogtrykmuseet.dk

Stadtgeschichte und ganz viel Gold des Nordens

★ Esbjerg-Museum

Die Torvegade führt hinauf zum Esbjerg-Museum, das die Stadtgeschichte von den Anfängen bis heute illustriert, unter anderem mit einem rekonstruierten Wikingerhof, Hafenszenarios, Läden und

ESBJERG ERLEBEN

VISIT ESBJERG
Skolegade 33
6700 Esbjerg
Tel. 75 12 55 99
www.visitesbjerg.de

SVØMMESTADION DANMARK
Dänemarks größte Bade- und Schwimmanlage begeistert mit zehn Bassins und Pools auf 10 000 m². Die Wellnessabteilung mit Eisfontäne, Dampfbad und Sauna sorgt für Entspannung.
Gl. Vardevej 60
www.svdk.dk

1 DRONNING LOUISE €€
Tanzlokal mit leckeren dänischen Gerichten in einem schmucken Gründerzeitbau direkt im Herzen der Stadt. Jazz jeden Samstagnachmittag.
Torvet 19
Tel. 75 13 13 44
www.dr-louise.dk

2 RESTAURANT STRANDPAVILLONEN €€–€€€
Das Restaurant des Hjerting Badehotels (s. u.) gehört zu den besten der Region. Von vielen Tischen hat man Ausblick aufs Meer und die Bucht von Ho. Besonders die Fischgerichte sind ein Erlebnis.
Strandpromenaden 1
Tel. 75 11 70 00
www.hjertingbadehotel.dk

1 HJERTING BADEHOTEL €€–€€€
Das ist Strandurlaub: In historischem Ambiente gepaart mit nordischem Design verbringt man im traditionsreichen Badehotel entspannte Tage am Meer – fast wie in den Anfängen des Bädertourismus. Gutes Restaurant (s. o.).
Strandpromenaden 1
Tel. 75 11 70 00
www.hjertingbadehotel.dk

Wohnungen der Jahrhundertwende. Höhepunkt der Sammlung ist die große Bernsteinausstellung mit mehreren Hundert einzigartigen Exponaten – darunter **das älteste Schmuckstück Dänemarks** aus Bernstein, das rund 9000 Jahre alt ist (▶ Baedeker Wissen, S. 99).
Juni – Aug. tgl. 10 – 16, Sept. – Mai Di. – So. 10 – 16 Uhr | Eintritt 40 DKK, unter 18 Jahre frei | www.esbjergmuseum.dk

Auf und im Wasser - oder lieber auf den Teller?

Am Hafen

Immer ein Erlebnis sind die Hafenrundfahrten und am Pier 1 das **Museumsfeuerschiff** »Horns Rev«, das 1912 – 1984 vor Jütlands Westküste bei Wind und Wetter Dienst tat. Mit einem Mahnmal nördlich am Hjertingvej wird all jener Esbjerger Fischer gedacht, die seit 1900 auf See ihr Leben ließen. Gleich um die Ecke bietet die **Auktionshal-**

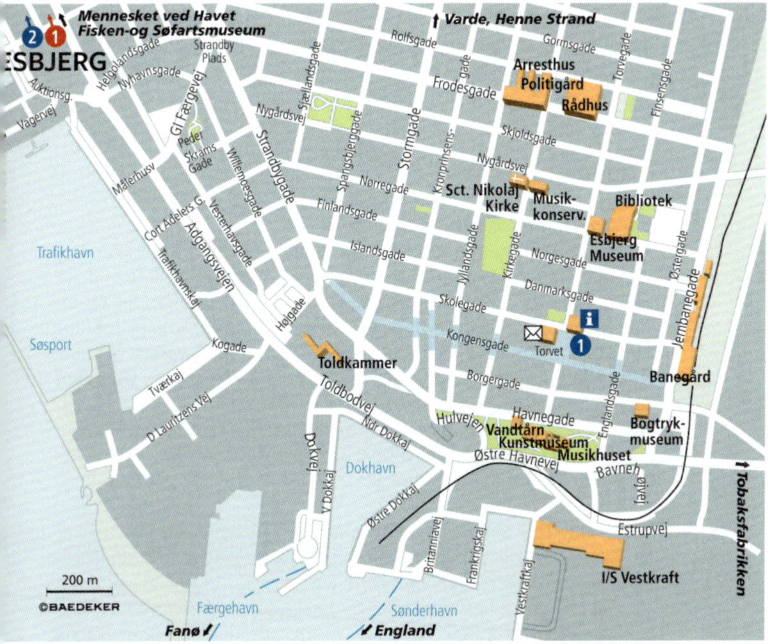

① Dronning Louise
② Restaurant Strandpavillonen

① Hjerting Badehotel

le am Fischereihafen spannende und lebhafte Rituale, wenn morgens ab 7 Uhr fangfrischer Dorsch und Hering versteigert werden. Im Juli und August können mittwochs um 11 Uhr auch Urlauber mitbieten und dabei Zutaten für den Mittagstisch erstehen.

Nur wenige Schritte entfernt zeigt das **Fischerei- und Seefahrtsmuseum** eine umfangreiche Sammlung von Booten und Fanggeräten. Im **Salzwasseraquarium** tummeln sich mehr als 80 verschiedene Fischarten und andere Meerestiere der dänischen Küstengewässer, und im **Robbarium** Seehunde und ihre Jungen. Zur Freilichtausstellung gehört u. a. eine alte Köderhütte von Holmsland Klit – bis zum Beginn des 20. Jh. wohnten Kleinbauern im Frühjahr in solchen Hütten in den Dünen am Meer, um die traditionellen Langleinenfischerei nach Dorschen zu betreiben.

Museumsfyrskib »Horns Rev«: Mo. – Fr. 10 – 16 Uhr | Eintritt 25 DKK, 8 – 15 Jahre 10 DKK, www.horns-rev.dk

Fiskeri- og Søfartsmuseum: Tarphagevej | Juli/Aug. 10 – 18 Feb. – Juni, Sept./Okt. bis 17, Nov. – Jan. bis 16, Fütterung 11/14.30 Uhr | Eintritt 115 DKK, Juli/Aug. 140 DKK, unter 18 Jahre frei www.fimus.dk

Rund um Esbjerg

Naturpark mit Steilküste und Seen

Marbæk und Ho Bugt

Weite Heideflächen und mächtige Schonungen mit Bergkiefern, Sitkafichten und Laubhölzern bestimmen das Landschaftsbild im 1300 ha großen Naturpark Marbæk, 12 km nordwestlich der Stadt. Auf dem Gelände wurden bei Ausgrabungen zwei Wohnplätze aus der älteren Eisenzeit freigelegt. Eindrucksvoll präsentiert sich die Steilküste an der Hobucht mit Pflanzen wie Stranderbse, Meerhanf und Strandhafer. An den Seen lassen sich Stockenten, Blässhühner, Austernfischer und Rotschenkel beobachten. Mittelpunkt des Gebiets ist der **Marbækgård** mit Informationszentrum, Landwirtschaftsausstellung und Restaurant.

Beschauliches Städtchen und eine Gartenidylle am See

Varde

Am Marktplatz der 20 km nördlich von Esbjerg gelegenen Kleinstadt befindet sich die St.-Jacobi-Kirche aus dem 12. Jh. mit Barockkanzel und spätgotischem Taufbecken. Besonderes Augenmerk verdienen die **Bürgerhäuser** aus dem 18. Jh. wie der Kampmann'sche Hof von 1781 im Louis-XVI-Stil, der Schulzhof von 1796 und das Sillasenshaus, heute Tourismusbüro. Das kulturhistorische Varde Museum zeigt u. a. jütländisches Steingut und Silber. In der angeschlossenen Arnbjerganlage ist Varde um 1800 im Maßstab 1 : 10 originalgetreu nachgebaut. Mit der neuen Kunsthal Varde hat der Mäzen Poul Erik Bech mitten in der Stadt ein Forum für junge Künstler geschaffen – wer ausstellen will, spendet Kunst, die dann verkauft wird.

Der Sammelleidenschaft des Naturfreunds Tambour ist ein bezaubernder Garten nordöstlich von Varde am **Karlsgårde Sø** zu verdanken. Fast 40 Jahre lang pflanzte der fantasievolle Schneidermeister hier auf 30 000 m² liebevoll Blumen, Büsche, Bäume und Heilpflanzen aus aller Herren Länder.

Varde Museum: Mitte Mai – Ende Aug. tgl. 10 – 17 Uhr | Eintritt 50 DKK, unter 18 Jahre frei | www.vardemuseum.dk

Arnbjerganlage: Mai/Sept./Okt. tgl. 10 – 16, Juni/Aug. bis 17, Juli bis 18 Uhr | Eintritt 40 DKK, 3 – 12 Jahre 12 DKK www.minibyen.vardekommune.dk

Kusthal: Smedegade 35, tgl. 12 – 16 Uhr | Eintritt frei

Tambours Have: Bredmosevej 21 | Mai – Sept. tgl. 10 – 17 Uhr www.tambour.vardekommune.dk

DAS GOLD DES NORDENS

Kein anderer Landstrich in Dänemark ist so bekannt für seine zahlreichen Bernsteinfunde wie die jütländische Nordseeküste. Fündig werden kann man bei jedem Wetter, am besten sind die Chancen aber nach einem kräftigen Sturm, der den Meeresboden aufwühlt und bei auflandigem Wind das berühmte »Gold des Nordens« an den Strand spült.

Mythen und Legenden ranken sich um die Entstehung des magischen Edelsteins, dem bis heute **heilende und schützende Kräfte** zugeschrieben werden. Während schon der römische Schriftsteller Plinius in seiner »Naturalis Historia« vermutete, dass Bernstein aus dem Harz von Nadelhölzern entstehe, glaubte man im Mittelalter, er werde aus den Strahlen der untergehenden Sonne auf den Wogen des Meeres geboren – und so wurde Bernstein für Magie und Volksheilkunde unentbehrlich. Erst im Jahr 1767 gelang es, die organische Herkunft des Steins nachzuweisen, der seinen Namen wegen der Brennbarkeit des Harzes nach dem mittelniederdeutschen Wort »Bernen« für »Brennen« erhielt.

Fossile Harztropfen

Tatsächlich stammt das fettglänzende, fossile Harz von der **Bernsteinkiefer** (Pinus succinifera), die vor 65 – 70 Mio. Jahren weite Teile Nordeuropas bedeckte. Klimaveränderungen führten später zum Anstieg des Meeresspiegels, der Waldboden wurde überflutet, das Harz fortgeschwemmt – bis zur polnischen Samlandküste, die heute die größten Bernsteinvorkommen besitzt.

Die Gletscher der letzten Eiszeiten verteilten den Bernstein überallhin. Was man an der jütländischen Nordseeküste findet, haben Wasser und Eis vielleicht aus dem Baltikum oder von den schwedischen Seen hierher gebracht. Die Farbe des undurchsichtigen bis klaren Steins variiert zwischen weißlich-gelb und rotbraun.
Im Gegensatz zu geschliffenem Glas lässt sich Bernstein mühelos einritzen. Er ist so leicht, dass er in Salzwasser schwimmt, und lädt sich elektrisch auf, wenn man ihn an der Kleidung reibt, sodass Fälschungen leicht zu erkennen sind. Charakteristisch sind die häufigen Einschlüsse von Insekten und Pflanzenteilen, die die magische Wirkung noch verstärkt.

Exportschlager

Der älteste Bernstein entdeckte man in 310 Mio. Jahren alter Steinkohle. Schon seit Jahrtausenden wurde er als Schmuck verwendet, in der Altsteinzeit und bei den Wikingern wurde Bernstein zudem für kultische Zwecke benutzt.
Im Mittelalter verbreitete sich der Handel über die **»Bernsteinstraße«** in ganz Europa. Im 17. Jh. war der Stein populärer Zimmerschmuck in höfischen Kreisen.
Auch heute noch hat der Bernstein seine Strahlkraft nicht verloren. Es gibt kaum einen dänischen Badeort ohne Bernsteinschleiferei und -boutique. Und geduldige Goldsucher können mit etwas Glück im Strandgut so manch guten Fang machen. Wer sich für das Gold des Nordens näher interessiert, kommt an der beeindruckenden Bernsteinsammlung in Esbjerg nicht vorbei.

Schönere Dünen als bei Henne Strand findet man in Jütland kaum.

Einst Zufluchtsort, heute Nationalpark

Halbinsel Skallingen

Knapp 14 km trennen Varde von Oksbøl. In seiner romanischen Ål-Kirche gibt es schöne Wandmalereien aus dem 13. Jh. und das **Blåvandshuk Egnsmuseum** in der Kirkegade 1 erzählt die Geschichte dieser Gegend und dokumentiert das Schicksal von 35 000 Flüchtlingen, die zeitweilig in der kleinen Stadt untergekommen waren. Südlich davon liegt **Ho**, und von dort führt ein kleiner Weg über die zum Nationalpark Wattenmeer gehörende Halbinsel Skallingen. Im Sommer grasen hier Schafe und Rinder, Ende August findet in Ho ein Schafsmarkt statt.

Herrliche Dünen, feiner Sand

★ Henne Strand

Die wohl schönsten Dünen der jütländischen Westküste erreicht man nordwestlich von Varde bei Henne Strand – im Sommer ist die populäre Ferienhausmetropole fest in deutscher Hand. Die 64 m hohe **Wanderdüne Blåbjerg** bietet eine Traumsicht. Beliebt: noch weiter nördlich das Wald- und Heidegebiet Blåbjerg Plantage.

Krieg an der Küste

★ Tirpitz

Im Sommer 2017 eröffnete an, ja quasi in der Küste von **Blåvand** ein neues Museum, das in die Zeit des Zweiten Weltkriegs entführt, aber noch deutlich mehr zu bieten hat. Hier entstand ab 1944 als Teil des Atlantikwalls die »Tirpitz-Stellung«, die die Einfahrt in den Hafen von Esbjerg bewachen und eine der stärksten deutschen Küstenbefestigungen in Dänemark werden sollte. Die riesige Anlage wurde allerdings nicht komplett fertiggestellt und nach dem Krieg gesprengt. Auf den Überresten bauten die dänischen Stararchitekten der Bjarke Ingels Group (BIG) nun ein Museumsgebäude aus Stahl und Glas, das unter seinem Dach drei Ausstellungen vereint: »Verborgene Geschichten der Nordseeküste« zur Geschichte der dänischen Westküste, »Ein Heer aus Beton« über die Auswirkungen des Zweiten Weltkriegs auf die Region und »Das Gold des Meeres« über Bernstein. Eine vierte Ausstellung erreicht man durch einen Tunnel, der in die unterirdischen Räume des Tirpitz-Bunkers führt; dort wird die Geschichte des Atlantikwalls nachgezeichnet. Das Museum zieht alle Register der multmedialen Museumspädagogik.

Tirpitzvej 1, 6857 Blåvand | Juli – Mitte Aug. tgl. 9 – 19, sonst 10 – 17 Uhr | Eintritt 125 DKK, bis 18 Jahre frei | www.tirpitz.dk

★★ FAABORG

Insel: Fünen | **Region:** Syddanmark | **Einwohnerzahl:** 7 200

R 15

Fachwerkhäuser, Kopfsteinpflaster, ein sehenswertes Kunstmuseun, maritime Atmosphäre und eines der schönsten Hafenbäder des Königreichs: das kleine Faaborg im Süden von ▶Fünen ist eine dänische Perle. Faaborg liegt nicht nur ideal für Ausflüge in die Natur Fünens, beispielsweise für Wanderungen in den »Fünische Alpen» genannten Hügeln der Svanninge Bakker im Hinterland – Faaborg ist vor allem ein Paradies für Sportangler, Surfer und Segler. Als Fährhafen dient der im 12. Jh. gegründete Ort auch als Ausgangspunkt zu den zahlreichen Inseln im Südfünischen Inselmeer, der dänischen Südsee, mit Eilanden wie ▶Ærø, Averankø, Lyø oder Bjørnø.

Trotz eines verheerenden Großbrands 1728 sind viele **historische Gebäude und Straßenzüge** erhalten geblieben. Von den mittelalterlichen Stadttoren steht noch das Westtor (15. Jh.) in der Vestergade. Während der Grafenfehde 1534 – 1536 wurde die übrige Festungsanlage zerstört.

Angeln, Surfen, Segeln

Wohin in Faaborg?

Der Urvater aller Riesen

Klokketårnet

Wahrzeichen der Stadt ist der Glockenturm an der Lille Tårnstræde, der für die St.-Nikolai-Kirche im 12. Jh. gebaut wurde. An der Ostwand zeugen Mauerreste von der einstigen Kirche, die im 16. Jh. abgerissen wurde. Vom restaurierten Turm blickt man auf die Stadt und die Inseln vor der Küste. Nur wenige Schritte weiter auf dem Marktplatz befindet sich Kai Nielsens **Ymer-Brunnen**, der 1913 von dem Fabrikanten und Kunstmäzen Mads Rasmussen gestiftet wurde. Ymer ist in der nordischen Sagenwelt der Urvater aller Riesen. Das alte Rathaus am Marktplatz beherbergt heute das Stadtarchiv und die **Gefängnisausstellung** Faaborg Arrest, die anschaulich über das triste Leben in der ehemaligen Strafanstalt berichtet.

Faaborg Arrest: Feb. – Juni, Sept., Okt. Di. – So 11 – 15, Juli/Aug. tgl. 10 – 16 Uhr | Eintritt 50 DKK | www.ohavsmuseet.dk

Die größte Sammlung fünischer Kunst

★ Faaborg Museum

Ein Muss ist der Besuch im Faaborg Museum mit der größten Sammlung fünischer Künstler aus der Zeit um 1900. Zum Bestand gehören Werke der Maler Peter Hansen, Fritz Syberg und Johannes Larsen, Jens Birkholm, Karl Schou und Harald Giersing. 1985 entwarf Niels Frithiof Truelsen den Erweiterungsbau für Arbeiten des neoklassizistischen **Bildhauers Kai Nielsen** (1882 – 1924). Zu sehen ist ferner auch eine Studie zu Nielsens wuchtigem Ymer-Brunnen auf dem Marktplatz.

Der **»alte Hof«** von 1725 gewährt hingegen einen Einblick in das frühere Leben in Faaborg, mit einem prunkvollen Rokokosaal sowie kostbaren Gläsern und Fayencen des 17. und 18. Jh.s. In einem Nebengebäude wird über die Blütezeit der Seefahrt berichtet, eine dritte Abteilung ist dem **Kunsthandwerk** der Insel Lyø gewidmet.

Faaborg Museum: Grønnegade 75 | April – Okt. tgl. 10 – 16. Nov. – März Di. – So. 11 – 15 Uhr | Eintritt 80 DKK, unter 18 Jahre frei www.faaborgmuseum.dk

Den gamle Gård: Holkegade 1 | Mitte Juni – Mitte Aug. tgl. 11 – 15 Uhr | Eintritt 40 DKK, unter 18 Jahre frei

Schöner kann ein Sprung in die Ostsee kaum sein

Hafenbad

Das neue, architektonisch hochkarätige Faaborg Havnebad, nur 100 m von der Altstadt entfernt, lädt mit seinen Badestegen, Umzugskabinen, Duschen und einer Sauna zum Badevergnügen ein – und zwar ganzjährig.

Chr. IX`s Vej 12 | www.fmk.dk

Rund um Faaborg

Der Alltag einer Müllersfamilie anno dazumal

Horneland und Kaleko Mølle

Nach Westen erstreckt sich die Halbinsel Horneland mit der **einzigen Rundkirche Fünens**, die im 12. Jh. bei Horne aus Feldsteinen errichtet und mit Schießscharten versehen wurde. Das Altargemälde von C. W. Eckersberg stammt aus dem Jahre 1812.

FAABORG ERLEBEN

FAABORG TURISTBUREAU
Torvet 19
Tel. 72 53 18 18
www.visitfaaborg.dk

Im Sommer verkehrt die Oldtimerbahn SydFyenskeVeteranjernbane zwischen Faaborg und Korinth.
www.veteranbanen-faaborg.dk

FALSLED KRO €€€–€€€€
Das Hotelrestaurant im Südwesten von Fünen hat viele der besten dänischen Köche ausgebildet und verheißt daher Gaumenfreuden erster Güte. Zum Dableiben: 17 bezaubernde Zimmer.
Assensvej 513
Millinge
Tel. 62 68 11 11
www.falsledkro.dk

HVEDHOLM SLOT €€€€
Wo einst ein Neffe des Astronomen Tycho Brahe (▶Interessante Menschen) lebte, wird heute fürstlich logiert, getafelt und gefeiert.
Hvedholm Slot 1
Tel. 63 60 10 20
www.slotshotel.dk

HVEDHOLM SCHLOSSHOTEL €€–€€€
Ein Stück dänischer Geschichte in Südfünen: Hvedholm Schloss nicht weit von Faaborg entfernt nahe Horne – von einigen Zimmern hat man eine traumhafte Aussicht auf die Hafenstadt Faaborg und das südfünische Inselmeer.
Hvedholm Slot 1
Tel. 63 60 10 20
www.slotshotel.dk

HOTEL FÆRGEGAARDEN €€–€€€
Das hübsche Haus von 1857 neben dem Hafen bietet einen herrlichen Blick aufs Inselmeer. Im edlen Restaurant lässt es sich exquisit tafeln.
Chr. IX's Vej 31
Tel. 62 61 11 15
www.hotelfg.dk

HOTEL FAABORG FJORD €€€
Modernes Ferienhotel direkt am Fjord mit ausgezeichneter Küche.
Svendborgvej 175
Tel. 62 61 10 10
www.hotelfaaborgfjord.dk

Aus dem 15. Jh. wiederum stammen die ältesten Teile der mittelalterlichen **Wassermühle** im Wald, 2 km östlich von Faaborg. Hier kann man den Alltag einer Müllerfamilie vor mehr als 100 Jahren erleben.
Juni – Aug. tgl. 10 – 15 Uhr | Eintritt frei | www.ohavsmuseet.dk

Nicht gerade ein Hochgebirge ...

Fünische Alpen

Die A 8 führt von Faaborg nordostwärts Richtung Svanninge Bakker durch die »Fünischen Alpen« mit Hügeln, flachen Moränenlandschaften und Seen, die ihr Entstehen der letzten Eiszeit vor 15 000

Jahren verdanken. Besonders schön lässt sich ein Teilstück auf dem insgesamt 220 km langen Øhavsstien, dem Wanderweg durch das Inselmeer, spazieren.
Nach 9 km taucht **Schloss Brahetrolleborg** auf, das auf ein Zisterzienserkloster aus dem 12. Jh. zurückgehen. Nach der Säkularisierung verkaufte es der dänische Staat an den Holsteiner Kaufmann Christoffer von Gabel, der den Backsteinbau später gegen den Segeberger Kalkberg eintauschte. Der Park ist öffentlich zugänglich.
Zutritt zum Park: tgl. 9 – 17 Uhr

Noch einmal die Schulbank drücken

Korinth

Johan Ludvig Reventlow von Brahetrolleborg rief 1784 im nahen Korinth die ersten Volksschulen ins Leben – im benachbarten Gærup erzählt heute ein Museum die **dänische Schulgeschichte**. Schöne Radtouren führen zu den rund um Korinth liegenden Seen Arreskov, Nørresø und Brændegårdssø.
Gærup Skolemuseum: Sa. 14 – 16 Uhr | Eintritt 20 DKK, Kinder 10 DKK

★★ Egeskov Slot

Ende April – Juni, Sept. – Mitte Okt. tgl. 10 – 17, Juli – Aug. bis 19 bzw. 18 Uhr, Eintritt Park, Schloss, Ausstellungen 190 – 220 DKK, 4 – 12 Jahre 110 – 130 DKK, www.egeskov.dk

Mit eigener Weihnachtslegende

Bilderbuchschloss

Märchen können mitunter auch wahr werden. So erscheint es beim Anblick des Bilderbuchschlösschens Egeskov 20 km östlich von Faaborg, das 1524 – 1554 unter Reichsmarschall Frands Brokkenhuus bei Kværndrup in der Mitte eines Sees erbaut wurde – zur Errichtung musste ein ganzer Eichenwald (»egeskov«) geschlagen werden. Der luxuriöse **Renaissancebau** galt für damalige Verhältnisse als Sensation, da alle Wohnräume über einen Kamin verfügten und selbst die obersten Etagen durch ein Aufzugsystem mit Wasser versorgt wurden. Seit 1784 ist das noble Anwesen im Besitz der Familie Ahlefeldt-Laurvig-Bille. Im vornehmen Rittersaal grüßt König Christian IV. hoch zu Ross, die Gelbe Stube schmücken kostbare Louis-XVI-Möbel und die Klunkestube Nippes und Zierrat des wilhelminischen Zeitalters. Die **Rigborgstube** erzählt das Liebesdrama der jungen Hofdame Rigborg Brockenhuus (1579 – 1641), die für ihre Affäre mit dem verheirateten Junker Frederik Rosenkrantz, aus der ein Sohn hervorging, zu lebenslanger Einzelhaft im Turm verurteilt wurde. Rosenkrantz wurde mit dem Abhacken zweier Finger und dem Verlust seines Adelstitels bestraft, später auf Intervention von Tycho Brahe rehabilitiert.
Der **Holzmann »Jul«** auf dem Treppenturmboden von Schloss Egeskov darf, so will es die Legende, nie entfernt werden und braucht

BAEDEKER ÜBERRASCHENDES

6X UNTERSCHÄTZT

Genau hinsehen, nicht daran vorbeigehen, einfach probieren

1. GENUSS

Im kleinen Vester Aaby bei Faaborg zaubert der gelernte Konditor und Chocolatier **Henrik Konnerup** die vielleicht köstlichsten Schokoladen des Lands. (Svendborgvej 399, www.konnerup-co.dk)

2. MEDITERRAN

Im Gemüsegarten von **Schloss Egeskov** findet man eine Oase des Mittelmeers – es duftet verführerisch nach Lavendel, Rosmarin, Oliven, Zitrone, Basilikum und Chili. (▶ **S. 104**)

3. STUMME KUNST

Auf der Freilichtbühne des Pantomimentheaters im **Tivoli in Kopenhagen** gibt es im Sommer allabendlich eine Vorstellung. Stille inmitten des Trubels. (▶ **S. 183**)

4. BIOBIER

Nach alten Familienrezepten braut **Dänemarks einzige Schlossbrauerei** auf der Insel Gavnø köstliche Biobiere – natürlich am besten vor Ort verkosten. (▶ **S. 253**)

5. DARK SKY

Bestaunen Sie am nächtlichen Himmel von Møn, dem ersten offiziellen **Dark Sky Park** Nordeuropas mehr als 5000 Sterne. (▶ **S. 248**)

6. OHRENSCHMAUS

In **Roskilde** gibt es wahrlich viel zu sehen, aber auch zu hören: Die kostenlosen Orgelkonzerte im Dom sind ein absoluter Hörgenuss. (▶ **S. 291**)

OBEN: So schön Schloss Egeskov auch sein mag – lebenslang im Turm eingesperrt wie Rjiborg Brockenhuus möchte man dann doch nicht sein.

UNTEN: Ihre Bewacher waren gut ausgerüstet, wie die Waffensammlung zeigt.

zu Weihnachten immer frisches Stroh. Andernfalls droht Egeskov am Heiligen Abend im See zu versinken.

Von Buche bis Rosmarin und noch viel, viel mehr

Park und Museen

Bekannt ist auch der herrliche Park mit Barockgarten und Treetop-Walk durch einen 130 Jahre alten Buchenwald, Kräutergarten und ein Bambuslabyrinth. In den einstigen Stallungen zeigt das **Oldtimermuseum** noble Karossen und das **Motorradmuseum** Zweiräder von 1920 bis 1970. Das **Kaufmannsmuseum** versetzt die Besucher mit einen nostalgischen Kramladen in die Jahre von 1930 bis 1950. Das Falckmuseum indes dokumentiert die Arbeit des Rettungsdienstes, ferner gibt es noch ein Landwirtschafts-, ein Pferdewagen- und ein **Spielzeugmuseum**. Die ehemalige Gärtnerwohnung birgt heute ein **Puppenmuseum**.
Aus mehr als 3000 Teilen besteht **»Titanias Palast«**, die neueste Attraktion im ersten Stock von Schloss Egeskov. Das Märchenschloss mit 18 Räumen für die Elfenkönigin Titania ließ Sir Neville Wilkinson für seine Tochter Gwendolyn von 1907 bis 1922 von James Hicks & Sons in Irland handfertigen.
Im südöstlichen Teil des Gemüsegartens wurde 2012 mit einem neuen Gewächshaus eine Oase des Mittelmeers geschaffen – drinnen duftet es verführerisch nach Lavendel, Rosmarin, Oliven, Zitrone, Basilikum und Chili. Egeskov lockt noch außerdem mit einem großen Segway-Parcours mit Hindernissen und einem riesigen Labyrinth, was vor allem Kindern Spaß macht.

FALSTER

Region: Sjælland | **Inselfläche:** 514 km² | **Bewohnerzahl:** 42 300

Schon vorbei ... ! Wer von Deutschland aus mit einem Schiff der »Vogelfluglinie« Puttgarden-Rødby folgend Richtung Kopenhagen fährt, bemerkt kaum, dass er unterwegs Falster kreuzt. Denn die Insel – immerhin die sechstgrößte des Landes – ist sowohl mit ihrer Schwesterinsel ►Lolland im Westen wie mit Seeland im Norden über Brücken und Tunnel landfest.

Nicht vorbeifahren!

Doch Eile lohnt nicht, denn man verpasst unter anderem einige der schönsten Ostseestrände: Immerhin wurde in Marielyst mit seinem 20 km langen Strand vor rund 100 Jahren der dänische Badeurlaub »erfunden«. Und auch Falsters Hauptstadt am Guldborgsund ist unbedingt einen Besuch wert.

Wohin auf Falster?

Nicht verwechseln!

Nykøbing Falster

Größte Stadt der Insel Falster ist Nykøbing Falster, nicht zu verwechseln mit den beiden anderen Städten gleichen Namens auf Seeland und Mors. Da der Stadtteil Sundby auf der Westseite des Guldborgsunds liegt, greift die Stadt bereits nach Lolland hinüber. Ende des 12. Jh.s wurde eine Befestigung zum Schutz gegen die Wenden angelegt, die später zu Schloss Nykøbing ausgebaut wurde. Nach der Reformation wurde es zum Witwensitz der dänischen Königinnen, und man sah hier gekrönte Häupter Europas wie etwa 1716 Zar Peter den Großen. 1767 wurde das Schloss verkauft und später abgerissen. Von der glorreichen Vergangenheit der Stadt zeugen heute noch einige **schöne Fachwerkhäuser** wie der alte Kornspeicher in der Slotsgade und der Ritmestersgård in der Store Kirkestræde, ein Renaissancebau aus der Zeit um 1620. In der Langgade 18 steht das älteste Bürgerhaus der Stadt aus dem Jahr 1580. Die **Franziskanerkirche** im Ortskern wurde um 1482 im gotischem Stil als Teil eines Klosters errichtet. Anno 1627 ließ die Königswitwe Sofie, Mutter Christians IV., hier von Antonius Clement die größte Ahnentafel Dänemarks anfertigen, mit mehr als 30 Porträts der mecklenburgischen Verwandten.

Gehen Sie im Museum auf Zeitreise!

Falsters Minder, Feuerwehrmuseum

Der Verband Museum Lolland-Falster hat mit großer Unterstützung von Einheimischen und Ehrenamtlichen einen überraschend reichhaltigen Fundus zusammengetragen, der in fünf Museen auf der Insel gezeigt wird – zwei davon befinden sich in Nykøbing. In die Stadtgeschichte entführt Falsters Minder, zu dessen Schätzen eine reiche Textilsammlung gehört und die Gaststätte Czarens Hus, die noch ihr Originalinventar besitzt. Fünf Häuser weiter kann man in **Den Gamle Købmandshandel** wie in den 1950er-Jahren einkaufen. Museumsfreunde sollten sich auch den Besuch im Feuerwehrmuseum (Brandmuseum) gönnen, das ausschließlich von Freiwilligen des Triangelklubben betrieben wird. Einen Besuch wert ist auch das darüber liegende, private **Friseurmuseum** mit Einrichtungen und Gerätschaften aus Salons der letzten 200 Jahre. Den besten Panoramablick auf das Geschehen ringsherum hat man vom 32 m hohen **Wasserturm** mit Wechselausstellungen auf sieben Etagen (Vandtårn, Hollands Gård). Für Kinder immer eine Attraktion: der kleine Zoo in der Østre Allé Nr. 97.

Falsters Minder: Færgestræde 1 | Sept. – 22. Juni Di. – Fr. 10 – 16, Sa. bis 14, 23. Juni – Aug. 10 – 17, Sa. bis 14 Uhr | Eintritt 50 DKK, Kinder frei

Købmandshandel: Di. – Fr. 10 – 16, Sa. bis 14 Uhr

Feuerwehrmuseum: Vendersgade 6 | Mai – Sept. Mo. – Fr. 10 – 15, Sa. bis 12 Uhr | Eintritt 30 DKK, Kinder 15 DKK | www.brandmuseet.dk

Friseurmuseum: Mai – Sept. Mo. – Fr. 10 – 15, Sa. bis 12 Uhr Eintritt 30 DKK, Kinder 15 DKK | www.frisoermuseet.dk

FALSTER ERLEBEN

NYKØBING FALSTER TURISTBUREAU
Færgestraede 1A, 4800 Nykøbing F.
Tel. 54 85 13 03
www.visitlolland-falster.com

MARIELYST TURISTINFORMATION
Marielyst Strandvej 54
4873 Væggerløse
Tel. 54 13 62 98

CZARENS HUS €€–€€€
Hier stand schon Zar Peter der Große unvermutet vor der Tür, heute serviert man in historischem Rahmen dänische Hausmannskost.
Langgade 2, Nykøbing F.
Tel. 54 85 28 29
www.czarenshus.com
Mo. – Sa. 12 – 21 Uhr
So. 18 – 21 Uhr

OREBY KRO €€–€€€
Fernab des Stadttrubels, inmitten offener Natur und teils mit Meerblick liegen die Zimmer des historischen Anwesens – alle sind individuell mit alten Möbeln stilvoll eingerichtet.
Orebygaard 2
4990 Sakskøbing
Tel. 54 17 44 66
www.orebykro.dk

HOTEL FALSTER €€
Mit dem »Grünen Schlüssel« ausgezeichnetes und für Rollstuhlfahrer geeignetes Hotel, das seit 1986 als Familienbetrieb geführt wird. Guter Ausgangspunkt für das Mittelaltercenter, den Knuthenberg Safaripark und das Aalholm Automuseum auf Lolland.
Stubbekøbingvej 150
Nykøbing F
Tel. 54 85 93 93
www.hotel-falster.dk

Zurück ins Mittelalter oder ins 18. Jahrhundert

Middelalter-centret

Im Middelaldercentret am Guldborg Sund im Ved Hamborgskoven finden Ritterturniere statt, präsentieren Falkner ihre Jagdvögel, zeigen Weber, Tuchfärber und Zinngießer ihr Können. Mehrmals täglich werden Geschosse von der riesigen Wurfmaschine abgefeuert. Vom Museumshafen starten außerdem Törns mit Repliken historischer Schiffe. Rund 12 km östlich von Nykøbing F. steht **Schloss Corselitze** aus dem 18. Jh., umgeben von einem Park im englischen Stil mit romantischen Teichen und verschwiegenen Kanälen.

Middelaldercentret: Mai/Juni, Mitte Aug. – Mitte Okt. tgl. 10 – 16 Uhr, Juli – Mitte Aug. tgl. bis 17 Uhr, Eintritt 130 DKK, 3 – 11 Jahre 85 DKK www.middelaldercentret.dk
Park Corselitze Slot: April – Okt. tgl. geöffnet

Weiter südlich geht's nicht in Dänemark

Gedser

Von Dänemarks südlichstem Ort, der »jehser« ausgesprochen wird, bestehen Fährverbindungen nach Warnemünde/Rostock (gut zwei

Am Strand von Marielyst stürzten sich einst die ersten Urlauber ins Meer.

Stunden Fahrt). Im Gamle Købmannsgaard (Gedser Landevej 79) zeigen Kunsthandwerker Bauernmalerei, Holzwaren und Keramik. Westwind bei Gedser ist übrigens auch für die besten Surfer eine Herausforderung. Nur zu Fuß zu erreichen ist der Findling Sydstenen am **südlichsten Punkt Dänemarks**.

Von alten Motorrädern, Radios und Gewichten

Stubbekøbing

Ältester Inselort ist das reizvoll am Grønsund gelegene Stubbekøbing mit dem ältesten Gotteshaus auf Falster (um 1200). Beachtung verdienen der Renaissancealtar und die Wandmalereien mit Szenen aus dem Leben des hl. Rochus. Alte Motorräder und Rundfunkgeräte sind im **Motorcykel- og Radiomuseum** ausgestellt. Mehr als 150 Motorräder aus der Zeit von 1897 – 1985 hat der Malermeister Erik Nielsen für seine private Ausstellung gesammelt und restauriert, darunter eine Gito von 1908, eine Harley-Davidson von 1915, zwei Maschinen des Herstellers Pope von 1916 und 1917, eine englische Scott von 1936 – und sogar neun dänische Maschinen. Deutschland ist ebenfalls mit zahlreichen, chromblitzenden Maschinen vieler verschiedener Marken vertreten.

Das **Stubbekøbing Museum** präsentiert blaue Emaille von Glud & Marstrand und andere Küchengeräte von anno dazumal sowie Europas größte Sammlung an Gewichten – die ältesten datieren von 1580.

Motorcykel- og Radiomuseum: Nykøbingvej 54 | Juni – Aug. Di. – So. 10 – 17, Mai/Sept. Sa./So. 10 – 17 Uhr | Eintritt 60 DKK, 12 – 16 Jahre 10 DKK, bis 11 Jahre frei | www.motorcykelogradiomuseum.dk
Stubbekøbing Museum: Vestergade Nr. 43 | 15. Mai – 15. Sept. Mi. – Fr. 14 – 17.30, Sa. 11 – 15 Uhr | Eintritt 30 DKK, Kinder 10 DKK www.stubbekoebing-museum.dk

Von Traktoren und Reptilien

Ekilstrup

In einem Fabrikgebäude von 1918 an den Bahngleisen von Ekilstrup lassen sich die Veteranen der Feldarbeit in **Danmarks Traktor Museum** bestaunen: Rund 200 Traktoren von 1880 bis 1960 stehen hier dicht an dicht auf den alten Dielen, darunter ein Lokomobil von 1880, ein Dampftraktor von Ellehammer (1920), ein mit Gasgenerator betriebener Fordson (1935) sowie seltene Modelle von Bukh, Ferguson und John Deere. Ferner ausgestellt ist eine komplette Sammlung von Sigvardt-Motoren.
21 von 23 weltweit existierenden Krokodilarten sowie Schlangen, Warane und einen Leguan zeigt wiederum der **Krokodille Zoo** im Ort. Mit ein bisschen Glück gibt es gerade Nachwuchs.

Danmarks Traktor Museum: Nørregade 17 b | Mai/Juni/Sept. Sa. – Mo. 10 – 16, Juli/Aug. tgl. 10 – 16 Uhr | Eintritt 60 DKK, 4 – 15 Jahre 30 DKK | www.traktormuseum.dk
Krokodille Zoo: Ovstrupvej 9, 15. Juni – 31. Aug. tgl. 10 – 17 Uhr Eintritt 95 DKK, 3 – 11 Jahre 60 DKK | www.krokodillezoo.dk

★★ FANØ

Region: Syddanmark | **Inselfläche:** 55 km² | **Bewohnerzahl:** 3 300

Dänemarks nördlichste Nordseeinsel liegt nicht nur im Nationalpark Wattenmeer, sondern auch mitten im UNESCO-Welterbe Wattenmeer: Das weltweit einmalige Ökotop erstreckt sich von den Niederlanden bis an die dänische Nordseeküste. Mit seinen idyllischen Dörfern Sønderho und Nordby gehört Fanø, das nur 15 kurze Fährminuten von ▸Esbjerg entfernt liegt, zu den beliebtesten Urlaubsinseln im Königreich. Warum? Vor allem wegen seiner Natur und Weite! Fanø besitzt kilometerlange, breite Sandstrände, die Badegäste, Spaziergänger, Strandsegler, aber auch Fans von Lenkdrachen und andere Meeresfreunde zu jeder Jahreszeit anlocken.

P 4

Watt, Watt, Watt

Entstanden ist Fanø aus einer Sandbank im Watt. Lange unfrei, erkauften sich die Insulaner 1741 ihre Freiheit vom König auf einer Auktion in ▶Ribe. Endlich durften die einstigen Pachtbauern freien Handel betreiben und vor allem Schiffe bauen: Bis 1896 liefen mehr als 1000 Segelschiffe vom Stapel. Und 1897 besaß Fanø eine der größten Handelsflotten Dänemarks. Der Reichtum von einst lässt sich noch heute in Sønderho erahnen. Rund 3 km südwestlich von Nordby gehört zu Fanø Vesterhavsbad ein schöner Sandstrand, der sich an der Westseite der Insel südwärts erstreckt. Das Innere ist größtenteils mit Wald bestanden ist. Der naturschöne **Staatswald Klintplantage** ist durch Aufforstung seit der Jahrhundertwende entstanden.

Leben zwischen Ebbe und Flut

Gezeiten

Zweimal täglich lassen sich Ebbe und Flut am Strand und an der östlichen Wattseite der Insel gut beobachten. Das Wasser steigt und fällt in Abständen von gut 6 Stunden. Die genauen Intervalle der Hochwasserzeiten sind v. a. für die Schifffahrt wichtig und werden jährlich in einem Gezeitenkalender festgehalten. Auf Fanø und ▶Rømø beträgt der Unterschied zwischen Hoch- und Niedrigwasser ca. 1,80 m, das Wasser wagt sich meist nur etwa 1 m auf den Strand. Bei Flut füllen sich die Priele rasch, an der Nordspitze von Fanø meistens nicht mehr als bis zu einer kinderfreundlichen Höhe, an der Südspitze jedoch bis zu 1,50 m. Aufpassen muss man auch bei ablandigen **Winden und Strömungen**, um nicht hinauszutreiben. Das Auto nicht näher als 100 m an der Wasserkante parken!

Der Klimawandel hat auch positive Auswirkungen

★★ UNESCO-Welterbe Wattenmeer

Die weitläufigen, nahrungsreichen Wattflächen sind Laichplatz und Kinderstube vieler Fischarten der Nordsee sowie Speisekammer für zahlreiche **Wasservögel**, die sich hier vor allem in der Zugzeit von März bis Mai und von Juli bis November zu Tausenden versammeln. Dazu gehören Gänse, Enten und Seeschwalben, Austernfischer, Sandregenpfeifer und Alpenstrandläufer. Fast die ganze Saison werden geführte Wattwanderungen angeboten. Auf den Sandbänken südlich der Insel tummeln sich im Sommer **Seehunde**. Auf Søren Jessens Sand an der Nordspitze kann man im weißen Sand herumstreifen. Achtung: Vorher immer Wasser- und Strömungsverhältnisse abfragen. In der Dünenheide wachsen Leimkraut, Heidenelke und Thymian, Moos-, Rausch- und Krähenbeere, während in den Strandwiesen die sogenannten **Pionierpflanzen** gedeihen, die die Neubildung von Marschland sichern, wie Queller, Schlickgras und Strandgänsefuß. Einmal eine erfreuliche Folge der Klimaerwärmung: Zwischen den Inseln Rømø, Mandø und Fanø wachsen inzwischen **pazifische Felsenaustern**, hier liegen mehr als 500 t Austern auf dem Meeresgrund.

Das Wattenmeer sprüht vor Leben. Im Frühjahr und Herbst lassen sich Tausende von Zugvögeln beobachten. Ein Fernglas sollte dabei sein.

Geführte **Wattwanderungen**: Buchungen über das Fanø Turistbureau; **Austerntouren**: Sort Safari (www.sortsafari.dk), Vadehavscentret (www.vadehavscentret.dk) und das Fanø Turistbureau

Wohin auf Fanø?

Lange Seefahrertradition

Hauptort der Insel ist die alte Seefahrergemeinde Nordby, die vor gut 100 Jahren mit der Segelschifffahrt ihre große Zeit erlebte, bevor ►Esbjerg zur bedeutendsten Hafenstadt an der westjütischen Küste aufstieg. Noch heute ist es ein Zentrum für seemännische Ausbildung. Man findet romantische Gassen wie Trappen und Mellemgaden mit über 200 Jahre alten Häusern. Von der traditionsreichen Vergangenheit erzählt das **Schifffahrts- und Trachtenmuseum** im 1891 Nordby erbauten Skipperhaus. Gezeigt werden nicht nur Schiffsmodelle, sondern auch Dokumente vom harten Arbeitsalltag. Mehr als 300 Jahre alt ist das Gebäude des **Fanø Museums** mit einer Sammlung von Möbeln, Werkzeugen und seltenen Gegenständen, die Seeleute aus aller Welt mitgebracht haben. Und selbst an der Decke der 1786 geweihten **Nordbykirche**, die ein Walmdach mit glasierten Ziegeln hat, hängen neun Schiffsmodelle.

Skibsfarts- og Dragtsamling: Hovedgaden 28 | Mai - Sept. Mo. - Sa. 11 - 17, April Mo. - Sa. 11 - 16, Okt. Mo. - Sa. 11 - 13 Uhr | Eintritt 25 DKK, Kinder 5 DKK | www.fanoskibs-dragt.dk

Fanø Museum: Skolevej 2 | Juli/Aug. Mo. - Fr. 11 - 15, Juni/1. - 16. Sept. Mo. - Sa. 11 - 15 Uhr | Eintritt 25 DKK, Kinder 5 DKK www.fanomuseerne.dk

Das Watt prägt auch die Kunst

Sønderho

Reetgedeckte Fischerhäuschen bestimmen das Ortsbild von Sønderho an der Südspitze der Insel. Wie eine Seemannsfamilie früher hier lebte, zeigt das um 1800 erbaute **Hannes Hus**, das mit Originalmöbeln eingerichtet ist. Am Deich bei der »Børsen« in Sønderho, einem beliebten Treff zum Klönen, kann man in der Zugzeit bis zu 100 000 **Wattvögel** beobachten. Ende April/Anfang Mai ras-

BAEDEKER MAGISCHE MOMENTE

ZWEI LINKS, ZWEI RECHTS

Jedes Jahr Mitte September findet auf Fanø das internationale Strickfestival statt. Beim **»Fanø International Knit Festival«** klappern ein Wochenende lang mitten im UNESCO-Welterbe die Stricknadeln in und um die Dörfer Nordby und Sønderho. Auf dem Programm stehen Informations- und Verkaufsstände, Workshops von Profis aus Dänemark und anderen Ländern sowie Konzerte, kulinarische Genüsse und kulturgeschichtliche Rundgänge durch Nordby und Sønderho. Der Eintritt zum Festival kostet für alle drei Tage 125 DKK. Das Tagesticket für den Sonntag ist für 75 DKK erhältlich: Selbermachen mit hohem Hygge-Faktor! (www.strikkefestival.dk).

FANØ ERLEBEN

FANØ TURISTBUREAU
Skolevej 5
Nordby
Tel. 70 26 42 00
www.visitfanoe.dk

Juni: Internationales Drachenfliegertreffen
www.kitefliersmeetingfanoe.de
Mitte Juli: Fannikerdage, historisches Trachtenfest in Nordby
www.fannikerdagen.dk
Sept.: Internationales Strickfestival
www.strikkefestival.dk

SØNDERHO KRO €€€
Lange Spaziergänge und Sonnentage am Strand machen Appetit. Wer gute Küche in historischem Ambiente schätzt, findet beides in diesem bereits 1722 eröffneten Gasthof. Besonders lecker sind dort die im steinernen Grönlandofen geräucherten Wurstwaren!
Kropladsen 11
Sønderho
Tel. 75 16 40 09
www.sonderhokro.dk

ten Tausende Ringelgänse auf der Insel und in den Marschen des Festlandes. Verlockende Motive und gute Lichtverhältnisse zogen schon seit dem 19. Jh. viele Maler nach Fanø, sodass hier eine kleine **Künstlerkolonie** entstand.
Im Jahr 1992 wurde in einem restaurierten Kaufmannsladen von 1868 und im ehemaligen Elektrizitätswerk das Kunstmuseum ins Leben gerufen. Dessen Bilder, darunter Arbeiten von Julius Exner, Johan Rohde, Holger Drachmann und Jørgen Hahn, haben vor allem das Wattenmeer zum Thema.
Hannes Hus: Øster Land 7 | www.hanneshus.dk
Kunstmuseum: Nordland 5 | April – Okt. Di. – So. 14 – 17, Juli/Aug. ab 13 Uhr | Eintritt 50 DKK, Kinder 20 DKK
www.fanoekunstmuseum.dk

Fliesen, Buddelschiffe und Trachten

Im Café Nanas Stue (Sønder Land 1) ist eine Sammlung der charakteristischen, holländisch-friesischen Wandfliesen zu bewundern, die von Seeleuten seit 1650 auf die Insel gebracht wurden. Aus der Zeit von 1850 bis heute stammen die Buddelschiffe, die im Kromanns Hotel (Sønder Land 7) ausgestellt sind. Wer sich über die gefährliche Arbeit der Rettungsboote im 19. Jh. informieren will, sollte in der **ehemaligen Rettungsstation** am Sønderho Strandvej vorbeischauen. Alljährlich findet Mitte Juli in der 1895 erbauten Mühle am Vester Land 44 der Sønderhotag statt, zu dem viele Bewohner ihre Trachten tragen.

Sønderhotag

FREDERICIA

Halbinsel: Jütland | **Region:** Syddanmark | **Einwohnerzahl:** 40 500

O 12

Zugegeben, der erste Blick auf die Stadtgeschichte von Fredericia macht nicht sofort Lust auf einen Besuch. Denn gegründet wurde die Stadt am Kleinen Belt – Fredericia ist zu drei Seiten von Wasser umgeben – aus militärisch-strategischen Gründen: König Frederik III. wünschte sich 1650 am Übergang zwischen ▸Jütland und ▸Fünen eine Festung, um den Festlandsnorden und die Überfahrt zu den Inseln seines Reiches schützen zu können. Doch gerade seine Entstehung macht das nach dem Regenten benannte Fredericia heute so besonders und anders als andere dänische Orte: Innerhalb eines Ringwalls legte Baumeister Gottfried Hoffmann ein rechtwinkliges Straßennetz an, dessen Renaissance-Charme überdauert hat.

Offen und tolerant

Auch Fredericias Offenheit und Toleranz geht auf die Anfangstage zurück: Frederik III. gewährte der Stadt Sonderrechte wie Glaubensfreiheit und Asyl für Schuldner, um Bewohner anzuziehen. Fredericias **Wallanlagen** gehören zu den größten erhaltenen des Landes; ein Spaziergang bietet weite Rundblicke. Von den einstigen Stadttoren ist aber nur noch das Prinzentor (1750) erhalten. Ferner ein Kastell an der Spitze der Halbinsel. Heute ist Fredericia wichtiger Teil der dynamischen **Wirtschaftsregion** »Trekantområdet« (dt. Dreiecksregion) zwischen Fünen, Mittel- und Südjütland. Und gleichzeitig einer der wichtigsten Verkehrsknotenpunkte, an dem die Autobahnen E 45 und E 20 Süd und Nord, West und Ost verbinden.

Wohin in Fredericia und Umgebung?

Ausstellungen zu verschiedenen Themen

Stadtmuseum und mehr

Acht alte Fachwerkhäuser an der Jernbanegade 10 gehören zum städtischen Museum, das die komplette Werkstatteinrichtung der **Silberwarenfabrik** Cohr zeigt, sowie Dokumente zu den Glaubensgemeinschaften, die einst in Fredericia Aufnahme gefunden haben. Das Smidstrup & Omegns Museet hingegen bietet mit mehr als 1000 Exponaten einen Einblick in das Landleben vor über 100 Jahren auf Hof und Feld. **Jüngste Zeitgeschichte** vermittelt das Museum in einem Doppelbunker aus dem Zweiten Weltkrieg an der Nørre Voldgade.

Fredericia Bymuseet: Do. – So. 12 – 16, 15. Juni – 15. Aug. Di. – So. 12 – 16 Uhr | Eintritt frei | www.fredericiahistorie.dk

Smidstrup & Omegns Museet: Præstegårdsvej 74 | Mai – Sept. So. – Do. 14 – 17 Uhr | Eintritt frei | www.smidstrupmuseum.dk

FREDERICIA ERLEBEN

FREDERICIA TURISTBUREAU
Vendersgade 30 D
Tel. 72 11 35 11
www.visitlillebaelt.de

KRYB-I-LY KRO €€€
Einer der schönsten Gasthöfe Dänemarks ist der »Schlüpf-unter-Krug«, der bereits 1737 von König Christian VI. seine Privilegien erhielt.
Das Restaurant ist landesweit für seine ausgezeichnete Küche bekannt.
Koldinglandevej 160
Tel. 75 56 25 55
www.krybily.dk

HOTEL POSTGÅRDEN €€
Nahe bei den Wallanlagen können Gäste in diesem modernen Hotel unter verschiedenen Zimmertypen auswählen.
Oldenborggade 4
Tel. 75 92 18 55
www.postgaarden.dk

Bunkermuseet: 15. Juni – 14. Aug. Mi., Sa./So. 12 – 16 Uhr | Eintritt frei | www.fredericiahistorie.dk

Historisches Stadtbild im Miniaturformat

Madsby Parken

Bootsfahrten auf dem See, Indianerdorf, Verkehrsschule und Badeland gehören zum weitläufigen Madsby Parken nordwestlich vom Bahnhof. Wie Fredericia im Jahr 1849 mit seinen schnurgeraden Straßen und den Häusern im Schutz der Wälle aussah, demonstriert anschaulich die Miniaturstadt **Den historiske Miniby** im Maßstab 1 : 10 hinter dem Sportzentrum am Vestre Ringvej.

Miniaturstadt: Juni – Aug. tgl. 10 – 18, Mai/Sept. Sa./So. 10 – 18 Uhr
Eintritt 30 DKK, Kinder 20 DKK | www.fredericia.dk

Durch die Dünen an den Strand

★ Wassermühle von Børkop

Naturfreunden empfiehlt sich nördlich der Stadt eine Wanderung durch die Dünenlandschaft Trelde Næs. Westlich von dort liegt an der Küste **Hvidbjerg**, ein hübscher Badeort mit Sandstrand und hohen Dünen, denen der Ort seinen Namen verdankt: »Weißer Berg«. Ländliche Idylle verspricht ein Besuch der alten Wassermühle von Børkop. Im Sommer wird hier noch **frisch gemahlenes Mehl** verkauft, wenn die Mühlräder am Wochenende in Betrieb gehen. Landesweit bekannt ist das 1583 erstmals erwähnte, heute liebevoll restaurierte Gebäude als Gourmettempelchen Børkop Vandmølle mit romantischer Atmosphäre.

Børkop Vandmølle €€€: Vandmøllevej 4 | Tel. 75 86 87 88
www.borkopmolle.dk

FREDERIKSHAVN

Halbinsel: Jütland | **Region:** Nordjylland | **Einwohnerzahl:** 23 500

So dunkel und voller Intrigen, wie Frederikshavn jüngst in der TV-Serie »Norskov« wirkte, ist die Stadt natürlich nicht. Im Gegenteil: Im 1818 nach König Frederik IV. benannten Kattegattanrainer ist vom Neujahrskonzert über Pfingstrock bei Knivholt bis hin zum jährlichen klassischen Vendsyssel Festival (www.vendsysselfestival.dk) ganzjährig etwas los. Am Wochenende ist in Frederikshavns Kneipen oft Party angesagt, wenn norwegische und schwedische Gäste ausgiebig feiern.

Umtriebige Hafenstadt

Frederikshavn ist die größte Stadt nördlich des ►Limfjords und einer der wichtigsten Häfen Norddänemarks: Vom Hafen mit seiner Werft gehen mehrfach täglich Fähren zur beliebten Urlaubsinsel ►Læsø, aber auch nach Göteborg in Schweden und ins norwegische Oslo. An den dänischen Seehelden Peder Wessel, geadelt als Tordenskiold, der hier seinen Flottenstützpunkt hatte, erinnern die **Tordenskiold-Tage**.

Wohin in Frederikshavn?

Vom Fischkutter bis zur königlichen »Dannebrog«

Hafen

Ein Erlebnis sind die Hafenmanöver im großen Fährhafen. Der Marinehafen ist Heimathafen der königlichen »Dannebrog«. Neben Fischkuttern findet man im Fischereihafen auch viele historische Schiffe. Ankerplätze für Segeljachten bieten der Rønnerhavnen am Nordstrand und der Søsporthavnen bei Sønderstrand.

Am Havnepladsen steht das Wahrzeichen der Stadt: Der weiße **Pulverturm** Krudttårnet wurde Ende des 17. Jh.s nach Plänen des Festungsbaumeisters Anthon Coucheron aus Feldsteinen errichtet. Heute sind hier Kanonen und Waffen aus der Zeit von 1600 – 1900 zu sehen. Nördlich des Fischereihafens erstreckt sich der **älteste Stadtteil**, der im 16. Jh. angelegt wurde. Am besten erkundet man zu Fuß die verwinkelten Gassen mit gut erhaltenen Häusern des 18. und 19. Jh.s. Und im kleinen **Strandby**, rund 10 km nördlich von Frederikshavn, erlebt man rund um Fischereihafen und Segelmarina noch einen Hauch vergangener Zeiten. An der morgendlichen Fischauktion können auch Urlauber teilnehmen. So war Hafenidylle früher.

www.strandby.info

Die weltgrößte Sammlung an Exlibris

Kunstmuseum

Die quirlige Fußgängerzone führt hinauf zur Jernbanegade, wo man links zum Kunstmuseum abbiegt mit einer Sammlung lokaler Künst-

FREDERIKSHAVN ERLEBEN

FREDERIKSHAVN TURISTBUREAU
Skandiatorv 1
Tel. 98 42 32 66
www.visitfrederikshavn.dk

TORDENSKIOLDTAGE
Unter dem Titel »Aaret er 1717« (»Wir schreiben das Jahr 1717«) wird jedes Jahr Anfang September ein Kapitel aus der Geschichte der Stadt erzählt: 1000 Laienschauspieler und Statisten in historischen Kostümen lassen mit Fechtkämpfen, Kanonenfeuer, Seeschlachten, Licht- und Toneffekten die Zeit vor 300 Jahren wieder aufleben.
www.tordenskiold.dk

Spezialität der Hafenstadt ist Tørrede Jy, Klippfisch, ein Plattfisch, der zum Trocknen auf Holzgestellen im Seewind hängt.

MOBY DICK €€
Rustikal-gediegenes Restaurant mit internationaler Küche. Die Spezialität des Hauses ist gebratener Aal.
Boensgade 6
Tel. 98 43 40 17
www.mobydick-frederikshavn.dk

FRANK'S €€
Vielleicht eines der besten Fischrestaurants in Nordjütland: Bei Frank Jensen gibt es neben frischen Gerichten und einem tollen Büffet auch einen herrlichen Blick auf die Marina von Sæby.
Havnen 12
9300 Sæby
Tel. 98462222
www.franks.dk

HERMAN BANG HOTEL €€-€€€
Stadthotel mit 60 Zimmern in Hafennähe mit ansprechendem Mix aus Tradition und Design; Wellness und Whirlpool. Weiterer Vorzug: die kostenlosen Parkplätze.
Tondenskjoldsgade 3
Tel. 98 42 21 66
www.hermanbang.dk

ler und internationalen Wechselausstellungen. Zudem birgt es die weltgrößte Sammlung an Exlibris, die mehr als 500 000 kunstvolle Buchbesitzzettel umfasst, darunter auch welche aus verschiedenen Königshäusern.
Di. – Sa. 10 – 16 Uhr | Eintritt 40 DKK, bis 16 Jahre frei
www.frederikshavnkunstmuseum.dk

Im Norden Dänemarks unter Palmen liegen?
Palmcity
Ob man dagewesen sein muss? Zumindest bei gutem Wetter und Sonnenschein jedenfalls ist ein Tag an Frederikshavns Palmenstrand nördlich des Hafens ein Erlebnis: Unter rund 70 Dattel- und Hanfpal-

men samt Strandbar kann man im Sommer schwimmen, surfen, Beachvolleyball spielen oder einfach entspannen – und das mit Blick auf die kleinen Inseln der **Hirsholmene**, Dänemarks nördlichste Eilande.
www.palmcity.dk

Rund um Frederikshavn

Museum, botanischer Garten und Tierpark in einem

★ Bangsbo Hovedgård

Vor gut 100 Jahren war der Bangsbo Hovedgård ein Treffpunkt der dänischen Kulturelite, darunter die Schriftsteller Herman Bang und Gustav Wied. Erstmals 1364 erwähnt, war das Gut später Teil des Klosters Børglum. Das älteste Wirtschaftsgebäude stammt aus der Zeit um 1583, die meisten Gebäude kamen zwischen 1880 und 1909 hinzu. Heute ist das restaurierte Anwesen am südlichen Stadtrand (Buslinie 3 vom Rathausplatz bis zum Restaurant Møllehuset) Museum, Botanischer Garten und Tierpark mit einem etwa 50 ha großen Wald- und Parkgelände. Schmuckstück der Seefahrtsabteilung mit einer ausgezeichneten Sammlung von Galionsfiguren ist das 1163 erbaute, 14 m lange Ellingå-Schiff, das 15 t Ladung aufnehmen konnte. Zur Wagensammlung gehören Pferdefuhrwerke aus den letzten 400 Jahren. Einzigartig sind die **Kunstobjekte aus Haar**.
Weiter sind hier die Besatzungsjahre 1940 – 1945 dokumentiert. Von den Pikkerhügeln (Pikkerbakken) unweit südlich folgt der **Wanderweg Dronningestien** 3 km lang der Steilküste und bietet bei gutem Wetter traumhafte Ausblicke auf die Stadt und über den Kattegat bis nach ►Skagen. Ebenfalls eine herrliche Aussicht über ganz Vendsyssel von Skagen bis Hammer Bakker hat man rund 4 km südwestlich der Stadt vom 58 m hohen **Cloosturm**, der sich 160 m über dem Meer erhebt.

Bangsbo Hovedgård: Dronning Margrethes Vej 6 | März – Okt. Mo. – Fr. 10 – 16, Juni – Aug. auch Sa./So. ab 11, Nov. – Mitte Dez./Feb. 11 – 15 Uhr | Eintritt 75 DKK, unter 18 Jahre frei
www.bangsbo.com
Cloostårnet: Ostern, Mai – Aug. tgl. 10 – 17, Juli bis 18 Uhr | Eintritt 30 DKK, Kinder 10 DKK

Städtchen am Meer mit Naturhafen

★ Sæby und Sæbygaard

Das »Städtchen am Meer« liegt 12 km südlich von Frederikshavn und schon die Wikinger wussten den Naturhafen zu schätzen. Künstler und Schriftsteller wie Herman Bang und Henrich Ibsen entdeckten vor etwa 100 Jahren die Gemeinde. Im Hafen dümpeln Fischkutter und Segeljachten, und man kann frisch geräucherten Hering probieren. In Strandnähe befindet sich die weiß getünchte **St.-Marien-Kirche**, Überrest eines Karmeliterklosters von 1460. Die Kirche ist bekannt für ihre Fresken aus dem 16. Jh.; im Chorgestühl haben La-

Ein paar Palmen in den Sand, fertig sind die karibischen Gefühle in Palmcity.

teinschüler einst Schiffstypen eingeritzt, die sie im 17./18. Jh. am Hafen beobachteten. Ein Klassenzimmer aus den 1920er-Jahren und eine Wohnstube im wilhelminischen Stil gehören zum **Sæby Museum**. In der benachbarten Glaspusteri (»Glasbläserei«) kann man Leni Bille bei der Arbeit zusehen sowie Gläser, Vasen und Schalen kaufen. Breite Wallgräben umgeben die schlichten Gebäude des Herrensitzes Sæbygaard, der im Mittelalter dem Bischof von Børglum gehörte. Das Hauptgebäude stammt aus der Renaissance. Drei Admiräle hatten hier ihren Wohnsitz, unter ihnen auch der Seeheld Niels Juel (1629 – 1697), Oberbefehlshaber der dänischen Flotte. Im Schlosshof ist noch einer der wenigen **Treppentürme** Dänemarks erhalten. Sehr nettes Sommercafé!

Sæby Museum: Algade, Feb. - Dez. Mo. - Fr. 11 - 15 Uhr | Eintritt 75 DKK, unter 18 Jahre frei | www.saeby-museum.dk

Glaspusteri: April - Okt. Mo. - Fr. 11 - 17, Sa. 10 - 13 Uhr
www.saebyglaspusteri.dk

Sæbygård: Juni - Aug. Di. - So. 10 - 17 Uhr | Eintritt 75 DKK, unter 18 Jahre frei | www.kystmuseet.dk

FREDERIKSSUND

Insel: Seeland | **Region:** Hovedstaden | **Einwohnerzahl:** 15 900

M/N 26

Eines steht fest: Ihren Namen hat die Hafenstadt im Norden Seelands vom dänischen König Frederik. Doch ob es Frederik II. war, der den Bürgern des Ortes 1578 Handelsrechte gab, oder Frederik III., der Frederikssund 1665 zur Handelsstadt ernannte? Egal – entscheidend ist, dass bei Frederikssund am langgestreckten Roskildefjord schon im Mittelalter eine wichtige Fährstelle lag.

Die Wikinger waren hier

Doch schon lange davor lebten hier Menschen: Wie man im 8. und 11. Jh. lebte, zeigt die rekonstruierte Wikingersiedlung von Frederikssund. In den 1960er-Jahren wurden südlich im Fjord bei Skuldelev die Reste von fünf Wikingerschiffen aus der Zeit um das Jahr 1000 geborgen, die heute im Wikingerschiffsmuseum in ▸Roskilde zu sehen sind.

Wohin in Frederikssund?

Eine zentrale Gestalt der dänischen Kunst

Museen

Mehr als 70 Jahre spielte **Jens Ferdinand Willumsen** (1863 – 1958) in der dänischen Kunstszene eine bedeutende Rolle: Der gebürtige Kopenhagener lebte lange in Frankreich, wo er u. a. mit Paul Gauguin zusammentraf. Unter der Bedingung, dass dafür ein Museum erbaut würde, vermachte Willumsen seine zahlreichen Gemälde, Skulpturen und architektonischen Entwürfe der Stadt. Der 1955 – 1957 errichtete Bau zeigt 125 Werke des Künstlers, darunter »Badende Kinder am Strand von Skagen« und das »Große Relief«, an dem Willumsen über 30 Jahre lang gearbeitet hat.

Das **Heimatmuseum** des grünen Fjordlandes neben der Kronprinz-Frederiks-Brücke in einem ehemaligen Fährhaus zeigt u. a. bronzezeitliche Felszeichnungen und ein ca. 5000 Jahre altes **Megalithgrab**.

Willumsen Museum: Jenriksvej 4 | Di. – So. 10 – 17, Mi. bis 20 Uhr
Eintritt 65 DKK, unter 18 Jahre frei | www.jfwillumsensmuseum.dk
Museum Frederikssund: Di. – So. 11 – 16 Uhr | Eintritt 50 DKK, unter 18 Jahren frei | www.frederikssundmuseum.dk

Nostalgischer Dampfschiff-Törn, nostalgisches Spielzeug

Dampfer Skjelskør

Bis 1962 schipperte die Skjelskør 47 Jahre lang im Linienverkehr zwischen Skælskør und den Inseln Agersø und Omø hin und her. Jetzt startet der nostalgische Dampfer im Sommer vom Anleger Frederikssund zu einem einstündigen Törn im Roskilde-Fjord. Mit mehr als 2500 alten Puppen und Modelleisenbahnen erweckt das Spiel-

FREDERIKSSUND ERLEBEN

FREDERIKSSUND TURISTBUREAU
Havnegade 5 A
Tel. 47 31 06 85
www.visitfrederikssund.de

NYKØBING SJÆLLAND, VISIT ODSHERRED
Holtets Plads 1
4500 Nykøbing Sjælland
Tel. 59 91 08 88
www.visitodsherred.dk

FREDERIKSVÆRK TOURISTINSPIRATION
Torvet 41 (in der Bibliothek)
3300 Frederiksværk
www.visitnorthsealand.com

HUNDESTED TURISTINSPIRATION
Nørregade 11 (im Supermark Meny)
3390 Hundested
Tel. 47937979
www.visitnorthsealand.com

WIKINGERSPIELE
Frederikssunds Wikingerspiele auf der Freilichtbühne Kalvøen gehören alljährlich von Mitte Juni bis Anfang Juli zu den beliebtesten im Land.
www.vikingespil.dk

DRAGSHOLM SCHLOSSHOTEL €€€€
Sie lieben Geister? Auf Schloss Dragsholm im Nordwesten von Seeland in Odsherred gelegen gibt es angeblich welche! Das historische Anwesen wurde 1215 vom Bischof in Roskilde erbaut und im Mittelalter zu einer Festung umgebaut. Während der Reformation ging das Schloss an die Krone und diente unter anderem als Staatsgefängnis für den schottischen Jarl, James Hepburn. Auf Dragsholm treffen also in besonderer Weise Vergangenheit und Gegenwart aufeinander – zum Wohl der Gäste.
Dragsholm Allé 1
4534 Hørve
Tel. 59 65 33 00
www.dragsholm-slot.dk

HUNDESTED KRO & HOTEL €€
Schon wegen seiner Fischspezialitäten ist der Gasthof gut besucht. Zudem gibt es ein überdachtes Schwimmbecken, Fitnessraum und Sauna. Und zum Strand sind es gerade mal 100 m.
Nørregade 10
3390 Hundested
Tel. 47 93 75 38
www.hundested-kro.dk

zeugmuseum **Dukkemuseum** knapp 8 km südlich der Stadt in Skuldelev nostalgische Kinderträume zu neuem Leben.

Skjelskør-Törn: 17. Juli – 19. Aug., So. 13, 14.30, 16, Mi. 19 – 21 Uhr Erw. 70 DKK, Kinder 50 DKK | www.dampskib.dk

Dukkemuseum: 16. Juni – 15. Aug. tgl. 10 – 16, 1. März – 15. Juni, 16. Aug – 31. Okt. Di./Do. 10 – 15, Sa./So. bis 16 Uhr | Eintritt 40 DKK Kinder 20 DKK | www.skuldelev-dukkemuseum.dk

Rund um Frederikssund

Zwei sehr verschiedene Schlösser

Jægerspris Slot, Selsø Slot

Beinahe fremdartig wirkt das große Jagdschloss auf der sanft gewellten **Halbinsel Hornsherred**, 7 km westlich der Stadt. Es ist mehr als sechs Jahrhunderte alt und verwandelte sich von der mittelalterlichen Burg in eine bequeme königliche Wohnung »nach Gutsherrenart«. Frederik VII. machte das dreiflügelige Anwesen 1848 zur Sommerresidenz, wo er viel Zeit mit seiner Gemahlin Louise Rasmussen, der späteren Gräfin Danner, verbrachte. Nach dem Tod des Königs vermachte die Gräfin das Schloss 1863 einer **Stiftung für hilfsbedürftige Menschen**. Heute kann man die Gedenkräume mit ihren ursprünglichen Möbeln und der Pfeifen- und Waffensammlung des Königs sowie ein Kinderheimmuseum besichtigen.
Schloss Selsø wiederum liegt südlich von Frederikssund am gleichnamigen See, der das Zentrum eines großes Vogelreservats bildet. Das Anwesen wurde während der Renaissance errichtet und später barockisiert. Das Hauptaugenmerk gilt dem **Rittersaal**, der die Originaltäfelung und ein großes Deckengemälde aufweist. Im Sommer finden in diesem schönen Rahmen regelmäßig Konzerte statt.

Schloss Jægerspris: Ostern – Oktober Di. – So. 11 – 16 Uhr | Eintritt 60 DKK, 4 – 17 Jahre 15 DKK | www.kongfrederik.dk
Schloss Selsø: Mai – Sept. Di. – So. 11 – 16 Uhr | Eintritt 55 DKK, Kinder 20 DKK | www.selsoe.dk

Der größte Binnensee des Landes

Arresø

Die Hafenstadt **Frederiksværk** liegt am friedvollen Arresø (Arresee), mit 40 km² der größte Binnensee Dänemarks und wichtiger Lebensraum für Fischreiher, Wildgänse und stolze Seeadler.
Unter der Leitung von General Classen wurde im Jahr 1761 das Gjethuset erbaut, seit 1996 das Kulturzentrum von Frederiksværk (Gjethusgade 5). Classen gründete 1756 an der Krudtværksalléen 1 eine Schießpulverfabrik, heute als Krudtværk Außenstelle des **Industrimuseet**. Wo einst die fertiggestellten Geschütze gelagert wurden, bewahrt das Archiv die Stadtgeschichte. Von Pferden und Spritzen erzählt das Brandværnsmuseum.

Industrimuseet: Di. – Fr. 10 – 14 Uhr. | Eintritt 60 DKK, unter 18 Jahre frei | www.indmus.dk
Archiv: Torvet 18 – 20 | Di. – Fr. 10 – 14 Uhr | Eintritt frei
Brandværnsmuseum: Vognmandsgade 5 | Juni – Sept. Sa. 10 – 15 symbolischer Eintrittspreis 5 DKK, Kinder 2 DKK
www.frederiksværk.eu

Straßencafés und Strandleben genießen

Liseleje, Tisvildeleje

In Liseleje gehören Straßencafés, kleine Antiquitätenhändler, Marktsamstage und Mittsommerfest ebenso zum Bild wie in Tisvildeleje mit seinem kilometerlangen, kinderfreundlichen **Sandstrand** – der wohl attraktivste Abschnitt der Kattegat-Küste mit südländischem Flair. Hier surft man, badet, sonnt sich und faulenzt. Zwischen den beiden Orten erstreckt sich der Wald Tisvildeleje Hegn mit dem Naturschutzgebiet **Tibirke Bakker**, wo Kiefern, Wacholder und Heidekraut die vom Sandtreiben geformten Hügel bewachsen.

Spannende Berichte aus dem ewigen Eis

★ Knud Rasmussen Hus

Lange Jahre wohnte der bekannte dänische Polarforscher Knud Rasmussen (1879 – 1933) in **Hundested**, am Treffpunkt von Isefjord und Kattegat. Im Arbeitszimmer seiner reetgedeckten Villa beim Leuchtturm Spodsbjerg schrieb der engagierte Ethnologe und Kartograf Berichte über seine Expeditionen zu den Eskimos und seine abenteuerliche Durchquerung der Arktis bis zur Beringstraße. Wie Rasmussen dabei auch den magnetischen Nordpol entdeckte – und vieles andere mehr – erzählt das spannende Museum in seinem ehemaligen Domizil.

Ostern – Okt. Di. – So. 11 – 16, Mi. bis 20 Uhr | Eintritt 60 DKK, unter 18 Jahre frei | www.knudrasmus.dk

Werden Sie zum Glaskünstler

Nykøbing Sjælland

Jenseits des Isefjords liegt einer der ältesten Handelsorte Dänemarks: Nykøbing Sjælland, das Herz der fruchtbaren Landschaft Odsherred. Das **Hempel Glasmuseum** in der Anneberg Stræde zählt zu den bedeutendsten Sammlungen antiker Gläser in Nordeuropa – beim »Glass Spiren« (Sandstrahlen) werden Sie selbst zum Glaskünstler! Das Pakhuset am Vesterbro Torv 4 stellt Werke der aktiven Kunstszene vor.

20. Mai – Sept. Di. – So. 10 – 17 Uhr | Eintritt 50 DKK, unter 18 Jahre frei | www.hempelglasmuseum.dk

Geopark mit hohem Erholungsfaktor

★ Odsherred

2014 wurde die gewellte Landschaft Odsherred, die westlich ins Kattegat hinausragt, als bislang einziger dänischer Geopark anerkannt. Der Grund: Anders als andere Regionen wurde Odsherred nicht von der letzten Eiszeit geformt, sondern erst vor 11 000 Jahren erschaffen. Kinderfreundliche Sandstrände und unzählige Ferienhäuser gehören zur attraktiven Halbinsel. Gemütlichster Fischerhafen ist **Havnebyen** – unter der Woche wird hier täglich um 8 Uhr fangfrischer Fisch versteigert. Vom benachbarten Odden setzen die Fähren nach Ebeltoft über. Die frühromanische Kirche von Højby ist sehr schön mit gotischen Kalkmalereien ausgeschmückt.

Im Moor, wenige Kilometer südwestlich, wurde 1902 der berühmte, bronzezeitliche **Sonnenwagen von Trundholm** freigelegt, der heute im ▶Kopenhagener Nationalmuseum steht. Nicht nur über diese Epoche informiert das **Odsherred-Museum**. In der Fårevejle Kirke hat der Earl of Bothwell 1578 seine letzte Ruhe gefunden – der schottische Adlige heiratete 1567 die Königin Maria Stuart. Südlich verspricht Seelands längste Wasserrutschbahn im **Sommerland Sjælland** (Gl. Nykøbingvej 169) Badespaß für die ganze Familie; der Vergnügungspark hat sogar eine eigene Bahnstation.

Museum Odsherred: Annebjerg Stræde 1 | April – Okt. Di. – Fr. 10 – 16, So. ab 11 Uhr | Eintritt 50 DKK, unter 18 Jahre frei
www.vestmuseum.dk

★ HADERSLEV

Halbinsel: Jütland | **Region:** Syddanmark | **Einwohnerzahl:** 22 000

Q 10/11

An der Ostseeküste Jütlands liegen zwischen ►Kolding und ►Aabenra zahlreiche Hafenstädte, die bis weit in 19. Jh. zu Dänemarks wichtigsten Zentren für Handel mit der ganzen Welt gehörten. Auch das im 12. Jh. gegründete Haderslev, dt. Hadersleben, blickt auf eine große Geschichte zurück, wirkt heute aber etwas vergessen abseits der großen Metropolen.

Immer noch charmant

Doch besonders die Altstadt hat ihren Charme bewahrt: Zahlreiche Häuser überstanden den verheerenden Stadtbrand im 17. Jahrhundert. Sie bilden mit dem gotischen Dom Vor Frue Kirke (13. Jh.) das Herz der südjütländischen Einkaufsstadt. Und mit der Herrnhuter-Stadt Christiansfeld findet sich hier sogar ein Weltkulturerbe.

Wohin in Haderslev?

Altstadt

Die schönsten Fachwerkhäuser stehen in der nahen Slotsgade. Eines davon, das Haus Nr. 20 aus dem Jahre 1580, zeigt eine **einzigartige Sammlung von Keramik** aus ganz Dänemark und Südschleswig – zwischen 1864 und 1920 gehörte Haderslev zur preußischen Provinz Schleswig-Holstein und kam erst nach der Teilung des Herzogtums 1920 endgültig zu Dänemark.

Ehlers Samlingen: Juni – Aug. Di. – Fr. 10 – 17, Sa./So. 13 – 17, Sept. – Mai Di. – So. 13 – 17 Uhr | Eintritt 50 DKK, unter 18 Jahre frei
www.museum-sonderjylland.dk

Archäologische Schätze Jütlands

Arkæologi Haderslev

Die archäologische Abteilung des Museums Sønderjylland zeigt die reichen Funde der Ausgrabungen, die bis heute an rund einem Dut-

HADERSLEV ERLEBEN

VISIT HADERSLEV
Bispebroen 3
Tel. 73 54 56 30
www.visithaderslev.info

CHRISTIANSFELD CENTRET
Nørregade 14
6070 Christiansfeld
Tel. 79 79 17 73
www.christiansfeld.dk

RESTAURANT SØSTJERNEN €€
Rund 10 min. südlich von Haderslev am Kleinen Belt gelegen, stehen im »Seestern« am Diernæs Strand tolle À-la-carte-Gerichte auf der Karte. Verwendet werden je nach Jahreszeit verschiedenste lokale Erzeugnisse.
Havvejen 197
Tel. 74 57 55 08
www.soestjernen-djernes.dk/

DAMENDE €€€
Ein Kleinod für Romantiker und alle, die gerne in stilvoll-nostalgischem Ambiente schlemmen: Zum Paradeblick auf die See serviert Küchenchef Allan Didriksen Seehasenrogen mit geräuchertem Käse, Jakobsmuscheln mit knuspriger Hirse und Ochsenmedaillons mit Artischocken.
Fredstedvej 70
Tel. 74 53 20 77
www.damende.dk

BRØDREMENINGHEDENS HOTEL €€–€€€
Die lange Geschichte des 1773 erbauten Hotels, einst Gästehaus der Brüdergemeinde, wird in allen Räumen spürbar, so auch im Restaurant, wo man ausgezeichnet tafeln kann. Unwiderstehlich sind die Nachspeisen!
Lindegade 25
Christiansfeld
Tel. 74 56 17 10
www.bmhotel.dk

HOTEL HARMONIEN €€–€€€
Jüngst restauriertes Hotel mit viel Atmosphäre. Im Weißen Saal, in dem 1863 schon König Frederik VII. mit Gräfin Danner tanzte, kann man heute vorzüglich speisen.
Gåskærgade 19
Haderslev
Tel. 74 52 37 20
www.harmonien.dk

zend Stätten in Jütland immer wieder Erstaunliches zu Tage bringen. Ausgestellt sind u. a. neolithische Feuersteingeräte, Goldschalen aus der Bronzezeit sowie eine Kopie der bronzezeitlichen Tracht des »Skrydstrup-Mädchens«.
Das **Bymuseum** präsentiert die Stadtgeschichte ab 1500. Zu den Highlights der Sammlung gehören Fresken aus dem 16. Jh., die u. a. den Renaissancearchitekten Hercules von Oberberg zeigen. In Schaumanns Klædefabrik präsentiert die **Slesvigkse Vognsamling** Nordeuropas größte Ausstellung an Fuhrwerken.
Archäologische Abteilung: Dalgade 7 | Juni – Aug. Di. – So. 10 – 16, Sa./So. 13 – 16; Sept. – Mai Di. – So. 13 – 16 Uhr | Eintritt 50 DKK unter 18 Jahre frei

Bymuseum: Slotsgade 22 | Juni – Aug. Di. – So. 10 – 16, Sa./So. 13 – 17
Sept. – Mai Di. – So. 13 – 17 Uhr | Eintritt 60 DKK, unter 18 Jahre frei
www.museum-sonderjylland.dk
Slesvigkse Vognsamling: Juni – Aug. Di. – So. 10 – 16, Sa./So. 13 – 16,
Sept. – Mai Di. – So. 13 – 16 Uhr | Eintritt 40 DKK, unter 18 Jahre frei

Rund um Haderslev

Von uralt bis sehr modern

Vojens

Eishockey, Speedway und die Kühlschränke der Firma Gram A/S haben das 12 km westlich von Haderslev gelegene Vojens bekannt gemacht. Nicht zu vergessen die bronzezeitlichen Grabfunde im Raum Vojens, darunter das Grab des **»Skrydstrup-Mädchens«**, das vor mehr als 3500 Jahren hier gelebt hat.

Knapp 15 km nördlich bei Sommersted wiederum gibt es seit 1998 ein **Glockenmuseum** in der ehemaligen Over Lerte. Dort kann man auch Glocken aus eigener Gießerei für daheim kaufen.

Farrisvej 12 | Mai – 23. Okt. Mi. – So. 13 – 17 Uhr | Eintritt 30 DKK
www.klokkemuseum.dk

Die Herrnhuterstadt und ihre Spezialität

★ Christiansfeld

Ein ganz eigenes Kapitel der Region beschreibt knapp 12 km nördlich von Haderslev das **»Honigkuchendorf«** Christiansfeld. Mit Einwilligung König Christians VII., dem Namensgeber, wurde der Ort 1773 von einer Gruppe Herrnhuter aus dem holländischen Zeist gegründet. Die Herrnhuter Brüdergemeinde ist eine evangelische freie Gemeinde mit der gleichen Glaubensgrundlage wie die dänische Volkskirche. In nur wenigen Jahren entstand das in seiner architektonischen Schlichtheit eindrucksvolle Städtchen mit schnurgeraden Straßen, die sich rechtwinklig kreuzen. Die 1777 eingeweihte **Kirche** im Dorfkern kann sich rühmen, Dänemarks größten Kirchensaal ohne tragende Pfeiler zu besitzen – der schmucklose, ganz in Weiß gehaltene Raum bietet Platz für 1 000 Besucher. Viele Häuser der Brüdergemeine stehen unter Denkmalschutz. Christiansfeld besondere Geschichte und Architektur gehört seit 2015 sogar zum **UNESCO-Weltkulturerbe**. Im Westflügel des Witwenhauses (Enkehuset) schildert das Brødremenighedens Museum die Lokalgeschichte und berichtet über die weltweite Missionstätigkeit. Im Schatten mächtiger Linden ruhen auf dem Gottesacker, wie der Friedhof bei den Herrnhutern genannt wird, die Schwestern zur Rechten und die Brüder zur Linken vom Eingang.

Seit 1783 gehört auch eine Spezialität fest zu Christiansfeld: die köstlichen Honigkuchen. In der Brødremenighedens **Honningkagebage-**

Ausdrucksstark in ihrer Schlichtheit: die Architektur der Herrnhuter

ri gibt es die süßen Leckerbissen täglich backfrisch. Im Honningkage-Café an der selben Adresse kann man sie frisch aus der Backstube zu Kaffee oder Tee genießen.

Brødremenighedens Museum: Nørregade 16 | Juni – Aug. Di. – So. 13 – 16 Uhr | Eintritt 30 DKK, Kinder 10 DKK

Honningkagebageri: Lindegade 36 | tgl. 10 – 16/17 Uhr

★★ HELSINGØR

Insel: Seeland | **Region:** Hovedstaden | **Einwohnerzahl:** 61 500

Ein Schloss am Meer – durch die Weltliteratur unsterblich geworden. Helsginør ist zwar nur die zweitgrößte Stadt auf Seeland, doch sein Ruhm und Name sind ohne Frage größer, denn kein Geringerer als William Shakespeare ließ seinen Hamlet durch die Hallen von Schloss Kronborg irren, das an der schmalsten Stelle des Øresunds liegt. Zwischen 1422 und 1857 mussten alle Schiffe, die die Meerenge passierten, hier den Øresundzoll entrichten und die beträchtlichen Einnahmen – zeitweise zehn Prozent des Staatshaushalts – flossen unter anderem in das Ehrfurcht einflößende Kronborg.

Von Shakespeare zur Moderne

Durch die Fähren hinüber ins schwedische Helsinborg ist Helsingør heute der **wichtigste Hafen Seelands**. Die einstige Werft hingegen beherbergt mittlerweile als Kulturzentrum unter anderem das Museum für Seefahrt. Für Weltkunst in atemberaubendem Ambiente direkt am Øresund steht das Kunstmuseum Louisiana im nahe gelegenen Humlebæk.

Wohin in Helsginør?

Durch die schöne Altstadt schlendern

Altstadt

Sorgsame Denkmalpflege im alten Stadtkern machen einen Bummel zum Vergnügen. Haupteinkaufsmeile ist die von alten Fachwerkhäusern gesäumte **Stengade**, die zum 1855 erbauten Rathaus führt. Auch an der Strandgade, der östlich parallel verlaufenden Fußgängerzone, stehen gut erhaltene historische Bauten wie Stephan Hansens Gård im Rokokostil von 1760 (Nr. 95), die 1577 begonnene Alte Apotheke (Nr. 77) und der auf 1520 datierte Richterhof (Nr. 72). Das besterhaltene mittelalterliche Ensemble bietet die kleine Gammel Færgestræde, die von der Hafenpromenade in die Stadt führt.

Die **Sct. Olai Kirke**, der Dom, mit Resten einer romanischen Vorgängerkirche aus dem 13. Jh. wurde 1559 vollendet. Die Taufkapelle schmücken Gemälde von Joakim Skovgaard, der Altaraufsatz stammt aus dem Jahr 1662. Um 1430 entstand nördlich an der Sct. Anna Gade ein **Karmeliterkloster**, das bald zu den bedeutendsten Klöstern Dänemarks zählte. Im ehemaligen Armenhaus der gotischen Anlage zeigt heute das Bymuseum historische Dokumente und ein Modell der Stadt von 1801. Die Außenstelle Skibsklarerergaarden gewährt Einblicke in das Leben eines Reeders. In der spätmittelalterlichen Klosterkirche Sct. Mariæ nebenan war ab 1660 der Barockkomponist Dietrich Buxtehude (1637 – 1707) Organist, bevor er 1668 nach Lübeck ging.

Bymuseum: Di. – Fr., So. 12 – 16, Sa. 10 – 14 Uhr | Eintritt 35 DKK unter 18 Jahre frei | www.helsingormuseet.dk
Skibsklarerergaarden: Strandgade 91 | Di. – Fr., So. 12 – 16, Sa. 10 – 14 Uhr | Eintritt 35 DKK, unter 18 Jahre frei

Weitere Entdeckungsmöglichkeiten

Marienlyst Slot und Technikmuseum

Etwa zeitgleich mit Kronborg Slot wurde Schloss Marienlyst 1587 als Aussichtspavillon zum Sund hin gebaut und um 1760 von Nicolas-Henri Jardin für Königin Juliane Marie, die Witwe Frederiks V., umgebaut und erweitert. Heute sind hier originale **Louis-XVI.-Möbel**, Ansichten der Stadt Helsingør und Silberarbeiten ausgestellt – allerdings ist das Schloss wegen Renovierung geschlossen. Im rund um die Uhr zugänglichen Park liegt eines der drei dänischen Gedenkgräber für Prinz Hamlet, ein 1926 aufgestellter Granitsarkophag von Einar Utzon-Frank.

Im **Technikmuseum** wird die Entwicklung von Wissenschaft und Technik aufgezeigt; eine Sondersammlung ist zudem dem Astronomen Ole Rømer gewidmet. Die angeschlossene Ausstellung in der Verkehrshalle am nahen Ole Rømersvej 15 stellt Oldtimer der Luft, Straße, Schiene vor, wie das dänische Auto »Hammelvognen« aus dem Jahr 1896.

Schloss Marienlyst: www.marienlyst.nu
Teknisk Museet: Fabriksvej 25 | Di. – So. 10 – 17 Uhr | Eintritt 90 DKK, unter 18 Jahre frei | www.tekniskmuseum.dk

Das Schloss des Dänenprinzen Hamlet

★★ Kronborg Slot

Auf einer sandigen Halbinsel an der schmalsten Stelle des Øresund thront weithin sichtbar Schloss Kronborg, wo William **Shakespeare** seinen Helden Hamlet den bedeutungsschweren Satz »To be or not to be« sprechen lässt. Auch das geflügelte Wort »Etwas ist faul im Staate Dänemark!« stammt aus der um 1600 entstandenen Tragödie um den selbstquälerischen Dänenprinzen, der den Meuchelmord an seinem Vater rächen will und dabei schließlich selbst den Tod findet. Immer wieder gab und gibt es Gastspiele berühmter Hamletdarstel-

HELSINGØR ERLEBEN

VISIT NORDSJÆLLAND
Havnepladsen 3, 3000 Helsingør
Tel. 49 21 13 33
www.visitnordseeland.de

GILLELEJE TURISTBUREAU
Peter Fjelstrup Vej 12
3250 Gilleleje
Tel. 49 21 13 33

HORNBÆK TURISTINFORMATION
Vestre Stejlebakke 2 A
3100 Hornbæk
Tel. 49 70 47 47

HELSINGØR PIGEGARDE
Jeden Freitag, von Mai bis September, marschiert die Majorettengruppe Helsingør Pigegarde musizierend durch die Straßen – zur Weihnachtszeit verkleiden sich die Spielleute als Wichtelmännchen.

2 SØSTRENE OLSEN €€€€
Strohdachidyll von 1897, wo man sich den Genuss bester dänisch-französischer Küche gönnen sollte (geöffnet nur von März bis Oktober).
Øresundsvej 10, Hornbæk
Tel. 49 70 05 50
www.soestreneolsen.dk

1 MADAME SPRUNCK €€€
Das nostalgische, topp renovierte Hotel ist berühmt für seine ausgezeichnete Regionalküche; So. treffen sich die Einheimischen hier zum Brunch.
Bramstræde 5
Tel. 49 21 05 91
www.madamsprunck.dk

4 SAUNTEHUS SLOTSHOTEL €€€
Das reizvoll gelegene Hotel verfügt über Tennisplatz, Hallenbad, Sauna und Solarium. Zum Badestrand und zum Golfplatz ist es nicht weit.
Saunte Bygade 50
Hornbæk, Tel. 49 75 03 15
www.slotshotel.dk
www.pigegarden.dk

1 MARIENLYST €€€
Seit 1901 zählt das Traditionshotel am Øresund zu den führenden Häusern Skandinaviens. Man speist mit Blick aufs Wasser und entspannt sich im Erlebnisbad oder versucht sein Glück im Spielkasino.
Nordre Strandvej 2
Tel. 49 21 40 00
www.marienlyst.dk

2 HOTEL SLEEP2NIGHT €€
64 DZ mit Drei-Sterne-Standard, kostenlosem Internet, sauber, modern – all das bietet das Hotel und ist für dänische Verhältnisse ausgesprochen günstig, aber gemütlich.
Industrivej 19
Tel. 49 27 01 00
www.sleep2night.com

3 HOTEL HORNBÆKHUS UND VILLA STRAND €€
Hornbæk an der »Dänischen Riviera« ist mit seiner Lage ideal für Tage zwischen Meer und Stadterlebnissen in Helsingør oder Kopenhagen. Die Einrichtung des Hornbækhus ist inspiriert vom sogenannten schwedischen Gustavianschen Herrenhofstil aus dem 18. Jahrhundert.
Skovvej 7
Hornbæk
Tel. 49 70 01 69
www.hornbaekhus.com

1 Madame Sprunck
2 Sostrene Olsen

1 Marienlyst
2 Hotel Sleep2Night
3 Hotel Hornbækhus
4 Sauntehus Slotshotel

ler, unter ihnen beispielsweise Gustaf Gründgens, Sir Lawrence Olivier und Kenneth Branagh. Für viele Dänen ist Kronborg ein Nationalsymbol, denn in den Kasematten unter dem Schloss schlummert der steinerne **Sagenheld Holger Danske**, der erst bei größter Gefahr wieder erwachen und das Land retten wird – die wichtigste dänische Widerstandsgruppe im Zweiten Weltkrieg benannte sich nach ihm. 1420 erstand unter Erich von Pommern eine erste, »Krogen« (»Haken«) genannte Burg, die den vorbeifahrenden Schiffen den Sundzoll abverlangte. Das jetzige Schloss wurde 1574 – 1585 unter Frederik II. durch die Flamen Hans van Paeschen und Antonius van Opbergen zu einer vierflügeligen **Renaissanceanlage** umgebaut. Nach einem Brand 1629, bei dem nur die Kirche verschont blieb, ließ Christian IV. (▶Interessante Menschen) durch Hans van Steenwinckel d. J. das Schloss 1635 – 1640 unverändert wiedererrichten. Weitere Aus- und Umbauten folgten, 1785 – 1922 diente das Schloss soagr als Kaserne. Zwischen 1924 und 1935 wurde es von J. Magdahl-Nielsen komplett restauriert und im Stil Frederiks II. und Chris-

tians IV. wiederhergerichtet. Unterstützt wird der Erhalt der Einrichtungen seit Jahren von der Ny-Carlsberg-Stiftung. Die **Gemäldebestände** des 16. und 17. Jh.s ergänzen laufend Leihgaben des Kopenhagener Statens Museum for Kunst sowie des Nationalhistorischen Museums von Frederiksborg Slot in ►Hillerød. Die ehemaligen Königsgemächer liegen im Nordflügel. Mit 62 m Länge und 11 m Breite ist der **Rittersaal** der größte und einer der schönsten Renaissancesäle Nordeuropas. Seine Gemälde thematisieren die Macht der Planeten über das menschliche Leben. Tapisserien des Flamen Hans Knieper aus dem Jahr 1582 zeigen frühe dänische Monarchen. Die **Schlosskapelle** im Südflügel besitzt eine Renaissanceausstattung mit kunstvollen Holzschnitzereien deutscher Meister. Das vergoldete Alabasterrelief der Kreuzigung über dem Altar ist auf 1587 datiert, die Verkleidung des Altarunterbaus lieferten 1982 die Textilkünstler Kirsten und John Becker. 145 Stufen führt die Wendeltreppe im **»Trompeterturm«** hinauf. Die Flaggenbastion bietet einen faszinierenden Blick über den Øresund hinüber nach Schweden. Auf dem

Verteidigungswerk stehen die um 1760 gegossenen Kanonen. Sie werden noch heute eingesetzt – für Salutschüsse zu königlichen Feierlichkeiten.

Di. – So. 11 – 16, Juni – Aug. tgl. 10 – 17.30 Uhr | Eintritt 90/140 DKK (Tickets am besten vorab online erwerben, um Wartezeiten zu vermeiden), bis 18 Jahre frei | www.kronborg.dk

Im Strudel von Kultur und Seefahrtsgeschichte

★ Museum für Seefahrt

Von 2008 – 2013 sind Kronborg, das nordwestlich anschließende Hafengebiet und das Gelände der 1983 geschlossenen Helsingør Skibsværft og Maskinbyggeri A/S, für die man in den Wallanlagen des Schlosses Hafenbecken angelegt hatte, zum **Kulturhafen Kronborg** umgestaltet worden: Im Zuge des Projektes sanierte man die Bastionen und Außenanlagen und verwandelte das einstige Trockendock in eine Kulturwerft. Nach Plänen des Aarhuser Büro AART Architects wurden drei Backsteinbauten der Werft mit einem Netz aus gläsernen Prismen und Stahleinfassungen ummantelt – bei Sonne spiegelt sich das Hamletschloss in der glitzernden Hülle. Zentrale Bestandteile des neuen Kulturzentrums sind eine Hauptbibliothek mit Leseräumen auf drei Etagen und einer Treppensitzlandschaft für Lesungen und Veranstaltungen, ein großer Theater- und Konzertsaal, Ausstellungs- und Konferenzräume, Werkstätten sowie das städtische **Værftsmuseum** mit einer reichen Sammlung zur Geschichte des Schiffsbaus. Das Trockendock hat Stararchitekt Bjarke Ingels spektakulär für die zwölf Abteilungen des **M/S Museet for Søfart** umgebaut, das 2013 eröffnet wurde – der Rundgang durch die Sammlung führt als Abwärtsspirale bis unter die Wasserfläche.

Værftsmuseum: Allégade 2 | Di. – Fr., So. 12 – 16, Sa. 10 – 14 Uhr Eintritt 35 DKK, bis 18 Jahre frei | www.helsingormuseet.dk

M/S Museet for Søfart: Kronborg 10 B | tgl. 11 – 17 Uhr | Eintritt 110 DKK, unter 18 Jahre frei | www.mfs.dk

Rund um Helsingør

Sammlung zur Moderne vor atemberaubender Kulisse

★★ Louisiana Museum of Modern Art

Ist es die Kunst des 20. Jh. oder ihr Arrangement an der Steilküste vor der Kulisse von Øresund und Südschweden oder beides zusammen? In Humlebæk, rund 10 km südlich von Helsingør, liegen zwischen alten Bäumen weiße Ausstellungspavillons, verstecken sich Wandelgänge und lichtdurchflutete Wintergärten, die das Geländegefälle einbeziehen. Den Eingang des Louisiana markiert eine efeubewachsene, alte Sommervilla. Ihr einstiger Besitzer war mit drei Frauen verheiratet, die alle Louise hießen – daher der Name des Museums. Initiator des Museums war hingegen der Industrielle **Knud Jensen**, der im Jahr 1954 zunächst nur an eine Heimstatt skandinavischer

»Little Janey-Waney« von Alexander Calder tanzt in der Brise am Øresund im Skulpturenpark des Louisiana-Museums.

Kunst dachte. Dank großzügiger Schenkungen, vor allem des Ny Carlsberg-Fonds, hat sich das Museum aber bald zu einer internationalen Kollektion entwickelt, heute weltweit eine der besten Sammlungen der Moderne.

» Die ganze Idee der Anlage ist, Erwartung zu erwecken. «

Museumsgründer Knud Jensen

Die ständige Sammlung setzt nach dem Zweiten Weltkrieg ein, als dänische Künstler wie Robert Jacobsen und Richard Mortensen nach Paris gingen und dort u. a. Josef Albers, Pablo Picasso und Alexander Calder trafen: Ihre Werke sind nun in Louisiana zu bewundern. Die wegweisende **CoBrA**-Gruppe ist mit Gemälden von Asger Jorn, Karel Appel und Pierre Alechinsky vertreten. Aus den 1950er-Jahren stammen Skulpturen von Alberto Giacometti und Germaine Richier sowie Gemälde von Saura, Sam Francis und Mark Rothko. Jean Tinguelys Freiluftskulptur »Skizze des Weltuntergangs« erinnert an die wilden

Im Hafen von Gilleleje arbeiten immer noch die Heringsfischer.

1960er-Jahre, die farbenfrohe **Pop Art** wird durch Roy Lichtenstein, Robert Rauschenberg und Andy Warhol repräsentiert. Raumgreifend sind die gewaltigen Leinwände von Morris Louis und Frank Stella. Die 1970er- und 1980er-Jahre sind u. a. durch Josef Beuys, Per Kirkeby und Anselm Kiefer vertreten. Höhepunkte der Skulpturensammlung sind der lichte Giacomettisaal und die Arbeiten von Henry Moore, Max Ernst und Alexander Calder im **Parkgelände**. Die Grafik-ausstellung zeigt schwerpunktmäßig Arbeiten von Mona Hatoum und Pipilotti Rist der 1990er-Jahre. Ergänzt wird die moderne Kunst in der **Wessel Bagge Collection** mit 450 präkolumbischen Objekten. Regelmäßig gibt es zudem Sonderausstellungen, im Børnehus werden Kunstaktionen für Kinder angeboten und in der Cafeteria genießt man seinen Kaffee mit Meerblick.

Gl. Strandvej 13 | Di. – Fr. 11 – 22, Sa./So. bis 18 Uhr | Eintritt 125 DKK, unter 18 Jahre frei | www.louisiana.dk

Von Helsingør nach Gilleleje

Sandstrände und Surfgebiete

An fast allen der kilometerlangen, weißen Sandstrände nördlich von Helsingør flattert die begehrte Blaue Flagge, das Symbol für sauberes Badewasser. Meist grenzen meterhohe Dünen den Strand vom Hinterland ab und bieten Schutz vor dem Wind. Die besten Strände liegen bei Julebæk, Hornbæk, Dronningmølle und Gilleleje. Über den aussichtsreichen Steilküsten weht jener besondere Wind, der das Gebiet zum Paradies für Surfer und Drachenflieger macht. Um die Festung Kronborg mit Waffen zu versorgen, produzierten bei Hellebæk ab ca. 1600 die **Gewehrfabrik Kronborg** und ab etwa 1765 die Mühle Hammermøllen jährlich bis zu 6000 Gewehre.

Das populäre Seebad **Hornbæk** am Übergang vom Øresund zum Kattegat bietet neben alten Fischerhäusern und einer großen Marina gute Einkaufsmöglichkeiten – die trendigen Gummistiefel und bunten Öljacken von Ilse Jacobsen sind nicht nur in Dänemark Kult. Etwa 2 km landeinwärts von seinen herrlichen Sandstränden kann man in **Dronningmølle** Gemälde und Skulpturen von Rudolph Tegner (1873 – 1950) bestaunen. Auch das wuchtige Museumsgebäude entwarf der Symbolist 1938 selbst.

Seelands nördlichster Ort **Gilleleje** wurde vor über 500 Jahren von Heringsfischern gegründet. Heute ist der Hafen von morgens bis abends voller Leben, und eine alte Heringsfabrik dient im Sommer für Kunstausstellungen. Erwartungsgemäß liegt auch der Schwerpunkt des Museums auf der Fischerei.

R. Tegners Museum og Statuepark: 15. April – Mai, Sept. Di. – So. 12 – 17, Juni – Aug. Di. – So. 11 – 18 Uhr | Eintritt 60 DKK, unter 15 Jahre frei | www.rudolphtegner.dk

Gilleleje Museum: 15. Jan. – Mai, Sept. – Nov. Mi. – Fr. 13 – 16, Sa. 10 – 14, Juni/Aug. Mi. – Mo. | Erw. 20 DKK | www.museumns.dk

HERNING

Halbinsel: Jütland | **Region:** Midtjylland | **Einwohnerzahl:** 49 300

Das weit entfernt von Kopenhagen liegende Herning mag in der Provinz liegen – doch mitten im Herzen Jütlands. Zudem gehört der früh industrialisierte Ort zu den Zentren der dänischen Textilwirtschaft und galt im 19. Jh. gar als »Hauptstadt der Wolle«. Der internationale Modekonzern Besteller, zu dem Marken wie Jack & Jones oder Vero Moda zählen, beispielsweise hat seinen Hauptsitz im nahen Brande.

Wolle und moderne Kunst

Herning ist nach ▶Kopenhagen außerdem wichtigstes **Messezentrum** des Landes, wo Dänemarks größte Reisemesse, IT-Messen und andere Veranstaltungen stattfinden. Wer das Schöne sucht, kommt in Herning ebenfalls auf seine Kosten: Das Kunstmuseum HEART besitzt eine moderne Sammlung und zeigt spannende Sonderausstellungen.

HERNING ERLEBEN

VISIT HERNING
Østergade 21
Tel. 96 27 22 22
www.visitherning.com

HOTEL EYDE €€ – €€€
Das Hotel am Marktplatz gilt als die beste Adresse der Stadt. Im Restaurant werden kulinarische Genüsse aufgetischt.
Torvet 1, Tel. 97 22 18 00
www.eyde.dk

Wohin in Herning?

Italienische und skandinavische Kunst der Gegenwart

★ HEART

Aus leuchtend weißem Beton entwarf der US-amerikanische Stararchitekt Steven Holl den Neubau des HEART Herning Museum of Contemporary Art, der seit 2009 den funktionalen Vorgängerbau Angli, eine einstige Hemdenfabrik, ersetzt. Wichtigster Künstler der neuen Sammlung für Gegenwartskunst ist Piero Manzoni, der 1960/1961 in Herning arbeitete. Die italienische Sammlung des Museums enthält u. a. auch Arbeiten von Enrico Castellani, Lucio Fontana und Mario Merz. Zweiter Sammlungsschwerpunkt ist dänische bzw. skandinavische Kunst, die u. a. mit Per Kirkeby, Poul Gernes und Svend Dalsgaard vertreten ist. Zudem besitzt das Museum die größte Sammlung von **Ingvar-Cronhammar-Skulpturen** in Dänemark. Ebenso aufsehenerregend spiegelt sich gegenüber ein 90 m langer Keramikfries in einem Wassergraben: die Außenwand des **Pedersen & Alfelts Museet**, das 1976 den rund 4000 Werken des Künstlerehepaars Carl-Henning Pedersen und Else Alfelt gewidmet worden ist.

HEART: Di. – So. 10 – 16 Uhr | Eintritt 75 DKK, unter 18 Jahre frei
www.heartmus.dk

Pedersen & Alfelts Museet: Di. – So. 10 – 16 Uhr | Eintritt 100 DKK unter 18 Jahre frei | www.chpeamuseum.dk

Spektakuläre Kunst im öffentlichen Raum

Elia

Mit einem Durchmesser von 60 m und einer Höhe von 32 m ragt am Birk Centervej eine **gigantische Skulptur** empor: Ingvar Cronhammars »Elia« wirkt mit seinen vier Säulen wie eine Peilmarke in der flachen Landschaft. Im 30 000 m² großen Resonanzraum wird das Echo von Blitz und Donner eingefangen. Angeschlossen an das Naturgasnetz, aktiviert Elia alle 18 Tage einen kolossalen Flammenwerfer, der für die Dauer von 30 Sek. eine 8 m hohe Stichflamme in die Höhe schießt.

Fotos, Stoffe und Novellen

Wohin noch

In der Museumsgade 28 dokumentiert **Danmarks Fotomuseum** die Geschichte der Fotografie. Westlich vom Stadtzentrum an der Vestergade 20 wurde die ehemalige Herning Klaedefabrik, 1876 als Wollspinnerei gegründet, als Museumszentrum **Textilforum** revitalisiert. Als wichtiger Architekturbeitrag Mitteljütlands gilt nordöstlich vom Cityring der 1579 erbaute **Herrensitz Herningsholm**. Seit der Restaurierung 1980 befindet sich hier ein Museum für den Heidedichter Steen Steensen Blicher (1782 – 1848), der volkstümliche Novellen über das Leben der Region verfasste.

Danmarks Fotomuseum: Di. – So. 12 – 16.30 Uhr | Eintritt 60 DKK unter 12 Jahre frei | www.fotomuseum.dk
Textilforum: Vestergade 20, Di. – So. 11 – 16 Uhr | Eintritt 50 DKK
Blichermuseet: Viborgvej 72, Juni – Sept. Di. – Do. 12 – 16, Sa./So. 13 – 17 Uhr | Eintritt 50 DKK, unter 18 Jahre frei
www.museummidtjylland.dk

★ HILLERØD

Insel: Seeland | **Region:** Hovedstaden | **Einwohnerzahl:** 31 500

Hillerød macht Nordseeland als »Region der Könige« (dän. Kongernes Sjælland) alle Ehre. Denn wer Hillerød – mit weichem dänischen D – sagt, meint zuerst das prachtvolle Schloss Frederiksborg, das zu den schönsten Renaissanceanwesen Dänemarks und als Sommerresidenz zu den Lieblingsschlössern von Regentin Margrethe II. gehört. Von ▶Kopenhagen aus erreicht man Hillerød ganz bequem per Bahn.

Ein kleines Museum in den Ruinen des 1175 gegründeten **Augustinerklosters**, 6 km westlich der Stadt, belegt durch seine Skelettfunde aus dem Mittelalter die Heilmethoden der Mönche zu jener Zeit. Am Wilhelmstag Mitte Juni wird ein Klostermarkt abgehalten. Nur wenige Schritte nördlich der Klosterruine brüten über 100 verschiedene Vogelarten in den Flussauen Alsønderup Enge.

Das Versailles des Nordens

Joggen, Radfahren und Reiten kann man wiederum auf den herrlichen Wander- und Radwegen, die den mit gut 50 km² größten Laubwald Seelands **Gribskov** nördlich von Hillerød erschließen.

Æbelholt Klostermuseet: Mai – Okt. Di. – So. 11 – 16, Führungen: 13 Uhr | Eintritt 20 DKK, unter 18 Jahre frei | www.museumns.dk
Tipps zu Wander- und Radtouren Gribskov auf www.gribskovenshaardekerne.dk

HILLERØD ERLEBEN

TOURIST INSPIRATION HILLERØD
Frederiksværksgade 2
Tel. 49 21 13 33
www.visitnordseeland.de

SLOTS ARKADERNE
In diesem Einkaufscenter, das direkt an die Fußgängerzone anschließt, kann man auch bei schlechtem Wetter durch 50 nette Läden bummeln – und das sogar am ersten Sonntag im Monat, von 11 – 16 Uhr.
www.slotsarkaderne.dk

HOTEL HILLERØD €€€
Funktionell-modernes Vier-Sternehotel mit 113 Zimmern und lokaler Küche im Restaurant.
Milnersvej 41
Tel. 48 24 08 00
www.hotelhillerod.dk

★ Frederiksborg Slot

Dänemarks schönstes Renaissance-Schloss

Enstehungsgeschichte

Christian IV. (▶Interessante Menschen) ließ an der Stelle einer Schlossanlage Frederiks II. zwischen 1602 und 1620 von Hans van Steenwinkel d. Ä. und dessen Sohn Dänemarks schönstes Renaissance-Schloss erbauen. Stilistisch erinnern die stark strukturierten Backsteingebäude an die niederländische Renaissance: helle Sandsteineinfassungen, geschwungene Giebel und aufgesetzte Kupfertürme. Bis zum Bau von Fredensborg Slot lieferte Schloss Frederiksborg den dänischen Monarchen einen noblen Rahmen für ihre **Krönungszeremonien**. So traten alle Herrscher zwischen 1671 und 1840 ihre Regierung hier in der Schlosskirche an. Außerdem wurde in Schloss Frederiksborg der Elefantenorden neu geregelt und 1671 der Dannebrogorden eingeführt. 1693 erhob man die Schlosskapelle zur Ritterordenskapelle, eine Funktion, die sie noch heute innehat.

Umfangreiche Kunstgewerbesammlung

Nationalhistorisk Museet

Nach Vollendung von Schloss Fredensborg bekam Frederiksborg im späteren 18. und 19. Jh. allmählich Museumscharakter, der Rittersaal wurde zur Gemäldegalerie umgestaltet und Frederik VI. ließ 1812 eine Porträtsammlung einrichten. Frederik VII. machte das Schloss erneut zu seiner Residenz, die er nach einem Brand im Dezember 1859 auch weitgehend wieder restaurieren ließ. Als nach seinem Tod weder Staat noch Königshaus Interesse an dem Bau bekundeten, gründete J. C. Jakobsen, der Besitzer der Brauerei Carlsberg, eine Stiftung und ließ Schloss Frederiksborg 1878 als »Nationalhistorisches Museum Dänemarks« eröffnen. Die Sammlung an **kostbaren Möbeln** und historisch bedeutsamen Gegenständen ist so umfangreich, weil es zu jener Zeit noch keine anderen Kunstgewerbemuseen in Dänemark gab und daher alles hier zusammengetragen wurde. Dazu gehört auch die **Porträtsammlung Frederiks VI.**, die ebenfalls im Museum aufgenommen wurde.

April – Okt. tgl. 10 – 17, Nov. – März 11 – 15 Uhr | Eintritt 75 DKK, 6 – 15 Jahre 20 DKK | www.dnm.dk

Verteilt auf drei kleine Inseln

Die Anlage

Der Ausflugsdampfer M/F Frederiksborg – mit maximal 30 Passagieren angeblich Dänemarks kleinste Fähre – bringt Besucher zwischen Mai und September vom Torvet in Hillerød über den Schlosssee zur Anlegebrücke dicht am Eingang der Renaissanceanlage, die sich über drei Inselchen verteilt.

Den äußeren Schlosshof betritt man durch einen wuchtigen **Torturm**, den Hans van Steenwinkel d. J. in den Jahren 1618 – 1623 erbaute. Zwischen der Kanzlei und dem Haus des Schlossherrn steht im Vorhof der zweiten Insel seit 1888 die Nachbildung eines **Neptunbrunnens** von Adrian de Vries aus dem Jahr 1623. Die ursprünglichen Bronzefiguren des Brunnens raubten die Schweden bei der Belagerung Kopenhagens. Seither stehen sie im Park von Schloss Drøttningholm bei Stockholm. Auf der dritten Insel schließlich erreicht man das eigentliche Schloss. Ältester Teil ist der nördliche Königsflügel, später entstanden der westliche Kirchenflügel mit dem Kirchturm und der östliche Prinzessinnenflügel. Den Abschluss zur mittleren Insel bildet ein niedrigeres Terrassengebäude. Als Verbindung zwischen Münzturm und Audienzhaus wurde 1613 aus grauem Backstein der »Lange Gang« angefügt.

Fähre M/F Frederiksborg: Mai – Sept. Mo. – Sa. 11 – 17, So. 13 – 17 30 DKK, Kinder 10 DKK | www.partrederiet.dk

Die reinste Pracht

Slotskirke mit Compenius-Orgel

Im westlichen Flügel befindet sich die beim Brand 1859 unversehrt gebliebene Schlosskirche. Das Kirchenschiff mit seinem gotischen Sterngewölbe wird von vergoldeten Sandsteinpfeilern getragen. Feinste Marmoreinlegearbeiten, Alabasterfiguren, Intarsien aus Ebenholz und anderen **seltenen Hölzer**n ergänzen die überaus prächtige Ausstattung. Altar und Kanzel, gleichfalls aus Ebenholz, sind mit Silberreliefs biblischer Szenen von dem Hamburger Goldschmiedemeister Jakob Mores verziert. Der **silberne Taufstein** wurde 1920 nach einer Zeichnung von Mores aus dem 16. Jh. angefertigt. Am Ende der Kirche erblickt man die Schilder des Elefantenordens – u. a. das Schild des Atomphysikers Niels Bohr (▶Interessante Menschen), an den Seiten hängen die Schilder der Großkreuzritter des Dannebrogordens. Die berühmte, klanggewaltige Orgel mit 1000

Pfeifen wurde 1617 von dem Braunschweiger Orgelbauer Esaias Compenius geschaffen.

Vorführung an der Compenius-Orgel: Do. 13.30 – 14 Uhr | Auskunft zu Kirchenkonzerten: Touristeninformation in Hillerød

Riesige Gemälde und pompöse Möbelstücke

Riddersalen und weitere Räume

Den über der Schlosskirche gelegenen, 50 m langen und nach dem Brand von 1859 rekonstruierten Rittersaal nannte man zur Zeit Christians IV. treffenderweise den **»Tanzsaal«**. Der König hat ihn mit prachtvollen Ornamenten und Silberfiguren ausschmücken lassen, die Kassettendecke erhielt kostbare Holzschnitzereien, darunter das Königliche Wappen mit dem Wahlspruch der Monarchen »Regna firmat pietas« (»Gottesfurcht stärkt die Reiche«). Die Wände zieren Wandteppiche mit Szenen aus dem Kalmarkrieg und dem Krönungszug von 1596 sowie mit Porträts von Christian IX. und seinen regierenden Nachkommen.

Das Deckengemälde im **Engelsaal** ist die verkleinerte Ausgabe einer Decke im Dogenpalast von Venedig. Ihr von Franz Schwartz 1883 gefertigtes Bildwerk zeigt Frederik III., umgeben von den vier Reichsständen sowie »Krieg« und »Frieden«. Die 1879 – 1883 ausgeführten großen Wandgemälde handeln vom Schwedenkrieg und der Einführung des Absolutismus. Ein eindrucksvolles Beispiel für die pompöse Prachtentfaltung der absolutistischen Monarchen liefern die Möbel in Raum 42. Seine Mitte beherrscht ein aus Eichenholz geschnitztes **Paradebett**, das für die Hochzeit des Grafen Danneskiold-Samsøe mit Christine Catharine von Holstein 1724 in Paris angefertigt wurde. Bekannte Größen des 19. Jh.s sind auf den **Gemälden** in Raum 55 zu sehen, darunter der Bildhauer Bertel Thorvaldsen (▶Interessante Menschen), der Dichter Adam Oehlenschläger, der Physiker H. C. Ørsted, Entdecker des Elektromagnetismus, und der Volkshochschulgründer Grundtvig (▶Interessante Menschen). Das Gemälde der Eröffnungssitzung der verfassungsgebenden **Reichsversammlung** am 23. Oktober 1848 füllt in Raum 61 eine ganze Wand – mit dieser Versammlung hatte der König die absolute Macht abgegeben. Raum 62 ist Mynster, Kierkegaard (▶Interessante Menschen) und Grundtvig gewidmet, den drei Männern, die das kirchliche Leben Dänemarks im 19. Jh. entscheidend geprägt haben.

Gegensätzliche Gartenentwürfe

Schlosspark

Etwa erst 100 Jahre nach dem Bau des Schlosses ließ Frederik IV. vom königlichen Architekten Johan Cornelius Krieger bis 1725 den **Barockgarten** anlegen, der heute zu den schönsten Gärten seiner Art in Nordeuropa zählt. Ganz der damaligen Mode entsprechend, gruppierte sich die Anlage am Ufer des Slotssø symmetrisch um eine zentrale Längsachse, die Haus, Garten und Landschaft miteinander verband. Gut 40 Jahre später begann der Verfall, da der Gar-

FREDERIKSBORG SLOT

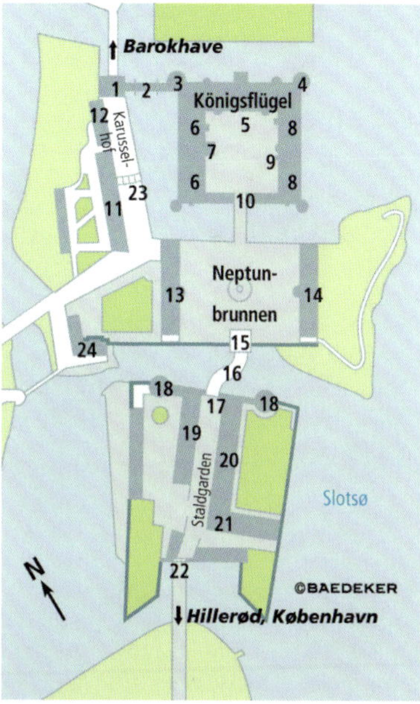

1 Audienzhaus
2 Langer Gang
3 Münzturm
4 Jägerbergturm
5 Große Galerie
6 Kirchenflügel
7 Kirchturm
8 Prinzessinnenflügel
9 Küchenbrunnen
10 Terrassengebäude
11 Vorratsflügel
12 Teestuben
13 Haus des Schlossherrn
14 Kanzleigebäude
15 Gefängnisturm
16 S-Brücke
17 Portal Christians VI.
18 Rundtürme Frederiks II.
19 Königsstall
20 Husarenstall
21 Herluf Trolles Turm
22 Stadttor
23 Karusselltor
24 Restaurant Leonora

ten als nicht mehr zeitgemäß empfunden wurde und Unsummen für die Pflege verschlang. Erst 1993 – 1996 gelang es, den Schlosspark zu rekonstruieren. Unweit westlich ließ Frederik VII. in der zweiten Hälfte des 19. Jh. das **Lustschlösschen Badstueslottet** mit einem romantischen Landschaftsgarten umgeben, wo auch heute noch verschlungene Wege, idyllische Teiche und kleine Kanäle verzaubern.

Fredensborg Slot

Eine echte Stilmischung

Die Friedensburg

Im Osten grenzt der Gribskov an den großen Esrumsø, den man im Sommer mit kleinen Ausflugsbooten erkunden kann. Dazu gehört selbstverständlich auch Schloss Fredensborg, wo Königin Margrethe II. einen Großteil des Jahres verbringt – ist die Königin anwesend, so findet jeden Mittag um 12 Uhr die **Wachablösung** statt. Die Innenräume sind nur im Juli und Anfang August zu besichtigen. Fredensborg heißt deshalb »Friedensburg«, weil es nur wenige Jahre nach dem Ende des zweiten Nordischen Krieges (1700 – 1720) fertiggestellt wurde. Dass sich das schmucke Ensemble irgendwie nicht

Frederiksborg ist ohne Übertreibung Dänemarks schönstes Schloss aus der Renaissance.

recht zwischen Barock, Rokoko und Klassizismus entscheiden kann, ist den königlichen Bauherren Frederik IV., Christian VI. und Frederik V. zuzuschreiben, die im 18. und 19. Jh. immer wieder an- und umbauen ließen. Ende des 19. Jh.s gingen hier neben der russischen Zarenfamilie die englischen, griechischen und norwegischen Herrscher ein und aus, da der damalige König Christian IX. dank familiärer Bande »Europas Schwiegervater« war. Die herrliche **Grünanlage** am Seeufer mit Orangerie und Kräutergarten kann das ganze Jahr über besichtigt werden. Ein Geschenk der Dänen zur Silberhochzeit von Königin Margrethe II. war 1992 die nach alten Plänen restaurierte Schlossstraße. Das faszinierende Zusammenspiel von Falkner und Greifvogel kann man im **Falkonergaard** des Schlosses erleben.
Führungen Schloss (2 Std.): 1. Juli – 11. Aug. auf Englisch tgl. 13.45 u. 15.30; Führungen Palastgarten: tgl. 11 u. 14 Uhr | Eintritt 80 DKK Kinder 40 DKK | www.slks.dk

HIMMERLAND

Halbinsel: Jütland | **Region:** Nordjylland

Fast vergessen und doch einer der wenigen dänischen Literaturnobelpreisträger: Johannes V. Jensen (1873 – 1950) setzte seiner Heimat in den »Himmerlandsgeschichten« ein Denkmal. So arm wie vor 100 Jahren ist das Himmerland nicht mehr und es gehört immer noch zu jenen dänischen Regionen, deren Entdeckung lohnt. Denn das zwischen ▶Limfjord und Ostsee liegende Himmerland ist reich an Natur: Sanfte Hügel wie die Rebild Bakker, große Wälder wie der Rold Skov und charmante Städtchen sind einen Umweg wert. Besonders spannend: Mariager am gleichnamigen Fjord mit seinem Salzcenter.

F/G 9-15

Knapp 30 km trennen ▶Aalborg und die Heidelandschaft von Rebild. Nach Amerika ausgewanderte Dänen kauften 1919 das Gebiet und ließen es zum Nationalpark erklären, den Naturfreunde heute auf herrlichen Wegen zu Fuß oder per Fahrrad erkunden können.

Hügel, Wald und Kultur

Wohin in Himmerland?

Rebild-Bakker-Nationalpark

Das Lincolnblockhaus im Park wurde nach dem Vorbild von Lincolns Geburtshaus erbaut. Hier informiert das Rold Skov Museerne über **europäische Siedler in Nordamerika** und über Abraham Lincoln (1809 – 1865), Präsident der USA. Nordöstlich auf einem Hügel thront der **Cimbrerstenen**, ein Steinblock mit dem Relief eines Stiers und der Inschrift »Von dieser Gegend zogen die Zimbern aus«. Vermutlich stammte der germanische Stamm, der um 120 v. Chr. auf der Suche nach Ackerland erfolgreich gegen die Römer zu Felde zog, aus dem Himmerland.
Rold Skov Museerne: 15. März – Pfingsten tgl. 10 – 16.30, Pfingsten – Aug. 11 – 17 Uhr | Eintritt 20 DKK, unter 12 Jahre frei
www.roldskovmuseerne.dk

Im Wald ein blaues Wunder erleben

Direkte Umgebung von Rebild

Kunstfreunde finden unweit westlich von Rebild in den großen unterirdischen Gewölben der Kalkmine Thingbæk ein Museum mit Skulpturen des dänischen Bildhauers Anders Bundgård (1864 – 1937) und den Gipsabdrücken von C. J. Bonnesens.
Südlich des Ortes erstreckt sich eines der größten Waldgebiete Dänemarks, der fast 6400 ha große **Rold Skov**, der vorwiegend aus Nadelbäumen besteht. Naturfreunden empfiehlt sich ein Spaziergang durch den »jütischen Waldgarten« (Den jydske Skovhave), der über

HIMMERLAND ERLEBEN

MARIAGER TURISTBUREAU
Torvet 1 B
9550 Mariager
Tel. 70 27 13 77
www.visitmariagerfjord.dk

HOBRO TURISTBUREAU
Søndre Kajgade 10
9500 Hobro
Tel. 70 27 13 77
www.visitmariagerfjord.dk

REBILD PORTEN
Rebildvej 25A, Rebild
9520 Skørping
Tel. 99 88 90 00
www.visitrebild.dk
www.rebildporten.dk

REBILDFESTEN
Jedes Jahr am 4. Juli treffen sich im **Rebild Bakker Nationalpark** Dänen und Amerikaner dänischer Herkunft, um mit teils prominenten Gästen den Unabhängigkeitstag der Vereinigten Staaten zu feiern.
www.rebildfesten.dk

COMWELL REBILD BAKKER
€€€
Das moderne Konferenzhotel mit 151 Zimmern im frischen, skandinavischen Look bietet oft attraktive Specials für Golfer und Genießer!
Rebildvej 36
Skørping
Tel. 98 39 12 22
www.comwellsport.dk

die Flora der Region informiert. Die **Große Blauquelle** (Store Blåkilde) im Rold Skov ist die ergiebigste Quelle des Landes – mit mehr als 110 000 Hektolitern am Tag: Das Wasser tritt in einen 12 m breiten und bis zu 5 m tiefen Pool aus, dessen Kalksteinboden es seine blaue Farbe verdankt.

Tipps und Touren auf www.roldskov.info
Kalkmine Thingbæk: April – Okt. Sa./So. 10 – 17 Uhr
Eintritt 75 DKK, 6 – 12 Jahre 40 DKK | www.rebildcentret.com

Am Westende des Fjords

Hobro

Inmitten von Wäldern und hügeligem Heideland markiert das Städtchen Hobro das Westende des Mariagerfjords. Die **Stadtkirche** wurde im Jahr 1852 nach Plänen des Architekten Gottlieb Bindesbøll, dem Erbauer des Thorvaldsenmuseums in ▶Kopenhagen, aus roten und gelben Backsteinen im neugotischen Stil errichtet. Am Hafen informiert das **Gasmuseet** über Geschichte und Bedeutung von Gas für Haushalte und Industrie. Einen Besuch lohnt ferner die private **Ibsenkunstsammlung** (Sdr. Kajgade 18a) mit mehr als 700 Werken der Moderne. Wer sich für zukunftsorientierte Wohnideen interessiert, sollte im experimentierfreudigen Danske Bo-Miljøer (Ågade 52) im nahen **Rørbæk** vorbeischauen.

Gasmuseet: Gasværksvej 2 | Sept. – Mai Sa./So. 12 – 16, Juni – Aug. tgl. 10 – 17 Uhr | Eintritt 70 DKK, unter 18 Jahre frei
www.gasmuseet.dk

Rekonstruiertes Wikinger-Lager

★ Vikingecenter Fyrkat

Bekannter als Hobro selbst sind die frühgeschichtlichen Funde aus der nahen Wikingerstätte Fyrkat, die zum Teil im kulturhistorischen **Hobro-Museum** ausgestellt sind. Aus der Wikingerzeit (▶Baedeker Wissen, S. 318 und S. 364) sind in Dänemark fünf kreisförmige Lager bekannt, die vermutlich von König Harald Blauzahn errichtet wurden. Fyrkat, 3 km südwestlich von Hobro, ist das kleinste. Der Lagerplatz hatte einen Durchmesser von 120 m und wurde von einem 4 m hohen und 8 m breiten Erdwall gesichert, der außen mit Palisaden und Brustwehr verkleidet war. Der Wall besaß vier überbaute Toröffnungen, verbunden durch zwei mit Holz belegte Hauptstraßen. Das Wikingerzentrum umfasst den Wall sowie die **Rekonstruktionen einer Ringburg und eines Wikingerhofs** aus neun Häusern. Das auf die Zeit um 980 datierte Fyrkat diente dem Wikingerheer wohl als Übungslager und Winterquartier. Ausgrabungen wiesen nach, dass innerhalb der Ringwälle auch Frauen und Kinder lebten.

Hobro-Museum: Vestergade 21, Mai – Sept. Di. – So. 12 – 16 Uhr
Eintritt 40 DKK, unter 18 Jahre frei | www.nordmus.dk

Vikingecenter Fyrkat: Ostern – Mai tgl. 10 – 16, Juni – Aug. bis 17, Sept. bis 15 Uhr | Eintritt 75 DKK, unter 18 Jahre frei
www.nordmus.dk

Über »Marias Acker« schlendern

Mariager

Mitte des 15. Jh.s entstand am südlichen Ufer des Mariagerfjords um ein Birgittenkloster die Kleinstadt »Marias Acker« – heute eine Dorfidylle mit Kopfsteinpflaster und stockrosenumrankten Fachwerkhäusern des 18. Jh.s. Die gotische Kreuzkirche am Birgittenkloster birgt zwei spätgotische Christusfiguren, die einst bei Passionsspielen Verwendung fanden. Das Museum von Mariager (Kirkegade 2 – 6) erzählt aus der Lokalgeschichte und über Grabungsfunde. Im traumhaft am Fjord gelegenen **Danmarks Saltcenter** wird die Geschichte des Salzes erläutert und seine Gewinnung und Produktion demonstriert. Wer mag, kann im Salzwasserpool baden wie im Toten Meer. Jeden Sonntag verkehrt von Mariager aus ein **Oldtimerzug** (Veteranenbanen) zum knapp 20 km entfernten Handest.

Danmarks Saltcenter: Mitte Juni – 1. Aug.-Woche tgl. 10 – 18, sonst Mo. – Fr. 10 – 16, Sa./So. bis 17 Uhr | Eintritt 98 DKK, 4 – 13 Jahre 60 DKK | www.saltcenter.com

Zug: einfache Fahrt 80 DKK, Kinder 20 DKK | www.jernbaner.dk

Himmerlandsgeschichte(n)

J. V. Jensen Museum

Im kleinen Ort **Farsø** im Westen von Himmerland kam Johannes V. Jensen 1873 zur Welt. Sein Geburtshaus zeigt jetzt Ausstellungen zu Leben und Werk des Literaturnobelpreisträgers. Besucher erleben, wie karg das Leben in Westhimmerland damals war. Ergänzend dazu lohnt ein Besuch im Vesthimmerlands Museum in **Aars**, in dem die Kulturgeschichte des Himmerlandes anschaulich dargestellt ist.

Jensen-Museum: Søndergade 48 | Apr. – Okt. Do. – So. 10 – 15 Uhr Eintritt 40 DKK, bis 14 Jahre frei | www.johannesvjensenmuseet.dk
Vesthimmerlands Museum: Søndergade 44 | Mai – Aug. Di. – So. 11 – 17, Sept. – April Di. – So. 13 – 17 Uhr | Eintritt 40 DKK, unter 18 Jahre frei | www.vesthimmerlandsmuseum.dk

★ HJØRRING

Halbinsel: Jütland | **Region:** Nordjylland | **Einwohnerzahl:** 25 000

Die beliebten Ferienregionen an der Nordsee liegen nur wenige Minuten entfernt – Blåvand, Løkken oder auch die Hafenstadt Hirtshals im Norden kennen die meisten Dänemarkreisenden besser als Hjørring.

Sichtbare Naturgewalten

Dabei war der Ort als Zentrum der Region Vendsyssel vom Mittelalter bis ins 16. Jh. eine wichtige Thing-, also Versammlungsstätte. Heute lockt Hjørring, das schon 1243 Stadtrechte erhielt, mit einer sehenswerten Altstadt, Museen, Theater und Shoppingbummel. Die Steilküste und die riesige Wanderdüne lockt Naturliebhaber an.

Wohin in Hjørring und Umgebung?

Sehenswertes in der Altstadt

Kirchen und Museen

Bürger und Politiker haben viel für den Erhalt der Altstadt getan, wo **über 150 Skulpturen** skandinavischer Bildhauer dem Einkaufsbummel etwas Besonderes verleihen. Beliebtester Treffpunkt ist das 1989 von Bjørn Nørgård gestaltete Wasserspiel am P. Nørskjærs Plads, dessen Hauptbrunnen die nordische Sagenwelt zum Thema hat.
Von den drei sorgsam restaurierten mittelalterlichen Kirchen in Gammel Hjørring verdient die um 1250 geweihte **St.-Katharinen-Kirche** in der Kirkestræde besondere Beachtung. Die ursprünglichen Giebel wurden im 18. Jh. durch geschwungene, nordjütländische Barockhauben ersetzt. Die geschnitzte Altartafel im Stil des sogenannten Knorpelbarock ist auf 1651 datiert.

HJØRRING ERLEBEN

HJØRRING TURISTSERVICE
Østergade 30 (Bibliothek)
Tel. 72 33 48 78
www.visithjoerring.dk

HIRTSHALS TURISTBUREAU
Jyllandsgade 10
9850 Hirtshals
Tel. 98 94 22 20
www.visithirtshals.dk

BRYGHUSET VENDIA €€€€
Das Restaurant im Brauhaus gehört zu den besten Gourmettempeln des ganzen Landes. Ebenso köstlich wie teuer: das Menü »Impressionisme«.
Markedsgade 9
Tel. 98 92 22 29
www.bryghusetvendia.dk

Im Provestegården, in der alten Probstei aus dem Jahr 1770, informiert das **Historische Museum** über vorgeschichtliche Funde und das Kunsthandwerk der Region. Was die moderne Kunst in Nordjütland hervorgebracht hat, zeigt wiederum das **Vendsyssels Kunstmuseet** in Becks alter Tuchfabrik. Zu sehen sind u. a. Werke von Poul Winther, Agnete Bjerre und Poul Ekelund sowie Arbeiten der Bildweberin Berit Hjelholt, der Keramikerin Tove Anderberg und des Goldschmieds Bent Exner.
Vendsyssels Historiske Museet: Museumsgade 3 | Sept. - Mai Di. - Fr. 11 - 16, Juni - 30. Aug. Di. - Fr. tgl. 11 - 16 Uhr | Eintritt 80 DKK, unter 18 Jahre frei | www.vhm.dk
Vendsyssels Kunstmuseet: P. Nørkjaers Plads 15 | Sept. - Mai Di. - So. 12 - 16, Juni - Sept. tgl. 12 - 16 Uhr | Eintritt 60 DKK, unter 18 Jahre frei | www.vkm.dk

Vorsicht Absturzgefahr!

Lønstrup

Eindrucksvolle Klippen, schöne Sandstrände und eine überaus entspannte Atmosphäre machten das **alte Fischerdorf** Lønstrup in den hohen Dünen westlich von Hjørring schon im 19. Jh. zu einem bevorzugten Badeort von Malern, Schauspielern und Schriftstellern. Heute kann man hier Töpfern, Glasbläsern und Goldschmieden bei der Arbeit zusehen und ein Mitbringsel direkt ab Werkstatt erstehen. Am Strandvejen 56, im einstigen Gehöft des Strandvogts von Lønstrup, verkauft beispielsweise Morgens Frankenberg handgedrehte Schalen, Lampen und Geschirre, die mit klaren Linien, ihrer Farbe und Struktur an Meer, Sand und Dünen erinnern (www.keramoda.dk). Am Südrand des Dorfes thronen die Reste der kleinen romanischen **Mårup-Kirche** aus dem 12. Jh. am Abgrund – seit Jahren ist das Gotteshaus wegen Absturzgefahr geräumt und wird abgetragen. Beim

Er ist wieder da: der Leuchtturm von Rjuberg Knude. Aber die Düne gibt nicht auf.

Westgiebel lässt sich der große Anker der 1808 gestrandeten, englischen Fregatte The Crescent bewundern. Eine Gedenktafel erinnert an die mehr als 200 Seeleute, die bei dem Unglück ums Leben kamen.

Wenn ein Wahrzeichen verschwindet

★ Rubjerg Knude

Der Leuchtturm Rubjerg Knude Fyr bei Lønstrup ist das Wahrzeichen der Region: Ab 1900 diente das Leuchtfeuer auf dem höchsten Punkt der jütländischen Steilküste rund 60 m über dem Meer als Wegweiser für Schiffe in der Jammerbucht. Heute ist er vor allem auch ein Symbol dafür, welche Kräfte die Natur selbst in unseren gemäßigten Breiten hat. Denn die **Wanderdüne** Rubjerg Knude befindet sich seit Jahrhunderten vom Wind getrieben auf dem Weg von West nach Ost. Dabei begrub sie unter anderem 1968 auch den **Leuchtturm** unter sich. Jahrzehntelang waren der 23 m hohen Turm und seine Nebengebäude im Sand eingeschlossen, ehe der Wind sie vor wenigen Jahren wieder freigab. Seit 2016 führt eine neue Treppe mit Kaleidoskop im Turminneren hinaus zu einer **Aussichtsplattform**, von der der Blick spektakulär weit auf Nordsee und Hinterland geht. Doch droht schon wieder seine Schließung: Die 60 Meter hohe Steilküste, auf der Rubjerg Knude Fyr thront, ist nur noch wenige Meter entfernt – Meer und Stürme nagen Tag für Tag am Ufer und so droht das Fotomotiv schon bald endgültig den Naturgewalten zum Opfer zu fallen.

Strand, Schloss, Spaß

Zwischen Løkken und Blokhus

Hochbetrieb herrscht im Sommer an den weißen Stränden der Jammerbucht zwischen Løkken und Blokhus. Unzählige Ferienhäuser,

Campingplätze, Kneipen, Restaurants und Diskotheken wetteifern hier um die Gunst des jungen Publikums. Das örtliche **Museum** informiert über das mühsame Geschäft der Strandfischerei – die Kutter werden mit Stahlseilen ins Meer bzw. an Land gehievt. Etwa 6 km landeinwärts ragen die weißen Gebäude des ehemaligen Prämonstratenserklosters **Børglum** auf. Bis ins 12. Jh. Königshof, wurde es Mitte des 18. Jh.s zum Barockschloss umgebaut. Zu besichtigen sind der Burghof und die Klosterkirche mit Rokokoinventar.
In Dänemarks größtem **Aquapark** bei Saltum kommen Wasserratten voll auf ihre Kosten. Das Spaßbad hat gigantische Rutschbahnen, darunter eine, auf der man mit 75 km/h durch einen Unterwassertunnel rast.

Aquapark: Mai – Aug. tgl. 10 – 18 bzw. 20 Uhr | Eintritt 230 – 275 DKK, bis 2 Jahre frei | www.faarupsommerland.dk

Erst ins Aquarium, dann nach Island

Hirtshals

Nördlich am Skagerrak verkehren von Hirtshals aus die Fährschiffe nach Norwegen (Kristiansand) oder auch Island. Der Hafen der Stadt zählt bis heute zu den wichtigsten Fischereihäfen des Landes. Vom harten Alltag der Fischer im 19. Jh. erzählt das **Hirtshals Museum** in der S. Thomsensgade 6. Die großen Heringsschwärme, Robben und heimische Haiarten sind Thema im **Nordsøen Oceanarium**, einem der größten Aquarien Nordeuropas – mit sieben Lern- und Erlebnis-Stationen rund um ein 4,5 Mio. l fassendes Aquarium.

Nordsøen Oceanarium: Willemoesvej 2, tgl. 10 – 17 Uhr | Eintritt 160 DKK, 3 – 11 Jahre 85 DKK | www.nordsoenoceanarium.dk

HOLSTEBRO

Halbinsel: Jütland | **Region:** Midtjylland | **Einwohnerzahl:** 36 000
Turistbureau: Kirkestræde 13 (Holstebro Bibliotek)
www.visitholstebro.dk

Einkaufsstadt für Urlauber aus den Ferienhausregionen an der Nordsee – und Kunstmetropole. Das ansonsten eher provinzielle Holstebro ist in Sachen moderner Kunst eine echte Größe. Um Kunst populär zu machen, setzte der langjährige Bürgermeister Kaj K. Nielsen auf Kultur und besonders auf Straßenkunst. So wurde bereits 1966 eine Skulptur des Schweizers Alberto Giacometti zum Wahrzeichen der Stadt. Holstebro besitzt aber noch viel mehr Straßenkunst – und spannende Museen.

Die Kunst liegt auf der Straße

Die Skulptur **»Frau auf dem Karren«** vor dem Alten Rathaus ist zwar nur 155 cm groß, aber heute Millionen wert. Aus Sicherheitsgründen verschwindet die Bronzefigur deshalb allabendlich im Boden, um am nächsten Morgen zur Freude der Kunstfans wieder zu »erwachen«. Beim Vandkraftsøen am östlichen Stadtrand hingegen erstrahlt bei Einbruch der Dunkelheit am Sendemast des regionalen Fernsehsenders Midt-Vest die 50 m hohe Laserskulptur **»Kaos Tempel«** von Frithioff Johansen.

Wohin in Holstebro?

Vom Schinken über Tabak zur Kunst

Museen

Bereits im Mittelalter gehörte der Viehmarkt Holstebros zu den größten in Jütland, im 19. Jh. übernahm der Schlachthof eine führende Rolle beim Schinken-Export nach England. Auch die Tabakfabrik der Familie Færch brachte die Stadt landesweit nach vorn. 1969 wurde in der Gründerzeitvilla des Tabakbarons Søren Færch das **Kunstmuseum** eröffnet und 1981 erweitert. Schwerpunkte der Sammlung dänischer Kunst seit den 1930er-Jahren bis heute sind die Arbeiten von Henry Herrup, Ejler Bille, Erik Tommesen und Astrid Noack. Weiter werden Keramik aus Peru, afrikanische Arbeiten und europäische Grafik des 20. Jh.s ausgestellt. Im selben Komplex zeigt das **Holstebroer Museum** Stadtgeschichte sowie auch Marius Larsenes Sammlung von ca. 1000 Pfeifen aus aller Welt.

Die 1998 erheblich erweiterte Außenstelle des Kunstmuseums nordwestlich der City ist den beiden Malern Jens Nielsen und Olivia Holm-Møller gewidmet. Außerdem sind hier Arbeiten der Malerin Kirsten Lundsgaardvig und des Bildhauers Niels Helledie zu sehen.

Kunstmuseum, Holstebro Museum: Museumsvej 2 | Juli/Aug. tgl. 11 – 17, Sept. – Juni Mo. – Fr. 12 – 16, Sa./So. 11 – 17, Okt. – März zusätzl. Mi. 19 – 21.30 Uhr | Eintritt 75 DKK, unter 18 Jahre frei
www.holstebrokunstmuseum.dk, www.holstebro-museum.dk

Nielsen og Holm-Møller Museet: Nørrebrogade 1 | Di. – Fr. 12 – 16, Mi. auch 19 – 21, Sa./So. 11 – 17 Uhr | Eintritt 75 DKK, unter 18 Jahre frei | www.holstebrokunstmuseum.dk

Rund um Holstebro

Herrschaftliche Unterkunft

Nørre Vosborg

Knapp 20 km südwestlich liegt der 1550 befestigte Herrensitz Nørre Vosborg mit Rittersaal und strohgedeckten Wirtschaftsgebäuden von 1785. Gartenfreunde finden im Wallgrabengarten eine wahre Rhododendrenpracht. Im Tagebuch von H. C. Andersen (►Baedeker Wissen, S. 262) liest man die Beschreibung seines Besuchs beim

Von Bjørn Nørgaard stammt die Skulpturengruppe »Bürger von Holstebro« am oberen Ende der Fußgängerzone.

Staatsrat Evald Meinert Tang, dessen Nachkommen übrigens noch heute das Anwesen bewohnen. Nach umfangreicher Restaurierung präsentiert sich der historische Herrensitz inzwischen als **Hotel** mit Café, Restaurant, 59 Doppelzimmern und Tagungstrakt.
€ € € | Vembvej 3 | Tel. 97 48 48 97 | www.nrvosborg.dk

Gefährliche Nordsee

Der Bøvling Klit, ein 14 km langer, schmaler Dünenstreifen, trennt den flachen Nissum Fjord von der Nordsee. Das 2017 neu eröffnete »Strandingsmuseet St. George« in **Thorsminde** erinnert daran, dass die dänische Nordseeküste Jahrhunderte lang bei Seefahrern als eines der gefährlichsten Gewässer der Welt galt. Tausende Schiffe gerieten bei Sturm, hohem Wellengang, plötzlichen Strömungen, unberechenbaren Untiefen und Flachpassagen vor der heute bei Urlaubern so beliebten Westküste Jütlands in Seenot und sanken oder strandeten. Eine der folgenreichsten Schiffskatastrophen der Region können Besucher im »Strandungsmuseum» hautnah nacherleben: Am Heiligabend des Jahres 1811 sanken die beiden englischen Schiffe der Royal Navy »HMS St. George« und »HMS Defence« mit 1400 Mann Besatzung. Auf 2300 m^2 bilden die alten Hafenscheunen einen Kont-

★ Strandingsmuseet St. George

rast zu den neuen Museumsgebäuden, die die **wilde Kraft des Meeres** auch architektonisch widerspiegeln. Weithin sichtbarer Mittelpunkt des neuen Museums ist ein hoher Turm, in dem das rund zwölf Meter hohe Ruder der HMS St. George zu sehen ist. Dank zeitgemäßer Ausstellungstechnik und -pädagogik erhalten Gäste Hintergrundinformationen und Eindrücke vom harten Leben auf See, vom Verlust von Kriegs- und Handelsschiffen und U-Booten vor der dänischen Nordseeküste, aber auch zum nicht selten lebensgefährlichen Rettungswesen.

24. März – 31. Okt. tgl. 10 – 17, Jan. – 23. März 11 – 16 Uhr | Eintritt 70 DKK, unter 18 Jahre frei | www.strandingsmuseet.dk

Der ewige Kampf um Land

Bovbjerg Fyr

Weiter nördlich sichern seit über 100 Jahren gewaltige Buhnen den schmalen Dünenstreifen bei Ferring, nachdem sich das Meer im 19. Jh. nahezu 160 m Land einverleibt hatte. An seiner höchsten Stelle thront seit 1877 der rote Leuchtturm Bovbjerg Fyr. Die Skulptur Hyrden von Erik Heide wurde 2008 daneben aufgestellt. Nahe dem Klippenrand erinnert ein Museum an **Jens Søndergaard** (1895 bis 1957), der die raue Nordseeküste in seinen Bildern sehr eindrucksvoll festgehalten hat.

Leuchtturm: Ausstellung, Café Di. – So. 14 – 17, Besteigung Sonnenaufgang – Sonnenuntergang | Eintritt 20 DKK, Kinder 10 DKK
www.bovbjergfyr.dk

Museum Søndergaard: Juni – Aug. tgl. 11 – 17, 14. März – Mai, Sept. – 13. Okt. Di. – Fr. 11 – 17, Ende Okt. – Mitte März Sa./So. 13 – 16 Uhr | Eintritt 25 DKK, unter 18 Jahre frei | www.jenssoendergaard.dk

HORSENS

Halbinsel: Jütland | **Region:** Midtjylland | **Einwohnerzahl:** 57 000

Charmante Kaufmannshöfe und Barockhäuser sowie eine der größten Konzert- und Veranstaltungshallen des Königreichs. Mittelalterliche Zeugnisse wie die Erlöserkirche und die Reste von König Erik Menveds Burg im Bygholm Park – und mit dem früheren Staatsgefängnis »Fængslet« eine der ungewöhnlichsten Kulturstätten zwischen Nordsee und Ostsee. Die Hafenstadt Horsens hat sich in den vergangenen Jahren vom verschlafenen Städtchen zu einem echten Anziehungspunkt entwickelt. Und einmal im Jahr ist richtig was los: Im August findet alljährlich Europas größtes Mittelalterfestival hier statt.

Der berühmteste Sohn der Stadt ist der Entdeckungsreisende **Vitus Jonassen Bering** (1681 – 1741). Zu Beginn des 18. Jh. ernannte ihn der russische Zar zum Leiter der beiden größten wissenschaftlichen Expeditionen jener Zeit. Bering entdeckte dabei die nach ihm benannte Meerenge zwischen Alaska und Sibirien. 1957 überreichte der sowjetische Staat der Stadt zwei alte Kanonen von Berings Schiff Skt. Peter, die nun neben einer Gedenktafel im Vitus-Bering-Park stehen. Details seiner Lebensgeschichte erfährt man im Horsens Museum.

Ein berühmter Sohn

Wohin in Horsens?

Durch die Stadt schlendern und ...

Lichtenbergske Palæ

Am Mittwoch und Samstag ist Wochenmarkt vor der **Erlöserkirche**, die Ende des 12. Jh.s errichtet und 1936 restauriert wurde. Den Altar der Kirche krönt ein Christus von Einar Utzon-Frank von 1950. In der Søndergade, deren Anblick einst große Handelshöfe prägten, gibt es noch immer einige bemerkenswerte Gebäude: Den **barocken Lichtenbergpalast** (Nr. 17 – 19) versah der deutsche Baumeister Nicolaus Hinrich Riemann mit einer stattlichen, steinernen Fassade – Vorbilder dafür finden sich in Schleswig. Eine breite Freitreppe führt zum Portal hinauf; im Inneren sind kunstvolle Stuckdecken erhalten. Zwischen 1810 und 1829 bewohnte Königin Charlotte Friederike, Mutter Frederiks VII., das Haus, das heute als Hotel dient. Die **Klosterkirche** weiter östlich in der Borgergade ist der einzige Überrest eines Franziskanerklosters aus dem 13. Jahrhundert. Bei der Restaurierung 1892 hat man versucht, die spätgotische Form des Gebäudes wiederherzustellen. Der geschnitzte Altar stammt aus der Zeit um 1500, ebenso das Chorgestühl und das Triumphkreuz.

... ins Museum gehen

Horsens Museum

Im Park Caroline Amalie Lunden dokumentiert das Horsens Museum die historische Entwicklung der Region. Besonders interessant sind die Funde aus dem **Ganggrab Grønhøj** und die jütländische Silbersammlung. Die Abteilung Flensburgs Enkebolig (Nørregade 31) erzählt vom 18. Jh., als das Gebäude für verarmte Bürgerwitwen eingerichtet wurde. Das Museum ist dem Entdecker **Vitus Bering** gewidmet.
Beachtliche dänische Kunst wartet im **Kunstmuseum**, darunter eine umfassende Mogens-Zieler-Sammlung, Arbeiten des dänischen Malers Michael Kvium sowie Werke des Goldenen Zeitalters um 1850.

Horsens Museum: Sundvej 1A | Juli/Aug. tgl. 10 – 16, sonst Di. – So. 11 – 16 Uhr | Eintritt 40 DKK, unter 18 Jahre frei
www horsensmuseum

Kunstmuseum: Carolinelundsvej 2 | Sept. – Juni Di. – Fr. 11 – 16, Sa./So. 11 – 17, Juli/Aug. tgl. 10 – 16 Uhr bzw. 17 Uhr | Eintritt 40 DKK unter 18 Jahre frei | www.horsenskunstmuseum.dk

HORSENS ERLEBEN

VISIT HORSENS
Fussingsvej 8
Tel. 75 60 21 20
www.visithorsens.dk

VISIT JUELSMINDE
Rousthøjs Allé 1
7130 Juelsminde
Tel. 75 69 33 13
www.visitjuelsminde.dk

MITTELALTERFESTIVAL
im August
www.middelalderfestival.dk

OKSEN €€€
Deftige, ehrliche Dänenküche – seit 25 Jahren.
Grønnegade 3
Tel. 75 62 69 00
www.oksen-horsens.dk

SCANDIC HOTEL BYGHOLM PARK €€€–€€€€
In einem Park liegt Schloss Bygholm, Anfang des 14. Jh.s errichtet und inzwischen eine noble Herberge. Das elegante Restaurant Havestuen serviert zum Parkblick traditionelle, modern interpretierte Gerichte – bei gutem Wetter auch auf der Terrasse.
Schüttesvej 6
Tel. 75 62 23 33
www.scandichotels.dk

OPUS HORSENS €€€
12 m hohe Lobby, 129 Zimmer mit dänischen Designermöbeln, Panorama-Restaurant mit offener Schauküche und ein Wellnessbereich.
Egebjergvej 1
Tel. 76 25 72 00
www.hotelopushorsens.dk

JØRGENSENS HOTEL – DET LICHTENBERGSKE PALAE €€€
Heute bietet das Jørgensens Hotel im prächtigen Lichtenbergpalast ausgesuchte Kost und Logis.
Tel. 75 62 16 00
www.jorgensens-hotel.dk

Danmarks Industrimuseet

Das Leben der Arbeiter im Wandel der Zeit
In zeittypischen Wohnungen von 1880 bis 2000 werden beim Hafen die Lebensbedingungen dänischer Arbeiterfamilien aufgezeigt. So erfährt man, wie früher eine Druckerei funktionierte, wie Holzschuhe hergestellt und Tabakwaren verarbeitet wurden, wie es beim Metzger oder beim Friseur aussah. Im Wagenmuseum dreht sich alles um Pferd und Wagen; dazu gehört auch ein Gideon-Feuerwehrauto, das 1916 in Horsens gebaut wurde. Eine Attraktion ist außerdem das ehemalige Gaswerkgelände mit Ausstellungen über Strom-, Gas- und Wasserversorgung.
Gasvej 17 – 19 | Sept. – Juni Di. – So. 11 – 16, Juli/Aug. tgl. 10 – 16 Uhr
Eintritt 70 DKK, unter 18 Jahren frei | www.industrimuseet.dk

Von Knastkunst bis zum Schafott

★ Statsfaengslet

153 Jahre, von 1853 bis 2006, wurden im Staatsgefängnis 14 000 Verbrecher eingesperrt, die dort mehrjährige Haftstrafen absaßen. Nach der Schließung rettete der Wachtmeister Åge Egholm 10 000 originale Gegenstände aus allen Phasen des Fængslet vor der Entsorgung: heimlich angefertigte Waffen, Hasch-Pfeifen, selbstgemachte Spiele und Knastkunst. Sie bilden die Grundlage einer der größten **Gefängnissammlungen** weltweit. 2012 wurde das 23 000 m² große Haus als Museum eröffnet. Zu besichtigen sind die Zellen der Verurteilten, die Gefängnisküche, der Krankenhausbereich des Fængslet und Dänemarks letztes Schafott. Der Innenhof wird im Sommer als Eventfläche für Theater und Musik genutzt. 22 Zellen wurden als **Unterkunft** für ein bis vier unerschrockene Gäste eingerichtet. Eingezogen ist in die Zellen allerdings nur wenig Komfort, denn es sollte alles möglichst authentisch bleiben. Selbst die Zeichnungen der Gefangenen beließ man an den Wänden.

Fussingsvej 8 | Mai – Okt. Di. – So. 10 – 17, Juli/Aug. tgl. Nov. – April Di. – So. 10 – 16 Uhr | Eintritt 105 DKK, unter 18 Jahre frei
www.faengslet.dk

Rund um Horsens

4+1 Inseln entdecken

Grønne Lagune

Naturfreunde zieht es in die Hügellandschaft der Grünen Lagune, der naturschönen Halbinsel südöstlich der Stadt mit dem Fährhafen Snaptun an der Einfahrt zum Horsensfjord. Auf der Fahrt dorthin passiert die Küstenstraße das Gut **Palsgård** mit seinem herrlichen Park, der jedes Jahr im August als für vergnügliche Operetten dient. Durch den Palsgård Skov führt die alte Viehtreiberroute »Ochsenweg«. Die Geschichte des Waldgebietes von der Vorzeit bis heute dokumentiert in der 200 Jahre alten Försterei das Vester Palsgaard Skovmuseum.
Schließlich erreicht man den gemütlichen Ferienort **Juelsminde** mit kleinen Cafés und Kunsthandwerksläden, kinderfreundlichem Badestrand, modernem Jachthafen und 18-Loch-Golfplatz. Die vier kleinen Inseln der Grünen Lagune – Endelave, Hjarnø, Vorsø und Alrø – bieten herrliche Natur. Die größten Attraktionen von **Endelave** sind das Inselmuseum in einem der alten Höfe und der Heilpflanzengarten mit mehr als 300 verschiedenen Kräutern sowie die seltenen Orchideen im Naturschutzgebiet.
Auf **Hjarnø**, in sieben Minuten von Snaptun mit der Fähre zu erreichen, sind Schiffsgräber der Wikingerzeit erhalten. Das unter Naturschutz stehende **Vorsø** besitzt eine der größten Kormorankolonien des Landes.
Kaum bekannt: die autofreie Kattegat-Insel **Tunø**. Fähren schippern von Hou auf die 3,5 km² große Insel, wo Inselführerin Hanne Trom-

borg Thaysen Tunøs Geschichte und Kultur beim Besuch von Kirche, Leuchtturm und Inselmuseum ganz persönlich erläutert.

Fähren nach Hjarnø bzw. Endelave: www.hjarnø.dk | www.endelave.dk
Freilichtbühne: Erw. 200 DKK, bis 11 Jahre ab 120 DKK
www.palsgaardsommerspil.dk
Skovmuseum: Juni - Aug. Mo. - Fr. 10 - 15, Sa./So. 13 - 17, Sept. - Mai Sa. geschl. | Eintritt frei | www.museummidtjylland.dk
Inselmuseum: Juni, Mitte Aug. - Sept. Sa./So. 13 - 15, Juli - Mitte Aug. Mi. - Mo. 13 - 16 Uhr | Eintritt 25 DKK, 7 - 15 Jahre 10 DKK
www.endelave-museum.dk
Tunø: www.visitodder.dk | www.tunoeturist.dk

KALUNDBORG

Insel: Seeland | **Region:** Sjælland | **Einwohnerzahl:** 20 000

Die Hafenstadt am Kalundborg Fjord im Norden des Großen Belts – von der Fähren hinüber nach ▸Aarhus sowie zur Insel ▸Samsø pendeln – war schon zu Wikingerzeiten ein wichtiger Knotenpunkt der Seefahrer.

Die von Esben Snarre um 1168 gegründete Stadt ist bekannt für einen ungewöhnlichen Sakralbau: die Vor Frue Kirke, die mit ihren fünf Türmen zum Wahrzeichen geworden ist. Wer sich etwas gönnen will, sollte eine Nacht auf Schloss Dragsholm verbringen.

Eine Kirche, ein Schloss

Wohin in Kalundborg und Umgebung?

Ein Norweger in Dänemark

Altstadt

Zwischen Vor Frue Kirke und Marktplatz findet man schöne Fachwerkbauten aus dem späten Mittelalter. Der über 600 Jahre alte »**Bischofshof**« (Bispegården) an der breiten Adelgade, der von 1539 bis 1854 Rathaus war und noch den Sitzungssaal beherbergt, dient nun für Kunstausstellungen. Am 20. Mai 1882 wurde im benachbarten Haus Gyths Gård am Torvet die bekannte norwegische Schriftstellerin Sigrid Undset (1882 - 1949) geboren, die 1928 den Literaturnobelpreis erhielt.

Einmalig in Dänemark

Vor Frue Kirke

Die um 1170 im Auftrag Snares als Burgkirche entstandene Kirche hat die Form eines griechischen Kreuzes mit vier gleichlangen Armen - ein Grundriss, den kein anderes Gotteshaus in Dänemark hat.

Im Zentrum des Altars in der Vor Frue Kirke steht die Abendmahl-Szene.

Die Wandpfeiler im Inneren mit versenkten Halbsäulen sowie die Ausführung der Bögen über den Fenstern am Außenbau lassen auf einen Baumeister aus der Lombardei schließen. Lorents Jørgensen schuf um 1650 die barocke Altartafel, der Granit-Taufstein stammt aus der Bauzeit der Kirche.

Ein gewaltiger Turm und ein traumhafter Blick

Folen

Überreste der Burg aus dem 12. Jh. findet man an der Skolegade: Der gewaltige Turm Folen blieb erhalten, als die Schweden im Jahr 1659 Schloss Kalundborg zerstörten.

Das Kalundborg og Omegns Museet im sechsflügeligen Fachwerkhof **Lindegården** stellt archäologische Funde vom Großen Belt aus sowie Trachten, Handwerkszeug und Bauernstuben des 18. und 19. Jh.s. Zum Garten gehören ein Stadtmodell von Kalundborg anno 1660 und viele mittelalterliche Pflanzen. Zudem eröffnet sich von hier eine Traumsicht über die Förde.

Adelgade 23, Di. – So. 10.30 – 16 Uhr | Eintritt 30 DKK, unter 18 Jahre frei | www.vestmuseum.dk

KALUNDBORG ERLEBEN

TURISTBUREAU

Klosterparkvej 7
Tel. 59 51 09 15
www.visitvestsjaelland.dk

Wie die alten Rittersleut': Einen amüsanten Abend wie vor 700 Jahren bietet die »Middelalder-Taffel«, die in der KW 30 mit einer historischen Wanderung durch die Oberstadt von Kalundborg beginnt. Danach wird im mittelalterlichen Stenhuset kräftig Met ausgeschenkt und im Stadtratskeller zünftig getafelt mit Heringen, Wildschweinkeule, hausgebackenem Steinofenbrot und süßer Blaubeertorte.
Karten beim Touristenbüro, www.vestmuseum.dk

DRAGSHOLM SLOT €€€–€€€€

Schlemmen im Schloss: Calus Henriksen, zwei Jahre SousChef im Kopenhagener NOMA, serviert heute als Küchenchef von Dragsholm Slot, nordöstlich von Kalundborg eine neue, nordische Küche, die dem Kopenhagener Gourmettempel Konkurrenz macht. Fürs Würzen legte er am Springbrunnen Beete an – 109 Kräuter wie das Austernblatt, das Eingang in sein Gewürzbrot findet, wachsen dort. Henriksens Künste wurden 2017 sogar mit dem ersten Stern im Michelin Guide Nordic belohnt.
Dragsholm Allé
4534 Hørve
Tel. 59 65 33 00
www.dragsholm-slot.dk

LERCHENBORG €€€–€€€€

Ein gut erhaltenes Barockensemble liegt 5 km südlich der Stadt auf der Halbinsel Asnæs: Lerchenborg, das heute als Konferenzzentrum neben gemütlichem Schlosscafé auch »Business Bed & Breakfast« in den Schlosszimmern und im Gästehaus anbietet. Den Auftrag für den dreiflügeligen Bau mit majestätischen Lindenalleen und herrlichem Garten – umwerfend sind allein die über 20 000 Rosen – gab im Jahr 1745 der vermögende General Christian Lerche.
Lerchenborg 3
Tel. 59 51 05 00
www.lerchenborg.dk

BROMØLLE KRO €€€

Anno 1198 erhielt der Landgasthof, 5 km südlich von Jyderup, als erster die königlichen Privilegien, steuerfrei Branntwein zu brennen, Bier zu brauen und Brot zu backen. Der somit älteste Kro des Landes ist bis heute reetgedeckt und hat nur acht Zimmer, also frühzeitig reservieren.
Slagelsevej 78, Bromølle
Tel. 58 25 00 90
www.bromoelle-kro.dk

Es klappert die Mühle am rauschenden Meer

Ulstrup Mølle

Unweit nördlich, auf der Landzunge Rosnæs, thront auf einem Hügel beim Dorf Ulstrup eine holländische Galeriemühle – bei der die Haube von der Galerie aus gedreht wurde. Die Mühle kann besichtigt werden; Korn wird nur noch gelegentlich gemahlen.

Etwas weiter südlich wartet **Gørlev** in seiner Dorfkirche mit zwei gut erhaltenen Runensteinen sowie Kalkmalereien aus dem 13. Jh. auf.
Ulstrup Mølle: Røsnæsvej 365, Mai – Aug. Fr./So. 10 – 14, Juli auch Mi. 10 – 12 Uhr | Eintritt 20 DKK, Kinder 10 DKK

KØGE

Insel: Seeland | **Region:** Sjælland | **Einwohnerzahl:** 36 000

Die Hafenstadt Køge ist ein kleines Idyll nur dreißig Minuten vom Kopenhagener Zentrum entfernt. Vor allem in seinem Herzen zeigt das Handelsstädtchen, warum es zu den schönsten Mittelalterorten Dänemarks gehört.

Das spürt man vor allem rund um den Marktplatz Køge Torv mit der Statue von König Frederik VII. und seinen zahlreichen historischen Häusern. Gegründet wurde Køge auf königliches Geheiß hin in Küstennähe wegen der ergiebigen Heringszüge im Øresund.

Fachwerk überall

Wohin in Køge?

Rund um den Marktplatz

Torvet

Wer Fachwerk liebt, hat beim Bummel um den weitläufigen Torvet, wo mittwochs und samstags Markt ist, eine wahre Freude. Seite an Seite mit repräsentativen Bürgerhäusern liegen das alte Rathaus von 1550 und das Anwesen Kong Hans' Gård (1634). Brogade 1, 16 und 23 wurden in der ersten Hälfte des 17. Jh.s erbaut. Oluf Jensens Gård (Brogade 7) vermittelt mit seinen beiden Speichern einen Eindruck von den Kaufmannshöfen früherer Zeiten; im nördlichen Speicher von 1855 zeigt die **Køger Galerie** Wechselausstellungen. Die Gerberei (Vestergade 7) entstand um 1580, im Richters Gård an der Vestergade 16 wurde auch innen die Atmosphäre von 1600 erhalten. »Oluf Sandersen« und »1638« stehen über dem Tor der Kirkestræde 3, fünf Häuser weiter wurde das Fachwerk auf das Ende des 16. Jh.s datiert. »1527« ist schließlich am Türbalken der Kirkestræde 20 zu lesen, dem **ältesten Fachwerkhaus** des Landes.

Seefahrerhelden und ihr Schutzheiliger

Sct. Nikolai

Dem Schutzheiligen der Seefahrer ist das 1324 begonnene Gotteshaus in der Kirkestræde geweiht, das von gotischer Zeit an auch als Seemarke fungierte. Vom Erker des Turms aus verfolgte Christian V. anno 1677 die Seeschlacht in der Køgebucht, in der Niels Juel die

KØGE ERLEBEN

VISIT KØGE
Vestergade 1
Tel. 56 67 60 01
www.visitkoege.com

ARKEN € €
Mit Blick auf die Bucht von Køge genießen Gäste im Restaurant Arken frischen Fisch á la carte oder Feines vom riesigen Fisch- und Meeresfrüchtebuffet.
Bådehavnen 21
Tel. 56 66 05 05
www.restaurant-arken.dk

HOTEL NIELS JUEL € €
Nur 5 Minuten Fußmarsch trennen das moderne 4-Sterne-Hotel am Hafen von der Altstadt.
Toldbodvej 20
Tel. 56 63 18 00
www.hotelnielsjuel.dk

Schweden besiegte. Beachtung verdienen die Altartafel von Lorents Jørgensen und die Grabsteine betuchter Kaufleute aus Køge. Am Hafen erinnert ein 9 m hoher **Granitobelisk** mit dem Titel »Slaget i Køge Bugt« an die Seehelden Niels Juel und Ivar Huitfeldt.

Køge Museum

Kulturgeschichte und moderne Kunst

Ein wahres Schmuckstück ist der **Renaissance-Kaufmannshof**. Seit 1909 beherbergt er das kulturgeschichtliche Museum der Region, das nach einem Umbau 2015 neu eröffnet wurde. Es präsentiert u. a. eine Textiliensammlung, zwei Silberschätze des 17. Jh.s und das Grab von Strøby Egede mit sieben steinzeitlichen Skeletten. Das Kunstmuseum des Ortes hat sich auf Zeichnungen, Skulpturen und Modelle dänischer Künstler des 20. Jh.s spezialisiert – und ist das einzige in Dänemark für **Kunst im öffentlichen Raum**.

Køge Museum: Nørregade 4 | Juni – Aug. tgl. 11 – 17, Sept. – Mai Mo. – Fr./So. 13 – 17, Sa. 11 – 15 Uhr | Eintritt 90 DKK, unter 18 Jahre fei | www.koegemuseum.dk
Kunstmuseet: Nørregade 29, Di. – So. 10 – 17 Uhr | Eintritt 60 DKK 18 – 24 Jahre 20 DKK, unter 18 Jahre frei, 1. So. im Monat: freier Eintritt u. Führung | www.koes.dk

Rund um Køge

Vallø Slot, Wikingerburg

Schon Harald Blauzahn fand den Platz gut für eine Burg

Schloss Vallø, rund 7 km südlich der Stadt, ziert ein wunderschöner **Schlosspark**, der ebenso wie die Stallungen neben dem Slotskro mit

dem Vallømuseum und einem Hofladen für die Öffentlichkeit zugänglich ist. Mit Blick auf die Køgebucht thront im Park das 1586 errichtete Renaissanceschloss, das seit 1738 bewohnt wird.
2014 wurde ganz in der Nähe eine Wikingerburg entdeckt, die mit einem Durchmesser von 145 Metern die drittgrößte der bislang fünf freigelegten Anlagen im Land ist. Der Vallø-Burgring stammt aller Wahrscheinlichkeit nach ebenso wie die vier anderen Funde aus der Zeit des streitbaren Wikingerkönigs Harald Blauzahn um 960.
Vallø Slot: Slotsgade 3, tgl. 8 – 18 Uhr | Eintritt frei
www.valloe-stift.dk

Das Land des Elfenkönigs oberhalb der Kreideklippen
Die Wellen der Ostsee umspülen die Halbinsel Stevns, das »Land des Elfenkönigs«. Er soll in der um 1200 erbauten St.-Katharina-Kirche von **Store Heddinge** und in einer Höhle südlich der alten Højerup Kirche wohnen, stets bereit, das Steilufer gegen Feinde von auswärts zu verteidigen. Auf 15 km Breite endet die flache Halbinsel Stevns abrupt an den bis zu 41 m hohen Kreideklippen des Stevns Klint, die seit 2014 zum **UNESCO-Welterbe** gehören. Geologisch herausragend ist das 15 km lange und bis zu 40 m hohe Steilufer, da hier im

★ Stevns Klint

Wer Stevns Klint anrührt, bekommt es mit dem Elfenkönig zu tun.

Abhang die Fischlehmschicht sichtbar ist, die vor rund 65 Mio. Jahren während einer Klimakatastrophe abgelagert wurde. Bis heute ist nicht genau geklärt, warum das Klima sich damals innerhalb von gut 5000 Jahren von tropisch auf fast polar veränderte, wodurch fast 60 Prozent aller Pflanzen und nahezu drei Viertel aller Tiere ausstarben, unter ihnen die Dinosaurier. Der Fischlehm tritt als eine 3 bis 12 cm dicke Schicht zwischen der weißen Schreibkreide und dem grauen Byozokalkstein auf. Bei der alten **Kirche von Højerup**, wo der Fischlehm an der Mitte des Abhangs zu sehen ist, zeigt sich das knapp 30 m hohe Steilufer besonders eindrucksvoll. Laut Legende bewegt sich die 1357 erbaute Kirche in jeder Neujahrsnacht um einen Hahnenschritt weiter landeinwärts. Trotzdem verlor sie ihren Chor, als 1928 ein Teil des Steilufers ins Meer stürzte – der Rest ragt stolz am Gipfel empor.

KOLDING

Insel: Jütland | **Region:** Syddanmark | **Einwohnerzahl:** 57 500

Hoch über der Hafenstadt Kolding thront die Burg Koldinghus – bis heute ein weithin sichtbarer Beweis für die einstige Bedeutung der ehemaligen Grenzfestung Königreich Dänemark. Zollstation war die Brücke Sønderbro. Heute lohnen in Kolding vor allem die Ausstellungen auf Koldinghus und das Kunstmuseum Trapholt einen Besuch.

Symbol nationaler Einheit

Eine Blüte hatte das an den Fernhandelswegen liegende Kolding mit dem Ochsenhandel im 16. Jahrhundert. Der kleine Fluss Kolding Å am Südrand von Kolding war von 1864 bis 1920 die eigentliche Grenze zwischen dem Königreich Dänemark und dem Herzogtum Schleswig im Süden. Nationales Symbol ist südöstlich der **Skamlingsbanken** (113 m). Um 1850 wurden hier Versammlungen zur Förderung des dänischen Nationalbewusstseins abgehalten – ein Obelisk erinnert an den Kampf für ein geeintes Dänemark. Im Glockenturm wird der Widerstandskämpfer des Zweiten Weltkriegs gedacht.

Wohin in Kolding?

Eine spanische Treppe so hoch im Norden?

Koldinghus Slot

Auf einem Hügel über dem Schlosssee erhebt sich die im Jahr 1268 von Erik IV. errichtete Burg, seit dem 16. Jh. eine bevorzugte Residenz der dänischen Könige. Um 1600 kam der **Heroenturm** dazu,

Nach dem Kunstgenuss macht man sich auf in Koldings hübsche Gassen.

der einen großartigen Rundblick gewährt. 1808 wurde das Schloss durch einen Brand zerstört und erst ab 1890 wiederaufgebaut. Heute beherbergen die alten Gemäuer eine beachtliche kulturhistorische Sammlung vom 16. Jh. bis zur Gegenwart mit Möbeln, Porzellan, Fayencen, Silber und Klöppelarbeiten aus ganz Dänemark. Eine Sehenswürdigkeit für sich sind auch die restaurierten Gebäudeflügel.
Lin Utzon übernahm 1995 die Neugestaltung der sog. Spanischen Treppe, die vom Schloss in die Innenstadt führt. Feine Skulpturen zieren die Hauptfassade der St.-Nikolai-Kirche (13. Jh.). Kulturerlebnisse für die ganze Familie vereint auf 6000 m² das **Nicolai Centrum** mit einem Kreativbereich für Kinder von 2 bis 12, Kino, Ausstellungen sowie Open-Air-Theater und einem Café.

Koldinghus Slot: tgl. 10 – 17 Uhr | Eintritt 90 DKK, unter 18 Jahre frei | www.koldinghus.dk

Nicolai Centrum: Skolegade 2 B | Kunst & Design Di. – Fr. 13 – 17, Sa./So. 11 – 15, Kinderprogramm Di. – Fr. 9 – 16, Sa./So. 10 – 15 Uhr Eintritt frei | www.nicolai.kolding.dk

Kunst und Kunsthandwerk

Kunstsammlung Trapholt

Am Æblehaven 23, am Nordufer des Koldingfjords, befindet sich die Kunstsammlung Trapholt. Zu sehen sind Porträts von Anna Anchers, Skizzen von Franziska Clausen sowie abstrakte Kunst von Richard Mortensen und Egill Jacobsen. Die jüngere Generation ist u. a. mit

KOLDING ERLEBEN

VISIT KOLDING
Slotssøvejen 4 (in der Bibliothek)
Tel. 76 33 21 00
www.visitkolding.dk

ADMIRALEN €€€
Fisch und Wild zählen in diesem Restaurant zu den Spezialitäten.
Toldbodgade 14
Tel. 75 52 04 21
www.admiralen.dk

DEN GYLDNE HANE €€€
Gefragte Gourmetadresse mit dänisch-französischer Speisekarte am Südrand der Stadt.
Christian IV's Vej 23
Tel. 75 52 97 20
www.restdengyldnehane.dk

HOTEL KOLDINGFJORD €€€–€€€€
Von den 132 Zimmern im Hotel am Koldingdfjord, das in seinen Anfangstagen ein Sanatorium war, gleicht keines dem anderen – alle haben ihren eigenen Charme mit Blick auf Wasser oder Wald. Attraktive Wochenend- und Ferienangebote.
Fjordvej 154
Tel. 75 51 00 00
www.koldingfjord.dk

Per Kirkeby, Lars Ravn und Peter Bonde vertreten. Zur Ausstellung über dänisches Kunsthandwerk gehören die größte Keramiksammlung des Landes sowie das unterirdische **Möbelmuseum**.
Di. – So. 10 – 17, Sa. bis 20 Uhr | Eintritt 110 DKK, 17 – 20 Uhr frei unter 18 Jahre frei | www.trapholt.dk

★★ KOPENHAGEN · KØBENHAVN

Insel: Seeland | **Region:** Hovestaden | **Einwohnerzahl:** 1,3 Mio., Region Hovedstaden 1,82 Mio.

Kopenhagen wächst. Seit der Jahrtausendwende gehört die dänische Hauptstadt zu den innovativsten Kultur- und Wirtschaftszentren Nordeuropas. Besonders rund um den einstigen Industrie- und Fährhafen im Herzen der Millionenmetropole sind in den letzten Jahren zahlreiche Wohn- und Bürogebäude, ja ganze Stadtteile neu entstanden.

Hinzu kommen attraktive Kultureinrichtungen wie die neue Oper, das Schauspielhaus oder der Anbau der Königlichen Bibliothek – alle aus der Feder namhafter dänischer Architekten wie Henning Larsen. Auch Kopenhagens neues Quartier Ørestad zwischen Altstadt und der Øresundbrücke nach Malmö in Schweden auf der Insel Amager gelegen bietet einen modernen Mix aus Wohnen und Arbeiten. Doch zum Glück ist Kopenhagen nicht nur neu: Die Altstadt rund um Rathaus, Domkirche, den berühmten Familienpark Tivoli oder die Königsschlösser Christiansborg, Rosenborg und Amalienborg lädt immer noch wie einst zum Bummeln durch enge, kopfsteingepflasterte Gassen zwischen repräsentativen Altbauten ein.

Innovativ, lebhaft, kreativ

Schon heute lebt mehr als ein Viertel aller Dänen in der Hauptstadt oder ihrer unmittelbaren Umgebung. Kopenhagen liegt an der Ostküste Seelands und auf der Insel Amager, wo seit 2000 die gigantische **Øresundbrücke** die Verbindung zum Nachbarn Schweden herstellt (▶Baedeker Wissen, S. 370). Zukunftsplaner sehen hier eine Supermetropole zu beiden Seiten der Meerenge entstehen, die rund 3 Mio. Einwohner haben wird. In Kopenhagen sitzen Parlament, Regierung und Oberster Gerichtshof, hier residiert seit 1417 die königliche Familie. Die Stadt bietet berühmte Museen, Bilderbuchschlösser, trendige Bars, Szenekneipen, stimmungsvolle Sommertage in den grünen Oasen der Parks und am hyggeligen Nyhavn.

Ausführlich beschrieben im Baedeker »Kopenhagen«

Eldorado für Museums- und Kulturfreunde

Von Ballett bis Jazz

Allein in der Innenstadt informieren rund **50 größere und kleinere Museen** über Weltklassekunst und altes Spielzeug, über Erotik und Rekorde, die Kronjuwelen und vieles mehr. Als Kopenhagen 1996 »Kulturhauptstadt Europas« war, erweiterte man zu diesem Anlass die Ny Carlsberg Glyptothek und baute das Kunstmuseum ARKEN. 1998 folgte der Umbau am Statens Museum for Kunst, 2000 die Eröffnung das Dänischen Design Centers. Bis 2006 wurden erneut die Ny Carlsberg Glyptothek und das Statens Museum for Kunst erweitert und neu gestaltet.

Internationalen Ruf genießt das Königliche Theater mit Schauspiel-, Opern- und Ballettaufführungen. Ein Augenschmaus ist das **Bournonvilleballett Et Folkesagn** – heute mit dem Bühnenbild von Königin Margrethe II. Höhepunkte im Jahresreigen sind außerdem der **Karneval** zu Pfingsten im Fælled Parken mit Sambarhythmen, Afrosound und Techno, das Sommerfestival mit buntem Veranstaltungsprogramm und Open-Air-Aktivitäten sowie das **Jazzfestival**, das jeden Juli zehn Tage Jamsessions von internationalem Rang präsentiert.

Wirtschafts- und Finanzzentrum

Zentrum der Wirtschaft

Auch wirtschaftlich laufen in Kopenhagen die Fäden zusammen. Hier haben alle wichtigen Wirtschaftsorganisationen ihren Sitz. Zukunftsweisend wird in den kommenden Jahren der neue Stadtteil Ørestad

Auf Pause drücken: Sommer, Sonne und gechillte Stunden am Nyhavn mitten in der Hauptstadt

auf der Insel Amager sein, in dem Wirtschaftsexperten Skandinaviens Finanz- und Hightechzentrum von morgen sehen. Auch zwei der bekanntesten dänischen Aushängeschilder gehören zu Kopenhagen: die Brauereien Tuborg und Carlsberg, die weltweit exportieren. **Funktionales Dansk Design** ist längst international ein Markenzeichen. Dies gilt für Arbeiten der Königlichen Porzellanmanufaktur wie für Trip-Trap-Möbel oder Hi-Fi-Geräte der Luxusklasse aus dem Hause Bang & Olufsen (▶Baedeker Wissen, S. 376).

»

In Kopenhagen begriff er den Stolz der Dänen, die sich als die Pariser des Nordens fühlen und nur den Unterschied gelten lassen, ihrem Vorbild noch überlegen zu sein.

«

Theodor Fontane, Unwiederbringlich (1892)

Vom Fischerdorf zur Metropole

Zur Stadtgeschichte

Zum Dank für die Unterstützung im Kampf um die Krone erhielt **Bischof Absalon** (um 1128 – 1201) 1167 die Fischersiedlung København von Waldemar I. als Geschenk. Zehn Jahre später ließ Absalon

die Festung Slotsholmen errichten, Keimzelle von Schloss Christiansborg. Strategisch günstig gelegen war der »Kaufmannshafen« schon zu Hanse-Zeiten eine Drehscheibe im Ostseehandel. Seit dem 15. Jh. residieren alle dänischen Monarchen in Kopenhagen, das Anfang des 17. Jh. unter **Christian IV.** (▶Interessante Menschen) vor allem nach Norden erweitert und mit stattlichen Renaissancebauten versehen wurde. Im Zeitalter des Absolutismus hielt der barocke Baustil Einzug, wurden Christiansborg und der Nyhavn angelegt, während das Rokokoschloss Amalienborg und der Stadtteil Frederiksstad in der zweiten Hälfte des 18. Jh.s unter Frederik V. entstanden.
Nachdem im 19. Jh. aufgrund einer Cholera-Epidemie die alten Wälle und Bastionen geschleift wurden, um neuen Wohnraum zu schaffen, sollten die sogenannten **Brückenviertel** Vesterbro, Nørrebro und Østerbro Platz für das Proletariat der frühen Industrialisierung liefern. So entwickelte sich die heutige, moderne Metropole aus mehreren Kleinstädten, zu denen København K, das feine Zentrum, ebenso gehört wie København V, das volkstümliche Vesterbro. Die Hochachtung der Dänen für ihr **Königshaus** hängt nicht zuletzt mit der sperrigen Haltung zusammen, die Christian X. gegenüber der Besetzung des neutralen Dänemark durch deutsche Truppen im April 1940 zeigte. 1943 wurde die Regierung abgesetzt und der König auf Schloss Amalienborg unter Hausarrest gestellt. In den 1960er-Jahren fand das neue Lebensgefühl der jungen Generation im swingenden »Wonderful Copenhagen« eine Heimat. 1996 wurde Kopenhagen zur »Kulturhauptstadt Europas« ernannt, 2014 präsentierte die Kapitale Projekte und Erfolge ihrer nachhaltigen Stadtentwicklung als **»Europäische Umwelthauptstadt«**.
Das neue **Stadtmuseum** spannt den Bogen über 800 Jahre Geschichte vom mittelalterlichen Kopenhagen bis zur modernen Metropole. Eine Sonderausstellung ist dem Leben und Werk des Philosophen Søren Kierkegaard (▶ Interessante Menschen) gewidmet.
Das Museum soll 2019 an neuem Standort (Stormgade 18) wiedereröffnet werden | www.cphmuseum.kk.dk

Wohin im Stadtzentrum?

Der belebte Platz versprüht Weltstadtflair

Rådhuspladen

Leuchtreklame auf den Dächern und sechsspuriger Verkehr auf dem H. C. Andersens Boulevard: Der Rådhuspladen, der 1996 den damals umstrittenen schwarzen Terminal der Touristinformation erhielt, versprüht Weltstadtflair. Der 1905 fertiggestellte, gewaltige Klinkerbau des **Rathauses** zeigt Anleihen bei italienischen Renaissancepalästen. Über dem Hauptportal wacht die vergoldete Statue von Stadtgründer Bischof Absalon. Einen Blick lohnt im Inneren Jens Olsens **Verdensuhr**: Fast 27 Jahre baute der geniale Mechaniker an

KOPENHAGEN ERLEBEN

COPENHAGEN VISITOR SERVICE
Vesterbrogade 4A
1620 Kopenhagen V
Tel. 70 22 24 42
www.visitcopenhagen.com

METRO UND BUSSE
Das Auto kann man in Kopenhagen getrost stehen lassen. Die Stadt will bis 2025 ihren Kohlendioxidausstoß neutralisieren und hofft auf die aktive Teilnahme der Touristen – www.visitcopenhagen.com liefert einige Tipps unter »**How to be a green tourist** in Copenhagen«. Zum nachhaltigen Sightseeing trägt bei, dass die Innenstadt bequem zu Fuß zu erkunden ist und die öffentlichen Verkehrsmittel gut ausgebaut sind.
Die hochmodernen **Metrozüge** fahren computergesteuert ohne Fahrer, die Linien M 1 und M 2 verbinden den Westrand der City via Zentrum mit Ørestad. **City-Cirkel-E-Busse** verkehren im 7-Minuten-Takt durch die Innenstadt. Sie verbinden die Gassen der historischen Altstadt mit dem Nahverkehrsnetz der dänischen Hauptstadt sowie mit den **Hafenbussen**, die als Linie 901, 902 und 903 zwischen Nordre Toldbod und der Kongelige Bibliotek pendeln und als Linie 904 ab Nyhavn binnen 30 Min. bis zum südlichen Hafenende bei Teglholmen fahren.
Fahrpläne und Linienführung der Metro: www.m.dk

CPHC CARD
Mit der CPHCard können Busse, S-Bahnen und die Metro in der gesamten Hauptstadtregion kostenlos genutzt werden; außerdem hat man 24, 72 oder 120 Stunden freien Eintritt in 79 Museen der Hauptstadt und Umgebung. Zudem werden bis zu 50 Prozent Ermäßigung auf Überfahrten nach Südschweden gewährt. Erhältlich in Hotels und Reisebüros, bei der Touristeninformation, am Flughafen und am Hauptbahnhof.
Erw. 53/74/79 €
Kind 27/38/45 €
www.copenhagencard.de

CITYBIKES
Mit einem modernen E-Bike, dem »Bycykel« können Touristen die ganze Altstadt von Kopenhagen umweltfreundlich auf eigene Faust erkunden. Die weißen Räder stehen u.a. am Rathausplatz. Sie sind mit Tablet-PC als Navi und Routen- und Attraktionsplaner ausgestattet.
ab 30 DKK pro Stunde
www.bycyklen.dk/en/

EINKAUFSBUMMEL GANZ ENTSPANNT
In Kopenhagen wird ein Einkaufsbummel zum entspannenden Vergnügen. Alles, was das Herz begehrt, lässt sich zu Fuß erreichen. Avantgarde in der Larsbjørnstræde, Designeroutfits in der Grønnegade, Bücher in der Fiolstræde, Kaufhäuser und exklusive Geschäfte auf der Flaniermeile Strøget. Und natürlich Kompagnistræde, Favergade und Ravnsborggade, unbestritten das dänische Mekka, wenn es um Antiquitäten aller Preisklassen geht.

4 NIMB BAR €€€
Als einzige dänische Bar schaffte es jene im Hotel Nimb unter die Top 100

im renommierten Ranking des Online-Führers World's Best Bars.
▶Hotel Nimb (Tivoli)
www.nimb.dk

❸ BALDERDASH €€–€€€

Pop-Up-Küche, Cocktaillabor, aktuelle Kunst, Musik und Lifestyle: Mit diesem Mix hat sich das 2014 eröffnete Balderdash zum Hotspot der City gemacht.
Valkensdorfsgade 11
www.balderdash.dk

❶ HVIIDS VINSTUE €€

Eine Kette kleiner Räume, eng, dunkel, proppenvoll und urgemütlich: Seit 1723 genießen die Kopenhagener in der ältesten Weinstube der Stadt alles, was flüssig ist: Bier, Wein und im Winter heißen Gløgg. Schon Hans Christian Andersen war hier gern zu Gast.
Kongens Nytorv 19
www.hviidsvinstue.dk

❷ COPENHAGEN JAZZHOUSE €–€€

In dem ehemaligen Theater treten unter der Woche internationale Jazzmusiker auf, am Wochenende wird hier gechillt oder auf der Tanzfläche abgehottet.
Niels Hemmingsens Gade 10
www.jazzhouse.dk

❺ KROGS FISKERESTAURANT €€€

Das Patrizierhaus (1798) gilt als Topadresse für Fischliebhaber. Sehr lecker: Hummer und Scholle. Im Sommer kann man auch draußen tafeln.
Gammel Strand 38
Tel. 33 15 89 15
www.krogs.dk

❹ NOMA €€€–€€€€

Nach 14 Jahren an der Strandgade am Hafen ist das lange als weltbestes Restaurant ausgezeichnete Noma nun im Stadtteil Christianshavn zuhause. Starkoch René Redzepi kreiert seine Menüs im Wechsel von drei Saisons: Los geht's mit der »Seafood Season«, in der bis ins Frühjahr frischer Fisch und Meeresfrüchte aus Skandinavien im Zentrum stehen. Von Frühsommer bis zum beginnenden Herbst setzt die »Vegetable Season« besonders auf erntefrisches Gemüse aus der Noma-Heimat – dann kommen auch Vegetarier und Veganer ganz auf ihre Kosten. Von Herbst bis Januar schließlich dreht sich in der »Game and Forrest Season« alles um Wild sowie regionale Waldfrüchte wie Beeren, Pilze, Nüsse oder Wildkräuter. Das neue »Noma 2.0«, dessen Entwurf von den dänischen Stararchitekten der Bjarke Ingels Group (BIG) stammt, bietet Platz für 40 Personen. Reservierungen sind obligatorisch.
Refshalevej 96
Mi. – Sa. 12 – 16 Uhr und 18 – 0.30 Uhr
www.noma.dk

❶ AMASS €€–€€€

Ex-NOMA-Koch Matthew Orlando hat ein altes Werftgebäude in das jüngste Sternerestaurant der Hauptstadt verwandelt. Das Innere: Streetart & Industriedesign. Die Karte: kreative »Kleinkunst« mit lokalen Wurzeln.
Refshalevej 153
Tel. 43 58 43 30
www.amassrestaurant.com

❸ KONG HANS KÆLDER €€–€€€

Steinbutt mit Kaisergranat in Bärlauchsauce und andere Delikatessen werden im gotischen Kellergewölbe serviert. Erster Michelinstern des Landes.
Vingårdstræde 6
Tel. 33 11 68 68
www.konghans.dk

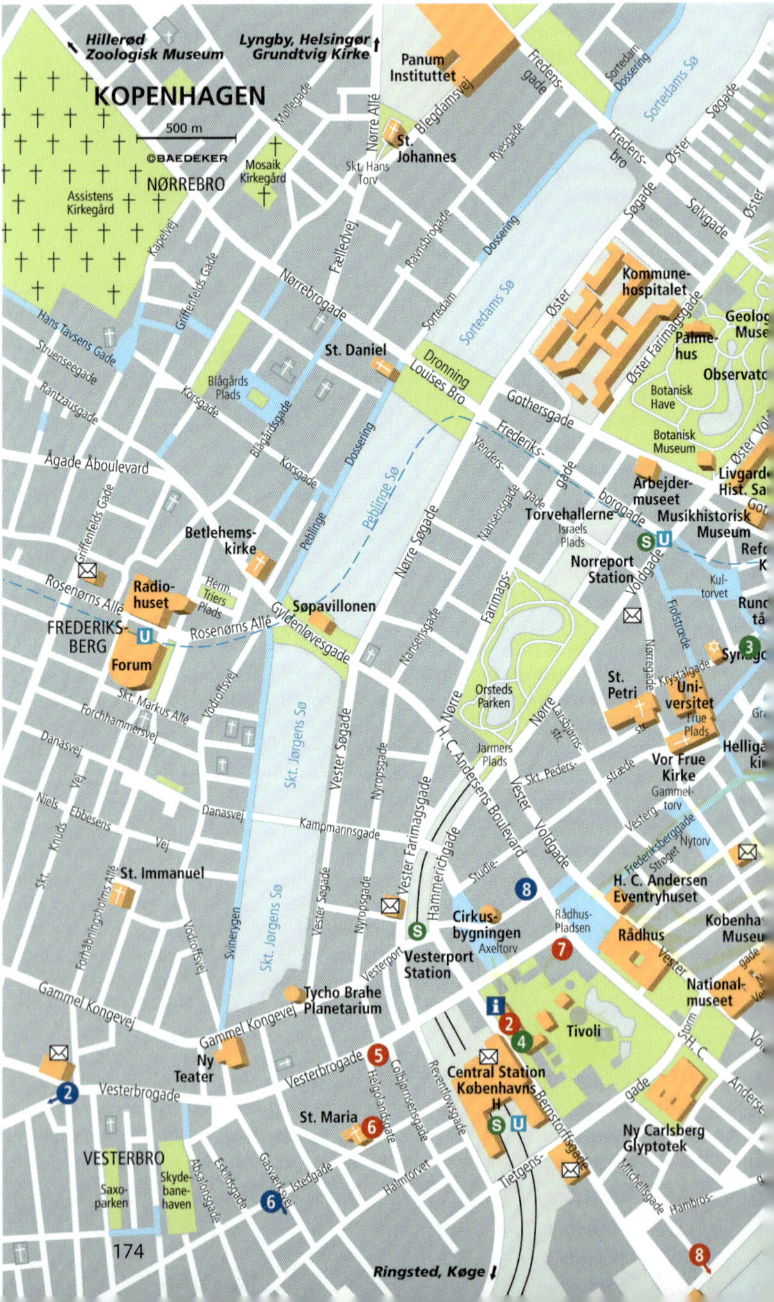
KOPENHAGEN
500 m
©BAEDEKER
Hillerød
Zoologisk Museum
Lyngby, Helsingør
Grundtvig Kirke
Panum Instituttet
NØRREBRO
Assistens Kirkegård
Mosaik Kirkegård
St. Johannes
Skt. Hans Torv
Kommune-hospitalet
Palmehus
Botanisk Have
Botanisk Museum
Observatorium
Arbejder-museet
Musikhistorisk Museum
Torvehallerne
Israels Plads
Norreport Station
Kultorvet
St. Daniel
Blågårds Plads
Betlehems-kirke
Radio-huset
Herm. Triers Plads
FREDERIKS-BERG
Forum
Søpavillonen
Ørsteds Parken
Jarmers Plads
St. Petri
Uni-versitet
Frue Plads
Vor Frue Kirke
Gammeltorv
Nytorv
H. C. Andersen Eventyrhuset
Rådhus
Rådhus-Pladsen
Cirkus-bygningen
Axeltorv
Vesterport Station
National-museet
Tivoli
Tycho Brahe Planetarium
St. Immanuel
Ny Teater
Central Station Københavns H
St. Maria
Ny Carlsberg Glyptotek
VESTERBRO
Saxo-parken
Skyde-bane-haven
Ringsted, Køge
Sortedams Sø
Peblinge Sø
Skt. Jørgens Sø
Nørrebrogade
Dronning Louises Bro
Gothersgade
Frederiksborggade
Nørre Søgade
Vester Søgade
H. C. Andersens Boulevard
Vester Voldgade
Gammel Kongevej
Vesterbrogade
Istedgade
Rosenørns Allé
Gyldenløvesgade
Åboulevard
Bernstorffsgade
Hammerichgade
Vester Farimagsgade
Kampmannsgade
Strøget
Stormgade
Tietgensgade

1 Hviids Vinstue
2 Copenhagen JazzHouse
3 Balderdash
4 Nimb Bar

1 Amass
2 Kopenhagen Street Food
3 Kong Hans Kælder
4 Noma
5 Krogs
6 Fiskerestaurant Kødbyens Fiskebar
7 Cap Horn
8 Reef'n'Beef
9 Ida Davidsen

1 Hotel D' Angleterre
2 Hotel Nimb
3 Admiral Hotel
4 71 Nyhavn Hotel
5 Scandic Webers
6 Andersen Hotel
7 The Square Hotel
8 Wake Up Copenhagen

Wasserbus

7 CAP HORN €€

Direkt am stets belebten, »hyggeligen« Nyhavn mit Blick auf betagte Oldtimerschiffe. Kosten Sie unbedingt die Fischsuppe und den Hühnchensalat mit Sellerie, Äpfeln und Speckstreifen.

Nyhavn 21
Tel. 33 12 85 04
www.caphorn.dk

6 KØDBYENS FISKEBAR €€–€€€

Angesagter Seafood-Treff am ehemaligen Schlachthof. Auf der Karte: Hummer, Austern und Seeigel.

Flæsketorvet 100
Tel. 32 15 56 56
www.fiskebaren.dk

8 REEF'N BEEF €€

Seit Kronprinzessin Mary ist die australische Küche auf dem Vormarsch, etwa tasmanisches Teufelskänguru mit Artischocken und Süßkartoffeln!

Jernbanegade 4
Tel. 33 33 00 30
www.reefnbeef.dk

2 WESTMARKET €–€€

Im Trendviertel Vesterbro liegt der beliebte Street-Food-Markt zwischen Vesterbrogade und Matthæusgade. Insgesamt findet man in der Food-Location mehr als 60 Stände mit Spezialitäten aus aller Welt.

Vesterbrogade 97
Bäckereien und Cafés 8 – 19 Uhr
Restaurants und Bars 10 – 22 Uhr
www.westmarket.dk

9 IDA DAVIDSEN €–€€

Die Königin des Mittagsklassikers. Keiner hat so viele Smørrebrød-Varianten auf der Karte wie das Traditionslokal.

Store Kongensgade 70
Tel. 33 91 36 55
www.idadavidsen.dk

1 HOTEL D'ANGLETERRE €€€€

In der umfangreich modernisierten, 250 Jahre alten Nobelherberge legten sich schon Winston Churchill, Roald Amundsen und Michael Jackson aufs Ohr. Edles Arndal-Spa, französisch inspirierte Küche.

Kongens Nytorv 34
Tel. 33 12 00 95
www.dangleterre.dk

2 HOTEL NIMB €€€€

Modernsten Komfort und maurische Außenmauern vereint mitten im Tivoli das wohl ausgefallenste Fünfsternehaus der dänischen Hauptstadt. Seine (nur) 13 Luxuszimmer und Suiten sind mit Himmelbetten und antikem Mobiliar eingerichtet. In der Nimb Brasserie wird Skandinavisches gekocht.

Bernstorffsgade 5
Tel. 88 70 30 00
www.nimb.dk

3 ADMIRAL HOTEL €€€

Maritimes Ambiente in Superlage in einem Kornspeicher des 18. Jh.s gegenüber der Oper. Im preisgekrönten Restaurant »Salt« isst man skandinavische Küche mit französischem Touch, die Desserts sind jede Sünde wert.

Toldbodgade 24 – 28
Tel. 33 74 14 14
www.admiralhotel.dk

4 71 NYHAVN HOTEL €€€

Die nostalgische Vier-Sterne-Herberge diente bis 1804 als Speicherhaus. Tipp für Feinschmecker: das rustikale Restaurant Pakhuskælderen.

Nyhavn 71
Tel. 33 43 62 00
www.71nyhavnhotel.dk

Direkt am Wasser: Hotel Admiral

5 SCANDIC WEBERS €€–€€€

Zentrales Hotel mit viel dänischem Design in einem eleganten Gründerzeitbau von 1887. Tolles Frühstücksbufett mit Bioprodukten. Probieren Sie in der Cube Bar zum Cocktail die Tapas. Fitnessraum und Fahrradverleih.
Vesterbrogade 11 B
Tel. 33 31 14 32
www.scandichotels.de

6 THE SQUARE HOTEL €€–€€€

Zentral gelegenes Hotel mit 268 Zimmern und modernem Design. Frühstück im sechsten Stock mit Rathaus-Blick.
Rådhuspladsen 14
Tel. 33 38 12 01
www.thesquare.dk

7 ANDERSEN HOTEL €€

Farbenfrohes Boutiquehotel im In-Viertel Vesterbro. Textilien und Tapeten der Designers Guild zieren sämtliche Zimmer.
Helgolandsgade 12
Tel. 33 31 46 10
www.andersen-hotel.dk

GULDSMEDEN €€–€€€

Die Boutique-Hotels der kleinen dänischen Gruppe Guldsmeden stehen alle für persönlichen Charme, individuelle Einrichtung sowie Bio-Frühstück und -Gerichte im Restaurant. Das Hotel »Axel« liegt nur wenige Schritte vom Hauptbahnhof entfernt und hat eine kleine Wellnessabteilung. Neuester Sproß ist das »Babette« im Stadtteil Østerbro, nicht weit von Schloss Amalienborg entfernt.
u.a. Axel: Colbjørnsensgade 14,
Tel. 33 31 32 66
Babette: Bredgade 78
Tel. 33 14 15 00
www.guldsmedenhotels.com

8 WAKE UP COPENHAGEN €

510 durchgestylte Budget-Zimmer in drei Kategorien, zentral gelegen zwischen Hafen und Bahnhof. Das Gebäude, ein markanter, schwarzen Kubus, wurde von dem bekannten dänischen Architekten Kim Utzon entworfen.
Carsten Niebuhrs Gade 11 (Tel. 44 80 00 00) und Borgergrade 9 (Tel. 44 80 00 90)
www.wakeupcopenhagen.com

dem astronomischen Wunderwerk. Der Drachenspringbrunnen von 1923 auf dem Rathausplatz stammt von Joakim Skovgaard, wenige Schritte weiter blickt die Bronzefigur von H. C. Andersen zum Tivoli. Auf der anderen Rathausseite richten zwei Lurenbläser ihre bronzezeitlichen Hörner gen Himmel.

Bummeln und »Leute gucken«

Flaniermeile Strøget

Berühmteste Shoppingmeile Dänemarks und längste Fußgängerzone Europas ist der 1,8 km lange »Strich«, der eigentlich aus **fünf Straßenzügen** besteht – Frederiksberggade, Nygade, Vimmelskaftet, Amagertorv und Østergade –, die den Rathausplatz mit dem Königlichen Neumarkt verbinden. Zum Strøget gehören elegante Modeboutiquen und Juweliere, bunte Souvenirläden und Delikatessengeschäfte, die Kaufhäuser Illum und Magasin du Nord, die noblen Verkaufsräume der Königlichen Porzellanfabrik, die Holmegaard-Glaswerke und die Georg Jensens Silberschmiede. Hier ist der Treffpunkt für Einheimische und Gäste und die Bühne für Straßenkünstler, hier findet man Restaurants und Cafés mit Blick auf den Strom der Flanierenden. Attraktiver Endpunkt der Frederiksberggade ist der Gammeltorv, der »Alte Markt«, mit ehrwürdigen **Patrizierhäusern** und dem verspielten Caritasbrunnen aus der Zeit der Renaissance.

Die Domkirche liegt mitten im Szeneviertel

★ Latinerkvarter

Ein Abstecher führt nördlich in das alte Universitätsviertel, wo sich in und um Skindergade, Fiolstræde und Peder Hvitfeldsstræde trendige Modeboutiquen, Antiquariate, Secondhandläden und witzige Szenecafés etabliert haben. Die 1829 geweihte, neoklassizistische **Vor Frue Kirke** (Liebfrauenkirche) gilt als Hauptwerk von Christian Frederik Hansen. Kopenhagens Domkirche ist die sechste an gleicher Stelle. Ein weiß gekalktes Tonnengewölbe überspannt den Innenraum, mit Arbeiten von Bertel Thorvaldsen (▶Interessante Menschen) wie dem segnenden Christus hinter dem Altar und dem von einem Engel gehaltenen Taufbecken. Der Kirchplatz wird im Sommer für Theater und Konzerte genutzt. Drei Tage im August summt der **Frue Plads** vor Leben, wenn Kunsthandwerker aus ganz Dänemark ihre Produktion vorstellen und verkaufen. Etablierte Werkstätten stellen hier Seite an Seite mit jungen Talenten aus, die sich zum ersten Mal präsentieren.

www.dkod.dk/fruepladsmarked

Berühmte Absolventen und die älteste Kirche der Stadt

Alte Universität

Den Einfluss englischer Universitätsbauten lässt hinter dem Bispetorv die 1479 von Christian I. gestiftete Universität erkennen, deren Hauptgebäude zu Beginn des 19. Jh. von Peter Malling errichtet wurde. Davor erinnert eine Reihe von Büsten an bedeutende Absolventen der Hochschule, darunter **Niels Bohr** (▶ Interessante Menschen). Die meisten Institute sind jedoch inzwischen in das **neue Unicenter** auf Amager umgezogen. Jenseits der Nørregade steht die älteste Kirche der Stadt, deren Anfänge auf das Jahr 1304 zurückgehen. Nach der Reformation diente der gotische Bau als Kanonengießerei, bis er 1585 der deutschen Gemeinde überlassen wurde, die ihn heute noch nutzt. Naschkatzen sollten unbedingt einen Abstecher einplanen: In der 1891 eröffneten **Bonbonfabrik** Sømods Bolcher an der Nørregade 24 und 36 können sie dem königlichen Hoflieferanten bei der Herstellung der hochwertigen Süßigkeiten zusehen (bis 15 Uhr) und eine Riesentüte ausgewählter Bonbons mit nach Hause nehmen.

Mo. - Do. 9.15 - 17.30, Fr. 9.15 - 18, Sa. 10 - 15.30 Uhr
www.soemods-bolcher.dk

Gehen Sie mit auf die Nachtwächtertour

Grabrødretorv

Auf dem Rückweg zum Strøget liegt einer der charmantesten Plätze der Stadt, umringt von schön renovierten Bürgerhäusern des 18. und 19. Jh. mit kleinen **Straßencafés** und gefragten Musikkneipen. Hier bauten die Franziskaner, wegen ihrer Kutten »Graue Brüder« genannt, im 13. Jh. ihr erstes Kloster, daher der Name des Platzes. Zwischen Mitte Juli und Mitte September nimmt hier abends um 21 Uhr der Nachtwächter von Kopenhagen Besucher mit auf seine Runde; donnerstags und samstags auf Englisch, freitags auf Deutsch.

BAEDEKER MAGISCHE MOMENTE

AM LIEBSTEN ALLE

Gibt es so etwas wie Eiscreme-Zauber? Seit **Paradis Is** in Kopenhagen eröffnet hat, ja! Apfel-Zimt-Sorbet, Karamell mit Meersalz und Schokochips oder Himbeer-Holunder-Buttermilch – an der bunten Eistheke kommt nienmand vorbei. Alle Sorten werden ausschließlich aus Ökomilch und Biofrüchten jeden Tag frisch zubereitet. Cremig, vollmundig und nicht zu süß. Lassen Sie ihr Eis ganz langsam auf der Zunge zergehen, und der Geschmack der Kindheit ist wieder da (Filialen u. a. in der Købmagergade 58 und am Sankt Hans Torv 24 in Nørrebro, http://paradis-is.dk).

Auf dem Stroget geht es über den Amagertorv, die Nikolaikirche im Blick.

Von wegen Störche: Reiher!

Amagertorv

Etwa die Hälfte des Strøget markiert der lang gestreckte Amagertorv, wo man sich im »Norden« oder »Europa« auf einen Kaffee verabreden kann, nachdem man zuvor die verführerischen Auslagen bei **Royal Copenhagen** und Illums bewundert hat. Erzeugnisse der Königlichen Porzellanmanufaktur werden im Mathias Hansens Gaard Nr. 6 verkauft, einem der ältesten Stadthäuser im niederländischen Barock von 1616 mit schönem Stufengiebel – und im angrenzenden Royal Smushi Café wird der Kuchen sogar edel auf Königlichem Porzellan mit Georg-Jensen-Besteck serviert. Wahrzeichen des populären Amagertorv ist der Storchenbrunnen. Vogelkundige werden es allerdings sofort erkennen: Auf dem Brunnen breiten Reiher, nicht etwa Störche, ihre Flügel aus. Am Südende des Amagertorv stellt der offene **Hochbrückenplatz** die Verbindung zum Schlosskanal her. Axtbewehrt und hoch zu Ross zeigt hier ein Standbild den Stadtgründer Bischof Absalon.

Junge Mode, Tee und ein toller Blick

Købmager gade

Lebhaft ist auch die nach Norden abzweigende Købmagergade mit jungen Boutiquen von dänischen Design-Stars wie Isabell Kristensen, deren Kreationen u. a. Shania Twain, Nicole Kidman, Liza Minelli, Sarah Fergusson und die Spice Girls getragen haben. Ganz in der Nähe der Gade, in der Kronprinsensgade 5, liegt **Perch's Thehandel**, des-

sen Laden sich seit 1835 kaum verändert hat; seine exquisiten Tees werden im angeschlossenen Teesalon stilvoll serviert.
Noch ein Stück weiter nördlich stößt man auf den Rundetårn. König Christian IV. (▶Interessante Menschen) ließ den 35 m hohen **Runden Turm** der Studentenkirche Trinitatis 1637 – 1643 als Observatorium errichten. Ein gut 200 m langer Wendelgang, der den Transport der schweren astronomischen Geräte erleichtern sollte, führt zur Turmspitze mit weitem Rundblick.
Mitte März – Mitte Mai, Mitte Sept. – Mitte Okt. tgl. 10 – 18, Mitte Mai – Mitte Sept. bis 20.00 Uhr | Eintritt 25 DKK, Kinder 5 DKK | www.rundetaarn.dk.

Edle Adressen und skurrile Rekorde

Østergade

Die feinsten Shoppingadressen sind im letzten Teil des Strøget angesiedelt, der zum Kongens Nytorv führt. Holmegaard Glas, Hifi-Gigant Bang & Olufsen oder die Kaufhauslegende Illum sind hier vertreten. Schräge, seltsame, lustige und sonstige Rekorde stellt das **Guinness World Records Museum** vor. An der Østergade 16 verkauft die Konditorei Kransekagehuset geradezu unwiderstehliches Gebäck.
Guinness World Records Museum: Østergade 16 | 15. Juni – 31. Aug. tgl. 10 – 22, sonst So. – Do. 10 – 18, Fr. – So. bis 20 Uhr | Eintritt 90 DKK, unter 12 Jahre 50 DKK | www.ripleys.com

Markante Fassaden am größten Platz der Stadt

Kongens Nytorv

Ein Dutzend Straßen münden in Kopenhagens größten Platz, den Königlichen Neuen Markt. Christian V., dessen Reiterstandbild die Platzmitte ziert, ließ ihn um 1680 anlegen. Markante Fassaden liefern das Magasin du Nord, Dänemarks größtes Kaufhaus, und das Hotel d'Angleterre (▶ S. 176). Die Südostseite beherrscht das **Kongelige Teater**. Die Bronze-Denkmäler am Eingang erinnern an Ludwig Holberg (▶Interessante Menschen) und den Tragödiendichter Adam Oehlenschläger (1779 – 1850).
Das benachbarte **Charlottenborg Slot** beherbergt seit 1754 die dänische Kunstakademie, die sehenswerte Wechselausstellungen veranstaltet. Bernstein-Fans sollten im Museum des **Ravhuset** (Nr. 2) vorbeischauen, wo man das »Gold des Nordens« (▶Baedeker Wissen, S. 99) auch kaufen kann. In dem 1685 – 1686 im holländischen Palladianismus erbauten Thotts Palais (Nr. 4) residiert heute die Französische Botschaft.
Ravhuset: Mai – Sept. 9 – 19.30, Okt. – April 10 – 17.30 Uhr | Eintritt 25 DKK, bis 12 Jahre 10 DKK | www.houseofamber.com
Theater: Kartenvorbestellung Tel. 33 69 69 69 | www.kglteater.dk

Törn oder Theater?

★★ Nyhavn

Ein Muss ist der Nyhavn, den Christian V. zwischen 1671 und 1673 anlegen ließ. Die Nordseite des Stichkanals, wo der Dichter Hans

Einfach hygglig, der Nyhavn

Christian Andersen (▶Baedeker Wissen, S. 262) einst die Häuser Nr. 18, 20 und 67 bewohnte, galt früher als skandinavisches Gegenstück zur Hamburger Reeperbahn, ist jedoch längst bürgerlich geworden. In den **alten Giebelhäusern** reiht sich heute ein schickes Restaurant an das andere. Fisch in allen Variationen dominiert die Speisekarten, aber man findet auch das traditionelle »Kolde Bord«. An lauen Sommerabenden treffen sich die Kopenhagener gerne auf ein Glas Bier, um den Anblick der hier ankernden Segelschiffe und Oldtimer des Nationalmuseet zu genießen. Von 9.30 – 19.30 Uhr starten am Nyhavn regelmäßig Hafen- und Kanalrundfahrten.

An der Kvæsthusbro beim Nyhavn wurde 2008 das von Lundgaard & Tranberg entworfene **Schauspielhaus** eröffnet – das dritte Haus des Königlichen Theaters in Kopenhagen. Von Hand gemauert aus flachen, dunklen Ziegeln, erhebt sich der schlichte, noble Bau direkt an der Hafenfront. Das offene Foyer bietet einen Panoramablick über das Wasser, innen sorgen Hunderte dünner Stableuchten für elegantes Licht. Der Große Saal fasst 650 Gäste, zwei kleinere Bühnen haben 100 bzw. 200 Plätze.

Hafen- und Kanalrundfahrten: ab 50 DKK, Jazz- und Opernrundfahrten 150 DKK, 24-Std.-Hop-On-Hop-Off-Ticket 158 DKK
www.stromma.dk

Skuelspilhuset: Sankt Annæ Plads 36 | www.kglteater.dk

★★ Tivoli

Das pure Vergnügen für Groß und Klein

Rummel und Kultur

Rummelplatz und Kulturzentrum, das ist der Tivoli von seiner ersten Saison an. Riesenrad, Achterbahn, Spiegelkabinett und der fliegende Koffer aus Andersens Märchenwelt schlagen Kinder in ihren Bann, und die Oldtimerautos ziehen ihre Runden mit stolzen Knirpsen am Steuer. Internationale Stars sind im Konzertsaal und auf der großen **Freilichtbühne Plænen** zu Gast. Abends verwandeln 120 000 Glühlämpchen den Tivoli in einen Lichtertraum. Seinen Namen verdankt der Park übrigens der italienischen Stadt in der Nähe von Rom.

Höhepunkt ist das gigantische **Feuerwerk**, das viermal im Jahr die Gäste verzaubert. Für Adrenalinkicks sorgen rund 30 Fahrgeschäfte, darunter der Flugsimulator Flight Control, der bodenlose »Dæmonen« als größte Achterbahn Dänemarks und der 80 m hohe Star Flyer – das größte Kettenkarussell der Welt dreht sich bis zu 70 km/h schnell! Spannende Unterwasserwelten präsentiert das riesige **Aquarium**, dazu kommen Petzi und seine Freunde Pelle, Pingo, Seebär und das Schiff Mary, zudem Petzis Welt, die den alten Spielplatz am Tivoli-See ersetzt hat. Zum 170. Geburtstag 2013 schenkte sich der Vergnügungspark die 1200 m² große **Erlebniswelt** Det muntre Hjørne (»Die muntere Ecke«) mit drei Fahrgeschäften zum Thema Universum. Für das leibliche Wohl sorgen etwa 20 Restaurants von Fast Food bis Gourmet, für eine geruhsame Nacht das Hotel Nimb.

Bei all diesen modernen Vergnügungen pflegt der Tivoli aber auch noch eine ganz besondere Tradition: Da im Dänemark des 19. Jh.s das politische Sprechtheater untersagt war, gab Tivoli-Gründer Carstensen der Pantomime eine eigene Heimstatt. Auf der Freilichtbühne des **Pantomimentheaters** wird – und das ist weltweit einzigartig – im Sommer allabendlich eine Vorstellung im Stil der italienischen Commedia dell'Arte gegeben.

Ende März – Ende Sept., Mitte Okt. – Anf. Nov., Mitte Nov. – 31. Dez. So. – Do. 11 – 23, Fr./Sa. bis 24 Uhr | Eintritt ab 8 Jahre ab 110 DKK, 3 – 7 Jahre ab 50 DKK, Aquarium: ab 3 Jahre zusätzl. 25 DKK, Fahrgeschäfte-Multi-Ticket 209 DKK | www.tivoli.dk

Visionär und Künstler

Georg Carstensen

Neben der Konzerthalle grüßt die Bronzefigur von Georg Carstensen, dem Gründer des Tivoli. Schon früh hatte er als **Zeitungsverleger** ein kleines Vermögen erwirtschaftet. Um seine Abonnenten bei Laune zu halten, gab Carstensen rauschende Feste im Kongens Have. Da diese begeisterten Anklang fanden, bat er Seine Majestät schließlich um die Erlaubnis für einen ständigen Rummelplatz. Mit dem Argument »Wenn sich das Volk amüsiert, dann politisiert es nicht« soll König Christian VIII. 1843 zum Bau der Anlage überredet worden

TIVOLI
TIVOLI
TIVOLI

sein. Carstensen erhielt für 472 Reichstaler und drei Mark Jahresmiete das 8 ha große Grundstück auf dem Kopenhagener Glacis. In Kürze entwickelte sich der Vergnügungspark, in dem sich – damals ungewöhnlich – alle Gesellschaftsklassen vermischten, zu einer Weltattraktion. Carstensen indes war Künstler, **kein Geschäftsmann**. Schon bald zerstritt er sich mit dem Aufsichtsrat, der seine immer wilderen Pläne nicht billigen wollte. Enttäuscht ging Carstensen nach Westindien und New York. Der Versuch, mit einem zweiten Lustgarten namens Alhambra die eigene Schöpfung zu übertrumpfen, scheiterte. Verbittert und bankrott starb Carstensen 1857 in Kopenhagen, nur 45 Jahre alt. Der Tivoli aber lebt und blüht. Lebendiges Wahrzeichen des Gartens ist die 1844 gegründete **Tivoligarde**. Sie besteht aus 110 Jungen zwischen 9 und 16 Jahren, die wie die königliche Leibgarde uniformiert sind. Sie verfügen über ein eigenes Musikkorps, Fahnenwache, Marineartillerie und eine goldene Kutsche für das Prinzenpaar.

Marsch der Tivoligarde durch den Park: Sa./So., feiertags 17.20 – 18 Uhr (außer 7. – 25. Juli)

Neue Wege und Ideen

Tivoli Kanten

Der traditionelle Tivoli will sich bald der modernen Kopenhagener City öffnen: Schon in wenigen Jahren soll die lichtdurchflutete, **futuristische Glaskonstruktion** »Tivoli Kanten« die Mauer an der Bernstorffsgade zwischen Tivoli und Hauptbahnhof ersetzen. Den Entwurf mit Restaurants und Geschäften, einem künstlichen Wasserfall und einem unterirdischen Zugang zur Konzerthalle liefert der amerikanische Architekt I. M. Pei.

★★ Ny Carlsberg Glyptoteket

Di. – So. 11 – 18, Do. bis 22 Uhr | Eintritt 95 DKK, unter 27 Jahre 50 DKK, Di. und unter 18 Jahre frei | www.glyptoteket.dk

Weit mehr als eine reine Glyptothek

Skulpturen und Malerei

Eine der bedeutendsten Sammlungen antiker Skulpturen nördlich der Alpen sowie eine der größten und besten Sammlungen französischer Meister des 19. Jh.s bietet die Ny Carlsberg Glyptotek. Initiatoren waren Carl Jacobsen aus der Bierbrauerdynastie Carlsberg und seine Frau Ottilia, die 1888 beschlossen, ihre 10 000 Kunstschätze der Öffentlichkeit zugänglich zu machen. Nach Entwürfen von Vilhelm Dahlerup wurde bis 1897 der älteste Trakt errichtet, im Jahr 1906 schuf Hack Kampmann einen Erweiterungsbau. Für den 1996 eröffneten Glasflügel, in dem die **französischen Impressionisten** ausgestellt sind, zeichnete Stararchitekt Henning Larsen verantwort-

Hereinspaziert! Groß und Klein haben Spaß im Tivoli.

lich. Zum 100. Geburtstag von Wintergarten und Antikensammlung finanzierte die Carlsberg-Stiftung den 2006 vollendeten Umbau des Museums, dessen Sammlungen jetzt nicht nur besser präsentiert, sondern auch erweitert wurden – mit der ständigen Schau **»Antikes Mittelmeer«**. Bindeglied zwischen den Museumstrakten und Kleinod für eine Kunstpause ist der mediterrane Wintergarten mit dem Café Glyptoteket und der anmutigen Brunnengruppe »Wassermutter« des Dänen Kai Nielsen eines Schülers von Edvard Eriksen, der die Skulptur der Kleinen Meerjungfrau schuf.

Die Abteilungen zur Antike

Mittelmeer-raum

Die Ägyptische Abteilung mit mehr als 1900 wertvollen Exponaten aus der Zeit von 3000 v. Chr. bis 400 n. Chr. konzentriert sich auf die Kunst aus Gräbern und Tempeln – inklusive einiger **Mumien**. Die Glyptothek besitzt zudem eine der größten Sammlungen von Grabporträts aus Palmyra. Die Sammlung griechischer Kunst der archaischen, klassischen und hellenistischen Periode des 6. bis 1. Jh. v. Chr. gilt als beste nördlich der Alpen. Die Sammlung **römischer Ideal-Plastiken** birgt berühmte Werke wie die Amazone Sciarra und Hera Borghese. Ein weiterer Saal zeigt Skulpturen aus den Gärten des Sallust nördlich von Rom. Die römischen Porträts aus dem 1. Jh. v. Chr. – 5. Jh. n. Chr., mit Büsten von Pompejus, Augustus, Caligula und Livia, wurden fast alle von griechischen Bildhauern in römischen Werkstätten ausgeführt. Bewundern Sie in Saal 14 den herrlichen Casali-Sarkophag, den Porträts aus dem 2. Jh. n. Chr. umgeben. Die **neue Dauerausstellung** präsentiert die Archäologie und Kulturgeschichte von den frühesten Zivilisationen im Nahen Osten um 6000 v. Chr. bis zum Fall des Römischen Reichs um 400 n. Chr. Das Entstehen des griechischen Stadtstaats, des griechischen Handelsnetzes und der ersten Kolonien um 800 – 500 v. Chr. dokumentieren Exponate in den Sälen 20 A – D. Dem Werden, der Blütezeit und dem Niedergang der **etruskischen Kultur** in Mittelitalien widmen sich die Säle 21 – 23 A. Die Exponate veranschaulichen ihre allmähliche Verschmelzung mit der expandierenden römischen Republik zwischen 400 und 100 v. Christus. Die Sammlung an etruskischen Kunstschätzen gilt als die umfangreichste außerhalb Italiens. Die Säle 24 und 25 erzählen vom Stadtstaat Athen sowie dem Aufstieg Roms zur ersten Macht über das Mittelmeer.

Dänemarks »Goldenes Zeitalter«

Dänische Kunst

Das »Goldene Zeitalter« Dänemarks in der Zeit zwischen 1800 und 1850 ist mit Gemälden von Christoffer Wilhelm Eckersberg – zu dessen bekanntesten Werken Porträts des Kopenhagener Bürgertums zählen –, Jens Juel, Købke, Constantin Hansen, Lundbye und Skovgaard vertreten. Die Glyptothek ist das **Hauptmuseum für dänische Skulptur** nach Bertel Thorvaldsen. Seine klassizistische Linie setzten

BAEDEKER ÜBERRASCHENDES

6X KINDER

Langeweile verboten

1. UNTER WASSER

Den Gang durch die Unterwasserwelt des **Fjord & Bæltcentret in Kerteminde** begleiten die Gesänge von Blauwalen. Im 50 m langen Tunnel unter dem Fjord kann man Quallen, Seesterne, Schollen und Krebse beobachten.
(▶ **S. 257**)

2. UNTER FREIEM HIMMEL

Eine Schatzsuche machen, Bonbons herstellen oder das größte Spielzeugmuseum des Landes besuchen, all das und noch viel mehr geht im Freilichtmuseum **Den Gamle By** in Aarhus. (▶ **S. 67**)

3. MITTELALTER

Im Erlebniszentrum von **Rågelundsgård auf Bornholm** wird das Mittelalter wieder lebendig, mit alten Häusern, Werkstätten, Bogenschießen und spannenden Reitturnieren. (▶ **S. 90**)

4. AM WASSER

Der kinderfreundliche Sandstrand auf der **Halbinsel Ulvshale** fällt so breit und flach ins Meer ab, als sei er eigens für den Familienurlaub gemacht.
(▶ **S. 248**)

5. MÄRCHENHAFT

Im Kulturhaus **Fyrtøjet in Odense** können nicht nur Kinder in die Fantasiewelt von Andersens Märchen regelrecht eintauchen.
(▶ **S. 264**)

6. AUFREGEND

Rasante Achterbahnfahrten und ähnliche Adrenalinkicks erleben Groß und Klein in einem der ältesten existierenden Freizeitparks der Welt, dem **Tivoli**.
(▶ **S. 183**)

OBEN: Unter der Kuppel des Wintergartens spielt zwischen subtropischem Grün die »Wassermutter« liebevoll mit ihren sechzehn Kindern.
UNTEN Bezaubernd: Degas' kleine Ballerina

seine Schüler Herman Wilhelm Bissen, der aus Niedersachsen stammende Hermann Ernst Freund und Jens A. Jerichau fort. Stärker naturalistisch arbeitet die nächste Künstlergeneration mit Saabye, Stein und V. Bissen. Die Werke werden in den Sälen 31, 32 und 41 – 45 präsentiert.

Große Namen

Französische Kunst

Während die Bronzefiguren des Bildhauers und Malers Edgar Degas im Larsen-Neubau ausgestellt sind, birgt das Dahlerup-Gebäude eine in dieser Vollständigkeit ansonsten nur in Frankreich zu findende Sammlung französischer Skulpturen mit Werken von **Auguste Rodin** sowie Salonskulpturen von Carpeaux, Dubois und Barrias.
Vorläufer, Hauptvertreter und Erben der Impressionisten birgt der Larsen-Neubau im Innenhof des Kampmann'schen Trakts. Zu den 72 Bronzen von **Degas**, die hier im Wechsel gezeigt werden, gehört die kleine, bezaubernde Figur einer vierzehnjährigen Tänzerin mit echtem Tutu. Das ursprüngliche Wachsmodell, das der Künstler 1881 der Öffentlichkeit vorgestellt hatte, wurde erst nach dessen Tod 1917 in Bronze gegossen. Dank einer Schenkung des Gründersohns Helge Jacobsen aus dem Jahr 1927 besitzt das Museum auch 47 Arbeiten von **Paul Gauguin**, die im Obergeschoss zu sehen sind.

★ Nationalmuseet

Di. – So. 10 – 17 Uhr, Juli/Aug. tgl. | Eintritt 85 DKK, unter 18 Jahre frei www.natmus.dk | Klunkehjemmet: nur mit Führung zu besichtigen Sa., So. 11/12/13 Uhr | Eintritt 50 DKK

Von der Steinzeit bis heute

Kulturgeschichte

Zwischen Ny Vestergade und Frederiksholms Kanal liegt Dänemarks wichtigstes Museum für Kulturgeschichte, dessen umfangreiche Sammlungen das Leben in Dänemark von der Steinzeit bis heute nachvollziehen. Kern des 1807 eröffneten Museums ist das historische **Kronprinzenpalais**, das 1743 – 1744 von Nicolai Eigtved im Rokokostil erbaut wurde, wobei sich der Hofbaumeister an Pariser Vorbildern orientierte. Später folgten mehrere Erweiterungen bis zum letzten Neubau von 1992, in dessen Zuge die Sammlungen vollständig neu gestaltet wurden. Schmuckstücke der Ausstellung »Dänemarks Vorzeit« (»Danmarks Oldtid«) sind Silber- und Goldarbeiten der Wikinger, der rund 3400 Jahre alte Sonnenwagen von Trundholm und das sogenannte **Egtved-Mädchen** aus der Bronzezeit. Die zweite Abteilung stellt Dänemark im Mittelalter und in der Renaissance vor. Zu sehen sind u. a. der Goldaltar von Lisbjerg und sieben Wandteppiche, die um 1582 für die Ausschmückung des Rittersaals auf Kronborg Slot in Helsingør entworfen wurden. Zur Epoche von 1660 – 1830 gehören eine **Ålborger Bürgerstube** aus der Mitte des

17. Jh.s und Räume, die direkt für das Prinzenpalais geschaffen wurden. Die Antikensammlung präsentiert Exponate des klassischen Altertums aus Griechenland, Italien und dem Nahen Osten, während sich die Königliche Münz- und Medaillensammlung auf Arbeiten aus Dänemark und Skandinavien konzentriert. Sehenswert ist auch die Kollektion, die über die **Lebensformen der Inuit** auf Grönland informiert. Im Kindermuseum können Junioren Wikingerschiffe erkunden oder den Tuaregs in die Sahara folgen. Hochherrschaftlich ist die Einrichtung im viktorianischen Haus **Klunkehjemmet** des wohlhabenden Kaufmanns Rudolph Christensen, der hier ab 1890 mit seiner Frau und seinen drei Kindern lebte.

★ Christiansborg Slot und Schlossinsel

Bereits das dritte Schloss an dieser Stelle

Sitz des dänischen Parlaments

Gegenüber, auf der Insel Slotsholmen, tagt seit 1918 das Dänische Parlament auf Schloss Christiansborg. Außerdem sind dort noch das Außenministerium und der Oberste Gerichtshof untergebracht. Ferner befinden sich im Schloss die königlichen Audienzräume, die ebenso wie das Parlament nur im Rahmen von Führungen besichtigt werden können. Im Jahr 1167 ließ Bischof Absalon an dieser Stelle eine erste Burg errichten. **Ruinen der Bischofsburg**, die 1249 durch die Wenden und 1369 durch die Lübecker zerstört wurde, und der spätmittelalterlichen Burg konnten beim Bau des jetzigen Schlosses freigelegt werden und sind zu besichtigen. Den Anforderungen barocker Prachtentfaltung genügte die Burganlage im 18. Jh. nicht mehr: Christian VI. (▶Interessante Menschen) legte 1733 den Grundstein zum Neubau eines dreistöckigen Prunkschlosses. Im Jahr 1740 zog die königliche Familie ein, wenngleich der prachtvolle Rittersaal erst 1766 vollendet wurde. Die gesamte Königsetage sowie die anderen 348 Räume erhielten eine pompöse Ausstattung. Das noch unvollendete Schloss brannte 1794 ab. Erhalten blieb von dem Vierflügelbau im Stil des Wiener Barocks nur die **Reitbahnanlage**. In den ersten Jahren des 19. Jh.s entstand das zweite Schloss nach Entwürfen des klassizistischen Meisters C. F. Hansen. Anno 1849 zog der neue Reichstag ein. Doch auch dieser Bau fiel 1884 einem Brand zum Opfer. Zu den erhaltenen Teilen zählt die 1846 geweihte **Schlosskirche**, deren Kuppel Engelfiguren von Bertel Thorvaldsen (▶Interessante Menschen) schmücken.

Den Entwurf für das dritte, 1928 vollendete Christiansborg lieferte Thorvald Jørgensen. Das große, vierflügelige Schloss ist geprägt vom 106 m hohen Turm und der massiven Verkleidung aus Bornholmer Granit. Nicht verpassen sollten Sie im **Rittersaal** die 17 Wandteppiche, auf denen Bjørn Nørgaard die dänische Geschichte so humorvoll wie poppig-farbenfroh festgehalten hat. Das Geschenk zum 60. Ge-

Schmuckstücke der Schlossinsel sind die alte Börse mit ihrer Turmspitze aus vier ineinander verschlungenen Drachen und das repräsentative Christiansborg Slot.

burtstag der Monarchin zeigt König und Königin als Adam und Eva im dänischen Garten Eden. Seit 2014 ist **der höchste Turm der Altstadt** auch für Besucher geöffnet. Vom **Tårnet** von Schloss Christiansborg eröffnen sich völlig neue Aussichten auf Kopenhagens Innenstadt mit Rathaus, Domkirche, Rundem Turm über die neue Hafenfront mit Oper und Schauspielhaus bis zum Øresund. Neu ist auch ein Restaurant, das typisch dänische Küche mit Smørrebrød sowie regionale Spezialitäten der Neuen Nordischen Küche bietet.

Mai – Sept. tgl. 10 – 17, Okt. – April Mo. geschl. | Eintritt 50 – 80 DKK, Kinder 25 – 40 DKK, Kombiticket für Schloss, Stallungen und Ruinen: 150 DKK, Kinder gratis | www.christiansborg.dk
Tårnet: Di. – So. 11 – 21 Uhr (Restaurant 11.30–16 Uhr und 17.30 – 23 Uhr) | www.taarnet.dk

Die Verfassung ehren

Schlossplatz, Folketing

Zur Erinnerung an das erste Grundgesetz von 1849 wurde auf dem Schlossplatz ein **Reiterstandbild** Frederiks VII. aufgestellt, das der Thorvaldsenschüler H. V. Bissen schuf.

In der Wandelhalle des Folketing sollte man den silbernen Schrein beachten, in dem die **Verfassungsurkunde** aufbewahrt wird. Von der Mittelloge aus hat man einen guten Überblick über den Raum, dessen Dimensionen denen des britischen Unterhauses entsprechen. Im Gegensatz zum Londoner Unterhaus, wo die Parlamentarier auf Bankreihen in Längsrichtung des Saals sitzen, gruppieren sich die 179 Folketingabgeordneten hier hufeisenförmig um den Mitteltisch und den Sitz des Vorsitzenden.

Führungen: So. 13 (engl.), 12, 14 Uhr (dän.), Tickets So. ab 10 Uhr kostenlos | www.ft.dk

Von Kutschen und Waffen

Königliche Stallungen

In den Königlichen Stallungen sind Kutschen und schmucke Livreen ab 1778 zu bewundern. Über den Reitställen im Südflügel richtete N. H. Jardin 1766 das Königliche Hoftheater ein. 1842 modernisierte Jørgen Hansen Koch den Theatersaal, der Zuschauerraum blieb unverändert. Seit 1922 erzählt hier das **Teatermuseet** die Geschichte dänischer Bühnen seit Ludvig Holbergs (▶Interessante Menschen) Zeiten. Südlich davon sind im 1598–1604 erbauten Königlichen Zeughaus im **Tøjhusmuseet** Waffen und Rüstungen ausgestellt.

Stallungen: Mai – Sept. tgl. 13.30 – 16, Juli 10 – 17, Okt. – Apr. Mo. geschl. | Eintritt 50 DKK, Kinder 25 DKK | www.ft.dk

Teatermuseet: Di. – So. 12 – 16 Uhr | Eintritt 40 DKK, unter 18 Jahre frei | www.teatermuseet.dk

Tøjhusmuseet: Tøjhusgade 3 | Di. – So. 12 – 16 Uhr | Eintritt frei www.natmus.dk

Heller Fleck in düsteren Zeiten

Königliche Nationalbibliothek

Die königliche Nationalbibliothek samt dem neuen Teil »Schwarzer Diamant« birgt mehrere Museen. In der Rotunde dokumentiert **Det Nationale Fotomuseet** die Geschichte der dänischen und internationalen Fotografie, im ersten Stock präsentiert das **Museet for Dansk Bladtegning** 150 000 dänische Cartoons und 200 Karikaturen. Um eine architektonische und kulturelle Attraktion reicher ist Kopenhagen seit 2004: Daniel Libeskind, der auch das jüdische Museum in Berlin plante, zeichnet für das **Jüdische Museum** Kopenhagen verantwortlich. Über den Garten der Königlichen Bibliothek erreichen die Besucher eine Tresortür mit der Aufschrift »Mitzwah«, hinter der sich eine ganz eigene Welt eröffnet. Die Wände aus hellem Birkenholz sind in alle Himmelsrichtungen abgewinkelt. Hier wird die Geschichte der dänischen Juden von 1622 an dokumentiert, als Christian IV. die ersten Juden ansiedelte. Sobald das Land 1943 von den Deutschen besetzt wurde, konnten sich die meisten der ca. 8 000 dänischen Juden nach Schweden retten – diese helle Komponente einer düsteren Epoche bringt Libeskind gelungen zum Ausdruck.

Det Nationale Fotomuseum: Mo. – Sa. 10 – 19 Uhr | Eintritt frei www.kb.dk

Museet for Dansk Bladtegning: Besichtigung nach Terminabsprache, Tel. 33 47 43 08 | www.kb.dk

Jüdisches Museum: Di. – Fr. 13 – 16, Fr. – So. 12 – 17, Juni – Aug. Di. – So. 10 – 17 Uhr | Eintritt 60 DKK, unter 18 Jahre frei
www.jewmus.dk

Begnadeter Bildhauer

Thorvaldsens Museum

Der begnadete Bildhauer Bertel Thorvaldsen (▶ Interessante Menschen) begründete im Jahr 1837 selbst das ihm gewidmete Museum, das jedoch erst 1848 und damit nach seinem Tod eröffnet werden konnte. Architekt Gottlieb Bindesbøll errichtete den Bau im historisierenden Stil. Der bunte Bilderfries an der Kanalseite stellt Thorvaldsens triumphale Heimkehr 1838 aus Rom dar. Das Museum enthält neben Thorvaldsens vielen Skulpturen auch seine private Kunstsammlung.
Di. – So. 10 – 17 Uhr | Eintritt 70 DKK, unter 18 Jahre frei
www.thorvaldsensmuseum.dk

Rund um die Schlossinsel

Børsen, Holmenskirke

Die steinerne »Fiskerkone« erinnert auf der gegenüberliegenden Seite des Kanals daran, dass dort einst Fischersfrauen die Fangergebnisse ihrer Männer aus der vergangenen Nacht anboten. Heute starten am **Gammel Strand** Hafen- und Kanalrundfahrten durch Kopenhagen – und zur Kleinen Meerjungfrau, die 2013 seit hundert Jahren an der Uferpromenade auf einem Findling sitzt, die Hafeneinfahrt versonnen im Blick.

Unbestritten eines der schönsten **Wahrzeichen** der Stadt ist der 1640 vollendete Renaissancebau an der Ostseite der Schlossinsel. Auf Wunsch König Christians IV. versah man die ehemalige Börse mit dekorativen Quergiebeln und einem 54 m hohen Turm, den vier ineinander verschlungene Drachenschwänze krönen. Heute hat hier die Handelskammer ihren Sitz. Und es war ebenfalls Christian IV., der 1619 den Auftrag für den Umbau einer Ankerschmiede zum Gotteshaus Holmenskirke gegenüber der Börse erteilte. Das schmucke Hauptportal aus dem 17. Jh. stammt vom Dom in ▶Roskilde.

Die Kirche der Seeleute ist auch die **Kirche des Königshauses**. Am 10. Juni 1967 gaben sich hier Margrethe II. und Prinz Hendrik das Jawort. Ein Meisterwerk sind der Barockaltar und die bis zur Decke reichende Eichenkanzel von Abel Schrøder d. J., beide von ca. 1660. Zu den vorhandenen Grabmälern prominenter Künstler und Marinestrategen zählt auch das des Seehelden Niels Juel, der 1697 starb.

An der südwestlichen Ecke der Schlossinsel fällt der Blick auf das avangardistische Gebäude BLOX, in dem das **Dansk Arkitektur Center** Wechselausstellungen zeigt.

Holmenskirke: Mo./Mi./Fr. 10 – 16, Di./Do. bis 15.30, Sa./So. 12 – 16 Uhr | Eintritt frei | www.holmenskirke.dk

Dansk Arkitektur Center: So. – Fr. 10 – 17, Mi. bis 21, Sa./So. 11 – 16 Uhr | Eintritt 60 DKK, Kinder bis 18 Jahre frei | www.dac.dk

Christianshavn

Vom Arbeiter- zum Szeneviertel

Christians-kirke, Erlöserkirche

Über die Knippelsbro, eine Klappbrücke von 1937, fahren die Autos nach Christianshavn auf der Insel Amager. Ein Kanal durchschneidet und verbindet zugleich das beschauliche Quartier, das sich derzeit vom ehemaligen Arbeiterviertel am Inneren Hafen zum begehrten Szenequartier wandelt. Im Westen birgt Christianshavn über Jahrhunderte gewachsene Viertel, östlich neue, nachhaltig gebaute Wohnblocks und markante Büroriegel von Nordea mit Altstadtblick. An der Strandgade erhebt sich Kopenhagens einzige Renaissancekir-

LEINEN LOS!

Haben Sie schon mal darüber nachgedacht, warum wir uns frei fühlen und mehr lächeln, wenn wir auf dem Wasser unterwegs sind? Eine wunderbare Gelegenheit, dieses Gefühl mit anderen zu teilen, sind die Elektroboote samt Picknicktisch von **GoBoat**. Kleine Häppchen, ein Glas Wein und gute Gespräche, während Sie ganz langsam durch die idyllischen Kanäle von Christianshavn dahingleiten ... (ohne Vorkenntnisse oder Führerschein, 2 Std. 749 DKK, http://goboat.dk/en).

che, die 1759 geweihte Christianskirke. Bis 1886 diente sie als Gotteshaus der deutschen lutherischen Gemeinde. Die beste Sicht auf Christianshavn gewährt der wunderschöne, barocke **Spiralturm** der 1696 vollendeten Vor Frelsers Kirke. Der obere Turmteil mit einer vergoldeten Christusfigur auf einem Globus und außen liegender Wendeltreppe kam erst 1752 hinzu: Wer hinaufsteigen möchte, muss 400 Stufen erklimmen, die letzten 150 führen außen an der Turmspitze empor. Zwei stattliche Stuckelefanten tragen die Kirchenempore mit der klangvollen, 1698 von Christian Neger ausgeführten Orgel neben dem prachtvollen barocken Hochaltar.
www.vorfrelserskirke.dk | Turm Dez. – Feb. geschl.

Das berühmteste alternative Wohnprojekt der Welt

★ Christiania

Wo ursprünglich die Flotte des Königs geschützt werden sollte, besetzten Aussteiger, Alternative und Hippies das aufgelassene Militärgelände und gründeten hier 1971 mit dem »Freistaat Christiania« eine unabhängige Gesellschaft – und das wohl berühmteste alternative Wohnprojekt der Welt. Alle Räumungsversuche, von der dänischen Öffentlichkeit mit Leidenschaft verfolgt, misslangen. Zum 20-jährigen Jubiläum wurde Christiania legalisiert und als »soziales Experiment« anerkannt. 1991 verpflichteten sich seine rund 1000 Bewohner auch erstmals, regelmäßig für Miete und Wohnnebenkosten aufzukommen und 150 Gebäude sowie ausgedehnte Grünanlagen instandzuhalten. Seit 2011 ist der Streit mit dem dänischen Staat endgültig beendet: Christiania ist heute eine **Stiftung** – und hat Gebäude und Grundstücke dem dänischen Finanzministerium abgekauft. Finanziert wurde der Kaufpreis für das 34-Hektar-Areal durch die Ausgabe von Aktien, die auch online auf der Website bei der Fonden Fristaden Christiania geordert werden können.

Und so lockt heute Christianias weitläufiges Gelände mit viel Grün, idyllischen Wasserflächen und fantasievoll konstruierten Ein- und Mehrfamilienhäusern nicht nur die Touristen an, sondern verstärkt auch neue Mieter: Zwei von drei Kopenhagenern können sich einen Umzug dorthin vorstellen. Die beiden Restaurants Morgenstedet und Spiseloppen sind oft ausgebucht. Die Kunstschmiede von Christiania »exportiert« längst 90 Prozent ihrer Produkte in die Stadt, die Christiania Bikes sogar bis in die USA. So sind die Hippies von einst erfolgreiche Geschäftsleute geworden.

Dennoch, wer Christiania besucht, sollte sich an die überall deutlich plakatierten **»Hausregeln«** halten: Fotografieren, auch mit dem Handy, ist nicht gern gesehen. Besonders an der Pusher Street, die nach Einschätzung der dänischen Polizei inzwischen von organisierten Kriminellen kontrolliert wird, sollten Touristen besondere Vorsicht walten lassen. Am sichersten ist es, Christiania tagsüber zu besuchen oder aber an einer Führung teilzunehmen, bei der auch das **Kunstmuseum Gallopperiet** besucht wird.

Führungen: 26. Juni – 31. Aug. tgl. 15, pro Person 50 DKK, Gruppen ab 6 TN: 300 DKK | www.rundvisergruppen.dk
www.christiania.org | www.gallopperiet.dk
Christiania-Aktien: www.christianiafolkeaktie.dk

Vergoldetes Schmuckstück

★ Operæn

Gegenüber von Schloss Amalienborg erhebt sich seit 2005 das Kopenhagener Opernhaus mit seinem gewaltigen Dach. Gestiftet wurde der Bau von dem Großreeder Mærsk Mc-Kinney Møller, den Entwurf lieferte **Stararchitekt Henning Larsen**. Den Bühnenraum gibt es gleich sechsfach, der weltgrößte Orchestergraben ist stufenlos verstellbar. Über den 1500 Sitzplätzen im holzgetäfelten Zuschauerraum ziert Blattgold die Decke.
Führungen: Sa./So. 9.30, 10, 16.30 Uhr | Eintritt 120 DKK, Kinder 50 DKK | www.kglteater.dk (auch Ticketservice)

Von Schloss Amalienborg zur Kleinen Meerjungfrau

Schönster Rokoko gleich in vierfacher Ausführung

★★ Amalienborg Slot

Mit den Prachtbauten im Viertel nördlich vom Nyhavn-Kanal hat sich König Frederik V. selbst ein Denkmal gesetzt. Federführend für die Rokokofassaden, Schloss Amalienborg und die Marmorkirche war der damalige Hofarchitekt Nicolai Egtved (1701 – 1754). Sein Hauptwerk sind die vier fast baugleichen Rokokopalais von Schloss Amalienborg, seit 1794 königliche Residenz. Königin Margrethe II. wohnt im **Palais Schack**, die Wohnung ihre verstorbenen Mutter Ingrid im **Palais Brockhoff** bewohnen seit ihrer Heirat Kronprinz Frederik und Kronprinzessin Mary. In dem **Palais Christians VIII.** genannten Teil sind Privatgemächer und Kunstschätze der Königlichen Familie zu bewundern – 1999 wurde das Arbeitszimmer von Frederik IX. in die Sammlung integriert. Ist Margrethe II. zu Hause, wird die dänische Flagge des Dannebrog über ihrem Domizil gehisst. Ihr zu Ehren findet dann jeden Tag um 12 Uhr auf dem Schlossplatz die große Wachablösung statt. Ist die Königin abwesend, gibt es nur das kleine Zeremoniell. Hoch zu Ross grüßt in der Mitte des Platzes die **Bronzestatue von Frederik V.**, ein Geschenk der Ostindischen Kompanie zum Dank für die Unterstützung ihrer kolonialen Eroberungen.
Palais Christians VIII: Mai – Okt. tgl. 10 – 16/17, Nov. – April Di. – So. 11 – 16 Uhr | Eintritt 95 DKK, Kinder frei
www.kongernessamling.dk

Wachablösung

Pünktlichkeit zählt – auf jeden Fall bei Königs. Darum sollten auch Sie rechtzeitig da sein, wenn Sie die traditionelle Zeremonie des Wachwechsels vor Schloss Amalienborg nicht verpassen wollen. Es lohnt sich! Los geht's jeden Tag um 11.30 Uhr, wenn die Königliche Wache

Oper voraus: Die Paddler steuern Kopenhagens Opernhaus der Superlative an.

in Schloss Rosenborg zu ihrem Marsch gen Amalienborg startet. Punkt 12 Uhr lösen die Soldaten ihre Kollegen vor den Toren der königlichen Winterresidenz ab. Vorausgesetzt, Regentin Margrethe II. ist zuhause.

Aus Marmor wurde einfacher Kalkstein

Frederikskirke

Eigentlich sollte die von den Kopenhagenern »Marmorkirche« genannte Frederikskirke sogar den Petersdom in Rom überragen. Doch das Geld für den 1740 begonnenen Kuppelbau reichte nicht aus, und so verfiel das Gotteshaus schließlich. Erst durch Unterstützung des Großindustriellen C. F. Tietgen gelang 1894 die Fertigstellung – mit dänischem Kalkstein statt mit teurem, norwegischem Marmor. Auch wenn die **Kirchenkuppel** im Stil des römischen Barock nun wesentlich kleiner ausfiel als geplant, gehört sie mit 46 m Deckenhöhe und einem Durchmesser von 33 m zu den größten in Europa. Beachtung verdienen das Elfenbeinkruzifix im Chor, Grundtvigs siebenarmiger Goldleuchter und ein von Niels Skovgård gefertigtes Relief, das an C. F. Tietgen und seine Frau erinnert. **Statuen** berühmter Männer der dänischen Kirchengeschichte umgeben die Kirche, darunter der hl. Ansgar, der Apostel des Nordens, Søren Kierkegaard und Nikolai Frederik Severin Grundtvig (beide ▶Interessante Menschen).

Mo. – Do., Sa. 10 – 17, So. 12 – 17, 15. Juni – Aug. tgl. Turmbesteigung
Eintritt 35 DKK, unter 18 Jahre 20 DKK | www.marmorkirken.dk

Moderne Wohnideen mit dänischem Design

Designmuseum Danmark

Im ehemaligen Frederikhospital, einem Rokokobau (Bredgade 68), wurde 1890 von der Ny-Carlsberg-Stiftung das Kunstgewerbemuse-

Bärenfellmützen sind keine rein britische Angelegenheit, wie die Wachsoldaten vor Schloss Amalienborg beweisen.

um gegründet, das seit 2013 als Dänemarks Designmuseum firmiert. Es zeigt europäisches und fernöstliches Kunsthandwerk vom Mittelalter bis zur Neuzeit. Der Schwerpunkt liegt auf modernen Wohnideen mit dänischem Design (▶Baedeker Wissen, S. 376) wie Lampen von Poul Henningsen, Gläsernes von Holmegaard und Highend-Unterhaltungselektronik aus dem Haus Bang & Olufsen. Ein Ohrenschmaus für Touristen wie Einheimische sind die **Sommerkonzerte** im Grønnegården, dem lauschigen Innenhof des Museums mit schönem Café.

Di. – So. 10 – 18, Mi. 10 – 21 Uhr | Eintritt Erw. 100 DKK, unter 26 Jahre frei | www.designmuseum.dk

Schlaue Göttin, gewaltiger Brunnen

Nyboder

Die ersten Nyboderreihenhäuser für Matrosen der königlichen Flotte waren 1632 bezugsfertig. Im 18. Jh. wurden die Wohnungen aufge-

stockt, bis 1787 kamen neue Reihen hinzu. Die ältesten Häuser aus der Zeit Christians IV. stehen in der Skt. Paulsgade 20 – 40. Bei den Esplanaden liegt der Eingang zum Churchillparken und zum **Freiheitsmuseum**, das dem dänischen Widerstand während der deutschen Besatzungszeit im Zweiten Weltkrieg gewidmet ist.
Gegenüber fällt der Blick auf die anglikanische Skt. Albans Kirke neben dem 1908 enthüllten, gewaltigen **Gefionsbrunnen**. Der Sage nach versprach Schwedenkönig Gylfe der Göttin Gefion so viel Land, wie sie an einem Tage pflügen könne. Sie verwandelte ihre vier Söhne in Stiere und pflügte in der vereinbarten Zeit die Insel Seeland aus dem schwedischen Boden – zurück blieb der Binnensee Mälaren.

Frihedsmuseet: bei Brand 2013 zerstört, Wiederaufbau am gleichen Standort, geplante Neueröffnung Ende 2019
www.natmus.dk/frihedsmuseet

Sehnsucht in Bronze und Stein

★ Den Lille Havfrue

Die ehemaligen Zitadelle Frederikshavn, deren älteste Teile von 1625 stammen, wurde grundlegend restauriert. Die barocke Festung stellt die Verbindung zum Langelinie Kaj her, wo die riesigen Kreuzfahrtschiffe vor Anker gehen. Nahebei trifft man auf die wohl bekannteste Dänin, die **Kleine Meerjungfrau**. Die überraschend kleine Skulptur entstand 1913 nach dem gleichnamigen, 1837 erschienenen Märchen von Hans Christian Andersen. Den Anstoß gab 1909 die Premiere des Andersenballetts von der kleinen Nixe, die einst aus den Tiefen des Meeres stieg, weil sie sich in einen schiffbrüchigen Prinzen verliebt hatte. Während der Vorstellung kam dem kunstinteressierten Brauereibesitzer Carl Jacobsen die Idee, der Stadt Kopenhagen eine Statue des lieblichen Fabelwesens zu schenken.
Vorbild sollte die damals gefeierte **Primaballerina Ellen Price** werden, die die Titelrolle tanzte. Da sie jedoch wenig gewillt war, dem Bildhauer Edvard Eriksen nackt Modell zu sitzen, gestaltete dieser nur den Kopf der Bronzeskulptur nach Ellen Price, den Körper indes nach seiner Ehefrau Eline. Am 24. August 1913 schließlich wurde die 175 kg schwere und nur 125 cm große Figur feierlich enthüllt – allerdings **nur als Kopie**, das Original wird von Eriksens Nachfahren an einem geheimen Ort aufbewahrt. Dass sich die zuerst wenig beachtete Skulptur der Kleinen Meerjungfrau zum meistbesuchten Wahrzeichen der Stadt entwickelt hat, nachdem eine amerikanische Zeitung einen Schnappschuss von der verträumten Nixe abdruckte, gehört wohl zu den Märchen unserer Tage. Doch nicht alle haben die weltberühmte Nixe am Uferrand in ihrer nunmehr 100-jährigen Geschichte geliebt: 1963 und 1976 bestrichen Unbekannte die Bronzefigur komplett mit Farbe; 1964 und 1990 wurde sie brutal enthauptet, 1998 nach einem Sägeanschlag ihr Kopf zum dritten Mal wieder angeschweißt. 2005 verschwand sie unter einer Burka. Besonders hart war das Jahr 2003: Erst wurde die Meerjungfrau mit weißer Farbe

Selbst die harmlose Meerjungfrau ist nicht gegen Vandalen aller Art gefeit.

übergossen, wenige Monate später gezielt vom Sitzstein gesprengt. Die bislang letzte »Schändung« der Ikone erfolgte im Frühjahr 2017: Aus Protest gegen den Walfang auf den Færøer-Inseln malten Unbekannte sie nachts fast komplett mit roter Farbe an. Doch das beliebteste Nationalsymbol der Dänen ist stärker als alle Anfechtungen: Immer kehrt sie kurze Zeit später frisch gesäubert oder repariert wieder an ihren angestammten Platz zurück. Nur einmal ist die populäre Statue übrigens freiwillig weit verreist: Anlässlich der Weltausstellung EXPO 2010 im chinesischen Shanghai bildete sie den Mittelpunkt des dänischen Pavillons. Seitdem sitzt sie aber wieder malerisch vor dem Ufer – zur Freude von Dänen und Touristen.

Von Rosenborg Slot zum Staatlichen Kunstmuseum

Wie aus dem Märchen

★★ Rosenborg Slot

Wie ein Bilderbuchschloss aus Andersens Märchenwelt erscheint Schloss Rosenborg, das inmitten herrlicher Parkanlagen steht. Erbaut wurde das Lustschlösschen Anfang des 17. Jh.s unter König Christian IV. (▶ Interessante Menschen), bis Mitte des 18. Jh.s diente es als königliche Frühjahrs- und Herbstresidenz. Heute werden hier die **Kronjuwelen** und Schätze aus vier Jahrhunderten gezeigt, erinnern Gedenkräume an alle dänischen Regenten vom Bauherrn bis Frederik VII. Das Marmorzimmer ist noch originalgetreu erhalten (▶Baedeker Wissen, S. 202)

Mitte Sept. – Mitte Juni Di. – So. 10 – 15/16, Mitte Juni – Mitte Sept. tgl. 9 – 18, Führungen nur für Gruppen | Eintritt 110 DKK, unter 18 Jahre frei | www.kongernessamling.dk

Grüne Oasen mitten in der Stadt

Kongens Have, Botanisk Have

Beliebter Pausenplatz im Kopenhagener Zentrum sind die herrlichen Grünanlagen des Kongens Have, der 1606 unter Christian IV. angelegt wurde. Kurz vor 11.30 Uhr rückt von hier immer die neue Wache zur Wachablösung nach Amalienborg Slot aus. Skandinaviens größte **Sammlung islamischer Kunst** und europäischen Kunstgewerbes des 18./19. Jh.s zeigt Davids Samling in einem Patrizierhaus an der östlich angrenzenden Kronprinzessegade 30.

Westlich von Schloss Rosenborg erstreckt sich der 1871 – 1874 angelegte **Botanische Garten**. Pflanzenliebhaber finden hier eine Blütenpracht aus alten Rosensorten, üppigen Rhododendren und seltenen Orchideen sowie ein großes, tropisches Palmenhaus. Vorbild für die Gewächshäuser aus Glas und Gusseisen war wohl der Londoner Kew Garden. 2012 kam ein neues Gewächshaus für bedrohte Arten hinzu. An den botanischen Garten grenzt das **staatliche naturhistorische Museum**, das bis 2020 durch einen Neubau der dänischen Stararchitekten Lundgaard og Tranberg Arkitekter sowie Claus Pryds Arkitekter erweitert wird. Ihr Entwurf sieht eine wellenförmige Glasfassade und einen unterirdischen Museumsbereich vor. Wahrzeichen und optischer Anziehungspunkt des mit 33 500 m² größten Kopenhagener Museumsbaus der letzten Jahre soll das Skelett eines Blauwals von 30 Metern Länge sein. Das Museum beherbergt neben der umfangreichen **Walsammlung** die älteste naturhistorische Sammlung mit internationalen Exponaten aus den letzten 400 Jahren. Darüber hinaus werden Ausstellungen zur Arktis, zum Weltraum und zum Sonnensystem zu sehen sein.

Davids Samling: Di. – So. 10 – 17, Mi. 10 – 21 Uhr | Eintritt frei
www.davidmus.dk

Botanisk Have: Mai – Sept. tgl. 8.30 – 18, Okt. – April 8.30 – 16 Uhr
Eintritt frei | www.botanik.snm.ku.dk

Die neue »Speisekammer« der Stadt

Torvehallerne

Wo bis in die 1960er-Jahre Obst und Gemüse unter freiem Himmel verkauft wurden, eröffneten 2012 die Torvehallerne. Mit 60 Schlemmerständen in zwei modernen Glas-Stahl-Hallen wurde Kopenhagens neue »Spisekammer«, wie sie sich selbst nennt, schnell zum angesagten **Shopping- und Schlemmertreff** der Stadt. Vermietet wurden die Stände vorwiegend an kleine, nachhaltig und organisch arbei-

SCHLOSS ROSENBORG

Verspielte Türmchen, Erker und Wassergraben – bis heute hat sich das »Lusthaus seiner Majestät« kaum verändert. Zwei Dutzend prunkvolle Gemächer besitzt das romantische Renaissanceschloss Christians IV., in der Schatzkammer ruhen die Kronjuwelen des dänischen Königshauses.

Öffnungszeiten und Preise:
Jan. – April, Nov., Dez. Di. – So. 10 – 16, Mai, Sept., Okt. tgl. 10 – 16, Mitte Juni – Mitte Aug. tgl. 9 – 17 Uhr
Führungen nur für Gruppen
Erw. 110 DKK, bis 18 J. frei
www.kongernessamling.dk/rosenborg

1 Gemach des Königs
Ursprünglich gehörte der Raum der zweiten Ehefrau Christians IV., Kirsten Munk. Erst Frederik III. nutzte es als Vorzimmer des Marmorsaals. Niederländische Gobelins rahmen die beiden Porträts von Christian V. und seiner Frau Charlotte Amalie.

2 Marmorzimmer
Das 2012 restaurierte Gemach Frederiks III. feiert im pompösen Barockstil die absolutistische Königsmacht.

3 Schreibstube Christians IV.
Kunstvolle Paneele und Deckengemälde schmücken die nahezu unveränderte Turmkammer, die einfach zu beheizen war. Hier erledigte Christian IV. seine umfangreiche Korrespondenz. Sein eleganter Kabinetttisch wurde 1580 in einer Augsburger Werkstatt hergestellt. Ein Porträt zeigt den siebenjährigen Prinzen im Silberbrokatgewand.

4 Rittersaal/langer Saal
1671 bis 1840 diente der linke Thron im Rittersaal als Krönungssessel – flankiert von Narwalstoßzähnen und bewacht von drei Löwen aus Silber, einem gehenden, einem sitzenden und einem teilweise liegenden. Ihre Augen, Mähnen und Schwanzspitzen sind vergoldet. Zusammen mit dem rechten Krönungsthron, 1731 aus Silber gefertigt, sollte die Königsmacht auf Ehrfurcht gebietende Weise inszeniert werden. Zwölf Bildteppiche ließ Christian V. bei Berent van der Eichen 1685 für die Wände weben. Sie erzählen von Dänemarks Siegen im Schonischen Krieg 1675 – 1679.

5 Spiegelkabinett
Im Barock wurden auf vielen Schlössern Spiegelkabinette eingerichtet als intimster Teil der königlichen Wohnung, vorzugsweise in direkter Verbindung zum Schlafgemach. Das Spiegelkabinett, 1684 von Christian V. in Auftrag gegeben, entstand nach dem Vorbild von Schloss Versailles.

6 Schatzkammer
Im Kellergewölbe ruhen die Kronjuwelen, die nur von der Königin und nur innerhalb der Landesgrenzen getragen werden dürfen. Meist kommen sie ein paar Mal im Jahr zum Einsatz wie beim Neujahrsempfang und Staatsbesuchen oder besonderen Anlässen wie der Hochzeit des Kronprinzenpaars 2004, bei der die großen Perlen und Rubine, das Smaragd- und Brillanten-Set getragen wurden. Zu bewundern sind in der Schatzkammer auch die fast 3 kg schwere Krone Christians IV. mit Emaille, Tafelsteinen und Perlen, die bis 1840 verwendete Königinnenkrone und die 1671 in Kopenhagen gefertigte Goldkrone der absolutistischen Herrscher. 170 Jahre lang trugen sie alle dänischen Könige zur Krönung und bis heute wird sie jedem aufgebahrten Monarchen auf den Sarg gelegt. Die Reichsinsignien kamen nur ein einziges Mal im Leben eines Königs zum Einsatz, und zwar zur Krönung oder Salbung. Dazu zählen das Zepter als Herrscherstab, der Reichsapfel als Symbol für das Universum und die Erde, der Krönungsdegen, das Reichsschwert und der Behälter für das Salbungsöl.

1
2
3
4
5
6
©BAEDEKER

Von den üppig geschmückten Wänden des Königsgemachs blicken Christian V. (1646 – 1699) und Gattin Charlotte Amalie (1650 – 1714) herab.

tende Erzeuger sowie Kult-Labels der Gastroszene wie der Coffee Cooperative. Unter dem Motto »A Taste of Denmark« starten täglich Führungen der Copenhagen Food Tours.
Frederiksborggade 21 | Mo. – Do. 10 – 19, Fr. bis 20, Sa. bis 18, So. 11 – 17 Uhr | www.torvehallernekbh.dk |www.foodtours.eu

★ Statens Museum for Kunst

Hochkarätige Sammlung durch die Jahrhunderte
Dänemarks größtes Kunstmuseum, 1896 eröffnet und 1998 durch einen modernen Anbau erweitert, zeigt nordische und europäische Meister vom 14. Jh. bis zur Gegenwart. Dazu gehören herausragende dänische Künstler des 18. Jh.s wie Nicolai Abildgaard und Jens Juel, Prominente des Goldenen Zeitalters um 1850 wie Eckersberg und seine Schüler Købke und Hansen, der Fünenmaler Peter Hansen und die Skagenmaler Michael und Anna Ancher. Zeitgenössische Strömungen zeigen u. a. die Arbeiten von Egill Jacobsen, Richard Mortensen und Gerhard Henning. Weitere Schwerpunkte bilden die niederländische Malerei des 17. Jh.s (Rubens, Bruegel d. Ä., Frans Hals, Rembrandt) sowie eine beachtliche Matissesammlung. Italien ist durch Tizian, Tintoretto und Tiepolo vertreten. Bei den Gemälden von Lucas Cranach d. Ä. handelt es sich um die größte Werksammlung außerhalb Deutschlands. Die Gemälde von Emil Nolde vermachte der Künstler selbst dem Museum. Das 1835 aus der Königlichen

Bibliothek ausgegliederte Kupferstichkabinett der Nationalgalerie umfasst rund 300 000 europäische Zeichnungen und grafische Arbeiten von der Mitte des 16. Jh.s bis heute, darunter Arbeiten von Dürer, Piranesi, Degas, Toulouse-Lautrec, Picasso und Giacometti. Sonderausstellungen, ein Kino und Workshops bietet das Kindermuseum im Neubau. Dänische Maler und Bildhauer des 19. Jh.s sind auch in der **Hirschsprungske Samling** ausgestellt. Schwerpunkte bilden das Goldene Zeitalter, die Skagenmaler und die 1890er-Jahre mit Bildern von Eckersberg, Købke, Lundbye, Ancher und Krøyer.

Kunstmuseum: Di. – So. 10 – 17, Mi. 11 – 20 Uhr | Eintritt frei, Sonderausstellungen Eintritt ab 110 DKK, unter 18 Jahre frei www.smk.dk

Hirschsprungske Samling: Stockholmsgade 20 | Mi. – So. 11 – 16 Uhr Eintritt 85 DKK, unter 18 Jahre frei | www.hirschsprung.dk

Vesterbro und Frederiksberg

Multikulti und neuer Schick

Ehemaliges Fleischerviertel

Auf der Rückseite des Hauptbahnhofs beginnt das ehemalige Fleischerviertel Vesterbro, wo sich vom 16. – 20. Jh. die Schlachthöfe angesiedelt haben. Wie vor hundert Jahren, als das Proletariat vom Land hier bezahlbaren Wohnraum fand, haben heute viele **Einwanderer** in Vesterbro erschwingliche Wohnungen bezogen sowie Geschäfte und Restaurants eröffnet. Seit den 1970er-Jahren entwickelte sich das Viertel zu einer Mischung aus Kiez und Kreuzberg mit allen Etablissements des Lustkommerz, Straßenstrich und Drogenproblemen. Seit den 1990er-Jahren ist Vesterbro – wie auch die anderen Brückenviertel und Altstadtquartiere der City – in einer umfassenden Veränderung begriffen. Besserverdienende wandeln Altbauten in schicke Wohnungen um. Noch sind die kleinen Geschäfte und Kneipen nicht verdrängt, doch es mehren sich die Szenetreffs, Nobellokale und Diskotheken. Zentraler Platz des neuen Vesterbro ist der **Halmtorvet**. Junge Musikbands und Theatergruppen, Videokünstler und Alternativgalerien haben sich um die Istedgade etabliert, und in den 1910 erbauten Øksnehallen, dem großen, ehemaligen Viehmarkt, werden heute Konzerte, Ausstellungen und Messen veranstaltet. Ausdruck des multikulturellen Lebens sind auch farbenfrohe Fassadenbilder wie Manuel Garcia Moias »Dorf aus Nicaragua« (1987) in der Dannebrogsgade, »Der Verführer« (1995) von Jørgen Nash an der Vesterbrogade und die exotischen »Tiger aus Tansania« (1991) von H. B. Mruta in der Sankelmarksgade.

In den Himmel schauen oder ...

Tycho-Brahe-Planetarium

Seinen Namen verdankt das zylinderförmige Planetarium nordöstlich am Gl. Kongevej 10 dem großen dänischen Astronom Tycho Brahe

(▶ Interessante Menschen). Entspannt zurückgelehnt kann der Besucher hier den faszinierenden Nachthimmel mit seinen Planeten, Sonnen, Galaxien und Kometen bestaunen und mit IMAX- und 3 D-Filmen in die Tiefen des Weltraums reisen.
Westlich vom Planetarium erreicht man die eigenständige Gemeinde **Frederiksberg**. Beliebtes Ausflugsziel sind die Wasserläufe und Gartenlokale in den Grünanlagen des Frederiksberg Have. Das barocke Schloss auf dem Valbyhügel dient als Militärakademie. Dem Kopenhagener Original **Robert Storm Petersen** (1882 – 1949), der durch seine humoristischen Zeichnungen bekannt geworden ist, widmet sich das Museum am Frederiksberg Runddel. Das Multitalent war Maler, Schauspieler und Comiczeichner.

Planetarium: Mo. 12. – 19.40, Di., Fr. – So. 10.30 – 19.40/20.50, Mi., Do. 9.30 – 19.40, am Wochenende Gratis-Führungen 10.30/11.40/14/15.10/16.20, mit Film 150 DKK, ohne Film 99 DKK
www.planetariet.dk
Storm P. Museet: Di. – So 10 – 16 Uhr | Eintritt 50 DKK, unter 18 Jahre frei | www.stormp.dk

... exotische Tiere bestaunen

★ Zoologisk Have

Der 1859 gegründete Zoo Kopenhagens ist einer der ältesten und größten zoologischen Gärten Europas. Im Tropenhaus kann man exotische Tiere bestaunen, im Affendschungel Gorillas und Schimpansen beobachten und im Elefantenhaus Dickhäuter hinter dicken Betonsäulen erspähen. Neubauten für Flamingos und arktische Tiere sind in Planung. Schön für Kinder sind der Streichelzoo und die Vogelvorführungen im Freilufttheater. Mit dem **Artiske Ring**, in dem sich Eisbären und Robben von einem Acrylglastunnel aus hautnah beobachten lassen, erhielt der Zoo eine weitere Attraktion. Trottellummen und Papageientaucher bevölkern den Vogelfelsen.

Nov. – Feb. 10 – 16, März, Okt. bis 17, April – Mitte Aug. bis 20, Mitte Aug. – Sept. bis 18.Uhr | Eintritt 180 DKK, 3 – 11 Jahre 100 DKK
www.zoo.dk

Gerstensaft und Kunst in Kombination

Carlsberg-Brauerei

An der Valby Langgade stellte die Carlsberg Brauerei bis 2009 ihren süffigen Gerstensaft her. Seit der Verlagerung der Produktion wandelt sich das Firmenareal zum **Voresby**, einem neuen Stadtviertel mit 3000 Wohnungen, Büros, Geschäften, Grünflächen und viel Raum für Kultur. 1847 ließ J. C. Jacobsen (1811 – 1887) hier das erste Bier nach bayerischem Rezept in Dänemark herstellen. Die Brauerei benannte er nach seinem Sohn Carl. 1970 fusionierte Carlsberg mit Tuborg. Die Erinnerung an die Brauerei hält ein Besucherzentrum wach: Dazu gehören das **Jacobsen-Brauhaus,** ein Biermuseum, und es darf auch Carlsberg-Bier verkostet werden. Schon der von vier indischen Granitelefanten bewachte Eingang signalisiert ein Gespür

Das Elefantenportal der Carlsberg-Brauerei haben Berninis Elefantenobelisk in Rom zum Vorbild. Das Hakenkreuz war lange Markenzeichen der Brauerei.

der Carlsbergdynastie für schöne Dinge. Die **Hakenkreuze** dort sind kein politisches Statement: Sie waren Markenzeichen der Brauerei, wurden aber nach der Machtergreifung der Nazis in Deutschland aufgegeben.

Seit Langem unterstützt die Brauerei das dänische Kulturleben. Brauereigründer Jacobsen rief 1876 eine Stiftung für Forschungszwecke ins Leben, die auch zum Unterhalt des Nationalhistorischen Museums von Frederiksborg Slot beitrug. Sein Sohn Carl teilte das Interesse für die Kunst und ließ u. a. und den schmalen Kampanile der Jesuskirche errichten, zudem gründete er die berühmte Ny Carlsberg Glyptotek (►S. 185).

Mo. - So. 10 - 17 Uhr | Eintritt 100 DKK, 6 - 17 Jahre 70 DKK, unter 5 Jahre frei | www.visitcarlsberg.dk

Nørrebro und Bispebjerg

Jung und multikulturell

Nørrebrogade, Folkets Hus

Nørrebro ist Kopenhagens am dichtesten besiedeltes und multikulturellstes Viertel. Hauptschlagader ist die 2,5 km lange Nørrebrogade, wo Gemüsehändler und Sharwarmabars dicht nebeneinander liegen, schwarz gewandete Frauen mit Kopftuch und junge Mädchen in High

Heels bummeln. Genauso bunt gemixt wie die Bevölkerung des Stadtteils ist das Programm des Folkets Hus in der Stengade 50, das seit mehr als 25 Jahren als Stadtteilzentrum der alternativen Kultur von Kino bis Konzert, Bauchtanz und Ballett ein breit gefächertes Angebot an meist kostenlosen Veranstaltungen bietet. In seiner Folkekøkken, der Volksküche, servieren Freiwillige jeden Montagabend um 18.30 Uhr für 20 DKK ein preiswertes Essen. Beat-Lyrik, russische Propaganda-Poster, kubanische Kurzfilme und Poetry Slams geben sich in der einstigen Methodistenkirche in der Møllegade die Klinke in die Hand.
Dort residiert heute Dänemarks erste und einzige Kulturstätte, die sich ausschließlich Wörtern widmet: das **Literaturhaus**. Mehr als 40 000 Bücher, Zeitschriften und Zeitungen stapeln sich im **Laundromat Café**, dem für das Trendmagazin Wallpaper »hippesten Waschsalon der Welt«. Während die Wäschetrommel sich dreht, kann man hier per WLAN im Internet surfen und Mails lesen, einen starken Cappuccino genießen, in Wandboxen die Werke einheimischer Künstler bewundern oder ausgiebig lesen. Muhammed und seinem Sohn Saif gehört ein Gemüseladen in der Blågårdsgade, die durch die Fernsehserie »Die Brücke« bekannt wurde.
Orangen und andere Südfrüchte türmen sich in der Fußgängerzone, die ansonsten eher Cafés, Kneipen und Second-Hand-Shops prägen. Antikes und Trödel dominieren auch in der Ravnsborggade, der dritten bekannten Einkaufsstraße des Brückenviertels, das viele Dänen zudem mit einem gelben Gerstensaft in Verbindung bringen: den Bieren der **Mikrobrauerei Nørrebro Bryghus**: vier von ihnen werden bei der Bierverkostung vorgestellt.
Nørrebro Bryghus: einstündige Bierverkostung 145 DKK | Voranmeldung Tel. 35 30 05 30 | www.noerrebrobryghus.dk

Picknick und Sonnenbad zwischen Gräbern

Assistens Kirkegård

Der größte Friedhof Kopenhagens, der **Assistenzfriedhof**, wurde 1757 nach einer Pestepidemie als »Hilfsfriedhof« angelegt und später noch einige Male erweitert. Hier haben viele **dänische Prominente** ihre letzte Ruhe gefunden, darunter der Dichter Hans Christian Andersen (▶ Baedeker Wissen, S. 262), der Philosoph und Theologe Søren Kierkegaard, der Physiker Niels Bohr und der Schriftsteller Martin Andersen Nexø (▶ Interessante Menschen). In Deutschland kaum vorstellbar: Der Friedhof ist zugleich Parkanlage, in der man auf den großen Rasenflächen zwischen den Gräbern oft Leute antreffen kann, die sich bei einem Picknick entspannen oder ein Sonnenbad nehmen.

Experimentarium: spannend nicht nur für Kinder

Grundtvigkirche

Im Stadtteil Bispebjerg steht die 1921 – 1940 von Peter W. Jensen Klint erbaute Grundtvigkirche, die den Gründer der Volkshochschul-

bewegung ehrt (▶Interessante Menschen). Das monumentale Gotteshaus aus gelbem Backstein ist im Stil mittelalterlicher dänischer Landkirchen erbaut und bietet 1800 Personen Platz. Die klanggewaltige Marcussenorgel ertönt bei Kirchenkonzerten.
Die alte Abfüllhalle der Tuborgbrauerei etwas nordöstlich in Hellerup wurde im Jahr 1991 in ein **Museum für moderne Technologien** umgewandelt und 2017 umfassend neu gestaltet. Rund 300 Experimente sollen Prozesse und Gesetzmäßigkeiten von Energiequellen, Anatomie und Umwelt, Aerodynamik und Astronomie spielerisch begreifbar machen.
Experimentarium: Tuborg Havnevej 7| April – Okt. tgl. 9.30 – 17 Nov. – März 10 – 16 Uhr | Eintritt 195 DKK, 3 – 11 Jahre 115 DKK, ab 12 Jahre 105 DKK | www.experimentarium.dk

Südlich von Kopenhagen

Schnell mal nach Schweden

Amager, Øresundbrücke

Die große Amager Øresundbrücke verbindet die City Kopenhagens mit der östlich vorgelagerten Insel Amager. Seit der Eröffnung der 16 km langen Øresundverbindung von hier nach Südschweden (▶ Baedeker Wissen S. 370) braucht man nach Malmö nur noch knapp 30 Minuten. Am Strandpark 9 im Jachthafen von Kastrup informiert die Øresund Udstilling über den Brückenbau und die geplante Entwicklung der Region. Unmittelbar am Øresund ist 2013 auf 10 000 m^2 Fläche die Ausstellung **Den Blå Planet** (»Der Blaue Planet«) zu den Unterwasserwelten aller Kontinente eröffnet worden – als Nachfolgerin von Danmarks Akvarium in Charlottenlund, das 2014 sein 75-jähriges Bestehen feierte und wegen des hohen Besucherandrangs seine Kapazitätsgrenzen erreicht hat.
Der Blaue Planet: Jacob Fortlingsvej 1, Mo. 10 – 21, Di. – So. bis 17 Uhr | Eintritt 170 DKK, Kinder 95 DKK | www.denblaaplanet.dk

Stadtteil der Superlative

Neuer Stadtteil Ørestad

Zukunftsweisend ist die neue Satellitenstadt Ørestad, ein 310 ha großes Gelände, das sich südlich der Hochschule für Informationstechnik und dem Rundfunk- und Fernsehzentrum quer über die Insel Amager erstreckt. Mehr als 50 000 Arbeitsplätze und 20 000 Einwohner soll es in den nächsten Jahren im neuen **Finanz- und Hightechzentrum** Dänemarks geben, dazu jede Menge kulturelle Angebote, die auch die übrigen Kopenhagener hierher locken sollen. Im Bella Center, Skandinaviens größtem Kongresszentrum (1965), fand 2009 der UN-Klimagipfel statt. Direkt daneben eröffnete 2011 Skandinaviens größtes Hotel: Die beiden schiefen Türme des Bella Sky Comwell Hotel Copenhagen verbindet auf der obersten Etage eine Brücke. Von dort geht's zur Skybar mit traumhaften Fernblicken auf das

Durch eine 16 m breite Glaswand können Besucher im »Blauen Planeten« Haie, Muränen und Stechrochen beobachten.

Stadtzentrum Kopenhagens und das Naturschutzgebiet Amager Fælled. 2004 wurde mit Field's Skandinaviens größtes Shoppingcenter eröffnet, 2013 gesellte sich mit dem Biograf Skandinaviens größtes und modernstes Kino hinzu. 2009 wurde das DR Koncerthuset nach Plänen von Jean Nouvel mit vier Konzertsälen für bis zu 1800 Zuschauer eröffnet. Spektakulär ist auch der **8tallet**, der als 1 km lange Acht 476 Wohnungen unter einem Grasdach verbindet. Touren durch Kopenhagens »New Town« veranstaltet CPH City & Port Development.

CPH City & Port Development: www.orestad.dk

Der Charme alter Fischerdörfer

Dragør An der Ostseite von Amager repräsentiert Dragør den Charme alter Fischerdörfer des 18. Jh.s – ein Großteil der Häuser steht heute unter Denkmalschutz. Durch die Heringsfischerei im Sund war Dragør im Mittelalter ein wirtschaftlich wichtiger Standort, dem 1370 Handelsprivilegien und das Recht zum Einsalzen der Heringe verliehen wurden. Nach dem Niedergang der Heringsfischerei versprach ab Mitte des 16. Jh.s der Lotsendienst im Sund eine neue Einnahmequelle. Das 19. Jh. brachte eine Blütezeit für die Schiffsflotte von Dragør. Im **Dragør Museet**, dem ältesten, auf 1682 datierten Fischerhaus am Havnepladsen, wird die Tradition und Entwicklung der einheimischen Seefahrt dokumentiert. Nur 10 km südlich von Dragør illustrieren im **Amagermuseet** im Dorf Store Magleby, am Hovedgaden 4 und 12 zwei Fachwerkhöfe des 18. Jh.s die bäuerlichen Traditionen der holländischen Einwanderer, die sich im frühen 16. Jh. hier ansiedelten, die Insel trockenlegten und kultivierten.

Amagermuseet: Mai, Sept. Sa./So. 12 – 16, Mitte Juni – Aug. Do. – So. 12 – 16, Juli – 16. Aug. Di. – So. | Museumspass: 40 DKK, unter 18 Jahre frei | www.museumamager.dk

Zeitgenössische Kunst in moderner Architektur

Arken

Das Museum für zeitgenössische Kunst am Skovvej 100 in der Vorstadt Ishøj erhielt 2008 einen Anbau: Wie ein **riesiger Schiffsrumpf** recken sich weiß getünchte Mauern und drei Flugdächer gen Himmel, eine bemerkenswerte Collage aus Beton und Stahl, Dünenlandschaft und Meer. Vom 150 m langen Hauptschiff betritt der Besucher separate Kunstkabinette und lichte Außengehege, raumgreifende Hallen für tragende Installationen und Galerien für Grafik. Das Museum besitzt auch einen großen Saal für Konzerte, Theater und Ballettworkshops, ein Kino und ein Café mit Meerblick.

Di. – So. 10 – 17, Mi. bis 21 Uhr | Eintritt 115 DKK, Studenten 95 DKK, unter 18 Jahre frei | www.arken.dk

Nördlich von Kopenhagen

Jenseits von Afrika

★ Karen Blixen Museet

Mit Bus oder Bahn ist es nicht weit ins Städtchen Rungsted. Karen Blixen (▶ Interessante Menschen), die wohl bekannteste Erzählerin Dänemarks, wurde 1885 hier im Haus Rungstedlund geboren, hier wuchs sie auf, von hier wanderte sie nach Afrika aus, um ihre große Liebe zu finden und wieder zu verlieren, und hierher kehrte sie schließlich zurück, um sich nur noch der Schriftstellerei zu widmen. Ihr Haus ist seit 1991 Museum. Am Pult ihres Vaters in der Ewald-Stube, von der man auf den Øresund blickt, verfasste die Autorin die meisten ihrer Werke. Ausgestattet sind die Räume u. a. mit Ölbildern und Zeichnungen der auch als Malerin begabten Literatin. Im angrenzenden Park liegt sie unter einer riesigen Buche begraben.

Rungsted Strandvej 111, Rungstedlund | Regionalzug bis Rungsted Kyst | Bus: 388 | Mai – Sept. Di. – So. 10 – 17, Juli/Aug. auch Mo. 12 – 19, Okt. – April Mi. – Fr. 13 – 16, Sa./So. 11 – 16 Uhr | Erw. 75 DKK, unter 14 Jahre frei | www.karen-blixen.dk

Reise in die Vergangenheit

Lyngby

Bei Lyngby wurde im 18. Jh. Schloss Sorgenfri erbaut, das seit 1789 im Besitz des Königshauses ist. Frei zugänglich ist der romantische

Im Park von Rungstedlund liegt Karen Blixen begraben.

Schlosspark im englischen Stil. Am Ufer des Mühlbachs kommt man zur Königinnenquelle, der Kanincheninsel und zum Schweizerhaus. Im Norwegerwald traf sich das romantische Bürgertum auf dem Tanzberg, die Norwegerhütte war Atelier von Nicolai Abildgaard. Das dem Kopenhagener Nationalmuseet angeschlossene **Freilichtmuseum** zeigt ländliche Gebäude aus der Zeit des 17. bis 19 Jh.s, die aus ganz Dänemark und den früheren dänischen Provinzen in Südschweden und Südschleswig herbeigebracht wurden. Die großen Vierkanthöfe und kleinen Bauernkaten, Mühlen, Schmieden und Seemannshäuser sind mit altem Mobiliar und Arbeitsgeräten ausgestattet. Die Gärten zieren Blumen und Gemüsebeete wie anno dazumal, auf einigen Höfen sieht man noch traditionelle Haustierrassen. Im Sommer werden Volkstänze, Handwerksvorführungen und Pferdewagenfahrten veranstaltet.

Unweit nördlich bietet die ehemalige Textilfabrik von Brede eine Ausstellung über Mode und die Textilindustrie seit dem 18. Jh. In die alte Werkskantine des **Brede Værk** ist das Nobelrestaurant Brede Spisehus eingezogen. Das Damhuset, eine Gründerzeitvilla am alten Mühlenteich, bildet den stilvollen Rahmen für eine reiche Auswahl an Glas, Keramik, Textilien, Schmuck und anderem Kunsthandwerk aus rund 50 dänischen Werkstätten.

Frilandsmuseet: Kongevejen 100 | Ostern, 1. Mai – 20. Okt. Di. – So. 10 – 16, Juli/Aug. bis 17 Uhr | Eintritt 65 DKK, unter 18 Jahre frei www.natmus.dk/frilandsmuseet
Brede Værk: Modewegsvej, Mai – Okt. Di. – So. 10 – 17 Uhr | Eintritt 50 DKK, unter 18 Jahre frei, Führungen: 40 DKK | www.natmus.dk
Brede Spisehus: Tel. 33 13 44 11
Damhuset: Lyngby Hovegade 1C | Mo. – Fr. 10 – 17, Sa. bis 14 Uhr
Eintritt frei | www.damhuset.dk

Die volkstümliche Ausgabe des Tivoli

Naturpark Dyrehaven mit Bakken

Im Naturpark Dyrehaven, knapp 10 km nördlich von Kopenhagen, leben Rehe, Kron- und Sikawild – jagen darf sie allein die Königin. Christian V. ließ in dem Buchenwald 1736 das **Rokokoschlösschen Eremitage** erbauen, das nur bei Anwesenheit der Königsfamilie aus dem Dornröschenschlaf erwacht. Am Südrand des Parks liegt der älteste Vergnügungspark der Welt: der Bakken. Wo einst fahrende Händler ihre Buden aufbauten, startete 1746 die volkstümliche Variante des Tivoli. Heute locken mehr als 100 Attraktionen wie Kasperltheater und Pierrot, Riesenachterbahn und Tanzrestaurants.
April – Aug. 12 – 22/23/24 Uhr | Eintritt frei, alle Fahrgeschäfte 249 DDK, Kinder bis 115 cm 179 DKK | www.bakken.dk

KORSØR

Insel: Seeland | **Region:** Sjælland | **Einwohnerzahl:** 14 800

Von einem Mittelpunkt des Landes zur Peripherie: Jahrhundertelang war Korsør eine der wichtigsten Hafenstädte im Königreich Dänemark – von hier an der Westküste der »Hauptstadtinsel« Seeland pendelten die Fähren hinüber nach ▶Nyborg auf Fünen. Hafen und Werft brachten Beschäftigung und Wohlstand. Seit gut zwei Jahrzehnten aber verbindet nun die 1998 eröffnete, 18 km lange Große-Belt-Brücke (dän. Storebæltsbroen) mit ihren mehr als 250 m hohen Pylonen gleich nördlich der Altstadt ▶Kopenhagen mit Fünen und Jütland. Ein Stopp ist weder für Auto- noch für Bahnreisende mehr nötig.

P/Q 20

Eine Stadt erfindet sich neu

Einige Jahre fiel Korsør in einen Dornröschenschlaf. Mit einem neuen **Kreuzfahrtterminal**, einer attraktiven Altstadt und der neuen Hafenpromenade hat sich das schon 1241 erstmals urkundlich erwähnte Städtchen jetzt aber neu erfunden. Zudem liegt ein Dutzend der schönsten **Strände** Westseelands in Reichweite.

KORSØR ERLEBEN

KORSØR TURISTBUREAU

Nygade 7
Tel. 58 35 02 11
www.visitwestseeland.de

COMWELL KORSØR €€€

Schönes Hotel, 2 km nördlich der Stadt, Zimmer mit Terrasse, 50 m vom örtlichen 18-Loch-Golfplatz entfernt, Schwimmbad, Sauna, breites Fitnessangebot.
Ørnumvej 6
Tel. 58 35 01 10
www.comwellkorsor.dk

BEST WESTERN HOTEL JENS BAGGESEN €€–€€€

Zentral gelegenes Best-Western-Hotel mit großen Zimmern in einem ehemaligen Speichergebäude.
Batterivej 3 – 5
Tel. 58 35 10 00
www.hoteljb.dk

Wohin in Korsør?

Stiefmütterliche Behandlung

Hafen

Von der mittelalterlichen Festung am Hafen zeugen nur noch der 23 m hohe Burgturm aus dem 13. Jh. und ein Magazin des 17. Jh.s, in dem die Geschichte der Hafenstadt erzählt wird. Der **Mittelaltermarkt** Anfang Juli verspricht unterhaltsame Tage auf der Festung. Beim Havnepladsen erinnert ein Denkmal an den berühmtesten Sohn der Stadt, **Jens Baggesen** (1764 – 1826), der sich in seinem Reisetagebuch »Labyrinthen« für mehr Weltoffenheit einsetzte und ab 1811 an der Kieler Universität lehrte. In der Hand hält er ein Stiefmütterchen – Symbol dafür, wie er in Dänemark behandelt wurde.

Straßenkunst und Musik begleiten den Wochenmarkt

Altstadt

Gepflegte Fassaden alter Kaufmannshöfe begleiten den Spaziergang die Algade hinab, wo man auf Erker, Giebel und romantische Höfe achten sollte. Die Fußgängerzone führt zum Torvet, auf dem im Sommer samstags Markt ist, häufig mit Musik und Straßenkunst. Vornehmstes Bürgerhaus der Stadt ist der große **Königshof** (Algade 25), den der wohlhabende Reeder Rasmus Langeland anno 1761 im Rokokostil ausführen ließ. Hier logierten auch die gekrönten Häupter Dänemarks, wenn sie wegen Flaute oder Sturm den Belt nicht überqueren konnten. Der Gebäudekomplex ist ein **Zentrum für Kunst und Musik** mit interessanten Wechselausstellungen und Konzerten. Die Geschichte der Fähren und Eisbrecher in der Ostsee dokumentiert das kleine **By og Overfartsmuseet**. Die Sandsteinfiguren zu beiden Seiten des Hauptportals symbolisieren die vier Jahreszeiten.

Kongegården: tgl. 11 – 16, Mi. bis 20 | Eintritt frei
www.kongegaarden.dk
By og Overfartsmuseet: April – Okt., Di. – So. 11 – 16 Uhr | Eintritt frei | www.byogoverfartsmuseet.dk

Rund um Korsør

Landwirtschaft und Schauspielkunst

Borreby Slot

Einer der Orte mit den meisten Sonnenscheinstunden im Land ist die gemütliche Kleinstadt **Skælskør** südöstlich am Skælskørfjord. Die Sonnentage kann man am Kobæk-Strand verbringen oder bei einem Bummel durch die Gammelgade, wo das alte Hospital von 1530 zu den schönsten Fachwerkbauten zählt.
Nur 2 km weiter südlich liegt eines der besterhaltenen Renaissanceschlösser, dessen Burghof und Park öffentlich zugänglich sind. Das **Wasserschloss** wurde um 1550 für Johan Friis, den Reichskanzler Christians III., erbaut. Im 17. Jh. kam das Anwesen in den Besitz der Familie Daae, deren tragische Geschichte den häufigen Gast H. C. Andersen (▶Baedeker Wisssen, S. 262) zu einer Erzählung inspirierte:

Rasch noch etwa einkaufen in Skœlskør, bevor es an den Strand geht.

»Der Wind berichtet von Valdemar Daae und seinen Töchtern«. 2012 wurde in der Scheune von 1593 das **Borreby Teater** eingeweiht – und damit ein Lebenstraum von Schlossherr Joachim Castenschiold wahr, der 1994 nach Hollywood gegangen war, um Schriftsteller und Schauspieler zu werden. 2002 kehrte er nach Dänemark urück, um auf Borreby Landwirtschaft und Schauspiel zu vereinen – seine Projekte erhielten bereits erste Preise.
www.borrebygods.dk

Ørslev Kirke, Holsteinborg Slot

Mittelalterliche Kalkmalereien
Die Grabkirche der Grafen von Holsteinborg in Ørslev besitzt mittelalterliche Kalkmalereien, darunter die Darstellung eines Reigentanzes, den es heute nur noch auf den Faröer-Inseln gibt. Das vierflügelige **Renaissanceschloss** am Ufer des Holsteinborg Nor wurde zwischen 1598 und 1640 erbaut. H. C. Andersen (▶ Baedeker Wissen, S. 262) liebte den Herrensitz, wo immer ein Zimmer für ihn bereit stand, das original erhalten ist. Der 16 ha große Schlosspark ist frei zugänglich, das Schloss selbst birgt heute 43 Wohnungen.

LÆSØ

Region: Nordjylland | **Inselfläche:** 116 km² | **Bewohnerzahl:** 1800

Ein Traumziel im Norden: Die Kattegattinsel Læsø gehört zu den schönsten Urlaubsregionen Dänemarks. Eine gute Fährstunde von ▶Frederikshavn entfernt verwöhnt Læsø mit Ruhe und Entspannung, Stränden und Wäldern, Kunst, Kunsthandwerk und alten Traditionen wie der Salzsiederei. Von Frühjahr bis Herbst treffen sich in Læsøs Jachthäfen Segler aus Schweden, Norwegen, Dänemark und Deutschland. Ob großer Urlaub oder Tagestour – bei einer Dänemarkreise darf Læsø nicht fehlen.

Garnelen, Salz und Sandstrand

Nach 90 Minuten Fahrt übers Kattegat legt die Autofähre von Frederikshavn im Zielhafen **Vesterø** auf Læsø an. »Jomfruhummer« sagen die Dänen zu den Hummerkrabben. Von der Fischfabrik in Østerby Havn werden die begehrten Kaisergarnelen in alle Welt exportiert. Flache Sandstrände laden an der West- und Nordküste zum Baden ein. Den populärsten Badestrand findet der Besucher auf der lang gestreckten Dünenhalbinsel **Stokken**, die man über einen schmalen Sund erreichen kann. Nicht weit davon entfernt steht einsam in der Landschaft die Vesterø Søndre Kirke, die beachtliche spätgotische Kalkmalereien besitzt.

Es dampft und brodelt und zischt in der Salzsiederei von Læsø.

Wohin auf Læsø?

Rastplatz für tausende Zugvögel

Naturschutzgebiete

Zwei Drittel der Insel entfallen auf unter Naturschutz stehendes Moor- und Heidegelände sowie den Staatsforst. Im Norden liegt das Dünengebiet **Højsande**. Den Süden der Insel bedecken im Gebiet von Rønnerne tief liegende Strandwiesen, die von Mai bis Juli Rastplatz für Tausende Watt- und Seevögel sind. Die großartigste Uferlandschaft aber bietet die Ostspitze mit der Düne **Danzigmand**. Anno 1741 lief hier auf einer der vorgelagerten Sandbänke der Schoner »Danzig« auf Grund und brachte den Insulanern unverhofft Bauholz. So kam die Bucht zu ihrem Namen.

Das weiße Gold führt zur (Beinahe-)Katastrophe

★ Salzsiederei

Die Geschichte der Insel ist untrennbar mit Salz verbunden, das seit dem 14. Jh. hier abgebaut wurde. Salz hat Læsø reich gemacht, wobei im Mittelalter hauptsächlich die Bischöfe ▶ Viborgs vom weißen Gold, profitierten: Mitte des 17. Jh.s gab es hier mehr als 1000 Salzsiedereien. Als man mit deren Feuer den **Baumbestand der Insel** ohne Rücksicht auf die Folgen schließlich aufgebraucht hatte, begann man, auch noch den Torf der Moore zu verbrennen, bis die Salz-

LÆSØ ERLEBEN

LÆSØ TURISTKONTOR

Havnepladsen 1
Tel. 98 49 92 42
www.visitlaesoe.de
www.laesoe-line.dk

Mai: Tag des Meeres, Vesterø
www.havets-dag.dk
Juli: Kai-Fest, Vesterø
www.kajfest.dk
August: Kaiserhummer-Festival
www.jomfruhummerfestival.dk
September: Tag des guten Essens
www.madens-dag.dk

LÆSØ KUR & HELSE

Der mittelalterliche Kirchturm von Vesterø ist in den Neubau mit Bädern, Saunen, Ton- und Algentherapieräumen integriert. Tipp: Anwendung mit Læsøs hautfreundlichem Meersalz.
Eintritt Bad 275 DKK, Behandlungen ab 300 DKK
Vesterø Havnegade 28
Tel. 98 49 13 22
www.saltkur.dk

LYNGFELDTS €€€

Am Hafen von Østerby schmecken Hummer, Muscheln und frischer Fisch draußen auf der Terrasse und im hellen Speisesaal mit französischem Flair.
Industrivej 2
Østerby
Tel. 98 49 80 28
www.lyngfeldts.dk

HAVNE CAFÉEN €€

Kulinarik & Kultur direkt am Hafen.
Havnegade 1C
Østerby
Tel. 98 49 83 46
www.havnecafeen-laesoe.dk

HOTEL STRANDGAARDEN €€€

Mit Privatstrand und Fahrradvermietung. Unterschiedliche Zimmer, teils in Fachwerkhäusern von 1725. Dänisch-französische Küche.
Strandvejen 8
Tel. 98 49 90 35
www.hotel-strandgaarden.dk

GAMMELGAARD FERIECENTER €€–€€€

Behindertengerechte Ferienwohnungen zwischen 15 und 75 m² für bis zu acht Personen. Für Regentage eine schöne Alternative: Schwimmbad, Fitnessraum, Sauna und Solarium.
Østerbyvejen 8a
Tel. 98 49 16 33
www.laesoeferie.dk

siederei 1652 endgültig verboten wurde. Da war die ökologische Katastrophe längst eingetreten, Sandflug drohte die kahle Insel zu veröden. Die Wiederaufforstung wurde zum zähen Kampf. Wie bis heute traditionell das Meersalz gewonnen wird, verrät der Besuch der **Læsø Salt Syderi**, wo Besucher die Möglichkeit erhalten, auch selbst einmal bei der Salzherstellung aktiv zu werden.

Hornfiskrønvej 3 | Juli/Aug. tgl. 10 – 16, Mai/Juni/Sept./Okt. Mo. – Sa. 10 – 16, Nov. – März Mo. – Sa. 10 – 14 Uhr | Eintritt frei
www.saltsyderiet.dk

Das Meer auf dem Dach

★ Museumshuset Byrum

Das radikale Abholzen hatte auch Folgen für den Hausbau: Im 17. Jh. mussten die Fischer ihre Dächer mit getrocknetem Seetang statt Holzschindeln decken. Einige dieser **Tanghäuser** stehen noch, etwa im Hauptort Byrum ein großes Fachwerkgehöft, heute der heimatkundliche Museumsgården. Das 2017 eröffnete »Museumshaus« versammelt unter seinem Dach Læsøs Fischerei- und Seefahrtsgeschichte sowie die Geschichte »Læsømänner und das Meer«. Porträtiert werden aber auch besondere Insulaner wie der Bäcker Klitteng, der von Læsø aus die Kunst des berühmten dänischen **Wienerbrøds**, der süßen Kopenhagener, bis nach Amerika brachte.

Museumsgården: Museumsvej 3 | Ostern – Mai, Sept. – 18. Okt. Di. – So. 11 – 15, 15. Juni – 31. Aug. tgl. 10 – 16 Uhr | Eintritt 40 DKK unter 18 Jahre frei
Museumshuset: Hovedgade 68 | Juli – Aug. 10 – 16, Sept. – Juni 11 – 15 Uhr | Eintritt 40 DKK, bis 18 Jahre frei
beide: www.laesoe-museum.dk

LANGELAND

Region: Syddanmark | **Inselfläche:** 185 km² | **Bewohnerzahl:** 12 500

Lang und schmal: Mit 52 Kilometer Länge von Dovnsklint im Süden bis Frankeklint im Norden sowie maximal elf Kilometern Breite macht die zwischen Fünen, Tåsinge, ▶Ærø und ▶Lolland im Langelandbelt gelegene Insel ihrem Namen alle Ehre.

Baden und Angeln

Besonders beliebt ist Langeland wegen seiner flachen Sandstrände, die nicht nur Familien mit Kindern schätzen. Angler finden rund um Langeland einige der besten Angelgewässer imLand. Zu erreichen ist Langeland bequem: Nach Fünen führt eine Brücke. Und Lolland ist per Fähre jede Stunde aus in 45 Minuten zu erreichen.

Wohin auf Langeland?

Schmucke alte Segler kommen zur Überholung

Rudkøbing

Stattliche Kaufmannshöfe und reizvolle kleine Stadthäuser entlang der Brogade und in den winkligen Gassen um den Marktplatz prägen den

LANGELAND ERLEBEN

TURIST- OG ERHVERVSFORE-NINGEN LANGELAND
Torvet 5
5900 Rudkøbing
Tel. 62 51 35 05
www.langeland.dk

LANGELANDS FESTIVAL
Jedes Jahr Ende Juli wird beim Strand von Rudkøbing das größte Gartenfest des Landes gefeiert. Vier Bühnen präsentieren Musik für jeden Geschmack Zum Megaspaß für Kinder gehören Theater, Zirkus, Wasserland und viele Workshops im 10 000 m² großen Kinderland.
www.langelandsfestival.dk

HERREGÅRDEN BROLØKKE €€€–€€€€
Einmal herrschaftlich wohnen – und wenn es »nur« im Urlaub ist. Auf dem barocken Herrensitz Broløkke erleben Gäste noch heute die Eleganz von einst. Alle 43 Zimmer haben ihren eigenen Stil.
Hedevejen 33
5932 Humble
Tel. 62562350
www.brolokke.dk

HOTEL RUDKØBING SKUDE-HAVN €€–€€€
Gepflegtes 3-Sternehaus am Hafen mit 24 Zimmern, ausgezeichneter Küche und Blick auf die Langelandsbrücke.
Skudehavnen 21
Rudkøbing
Tel. 62 51 46 00
www.rudkobingskudehavn.dk

BAGENKOP KRO €€
Saubere, einfache Zimmer direkt am Seglerhafen; leckere Fischküche im Restaurant.
Østergade 15
Bagenkop
Tel. 62 56 13 04
www.bagenkopkro.dk

größten Inselort und Hauptverkehrsknotenpunkt. Die meisten Geschäfte befinden sich in der Østergade, die quer durch Rudkøbing verläuft. Wahrzeichen ist die **Stadtmühle** von 1820 hoch über der Stadt. Im alten Apothekerhaus, in dem heute das Museum Det gamle Apotek über Medikamente des 19. Jh.s informiert, wurde der berühmte Cehmiker, Physiker und Naturphilosph Hans Christian Ørsted (1777 bis 1851) geboren, der die Lehre vom Elektromagnetismus begründete – auf dem Gåsetorv grüßt seine Statue. Feuersteinäxte, Bernsteinschmuck und Grabbeigaben der Wikingerzeit sind im **Langelandmuseum** zu bewundern. Im Juli wird mittwochs von 13 bis 16 Uhr an der Østergade 25 altes Handwerk vorgeführt. Ein paar Schritte weiter lohnt der Blick in den 300 Jahre alten Kaufmannshof Tingstedet (Nr. 16) mit einer großen Auswahl an Antiquitäten. Im Hafen laufen die Fähren nach Ærø und Strynø aus und gehen schmucke Dreimaster vor

Anker – schließlich liegt hier die renommierte **Oldtimerwerft** »Rudkøbing Bådebyggeri og Riggerværksted«.

Det gamle Apotek: Brogade 15 | Führungen Juli/Aug. So 11 Uhr Eintritt frei

Langelandmuseum: Jens Winthersvej 12| April – Okt. Mo. – Sa. 10 – 15 Uhr | Eintritt frei | www.langelandsmuseum.com

Natur- und Pferdefans vor!

Sofienlyst

Ein Paradies für Kinder: Blumenwiesen, verwunschene Gärten mit Picknickplätzen, dazu einen herrlichen Blick über den Belt bietet südlich von Rudkøbing die grüne Oase am Vindebyvej 28 bei Lindelse. Pferdeliebhaber sollten noch zum **Gestüt** Sofienlyst am Gillesbjergvej 16 weiterfahren. Pferde gibt es auch auf dem **Ökohof Skovsgaard** des Dänischen Naturschutzbunds an der Südostküste der Insel. Er besitzt zudem ein stattliches Herrenhaus aus dem späten 19. Jh., in dem die Atmosphäre alter dänischer Adelsgüter lebendig ist. Im Pferdestall und im Gartenhaus sind ein **Kutschenmuseum** und eine Ausstellung über die Forstwirtschaft eingerichtet.

Mitte Mai – Sept. Mo. – Fr. 10 – 17, Sa./So. 11 – 17 Uhr | Eintritt 60 DKK, unter 18 Jahre frei | www .langelandsmuseum.com

Trauen Sie sich mit der ollen Jolle aufs Meer?

★ Strynø

Eine halbe Stunde braucht die Fähre zum Inselchen Strynø. Im **Øhavets Smakkecenter** werden typische Verkehrsmittel des südfünischen Inselmeers ausgestellt: Smakke-Jollen (Leihboote!), Prahme, Eissegelboote, Schlitten und Fischerjollen. Die angeschlossene Bootswerft ist ein arbeitendes Museum, in dem das alte **Bootsbauerhandwerk** weiterlebt und deutsche Auszubildende Praktika absolvieren können. Zur Anlage gehört ein großer Zeltplatz. Traditionsschiffe der Küste zeigt auch die Strynø Bådsamlingen.

Ohavets Smakkecenter: Strynø Brovej 12 | Mai – Okt. tgl. 10 – 16 Uhr Eintritt 20 DKK, Kinder frei | www.smakkecenter.dk

Kunstwerke trotzen dem Wetter - oder auch nicht ...

★ TICKON

Im 13. Jh. begann man auf einer Anhöhe, 12 km nördlich von Rudkøbing, mit dem Bau einer Festung, die im 14. Jh. ihr 3 m dickes Mauerwerk erhielt. Seit fast 350 Jahren gehört **Schloss Tranekær** der Familie Ahlefeldt-Laurvig – die spannende Geschichte seiner Familie und des dänischen Hochadels erzählt Graft Preben Ahlefeldt-Laurvig bei Führungen persönlich. Die Umstände, unter denen die Grafschaft in den Besitz der Familie gelangte, waren recht abenteuerlich: Der spätere Großkanzler Frederik Ahlefeldt verliebte sich unsterblich in die 15-jährige Besitzerin Margrethe Rantzau, deren Vater jedoch wenig Verständnis zeigte. So entführte Frederik das Mädchen kurzerhand und heiratete seine Angebetete in Holstein. Gäste können heute in 13 Doppelzimmern stilvoll nächtigen.

Dovnsklint markiert die Südspitze von Langeland.

Um 1850 entstand der **Schlosspark** im englischen Stil. Fast 60 ha der Grünanlagen stehen seit 1990 dem gebürtigen Sizilianer Alfio Bonanno zur Verfügung. Dank weltweiter Kontakte konnte der Wahldäne hochkarätige Vertreter der Land Art für seine **Freiluft-Ausstellung TICKON** (Tranekær Internationale Center for Kunst og Natur) gewinnen. Auf der freien Wiese, im Wald und am Feldrand fügen sich die Kunstwerke in die Natur ein, Wind und Wetter bewusst schutzlos ausgesetzt. So kann manches nur für kurze Zeit überleben, anderes wird noch von kommenden Generationen bewundert werden wie etwa das 1993 aus einem Baumstamm gedrechselte »Einhorn« von Jørn Rønnau, der 1996 aus Natursteinen geschichtete »Kontemplationshügel« von Herman Prigan und die 1998 aufgestellte Tranekær Varde des Neuseeländers Chris Booth.

Führungen Schloss: Wochen 28 – 30 tgl. 11 sowie Di. und Do. 15 Uhr
Eintritt 150 DKK, Ticket-Buchung per SMS an 60 96 80 90
Schlosspark: tgl. 10 – 18 Uhr | www.tranekaergods.dk

Mehl und Tabak

Slotsmølle

Langeland wird auch immer wieder als Mühleninsel bezeichnet. Eines der zehn alten Windräder ist die 1845 erbaute Schlossmühle (Lejbøllevej 3) in Tranekær, in der ein **Museum über Windmühlen** unterrichtet, sowie über originelle Graffiti, die Müllerburschen an die Wände gekritzelt haben. Bei genügend Wind wird auch gemahlen. Es mag überraschen, aber in Dänemark wurde einst sogar Tabak angepflanzt. Als es während des Zweiten Weltkriegs Probleme mit dem Import von Virginia- und anderen Tabakwaren gab, konnten die dänischen Tabakpflanzer zum letzten Mal Erfolge verzeichnen, 1947 beendete man den Anbau. Aus dieser Zeit stammt die **Tabakscheune** mit einer kleinen Ausstellung.

Tobaksladen: Stengadevej 24 | April – Okt. tgl. 10 – 17 Uhr

Von uralten Ganggräbern und der neueren Geschichte

Kong Humbles Grav

Langeland besitzt aber auch fast 30 Fundstätten aus vorgeschichtlicher Zeit, davon im Süden der Insel zwei besonders interessante. Spekulation bleibt allerdings, ob es sich bei dem Ganggrab am Rand von Humble tatsächlich um das Grab von König Humble handelt, den der Historiker Saxo im Mittelalter beschreibt. Ein etwa 5000 Jahre altes Ganggrab, das **Hulbjergjættestuen**, liegt südwestlich von Bagenkop bei Søgård.

Während des Kalten Kriegs diente **Fort Langeland** am Vognsbjergvej kurz vor Bagenkop als Nato-Stützpunkt zur Überwachung des Ostseegebiets – im Kriegsfall sollte der Belt sofort vermint werden. Wo früher Normalsterblichen der Zutritt verboten war, kann man heute im Koldkrigsmuseum Langelandsfort 150-mm-Kanonen, Haubitzen, Flakstellungen und Waffenkammern aus der Zeit des Kalten Kriegs besichtigen, sowie die eher verliesartigen Mannschaftsräume.

Koldkriegsmuseum: Ostern – Okt. 10 – 16, Juni – Sept. bis 17 Uhr | Eintritt 95 DKK, unter 18 Jahre frei | www.langelandsfortet.dk

★★ LEGOLAND

Halbinsel: Jütland | **Region:** Syddanmark |Mitte März – Okt. tgl. 10 – 17/18/20/21 Uhr (je nach Wochentag und Monat) | Eintritt 13 – 64 Jahre 339 DKK, 3 – 12 Jahre 319 DKK | **www.legoland.dk**

Die kleine Stadt Billund steht für Dänemarks bekannteste Familienattraktion. Welches Kind hat nicht schon einmal einen LEGO-Stein in der Hand gehabt? Der dänische Spielwarenkonzern hat das kleine Dorf längst zur Stadt gemacht, wo heute »spielend« Geld verdient wird.

Viele, viele bunte Steine

Unter der Ägide von Godtfred Kirk Christiansen wurde am 7. Juni 1968 bei Billund das erste LEGOLAND (►Baedeker Wissen, S. 226) eröffnet, heute ein weltberühmter Vergnügungspark aus 20 Millionen Steinen und **50 Attraktionen** und jedes Jahr kommen neue Highlights hinzu. 2017 zum Beispiel Neuheiten im »Miniland« das durch Wolkenkratzer im Kleinformat erweitert wurde. Darunter Burj Khalifa (Dubai), Taipeh 101 (Taiwan), Shanghai Tower (China), Makkah Royal Clock Tower Hotel (Saudi-Arabien), One World Trade Center (USA) und Eiffelturm (Frankreich). Darüber hinaus erhielt das Feriendorf »Ninjago«-Unterkünfte. Mehrfach wurde der Park als **Skandinaviens bester Freizeitpark** ausgezeichnet. Für das leibliche, Wohl sorgen überall im Park kleine Cafés und Restaurants, Brasserien und Grill Houses. Und wer ein Mitbringsel sucht, kann außer dem kompletten LEGO-Sortiment hier alles vom Piratensäbel bis zur Ritterlanze erstehen.

Schier endloser Freizeitspaß nicht nur für Fans

Miniland

Herzstück der Anlage ist die geschäftige Liliputwelt von Miniland, wo man berühmte dänische und ausländische Bauwerke im Maßstab 1:20 bestaunen kann. Dazu gehören natürlich Schloss Amalienborg – aus mehr als 900 000 LEGO-Steinen erbaut –, außerdem das schottische Fischerdorf Crail sowie die New Yorker Freiheitsstatue. Einen

Reparaturarbeiten in den Grachten von Amsterdam

LEGOLAND ERLEBEN

VED LEGOLAND PARKEN

Eine interaktive Karte, Event-Tipps und Fun Facts bietet die kostenlose Legoland-App.
Nordmarksvej
7190 Billund
Tel. 75 33 13 33
www.legoland.dk

LEGOLAND BILLUND RESORT €€-€€€

Ein Lalandia-Ferienhaus oder lieber ein Familienzimmer im Hotel Legoland gewünscht? Zusammen mit dem Park bilden beide Unterkünfte das LEGOLAND Billund Resort.
Hotel Legoland €€€
Aastvej 10, Tel. 75 33 12 44
Lalandia Billund €€
Ellehammers Allé 3
Tel. 54 61 05 00
www.legolandbillundresort.dk

schönen Blick auf die Welt im Miniformat bietet der Panoramalift, der bis in 36 m Höhe fährt, während der LEGO-Zug gemütlich durch den Park tuckert. Im **Wilden Westen** tummeln sich Revolverhelden und legendäre Rothäute wie Sitting Bull, der aus 1,4 Mio. LEGO-Steinen entstand. Das »Kennedy Space Center« und die Unterwelt Atlantis by Sealife bieten U-Boot-Fahrt, Multimediakino und Aquarium mit tropischen Fischen. Im Jubiläumsjahr 2008 kam die 8000 m² große **Pirate Lagoon** hinzu, mit den »Pirate Water Falls«, der »Pirate Splash Battle« und dem Wasserspielplatz »Pirate Mini Water Falls« für die Allerkleinsten. Den Eingang zum ägyptischen Tempel bewacht ein 5 m hoher Pharao aus 295 000 Legosteinen. Im **DUPLO-Land** können schon Dreijährige am Steuerknüppel der Flugzeuge sitzen oder stolz in den elektrischen Autos auf der Minibahn herumkutschieren. Bei LEGO Mindstorms wird am PC die Computertechnologie mit LEGO-Bausystemen verbunden, größere Kinder können mit RCX arbeiten (programmierbare LEGO-Steine) und eigene Roboter bauen. Neben der Ice Pilots School mit dem 65 km/h schnellen Polar XPlorer und 15 echten Pinguinen landete 2015 **das weltgrößte Lego-Modell: Luke Skywalker**, 3 m hoch und 20 t schwer.
Eine **Geschichte des Spielzeugs** wird im Ausstellungsgebäude an der Südseite des Parks erzählt. Zur Sammlung gehören mehr als 400 historische Puppen aus der Zeit von 1580–1900 und über 1 400 mechanische Spielzeuge vom Anfang des 20. Jahrhunderts.

Freizeitspaß auch außerhalb

Lalandia Billund, LEGO House

In unmittelbarer Nähe eröffnete auf einer Fläche von 40 000 m² Lalandia Billund mit zahlreichen Ferienhäusern. Neben Unterkünften

DAS STEIN-REICH

Der kleine dänische Spielzeughersteller LEGO avancierte in nur wenigen Jahren mit seinem Konstruktionsspielzeug zu einem Weltkonzern. Der LEGO-Stein ist schon ein Stück Kulturgeschichte, dabei hat er erst vor gut 60 Jahren das Licht der Welt erblickt.

In Billund, einem verschlafenen Bauerndorf mitten auf der dänischen Halbinsel Jütland, hielt sich der Tischler Ole Kirk Christiansen mit dem Verkauf von selbst gefertigten Trittleitern und Bügelbrettern so eben über Wasser. Ab 1932 begann er, Holzspielzeug zu fabrizieren: Autos, Enten und Sparschweinchen. Zwei Jahre später gab er seiner Firma den Namen »LEGO«, eine Kombination aus den beiden dänischen Wörtern **leg godt** (»spiel gut«). 1947 erwarb die mittlerweile florierende »Spielzeugfabrik LEGO Billund A/S« eine moderne Kunststoff-Spritzgussmaschine zur Herstellung von Spielzeug. Es war der Beginn einer einzigartigen Erfolgsgeschichte.

Berühmter Baustein

Unter den unzähligen Kunststoffartikeln, die der Firmengründer an der Maschine erfand, waren Plastikgoldfische, die sich als Flop erwiesen, und »Automatic Binding Bricks«, Kunststoffbausteine zum Zusammenstecken, ein Vorläufer des LEGO-Steins. 1954 wurde der Name LEGO als Warenzeichen eingetragen. 1958 entwickelte schließlich Godtfred Kirk Christiansen, der Sohn des Firmengründers, den **Baustein mit den unverkennbaren acht Noppen**. Er misst 9,6 x 32 x 16 mm. Zwei Achtnoppensteine lassen sich auf 24 unterschiedliche Arten zusammensetzen, drei Steinchen dieser Größe erlauben 1060 verschiedene Kombinationen, und bei sechs Achtnoppenquadern gibt es sogar 102 981 500 Möglichkeiten!

Ein Weltkonzern

Als 1960 das Holzspielwarenlager durch einen Brand zerstört wurde, stellte man die Produktion von Holzspielzeug ein und konzentrierte sich ganz auf Kunststoff. Binnen kurzer Zeit stieg die kleine Firma zum Weltkonzern auf. Produziert wird in Dänemark, Deutschland, der Schweiz, den USA, Brasilien und Südkorea; in 130 Ländern wird LEGO verkauft. Zur **LEGO-Gruppe** gehören 50 Gesellschaften in 30 Ländern mit fast 10 000 Mitarbeitern, von denen etwa die Hälfte in Dänemark beschäftigt ist. Bis vor einigen Jahren wurde LEGO von der Familie Christiansen geleitet; Kjeld Kirk Kristiansen, der Enkel des Gründers, der von 1979 an der Spitze des Konzerns stand, gab 2004 die Geschäftsführung ab, nachdem hohe Verluste eingefahren worden waren.

Zurück zu den Wurzeln

Über 2000 unterschiedliche Elemente bzw. mehr als 600 Sets hat die Firma im Sortiment – Konstruktionsspielzeug von den LEGO-Primo-Kästen für die Jüngsten bis hin zu den LEGO-TECHNIC-Profi-Sets, darunter vorgefertigte Abenteuer wie »Der Schatz des Pharaonentempels« oder »Star Wars«. Vor Kurzem kehrte LEGO aber zu seinen, die Kreativität fördernden Ursprüngen zurück: mit LEGO MIND-

STORMS, einem so genannten **Roboter- Erfinder-System**. Dessen Kern ist der RCX, ein 9,5 x 6,3 x 4 cm großer Mikrocomputer, der mittels PC programmiert wird. Eingebaut in ein LEGO-Modell, führt dieser Mikrocomputer die vom Kind am PC eingegebenen Befehle im Zusammenspiel mit Sensoren und Motor aus. So erfanden Kinder einen lichtempfindlichen Einbrecheralarm, der über der Tür platziert wird und ungebetene Gäste beim Betreten des Raumes mit Tischtennisbällen überschüttet.

Wieder Nummer eins

1990 rückte die LEGO-Gruppe als einzige europäische Vertreterin in die internationalen Top Ten der Spielwarenhersteller auf. Um mithalten zu können, bringt der Konzern monatlich rund zehn Neuheiten auf den Weltmarkt, alle entworfen von der LEGO-Futura-Denkfabrik im Stammsitz Billund. Nach dem Vorbild von Billund entstanden im Lauf der Jahrzehnte **Legoparks weltweit**: in Günzburg (D, 2002, zuvor: Sierksdorf 1973 – 1976), Windsor (GB, 1996), Carlsbad (Kalifornien, 1999), Winter Haven (Florida, 2011) und Nusajaya (Malaysia, 2012). Angesichts der schwierigen Geschäftslage verkaufte LEGO 2004 70 Prozent seiner Anteile an den vier Freizeitparks. Heute ist LEGO wieder Branchenführer. Neue Produkte verknüpfen die reale und digitale Spielwelt.

bietet es das tropische Badeland »Aquadome«, eine Sport- und Fitnesshalle, Bowlingbahnen, ein Spielland für Kinder und einer Minigolfanlage. Ende 2017 eröffnete schließlich das neue Erlebniscenter LEGO House, das der dänische Stararchitekt Bjarke Ingels als **bunte Wolke** aus 21 überdimensionalen Legosteinen entwarf. Es lädt ein, seiner Kreativität freien Lauf zu lassen und sich mit LEGO-Baumeistern aus der ganzen Welt zu messen.

Lalandia Billund: www.lalandia.dk

LEGO House: Ole Kirks Plads 1 | tgl. 10 – 16/20 Uhr | Eintritt 199 DKK, Kinder bis 2 Jahre frei | www.legohouse.dk

★ LIMFJORD

Halbinsel: Jütland | **Region:** Nordjylland

Dänemarks größter Fjord trennt Nordjütland mit Vendsyssel vom übrigen Jütland. Die 180 km lange Meerenge ist an ihrer tiefsten Stelle bei Hvalpsund rund 24 m tief. Streng genommen ist der Limfjord seit 1825 gar kein Fjord mehr, sondern ein Sund: Damals durchbrach eine starke Sturmflut die schmale Landzunge bei Agger Tange an der Nordsee und schuf einen Durchbruch.

Wasser, Austern und Fossilien

Mit seinen milden, grünen Küsten gehört der Limfjord zu jenen Landesteilen, die noch abseits der großen Touristenströme liegen – die typisch dänischen Ferienhäuser liegen eher am Rand, an Nordsee hier und Ostsee dort. Segler und Surfer, aber auch Angler haben dafür den Limfjord für sich entdeckt. Auch wer Ungewöhnliches sucht, ist am Limfjord richtig: Die Insel Mors ist ein Zentrum der Muschelfischer: In Nykøbing werden alljährlich zehntausende Tonnen Mies- oder Blaumuscheln verarbeitet. Auch Austern findet man im Limfjord, die aber gehen in vergleichweise kleinen Mengen in nationale und internationale Spitzenrestaurants. Das Eiland Fur ist bekannt für seine seltenen Fossilien, die dort in der Molererde gefunden werden. Herz des Limfjords ist die Kultur- und Universitätsstadt ▶Aalborg.

Rund um den Limfjord

Arielle hätte ihre wahre Freude

Thyborøn Erst in der zweiten Hälfte des 19. Jh.. wurde der Kanal bei Thyborøn für die Schifffahrt vertieft und mit Molen und Buhnen gesichert. Mit dem Bau des Hafens um 1915 entwickelte sich der Fischerort Thy-

Das ganze Sneglehus in Thyborøn ist kunstvoll mit Muscheln verziert.

borøn, dessen ehemalige Auktionshalle in der Havnsgade 5 jetzt ein Museum über Fischerei beherbergt. Aus dem unerschöpflichen Fundus der Nordsee zauberte der Fischer Alfred Pedersen für seine Frau am Klitvej 9 das kleine **Sneglehus.** 25 Jahre lang verzierte der besessene Sammler Mauern, Türmchen und Wände über und über mit Muscheln und Schnecken – als Blickfang grüßt über dem Portal eine Meerjungfrau.
Über die Sicherung der Küstenlinie informiert die interaktive Erlebniswelt des **Kystcentret**. Der Reptilienzoo stellt Reptilien und Amphibien von der Westküste Jütlands vor. Der sogenannte Schildkrötenspion ist ein Bunker aus dem Zweiten Weltkrieg. Das neue **Sea War Museum** wiederum erzählt die Geschichte der größten Seeschlacht, die im Ersten Weltkrieg am 31. Mai und 1. Juni 1916 stattfand. Mehr als 240 Kriegsschiffe waren Teil dieser Kraftprobe zwischen englischen und deutschen Flottenverbänden. Innerhalb von gerade einmal 24 Stunden wurden 25 Fahrzeuge Opfer eines massiven Schusswechsels. 9000 Soldaten kamen ums Leben.

Kystcentret: Svanegade 12, Feb. – Juni, Sept./Okt. tgl. 10 – 16, Juli – Mitte Aug. tgl. 10 – 18, Ende Aug. bis 17 Uhr | Eintritt 119 DKK 3 – 17 Jahre 89 DKK | www .kystcentret.dk
Sea War Museum: Kystcentervej 11 | Juni – Aug. tgl. 10 – 17, sonst 10 – 16 Uhr | Eintritt 75 DKK, Kinder 30 DKK
www .seawarmuseum.dk

Einst Atlantikwall, heute geschützte Natur

★ Halbinsel Thy

Auf der Halbinsel Thy schützt seit 2008 zwischen der Hafenstadt Hanstholm im Norden und der Limfjord-Landzunge Agger Tange im Süden **Dänemarks erster Nationalpark** auf 24 370 ha eine typisch dänische Küstenlandschaft mit Stränden, Dünen, Heide, Kiefernforsten und kleinen Binnenseen. Das Dorf **Vestervig** war im 11. Jh. Bischofssitz für Vendsyssel, den nördlichsten Teil Jütlands. Mit dem Niedergang der Region durch die Versandung der Nordseemündung kam der Wechsel des Bischofssitzes nach Børglum. Geblieben ist die 60 m lange, dreischiffige Basilika des Ortes, Nordeuropas größte Dorfkirche; hier finden sich auch einige der ältesten romanischen Grabsteine in Dänemark, sie stammen aus dem Jahr 1210. Von der Strandfischerei in **Nørre Vorupør** und dem harten Leben von einst erzählt das Vorupør Museum in der alten Bootswerft in der ehemaligen Rettungsstation, während das **Nordsø Akvariet** den Bewohnern der Nordsee gewidmet ist. Ein Paradies für Surfer ist der Strand beim Dörfchen **Klitmøller** an der Westküste von Thy. Im Sommer Treffpunkt von High-Speed-Fans der Szene, denn hohe Wellen sind hier im »kalten Hawaii« garantiert. Insgesamt liegen an der Jammerbucht rund um Klitmøller mehr als ein Dutzend angesagter Surfstrände. Herrliche Dünenlandschaften, Heide und flache Strandseen gehören hingegen zum **Hanstholm Vildreservat**, Dänemarks größtem Vogelschutzgebiet und Wildreservat. Hier gelten strenge Zugangsbestimmungen.

Hanstholm ist Heimathafen einer großen Fischereiflotte und Anlaufstelle der Fähren aus Bergen/Norwegen. Ein Muss für Hochseeangler sind im Sommer die Kutterfahrten zum Gelben Riff. Überall in den Dünen um Hanstholm zeugen Bunker und Geschützstellungen vom Atlantikwall des Zweiten Weltkriegs. Einige der Anlagen am Tårn- und Molevej sind Teil des **Museums-Center Hanstholm**, darunter auch eine Munitionsbahn, mit der man das Gelände erkunden kann. Zum Center gehört außerdem die »Batterie Hanstholm I« in den Dünen südlich der Stadt. Ihr Bau wurde schon 1940 fertiggestellt – die Küstenbatterie aus 19 großen Bunkern ist die älteste Anlage der deutschen Wehrmacht in Hanstholm.

www.visitthy.de
Vorupør Museum: April – Juni, Mitte Aug. – Sept. Di. – So. 12 – 16 Juli – Mitte Aug. tgl. 10 – 17 Uhr | Eintritt 40 DKK, unter 18 Jahre frei
www.vorupoermuseum.dk

LIMFJORD ERLEBEN

LEMVIG TURISTBUREAU
Havnegade 14, 7620 Lemvig
Tel. 97 82 00 77
www.visitlemvig.dk

MORS TURISTBUREAU
Havnen 4, 7900 Nykøbing Mors
Tel. 97 72 04 88, www.visitmors.de

SKIVE TURISTBUREAU
Østerbro 7, 7800 Skive
Tel. 9614 7677, www.visitskive.dk

Zwischen den Ufern verkehren elf »Limfjordbusse«, wie die kleinen Fähren auch genannt werden. Die kürzeste Überfahrt zwischen Egholm und Aalborg dauert gerade mal zwei Minuten, für die längste von Nykøbing nach Fur braucht man 75 Minuten. Am Westende des Limfjords pendelt eine Fähre zwischen Thyborøn und Agger, im Osten verbindet eine Fähre Hals und Egense. Weitere Verbindungen bestehen zwischen Hvalpsund und Sundsøre, Nederby/Fur und Branden, zwischen Mors und Tofthuse sowie Hurup.

KOKKEDAL SLOT €€€–€€€€
Das wunderschön gelegene Dornröschenschloss strahlt Ruhe aus. Doch Vorsicht: Im Kokkedal Slot kann einen auch das Gruseln gelehrt werden, war es doch einst Schauplatz einer tragischen Liebesaffäre. Vor 400 Jahren wurde die unverheiratete Tochter von Ritter Lykke nach einem Fest schwanger. Um dies zu vertuschen, ließ der Ritter die arme Frau lebendig einmauern. Von Zeit zu Zeit hört man sie von den Hotelzimmern aus nachts durch die Gänge wandeln.
Kokkedalvej 17, Brovst
Tel. 98 23 36 22
www.slotshotel.dk

STORE RESTRUP HERREGAARD €€€
Der ruhig gelegene, mit romantischen Zimmern ausgestattete Herrensitz bei Nibe hatte ausgefallene Eigentümer: Der Wikinger Ref soll das Anwesen gegründet haben, Gräfin Juliane Sophie starb im Kindbett und ist nun als »Weiße Dame« unterwegs, und Iver sucht noch immer im Keller nach einem Schatz.
Restrup Kærvej 10, Nibe
Tel. 98 34 18 88
www.slotshotel.dk

HOTEL NØRRE VINKEL €€€
Das Hotel ist nach und nach aus einem Bauernhof von 1841 entstanden. Vorzüglich speist man in der ehemaligen Scheune, in einem separaten Flügel wurden 26 Ferienwohnungen eingerichtet. Nur wenige Meter sind es bis zum Golfplatz am Limfjord.
Søgårdvejen 6, Lemvig
Tel. 97 82 22 11
www.norrevinkel.dk

SCHNAPSROUTE …
… heißt das Pendant der Limfjordgegend zu Deutschlands »Weinstraße«. Duftende Kräuter wie Preiselbeere, Bibernellrose, Wacholder, Johanniskraut, Gabelstrauch und Schafgarbe wachsen zwischen Fjord und Meer und verleihen hier – genährt vom salzigen Wind – den Schnäpsen ihre besondere Würze. Im Internet werden zehn empfehlenswerte Esslokale vorgestellt, in denen man die verschiedenen Sorten probieren kann, zudem traditionsreiche Kleinstädte und spannende Attraktionen für die ganze Familie.
www.snapseruten.dk

Museums-Center Hanstholm: Feb. – Mai, Sept./Okt. tgl. 10 – 16 Juni – Aug. bis 17, Munitionszug: 26. April – 31. Aug. | Eintritt 80 DKK, Kinder 30 DKK, Zugticket 25 DKK, Kinder 10 DKK www.museumscenterhanstholm.dk

Die Kraft der Wellen nutzen

Wave Star

Wie aus der Brandung der Nordsee emissionsfreie Energie gewonnen wird, verraten Führungen des **Wellenkraftwerkes** Wave Star, das aus der Ferne wie eine Ölplattform aussieht. Seit 2009 produziert es mit seinen beiden Bojen, die Hydraulikpumpen sowie Generatoren antreiben, im Versuchsbetrieb sauberen Strom. Der Prototyp soll mit dem Auftrieb der Schwimmkörper künftig 6 MW erzeugen – und damit mehr als ein Windrad. Während ein Gezeitenkraftwerk Ebbe und Flut zur Energiegewinnung nutzt, macht dieses Kraftwerk sich den steten Wellengang zunutze. Den besten Blick auf die Vigsøbucht gewährt 25 km weiter östlich der 47 m hohe Bulbjerg, dessen Steilklippe zur Nordsee als Naturschutzgebiet ausgewiesen ist.

Für einen Einkaufsbummel eignet sich **Thisted**. Bekanntester Sohn der Stadt ist Jens Peter Jacobsen (1847 – 1885), dessen psychologische Romane wie »Marie Grubbe« auch in Deutschland Anklang fanden. Im Heimatmuseum ist ein Raum für den Schriftsteller eingerichtet.

Wave Star: Touren, Eintritt 80 DKK | www.green.thisted.dk
Heimatmuseum Thisted: Jernbanegade 4 | Juni – Aug. Mo. – Fr. 10 – 16, Sa./So. 13 – 16 Uhr | Eintritt 50 DKK, unter 18 Jahre frei www.museumthy.dk

Naturjuwel im Fjord

★ Mors

Größte Insel im Limfjord ist mit 363 km² die Insel Mors, dänisch auch Morsø genannt. Außer mit Fähren erreicht man die Insel schnell über eine 1,7 km lange Brücke über den Salling Sund, im Norden führt eine Brücke über den Vilsund. Mors ist ein Naturjuwel mit sanft geschwungenen Moränenhügeln, steilen Anhöhen, Heide, Fichten- und Buchenwäldern. Informationen über Geschichte und Kultur der Insel liefert das **Morsland Historiske Museum**. Untergebracht ist es im ehemaligen Johanniterkloster Dueholm aus dem 14. Jh. im Hauptort Nykøbing Mors am Salling Sund. Über die Blütezeit der Eisenindustrie im 19. Jh. erzählt das **Dansk Støberimuseet**, ein Gießereimuseum. Im Jesperhus Blomsterpark am Ludingvej blühen Millionen Blumen. Man kann exotische Vögel und Schmetterlinge bestaunen, im Piratenland auf Schatzsuche gehen, sich im Spaßbad amüsieren oder Freiluftkonzerten lauschen. Die 25 m hohen Klippen **Feggeklit** im Norden bestehen aus Molererde, weißem Kieselgur, für den Mors berühmt ist. Mehr über diese geologische Besonderheit erzählt das Molermuseet in Hesselbjerg. Hier sind auch Fossilien ausgestellt, die vor rund 55 Mio. Jahren durch Ablagerungen kleinster Algen auf dem Grund eines Urmeers entstanden sind. Am deutlichsten wird die

Schichtung durch urzeitliche Vulkanascheeinlagerungen am Skagerrak, wo die 60 m hohe Klippe Hanklit fast senkrecht zur Küste abfällt.

Morsland Historiske Museum: 21. Okt. - 30. April Di. - Fr. 10 - 16, Sa./So. ab 12, Mai/Juni, 12. Aug. - Sept. Mo. - Fr. 10 - 16, Sa./So. ab 12, Juli - 11. Aug. tgl. 10 - 17 Uhr | Eintritt 70 DKK, unter 18 Jahre frei | www.museummors.dk

Dansk Støberimuseet: Juli/Aug. tgl. 10 - 16, Gießvorführungen Woche 27 - 32 Di./Do. 13 - 15 Uhr | Eintritt 70 DKK, unter 18 Jahre frei www.museummors.dk

Jesperhus: Mai - Okt. 10 - 17, Juli - 11. Aug. bis 20 Uhr | Eintritt Mai/Juni, 12. - 30. Aug. 185 DKK, Juli - 11.Aug. 195 DKK, Sept. - 20. Okt. 155 DKK | www jesperhus.dk

Molermuseet: Skarrehagevej 8 | www .museummors.dk

Noch mehr spektakuläre Steilküste

Fünf Minuten dauert die Überfahrt von Branden zur Insel Fur östlich von Mors. Die spektakuläre Steilküste im Norden verspricht fantastische Aussichten über den Fjord. Bei der **Knudeklinterne** hat das Wasser auf mehreren Hundert Metern die gefalteten Molerschichten freigelegt, die sich mit fast 200 Schichten vulkanischer Ascheablagerungen am Strand auftürmen. Vom Leben vor über 50 Mio. Jahren zeugen die versteinerten Insekten, Fische und Pflanzen aus dem »Mo-Lehm« die im **Fur Museum** von Nederby zu bewundern sind Seit 2004 braut Flemming Asmussen in der **Mikrobrauerei** die ungewöhnlichsten Biere, die inzwischen zu den besten des Landes gehören. Lokale Zutaten wie Sanddorn, Kräuter, Birkenrinde und andere Ingredienzien sind einige der Zutaten, mit denen der Braumeister experimentiert. Fur

Fur Museum: April - Juni, Sept., Okt. Mo. - Fr. 12 - 16, Sa./So. 10 - 17, Juli, Aug. tgl. 10 - 17, Nov. - März nach Anmeldung, Tel. 97 59 34 11 | Eintritt Erw. 65 DKK, Kinder frei, www.furmuseum.dk

Fur Bryghus: Knudevej 3 | www.furbryghus.dk

Zwischen Sonne und Pluto liegen 12 Kilometer

Wahrzeichen von Lemvig am Südufer des Haffs Nissum Bredning ist der zwiebelförmige Kupferturm seiner um 1200 geweihten Kirche. Im Stadtmuseum wird über Seenotrettung und den Dichter Thøger Larsen (1875 - 1928) informiert. Hauptattraktion ist jedoch der **Planetstien**, eine Wanderung durch unser Sonnensystem im Maßstab 1 : 1 Milliarde. Die Sonne steht am Vesterbjerg, 58 m weiter findet sich der Merkur, nach 228 m stößt man auf den Mars und nach 800 m auf den Jupiter; bis zum Zwergplaneten Pluto, ganz am Rand unseres Sonnensystems, sind es allerdings fast 12 km Wegstrecke. Lemvig

Lemvigmuseum: Vestergade 44 | Juni - Sept. Di. - So. 13 - 17, März - Mai, Okt. nur Sa./So. 13 - 16 Uhr | Eintritt 25 DKK, Kinder frei | www.lemvigmuseum.dk

Erdgeschichte gefaltet: die Molerschichten bei Knudeklinterne

Jachten und formschöne Home-Entertainment-Geräte

Struer

Den größten Jachthafen des Limfjords besitzt Struer, in dem während der Sommersaison eines der weltweit führenden Hi-Fi-Unternehmen besichtigt werden kann: Bang & Olufsen. 1925 gründeten Peter Bang (1900 – 1957) und Svend Olufsen (1897 – 1949) hier eine Radiofabrik. Vier Jahre später wurde mit dem »Fünflamper« das erste Gerät produziert, das neben herausragender Technik auch auf Formschönheit setzte. Das **Kulturhistorische Museum Struer** präsentiert die Firmengeschichte: Auf 1000 m² werden HiFi- und TV-Klassiker aus 80 Jahren vor kultur- und zeitgeschichtlichem Hintergrund gezeigt.

Museum Struer: Søndergade 23 | Sept. – Juni Di. – Fr. 12 – 16, Sa./So. bis 17, Juli/Aug. Di. – Fr. 11 – 17, Sa./So. ab 12 Uhr | Eintritt 60 DKK unter 18 Jahre frei | www.struermuseum.dk

Alltag in der Steinzeit

Halbinsel Salling

Östlich von Mors schiebt sich die Halbinsel Salling in den Limfjord hinein. Hauptstadt der Halbinsel ist Skive, dessen kulturhistorisches Museum den **größten Bernsteinfund** der Jungsteinzeit sein Eigen nennt, der aus mehr als 13 000 Stücken besteht. Im selben Gebäude, das der dänische Architekt Leopold Teschl entwarf, präsentiert das Kunstmuseum Krydsfelt Skive viel Landschaftsmalerei. Oberhalb des Hafens thront der um 1560 begonnene Herrensitz Krabbesholm, heute ein Zentrum für Erwachsenenbildung. 16 km nordwestlich von Skive liefert **Spøttrup** ein gutes Beispiel für mittelalterliche Burgen-

baukunst in Dänemark. Der Backsteinbau am Spøttrupsee, einem Vogelparadies, wurde einst für die Viborger Bischöfe erbaut. Nach der Reformation wurde das Anwesen königliches Lehen und später als Herrensitz verkauft. Heute gelangt man über eine Holzbrücke in die lange Zeit uneinnehmbare Festung, deren gotische Gewölbe für Konzerte und Ausstellungen genutzt werden. Sehenswert ist auch der Kräuter- und Rosengarten.
Eines der größten Freilichtmuseen des Landes liegt 10 km südwestlich von Skive am Flyndersee im Naturschutzgebiet **Hjerl Hede**. Im Sommer lassen hier fast 100 Mitarbeiter mit dem entsprechenden Werkzeug den dörflichen Alltag der Steinzeit und des 19. Jh.s wieder auferstehen. Schmiede, Spritzenhaus, Mühle, Kaufmannsladen und Steinzeitdorf sind originalgetreu rekonstruiert und bewirtschaftet. Sehr stimmungsvoll sind die Adventswochen, wenn in den kleinen Häuschen die Weihnachtsbäume nach alter Tradition geschmückt werden. Ein Abstecher nach **Sahl** lohnt sich: Um 1220 wurde der romanische, mit Bergkristall verzierte Goldaltar in der Dorfkirche, der Sahl Kirke, angefertigt.

Kulturmuseum/Kunstmuseum: Havnevej 14 | Di. – So. 11 – 17 Uhr
Eintritt 45 DKK, unter 18 Jahre frei | www.museumsalling.dk

Burg Spøttrup: April Di./Mi., So. 11 – 17, Mai – Juni und Aug. tgl. 10 – 17, Juli bis 18, Sept./Okt. bis 16 bzw. 17, Nov. Mi. 11 – 15 Uhr
Eintritt 80 DKK, unter 18 Jahre frei | www.museumsalling.dk

Hjerl Hede Frilandsmuseum: Apr. – Okt. tgl. 10 – 16, Juni – Aug. bis 17.30 Uhr | Eintritt 70 DKK, Juni – Aug. 150 DKK, unter 18 Jahre frei
www.hjerlhede.dk

Fahrräder, Muscheln zuhauf und ein Schnapsgarten

Östlicher Limfjord

Auch die östliche Küstenregion des Limfjords auf ▶Himmerland lohnt einen Besuch: Etwas im Hinterland liegt Ålestrup. Hier stellt das Danmarks Cykelmuseet anhand von 100 Fahrrädern die technische Entwicklung des Zweirads vor. Nächster Halt am Limfjord ist das **Stenaldercenter** in Ertebølle, ein rekonstruierter, steinzeitlicher Siedlungsplatz der sogenannten Ertebøllekultur (5000 – 4000 v. Chr.). In der Nähe entdeckte man den bekannten Muschelhaufen »Kökkenmödding«, der einer Periode der späten Steinzeit ihren Namen verlieh. Das ursprüngliche Kloster bei Ranum wurde von Zisterziensern gegründet, die das Land 1157 von Valdemar dem Großen als Geschenk erhielten. Von der Kirche existieren nur noch Ruinen. Das jetzige Vitskøl Kloster stammt aus dem Mittelalter und wird als Tagungs- und Lehrzentrum genutzt. Ein Erlebnis sind die **Mittelaltertage** Mitte Oktober. Sehenswert ist auch der Kräutergarten, dem ein »snapseurtehaven« angegliedert ist: ein Schnapsgarten, in dem alle für das Schnapsbrennen wichtigen Kräuter wachsen.

Danmarks Cykelmuseet: Mai – Sept. Di. – So. 10 – 17 Uhr | Eintritt 60 DKK, Kinder 30 DKK | www.cykelmuseum.dk

Stenaldercenter Ertebølle: Gl. Møllevej 8 | Ostern, Mai – Sept. tgl. 11 – 17, Uhr | Eintritt 40 DKK, Kinder frei | www.stenaldercenter.dk
Mittelaltertage Vitskøl Kloster: Eintritt 60 DKK | www.vitskolmiddelalderdage.dk

Bis zu 5000 Wikinger lebten hier

Aggersund

Das alte Handelsstädtchen Løgstør schmiegt sich an das Südufer des Aggersunds, den seit 1942 eine Brücke überspannt. Am Hafen beginnt der 1861 eingeweihte, 4 km lange Frederik-VII.-Kanal nach Lendrup. Die Windebrücke führt hinüber zum **Limfjordsmuseet**, dem ehemaligen Wohnsitz des Kanalvogts, in dem über die Fjordfischer und ihre Boote berichtet wird. In Aggersborg, wo früher alle Schiffe den recht schmalen Aggersund passieren mussten, wurde um 980 auf Geheiß von Harald Blauzahn am nördlichen Fjordufer die größte Wikingerburg des Landes errichtet, die aus 48 Langhäusern bestand und rund 5000 Menschen Platz bot. Erhalten ist noch der kreisrunde Wallgraben von 240 m Durchmesser (►Baedeker Wissen S. 318). In Richtung Limfjord entstand um 1860 der Aggersborggård, ein dreiflügeliger Fachwerkbau. Im kleinen Laden kann man ausgezeichnetes Lammfleisch, Käse und handgefertigte Wollsachen einkaufen.
Nördlich des Aggersunds liegt **Fjerritslev**. Im **Brauereimuseum** werden alte Bierfässer, Brau- und Gärbottiche ausgestellt. Es handelt sich um P. Kjeldgårds ehemalige Landbrauerei, die 1897 – 1968 in Betrieb war – ein hübsches Mitbringsel sind die Biergläser. Naschkatzen kommen hingegen eher in der nostalgischen **Bonbonkocherei** Pedersbæk (Udklitvej 31) auf ihre Kosten. Sie können anschließend die Keramikwerkstatt und die Kerzengießerei aufsuchen.
Limfjordsmuseet: Juni – Aug. tgl. 10 – 17, April – Mai, Sept. – Okt. Sa./So. 10 – 17 Uhr | Eintritt 50 DKK, Kinder frei
www.limfjordsmuseet.dk
Bryggeri- og Egnsmuseum / Heimatmuseum: Østergade 1, 14. Juni – 31. Aug. Mo. – Fr. 10 – 16.30 Uhr | Eintritt 25 DKK, unter 14 Jahre frei | www .fjerritslevmuseum.dk

LOLLAND

Region: Sjælland | **Inselfläche:** 1241 km² | **Bewohnerzahl:** 42 200

Nur einen Katzensprung von Deutschland entfernt, bietet Lolland eine andere Welt. Die flache, landwirtschaftlich geprägte Ostseeinsel ist an kaum einem Punkt höher als 30 m ü. d. M. Mehr als 70 km Deiche schützen die Insel und ihre Schönheit schon seit dem 19. Jahrhundert.

S-R 20-24

Zu Lollands größten Schätzen gehören seine Natur mit weiten Stränden wie Maglehøj und Hyllekrog im Süden, aber auch Kultur wie die Domkirche in Maribo oder das hochkarätige Kunstmuseum Fuglsang. Familien kennen Lolland vor allem wegen Nordeuropas größtem Badeland und Feriencenter, Lalandia beim Fährhafen Rødbyhavn.

Badeland mit Kultur

Wohin auf Lolland?

Ein Denkmal für die »Rübenmädchen«

Inselsüden

Westlich des Fährhafens von Rødbyhavn garantiert das **Ferienzentrum Lalandia** mit dem Lalandia Aquadome, dem größten Indoor-Badeparadies Skandinaviens, Badefreuden bei jedem Wetter. Hartes Kontrastprogramm dazu: In den alten Mietskasernen von Tågerup wird vom harten Schicksal der 4000 polnischen Saisonarbeiterinnen erzählt, die seit Ende des 19. Jh. in großer Zahl zur Zuckerrübenernte angeworben wurden. Einige fanden hier aber nicht nur Arbeit, sondern auch eine neue Heimat, was die Familiennamen mitunter noch heute erkennen lassen. .

Im Südosten Lollands präsentiert – seit 2008 in einem Neubau von Tony Fretton – das **Fuglsang Kunstmuseum** die 1890 gegründete Kunstsammlung mit rund 60 000 Gemälden meist dänischer Künstler vom Ende des 18. Jh. bis zu den 1980er-Jahren im Park des gleichnamigen Herrenhofs. Das Storstrøms Kammerensemble lädt hier auch zu Konzerten. Wahrzeichen der Provinzstadt **Sakskøbing** wiederum ist das lächelnde Gesicht ihres 33 m hohen Wasserturms. Blickfang auf dem Marktplatz indes sind die »Rübenmädchen« aus Bronze von Gottfried Eickhoff. Der Skulpturenkünstler setzte damit den polnischen Saisonarbeiterinnen ein Denkmal. Ein netter Ausflug führt 4 km nördlich zum **Renaissanceschloss** Berritsgård, das 1586 errichtet wurde.

Polakkasernen: Juli/Aug. Di. – So. 13 – 16 Uhr | Eintritt 30 DKK unter 18 Jahre frei | www.polakkasernen.dk

Fuglsang Kunstmuseum: Nov. – März Mi. – So. 11 – 16, April, Sept./Okt. Di. – So. 11 – 17, Mai – Aug. tgl. 11 – 17 Uhr | Eintritt 75 DKK unter 18 Jahre frei | www.fuglsangkunstmuseum.dk

Auf Safari gehen

Maribo

Inmitten einer Seenlandschaft am Sønder Sø entstand im 15. Jh. ein Doppelkloster des Birgittinenordens, das Königin Margrethe 1408 gestiftet hatte. Geblieben sind Ruinen und die **Klosterkirche**, die zwischen 1413 und 1470 errichtet wurde. Das Mittelschiff der fast 60 m langen Hallenkirche, seit 1924 Dom von Maribo, ziert ein spätgotisches Sterngewölbe. Im **Stiftsmuseet** wird über die Vergangenheit von Lolland und ▶Falster informiert. Das **Frilandmuseet** vermittelt mit alten Gehöften, Schule und Werkstätten eine Vorstellung von der

DER FEHMARNBELTTUNNEL

Die Vision einer festen Direktverbindung zwischen Mitteleuropa und Skandinavien existiert seit Jahrzehnten. Mit dem Staatsvertrag, den Deutschland und Dänemark 2009 unterzeichneten, wird sie nun Wirklichkeit: Ab 2028 soll ein Tunnel die Fähren der Vogelfluglinie ersetzen.

▶ Die Bauelemente

Der Absenktunnel besteht aus 89 Elementen. Unter den Röhren für den Straßen- und Bahnverkehr aus 79 je 219 m langen Bauteilen verlaufen zehn weitere Spezialelemente für die elektrische und mechanische Ausrüstung. Alle 108 m gibt es Notausgänge zu einer Nachbarröhre, Feuerlöschmittel und ein Telefon zur Verkehrsleitzentrale.

▶ Der Fehmarnbelttunnel

Baubeginn	2016
Geplantes Bauende	2021
Länge des Tunnels	17,56 km
Kosten	5,5 Mrd. Euro
Maximale Tiefe	40 m

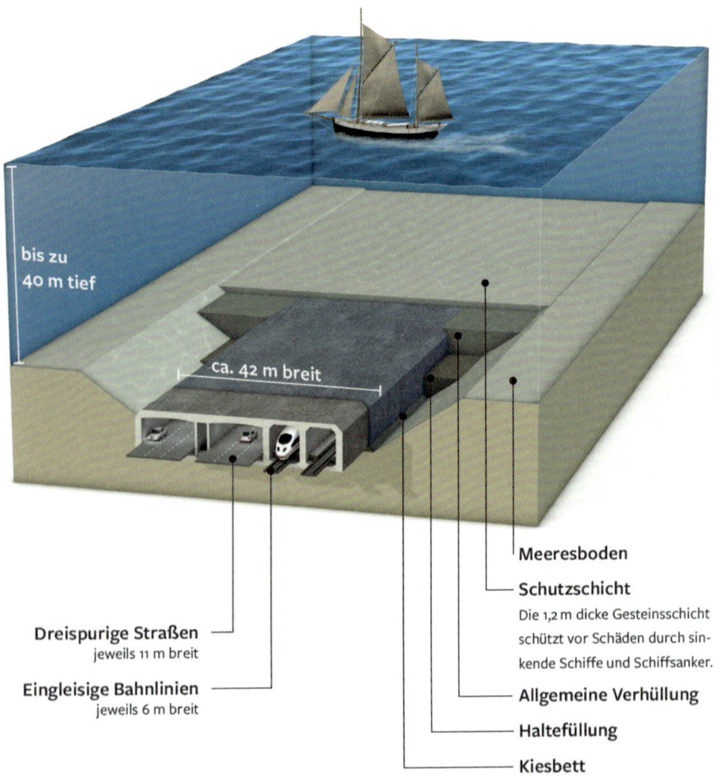

Zeit sparen
Während die derzeitige Fährüberfahrt 45 Minuten dauert, werden Zugpassagiere über die feste Fehmarn-Belt-Querung nur sieben Minuten benötigen, Autofahrer etwa zehn. Eine Zugfahrt zwischen Hamburg und Kopenhagen verkürzt sich damit von viereinhalb auf drei Stunden.

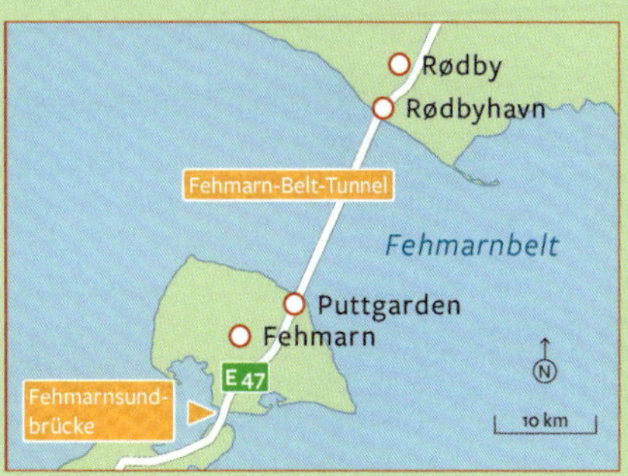

Längste Unterwassertunnel

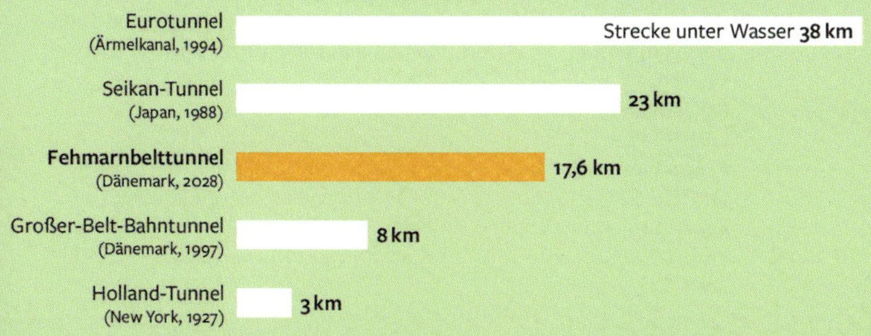

LOLLAND ERLEBEN

MARIBO TURISTBUREAU
Torvet 1
4930 Maribo
Tel. 54 78 04 96
www.visitlolland-falster.com

NAKSKOV TURISTBUREAU
Axeltorv 3
4900 Nakskov
Tel. 54 92 21 72

MARIELYST TURISTINFORMATION
Marielyst Strandvej 54
4873 Væggerløse
Tel. 54 13 62 98

45 Minuten brauchen die Scandlines-Fähren von Puttgarden über den Fehmarnbelt nach Rødbyhavn (www.scandlines.de), ab 2028 soll ein Tunnel für Auto und Bahn die Fährpassage ersetzen (►Baedeker Wissen, S. 238). Die Fähre von Tårs nach Spodsbjerg verbindet Lolland mit ►Langeland und Fünen. Drei Brücken über den Guldborgsund stellen die direkte Verbindung nach ►Falster her.

LUNGHOLM SCHLOSSHOTEL €€€€
Nur einen Katzensprung von der Vogelfluglinie, der Fähre zwischen Fehmarn und Lolland, entfernt, liegt Lungholm Slot in einem 16 ha großen Naturschutzgebiet.
Rødbyvej 24, 4970 Rødby
Tel. 51 22 02 53
www.lungholm.dk

BANDHOLM HOTEL €€–€€€
Blick aufs Meer und der Charme eines historischen Badehotels: Die 42 modernisierten Zimmer des Hauses entführen in eine Zeit, in der Reisen noch einen Hauch von Luxus bedeutete. Tolles Restaurant.
Havnegade 37
4941 Bandholm
Tel. 5475 5476
www.bandholmhotel.dk/de

bäuerlichen Kultur um 1800. Im Sommer fährt ein Oldtimerzug von Maribo nach Bandholm und zum Safaripark. Das 660 ha große **Gut Knuthenborg** wurde Anfang des 19. Jh.s im englischen Stil angelegt und 1970 zum Wildgehege umgewandelt. Mit dem Auto fährt man durch ein Stück Afrika und Asien, begegnet Zebras, Giraffen und Nashörnern, Elefanten, Affen, sibirischen Tigern und auch arktischen Wölfen.

Stiftsmuseet: Bandegårdspladsen 11 | Mo. – Fr. 9.30 – 17, Sa. 9.30. – 14 Uhr | Eintritt 50 DKK, unter 18 Jahre frei
Frilandsmuseet: Meinckes Vej 5 | Mai – Sept. Di. – So. 10 – 16 Uhr Eintritt 50 DKK, unter 18 Jahre frei | www.aabne-samlinger.dk
Safaripark Knuthenborg: 26. April – 8. Sept. tgl. 10 – 17, Juli bis 18, 9. Sept. – 6. Okt. 10 – 16 Uhr | Eintritt 220 DKK, 3 – 11 Jahre 130 DKK
www.knuthenborg.dk

Obst, Jazz, ein Steinzeitgrab und Zucker

Inselnorden

Von Kragenæs setzen Fähren über zur Obstinsel Fejø, das mit Töpferwerkstatt, Kerzenfabrik und einer 250 Jahre alten Dorfschmiede. aufwartet. Anfang August lohnt das **Femø Jazzfestival** auf der Nachbarinsel einen Besuch, die danach wieder in einen Dornröschenschlaf versinkt.

Die Margeritenroute führt nordöstlich bei Svindsbjerg zum längsten steinzeitlichen Kammergrab des Landes, dem Kong Svends Høj. Auf dem klassizistischen **Herrensitz Pederstrup** erinnert ein Museum an den Kanzler Frederiks VI., Graf Christian Ditlev Reventlow, der 1788 die Aufhebung der Leibeigenschaft bewirkte.

Im hinteren Teil des gleichnamigen Fjords liegt der alte Werftstandort **Nakskov** mit der größten Zuckerfabrik des Landes mit angeschlossenem Sukkermuseet. Vom Hafen fahren wochentags Postschiffe zu den Mini-Inseln im Fjord. Lollands größte Stadt besitzt einige alte Fachwerkhäuser wie die Gammel Apoteket am Axeltorv. Über Schiffsbau und Seefahrt unterrichtet das Skibsmuseet. Seit 1951 feiert Nakskov im August sein **Dorschfestival** mit einem Volksfest am Hafen.

Jazzfestival: www.femoejazz.dk

Pederstrup: Juni – Aug. Di. – So. 11 – 16, Mai/Sept. Sa./So. 11 – 16, Park ganzjährig geöffnet | Eintritt 50 DKK, unter 18 Jahre frei www.aabne-samlinger.dk

Sukkermuseet: Juni – Sept. Di. – So. 13 – 16, Okt. – Mai nur Sa. Eintritt 50 DKK, 3 – 14 Jahre 20 DKK | www .sukkermuseet.dk

Postschiff: Mo. – Sa. 9 – 13.30, Fahrkarte 170 DKK, Kinder 80 DKK www .postbåden.dk

Skibsmuseet: Havnegade 2 | Mai – Sept. Di. – Fr. 13 – 16 Uhr | Eintritt 40 DKK, unter 18 Jahre frei | www.skibsmuseum-nakskov.dk

MIDDELFART

Insel: Fünen | **Region:** Syddanmark | **Einwohnerzahl:** 14 800

Eine idyllische Hafenfront, Walsafaris hinaus zu den Schweinswalen – von denen mehr als 6000 in der Ostsee leben – und Bridge Walking hoch über dem Kleinen Belt: Das maritime Middelfart gehört zu Dänemarks kleinen Perlen. Am Übergang von Jütland zu Fünen wird die historische Stadt meist bei der Fahrt über eine der beiden Brücken über den Lillebælt, den Kleinen Belt, »links liegengelassen«. Ein klarer Fehler!

O/P 12

Auf zur Walsafari!

Middelfart war im Mittelalter Heimatort vieler Schweinswaljäger, die die Tiere fingen, um ihren Speck zu Lampenöl zu verarbeiten. Heutzutage wird nur noch mit der Kamera gejagt.

Wohin in Middelfart?

Eine Insel für die Kultur

Am Hafen

Wie eine Skulptur aus Stahl und Glas ragt die spektakuläre »Kulturinsel« mit Bibliothek, Kino, Café und Touristen-Information an der Havnegade in den Himmel. Alte und neue Hafenfront verbindet die **Museumswerft**. Für kulinarische Hochgenüsse sorgt Frøken Jensen mit einem Surprise-Menü auf dem Balkon.

Museumswerft: 11. Juni – Sept. tgl. 10 – 16 Uhr | Eintritt frei
www .lillebaeltvaerftet.dk

Von Hüten, Keramik und einem Hauch Geschichte

Henner Friisers Hus

Interessant sind die Museen in Middelfart: Im Henner Friisers Hus, einem wunderschönen Fachwerkgiebelhaus von 1575, lassen sich 125 Damenhüte aus dem 19. und 20. Jh. bewundern. Daneben wird über den Walfang im großen Stil berichtet, und ein Stadtmodell zeigt, wie Straßen und Plätze Anfang des 19. Jh.s aussahen. Über die 1935 eröffnete Kleine-Belt-Brücke unterrichtet das **Middelfart-Museum**. Was technisches Können und Einfallsreichtum auf dem Gebiet der Keramik an ungeheurer Vielfalt hervorbringen können, wird im neuen Clay Keramikmuseum Danmark in der historischen Villa Grimmershus deutlich, wo rund 100 europäische Künstler der Moderne vertreten sind. Wie die Geisteskranken der Region von 1888 – 1999 »verwahrt« und behandelt wurden, dokumentiert die **Psychiatrische Sammlung** im einstigen Irrenhaus.
Der Hauch der Geschichte weht westlich vom Zentrum auf **Schloss Hindsgavl**, wo Dänemarks König Menved im Jahr 1295 mit dem Norweger Erik Magnusson einen Waffenstillstand aushandelte. Die Burg wurde 1658 aufgegeben, das heutige Hindsgavl ließ Rittmeister Christian Holger Adeler 1784 bauen. 1814 unterzeichnete König Frederik VI. dort das Friedensabkommen, das Dänemark von Norwegen trennte. Das Schloss, in dem heute ein Hotel untergebracht ist, und der Park strahlen klassizistische Ruhe aus.

Henner Friisers Hus: Brogade 8 | Di. – Sa. 13 – 16 Uhr | Eintritt 40 DKK | www.middelfart-museum.dk
Middelfart-Museum: Algade 8 | Di. – Sa. 11 – 17 Uhr | Eintritt 40 DKK, Kinder frei | www .middelfart-museum.dk
Clay Keramikmuseum Danmark: Kongebrovej 42 | Di. – So. 10 – 17, Mi. bis 20, Erw. 100 DKK, unter 18 Jahre frei | www .claymuseum.dk
Psychiatrische Sammlung: Teglgårdsparken 17 | Feb. – Nov. Di. 10 – 13, Do., 1. So. im Monat 13 – 16 Uhr | Eintritt 40 DKK, unter 18 Jahre frei | www.middelfart-museum.dk

Es wäre wirklich schade, würde man Middelfart links liegen lassen.

Rund um Middelfart

Zu neuen Inseln wandern

Bogense

Die hübsche Kleinstadt an der Nordwestküste Fünens hat viele ihrer Fachwerkhäuser bewahrt: Am Torvet und in der Øster- und Adelgade sind kleine Boutiquen und Kunsthandwerksläden in die alten Bürgerhäuser eingezogen. Das **Nordfyns Museum** zeigt regionale Möbel und Trachten. Die Springbrunnenfigur »Mannekin Pis« am Ende der Adelgade ist ein Geschenk von Konsul Willum Fønns, der als Findelkind von dem Bogenser Metzger Levinsohn adoptiert wurde. An der Stelle einer 1231 genannten Wikingerburg ließ Breide Rantzau 1606 das Renaissanceschloss **Harridslevgård** erbauen. Rittersaal und Innenräume können besichtigt werden.

Vor der Nordküste Fünens entstehen ständig neue Inseln. Bei Ebbe geht's mit Rangern durch das Watt etwa nach **Æbelø** und den west-

MIDDELFART ERLEBEN

MIDDELFART TURISTBUREAU
Havnegade 8a
Tel. 64 41 17 88
www.visitlillebaelt.dk

WHALE WATCHING
Im Kleinen Belt leben in den Sommermonaten ca. 3000 Schweinswale – im Juli und August starten täglich Walexkursionen zu den Tümmlern.
www.lillebaelt-waters.dk

BRIDGE WALK
Der neue Bridge Walk über den Lillebælt in 60 m Höhe.
tgl. 10 – 20 Uhr
Erw. 285 DKK, unter 16 Jahren 215 DKK
www.bridgewalking.dk

HOLMS €€€
Im Fachwerkbau (1584) gibt's traditionelle Hochgenüsse, modern interpretiert.
Algade/Nygade
Tel. 64 41 01 31
www.holms.dk

HOTEL COMWELL KONGEBROGAARDEN €€€€
Zimmer zumeist mit Blick auf Strand und Wald am Kleinen Belt. Hervorragend ist das angeschlossene Gourmet-Restaurant.
Kongebrovej 63
Tel. 63 41 63 41
www.comwellkongebrogaarden.dk

HINDSGAVL SLOT €€–€€€
Eines der schönsten Schlösser für »Bürgerliche« ist Schloss Hindsgavl. Das Schloss mit einer Geschichte bis in 12. Jh. liegt idyllisch zwischen Fünen und Festland am Kleinen Belt. Der Name Hindsgavl erscheint erstmals 1231 im Guts- und Herrenhofverzeichnis des Könighauses.
Hindsgavl Alle 7
Tel. 64 41 88 11
www.hindsgavl.dk

lich liegenden Neulanden, die bereits erste Pionierpflanzen wie Strandhafer erobert haben. Start der Wattwanderungen ist in Lindøhoved bei Bogense. Einen Abstecher für historisch Interessierte lohnt **Glavendrup**, 18 km südöstlich von Bogense, wo eine Schiffssetzung für den Wikingerhäuptling »Alle der Bleiche« entdeckt wurde. Sein 7 t schwerer Runenstein aus dem 10. Jh. besitzt mit 210 Zeichen die längste Inschrift des Landes.

Nordfyns Museum: Vestergade 16 | Juni – Aug. Mo. – Fr. 10 – 16, So. 13 – 16, Sept. – Mai Di./Mi. 10 – 16 Uhr | Eintritt 20 DKK, unter 18 Jahre frei | www.nordfynsmuseum.dk
Wattwanderungen: www.natur-vejleder.dk
Harridslevgård: Mitte Juni – Sept. 13 – 17 Uhr | Eintritt 70 DKK, Kinder 35 DKK | www.harridslevgaard.dk

BAEDEKER MAGISCHE MOMENTE

WALSAFARI AUF DEM KLEINEN BELT

Woran denken Sie beim Stichwort Walsafari? An Norwegen? An Grönland? Oder Nordamerika? Dass man auch in Dänemark auf Walsafari gehen kann, ist ein echter Geheimtipp. Dabei ist der Kleine Belt zwischen Jütland und Fünen eines der walreichsten Gewässer der Welt. Vom Gammel Havn in Middelfart fahren Boote wie die Galeasse »Aventura« oder »Mira 3« zu Schweinswalsafaris auf die Ostsee hinaus zu unvergesslichen Begegnungen. Die 3-stündigen Touren kosten 300 DKK für Erwachsene und 150 DKK für Kinder. (www.galeasen-aventura.dk)

Heimat eines Seehelden

Hunderte von Segeljachten finden Platz in der großen Marina der hübschen Hafenstadt, knapp 40 km südlich von Middelfart. Berühmtester Sohn der Stadt ist der Seeheld Peter Willemoes, der sich 1801 in der Seeschlacht gegen England vor dem Hafen Kopenhagens auszeichnete. Er kam 1783 in dem schmucken Fachwerkhaus Nr. 36 an der Østergade zur Welt, wo heute das **Stadtmuseum** seine Taten würdigt und über die Seefahrt berichtet. Nur wenige Schritte weiter bewohnte der Silberwarenhersteller Ernst das aristokratische Stadthaus Nr. 57. Seiner Leidenschaft für Antiquitäten verdankt das Museum die wunderschöne Sammlung. Assens

In einem Wirtschaftsgebäude des neoklassizistischen **Schlosses Krengerup**, knapp 18 km östlich von Assens, zeigt ein Flachswebereimuseum eine einzigartige Sammlung von Jacquard-Webstühlen, darunter einen speziellen Webstuhl, mit dem sich Namen einarbeiten lassen. Wer will, kann im Museumsladen auch nach traditionellen Mustern gewebte Tisch- und Handtücher erstehen. Im Café werden Wechselausstellungen gezeigt und gelegentlich Konzerte gegeben.

Stadtmuseum Assens: Nur mit Führung 1. Mai – 15. Juni Sa. 11 Uhr, Anmeldung: Tel. 64 71 31 90 | Eintritt 100 DKK | www.museumvestfyn.dk
Flachswebereimuseum: Mai, Sept. Sa./So. 13 – 17, Juni – Aug. Di. – So. 13 – 17 Uhr | Eintritt 50 DKK, unter 13 Jahre frei
www.hvm-krengerup.dk

★★ MØN

Region: Sjælland | **Inselfläche:** 217 km² | **Bewohnerzahl:** 9460

R/S 26-29

Ein Biosphärenreservat und mittelalterliche Schätze – die südlich von Seeland gelegene Ostseeinsel gehört zu Dänemarks kontrastreichsten Regionen. Berühmt ist Møn für seine fast 130 m aus dem Meer aufragenden Kreidefelsen, die geologisch mit Rügens Küste verwandt sind. Die leuchtenden Felsen sind von der UNESCO geschützt und lassen sich besonders gut vom Wasser aus bestaunen – ein Ereignis, das Sie sich nicht entgehen lassen sollten. Wind und Wetter verändern die Kreidefelsen permanent, oft gibt es Felsbrüche. Schon Klippenbesucher H. C. Andersen vermerkte 1852 in seinen Reiseaufzeichnungen: »Jedes Mal finde ich eine Kulisse vor, als sei ich noch nie dagewesen.« So erscheint auch Møns Wahrzeichen, der »Dronningestolen« als höchster Punkt von Møns Klint immer wieder neu.

Kreidefelsen und Sternenhimmel

Møns unberührte Natur erhielt 2017 eine weitere, ungewöhnliche Auszeichnung: Zusammen mit dem kleinen Nyord trägt Møn als erste Landschaft in Nordeuropa den Titel eines zertifizierten Dark Sky Parks und einer Dark Sky Community. Damit belohnt die internationale Dark Sky Association (IDA) den langjährigen Einsatz der dänischen Urlaubsziele für eine möglichst **ungestörte nächtliche Dunkelheit** als Natur- und Landschaftsschutz. Sowohl Møn als auch die zu großen Teilen unter Naturschutz stehende Nachbarinsel Nyord sind weitgehend frei von sogenanntem Lichtsmog, der »Lichtverschmutzung« durch elektrisches Licht – nachts ist der Himmel hier sternenklar. Urlauber, Hobbyastronomen und andere **Sternengucker** können sich auf Møn und Nyord über einen weitgehend ungestörten Blick auf das nächtliche Firmament freuen. Dabei zeigt sich der Sternenhimmel je nach Jahreszeit in immer anderen, faszinierenden Bildern. Am nächtlichen Himmel sind hier mehr als 5 000 Sterne zu erkennen, in der Großstadt Kopenhagen dagegen nur etwa 100.

Wohin auf Møn?

Zeugnisse der Jungsteinzeit und Kunst(handwerk)

Westteil der Insel

Den Westteil der Insel bildet ein sanft gewelltes Hügelland mit kleinen Weilern und Einzelgehöften. Nur eine Straße durchquert der Länge nach die Insel. Nach 2 km zweigt rechts eine Nebenstraße nach Sprove ab. Hier begegnet man den ersten Zeugnissen der Jungsteinzeit: **Kong Askers Høj** hat eine 10 m lange Grabkammer, **Klekkende**

Nicht Rügen, sondern Dänemark: die Klippen von Møn

Høj, weiter südlich Richtung Tostenæs, ist ein Doppelkammergrab von 9 m Länge, die Kammern sind 4,5 m tief. Insgesamt gibt es auf Møn rund 200 Hünengräber. Über einen Damm gelangt man weiter westlich zur Nachbarinsel **Bogø** und stößt dort auf dänische Dorfidylle in Gestalt einer holländischen Windmühle von 1852 sowie einer schönen Dorfkirche, die aus dem 13. Jh. stammt und mehrfach umgebaut wurde. Dänemarks größtes **Dolmengrab**, bestehend aus 145 wuchtigen Randsteinen, ist der ca. 5500 Jahre alte sogenannte Hügel des grünen Jägers. Dieser unbekannte Mann soll hier mit seiner Frau Fane begraben sein. Das auch Grønsalen genannte Grab besitzt drei Kammern und ist 100 m x 10 m groß.

Im Süden erreicht man die **Fanefjord Kirke**, eine der drei Kirchen auf Møn mit Kalkmalereien des Elmelunde-Meisters (15. Jh., ▶Abb. S. 250). Die Motive der kunstvollen Bilderbibel vermischen sich mit Alltagsszenen wie dem Tratsch zweier Frauen, eifrig vom Teufel protokolliert. Die hochgotischen Fresken am Chorbogen aus der Zeit um 1350 zeigen Christophorus, den hl. Martin und Medaillons mit den Symbolen der vier Evangelisten – als aufstrebender Handelsplatz der Heringsflotte konnte sich Fanefjord damals solch eine reiche Ausstattung leisten. Schöne Körbe und ungewöhnliche Skulpturen aus **Weidengeflecht** findet man noch etwas weiter in Harbølle bei Klaus Titze. Der gelernte Korbflechter betreibt eine eigene Weidenplantage und experimentiert mit Design, verschiedenen Techniken und interessanten Farbkombinationen.

Grønjægervej 4 | Mo. – Sa. 11 – 15 Uhr | www.klaustitze.dk

MØN ERLEBEN

MØN TURISTBUREAU
Storegade 2
4780 Stege
Tel. 52 24 63 88
www.cphcoastandcountryside.com

LISELUND NY SLOT €€€
Reimt sich Schloss auf schön? Das Schloss Liselund unweit der weltberühmten Kreideküste Møns Klint, die nur sechs Kilometer entfernt liegt, ist eines der schönsten im Land. In der Schweizerhütte im Park fand H. C. Andersen die Inspiration zu seinem Märchen »Das Feuerzeug«. Im Schlosspark gibt es auch einen chinesischen Teepavillon, ein Norwegerhaus, schöne Teiche und seltene Pflanzen. Das Hotel bietet 17 persönliche Zimmer, ein Restaurant und ein Café. Die ökologische und biodynamische Küche lohnt sich ebenfalls!
Langebjergvej 6
Borre
Tel. 55 81 20 81
www.liselundslot.dk

Dorfidylle wie anno dazumal

Stege und Nyord

Stege, der Hauptort von Møn an der Stegebucht, entwickelte sich um eine nicht mehr erhaltene Burg, die Valdemar I. 1175 errichten ließ. Nur der alte Mølleporten, das Mühlentor, erinnert noch an die Burgmauer. Schöne Fresken zieren den dreischiffigen Chor und das Langhaus der St.-Hans-Kirche (1250). Im **Mønsmuseum** sind archäologische Funde und Volkskunst ausgestellt. Der schönste Strand der Insel liegt nordwestlich von Stege auf der Halbinsel **Ulvshale** (»Wolfsschwanz«). Der kinderfreundliche Sandstrand fällt so breit und flach ins Meer ab, als sei er eigens für den Familienurlaub gemacht.
Ein einspuriger Damm führt von Ulvshale zum **Mini-Eiland Nyord**, wo die Höfe nicht wie andernorts im Zuge der Landreform zu den Feldern verlegt wurden. So ist das kleine **Fischerdorf** im Inselinneren ein perfektes Beispiel, wie vor 200 Jahren alle dänischen Dörfer aussahen: Reetgedeckte Katen ducken sich hinter hohen Apfelbäumen. Am Fahnenmast flattert rot-weiß der Dannebrog in der steten Brise. Hier und da steht ein Tisch am Straßenrand mit Äpfeln, Honig oder aussortiertem Nippes neben einer Kaffeetasse als Kasse. In der Gaststube von Lollesgaard dampfen Salzkartoffeln und »Stegt Aal«, gebratener Aal, auf Tellern mit Zwiebelmuster, und im Garten schnattern die Gänse. Hinter dem Nostalgie-Dorf rasten Kiebitze und Krickenten, Uferschnepfen und Rauchschwalben, Austernfischer und Fischreiher auf den Strandwiesen, die auf 135 ha unter Naturschutz stehen. Ornithologisch interessant ist auch das vorgelagerte Inselchen **Ægholm** mit einer Kolonie von rund 3000 Kormoranen, die die ausgezeichneten Fischgründe hier zu schätzen wissen.

Møns Museum: Storegade 75 | Mai – Aug. Di. – So. 10 – 16, Sept. – April Di. – Fr. 10 – 14, Sa./So. 10– 16 Uhr | Eintritt 30 DKK unter 18 Jahre frei | www.empiregaarden.dk
Restaurant Lolles Gaard: € €, www.lolles.dk

Heimat des »Meisters von Elmelunde«

Ostteil der Insel

Nächster Halt östlich von Stege ist die kleine Keldbykirche (um 1250). Auch sie trägt die Handschrift des Elmelundemeisters. Seine Malereien enthalten häufig weltliche Motive wie etwa bei der Darstellung von Heiligabend, wenn Josef für das Jesuskind Grütze kocht. Die Fresken im Chor stammen aus dem 13. Jahrhundert. Weithin sichtbar ist die Dorfkirche von Elmelunde. Das **älteste Gotteshaus der Insel** ist mit bunten Fresken ausgemalt. Ein unbekannter Künstler hat im 15. Jh. mitunter schaurige Bibelszenen auf den noch feuchten Putz der Kirchenwand gebracht. Und da die Farben so strahlen, als hätte er sie gerade erst aufgetragen, erhielt er den Namen »Meister von Elmelunde«. Mehr als ein Dutzend Kirchen auf ▶ Lolland, Fünen und Seeland hat er ausgeschmückt. Da viele Kirchgänger einst weder lesen noch schreiben konnten, waren die Fresken eine Art Bibelersatz. Renaissance-Altar und -Kanzel wurden von Corfitz Ulfeldt, Lehnsherr auf Møn, und seiner Frau Leonora Christina, gestiftet.
An der rauen Südküste träumt **Klintholm Have** vor sich hin, ein idyllisches Fischerdorf mit farbenfrohem dänischen Fachwerk und einer Räucherei, die frisch geräucherte Delikatessen anbietet.

Fundgrube für Fossiliensammler

★★ Møns Klint

Bis zu knapp 130 m hoch und über 12 km lang ziehen sich die Kreidefelsen vom Leuchturm Møns Fyr im Süden bis **Brunhoved** an der Nordküste hin. Die ersten Sonnenstrahlen am Morgen tauchen nur die höchsten Spitzen der **Kreideklippen** in warme Rottöne, dann wandert das Licht schnell die Felswände hinab, bis die Felsen in grellem Weiß erstrahlen. Hier und dort rieselt es den Abhang hinab, und tief unten lauert die Brandung. Gebildet wurde die Tafelkreide vor 75 Mio. Jahren aus den Überresten von Pflanzen und Tieren am Grunde eines Urmeeres. Mächtige Gletschermassen schoben die Kreideschichten während der letzten Eiszeit an die Oberfläche und schliffen sie zurecht. Stück für Stück gibt die Ostsee Versteinerungen von Seeigeln, Muscheln und Tintenfischen preis – eine Fundgrube für Fossiliensammler. Lange Holztreppenwege mit mitunter mehr als 500 Stufen verbinden Strand und Steilklippe. Dem unweit vom Hotel Store Klint gelegenen, 128 m hohen Dronningestolen gilt heute die größte Aufmerksamkeit. Der **»Königinnenstuhl«** hat sein erdgeschichtliches Pendant auf Rügen – an klaren Tagen kann man am Horizont die 60 km entfernte Insel erahnen. Das **Geocenter** Møns Klint nahe der Kreideküste erlaubt spannende Einblicke in die Entstehung und den Wandel von Møns Wahrzeichen, den Kreideklippen. Dass die

Erosion dramatisch sein kann, zeigte sich 1988, als das Wahrzeichen Sommerspiret wegbrach, 1998 wurde der Aussichtspunkt Freuchens Pynt aus über 100 m in die Tiefe gerissen, 2007 stürzten rund 500 000 Tonnen Kreide rund um den Store Taler ab – Warnungen also unbedingt beachten! Das **einstige Beobachtungshaus** neben dem Leuchtturm, von wo aus man alle Bewegungen von Schiffen und Flugzeugen aus Ostblockstaaten überwachte, ist heute ein Urlaubsdomizil für zwei mit Strandnähe und perfekterAussicht auf die Kadet-Rinne – diese hat für die Seefahrt und die Nato zentrale Bedeutung.

Geocenter Møns Klint: Ostern – Okt. tgl. 10/11 – 17/18 Uhr | Eintritt 140 DKK, 3 – 11 Jahre 95 DKK, Parkplatz 35 DKK
www.moensklint.dk
Ferienhaus auf den Klippen: www.derskerikkeenskid.dk/totehose
Fahrten auf das Meer: www.sejlkutteren-discovery.dk

NÆSTVED

Insel: Seeland | **Region:** Sjælland | **Einwohnerzahl:** 53 200
Auskunft: Sct. Peders Kirkeplads 14 | **www.visitnaestved.com**

Dänische Handelsstädtchen bergen oft sehenswerte Überraschungen. So wie Næstved zum Beispiel. Meist wird der Hauptort Westseelands bei der Fahrt nach ▸Kopenhagen oder zu den Stränden und Urlaubsregionen an der Westküste Seelands schnell durch- oder umfahren. Dabei gibt es im 1135 gegründeten Næstved einiges zu entdecken. Dänemarks ältestes Rathaus etwa. Oder die königlichen Gardehusaren, deren Kaserne fest zum Stadtbild gehören – jeden Mittwoch reiten sie zu Übungszwecken im nahen ▸Slagelse durch die Straßen.

Auch der Name Kähler gehört fest zu Næstved: Besonders die gestreiften Vasen der Keramikfabrik sind ein echter Designklassiker. Naturfreunde finden in Næstved die naturnahe Suså, den längsten Fluss Seelands, und vom Bahnhof ist eine 23 km lange **Wander- und Fahrradroute** entlang der Lagunenküste über Karrebæksminde nach Bisserup ausgeschildert. Urzeitliche Eismassen und die Kraft der See haben eine herrliche Küste mit Inseln, schattigen Wäldchen und Landzungen geformt. Der 1938 eröffnete Kanal zum Karrebæksminde Fjord mit seinen herrlichen Badestränden machte Næstved schließlich sogar zur Hafenstadt.

Der Künstler der Fresken in der Kirche von Elmelunde ist unbekannt.

Wohin in Næstved?

Das älteste Rathaus Dänemarks

Altstadt

Das einzige in Dänemark erhaltene **Rathaus** aus dem Mittelalter steht in Næstved am Sct. Peders Kirkeplads. Begonnen wurde der Backsteinbau Anfang des 15. Jh.s, bis 1856 trat hier der Stadtrat zusammen, inzwischen nutzt es die Gemeindeverwaltung. Der gotische Ziegelsteinbau der **Sct. Peders Kirke** aus dem 13. Jh. wurde von 1883 bis 1885 grundlegend restauriert. Dabei fand man im Chor Wandmalereien aus der Zeit um 1375, darunter eine Darstellung von König Waldemar Atterdag und seiner Frau Hedwig. Aus den Quadern einer romanischen Vorgängerin wurde ebenfalls im 13. Jh. die St.-Mortens-Kirche erbaut, ihr Chorbogen-Kruzifix datiert von 1510. Die Renaissancekanzel schnitzte Abel Schrøder d. Ä., sein Sohn schuf das schöne Altarbild aus dem frühen Barock.

Seinen Namen **Apostelhuset** verdankt das schmucke Fachwerkhaus in der Riddergade den um 1510 geschnitzten Fassadenfiguren, die Jesus und seine zwölf Jünger darstellen. Die benachbarten **»Stenboderne«** aus dem 15. Jh. mit gemauerten Bogenfenstern werden gerne als »erste Reihenhaussiedlung Dänemarks« bezeichnet – heute informieren sie als Außenstelle des Næstved Museums über lokales Kunsthandwerk. Das **Stadtmuseum** selbst ist im Heiliggeisthaus (Helligåndshuset), dem ehemaligen Hospital und Armenhaus, untergebracht, das 1398 erstmals urkundlich erwähnt wurde.

Fachwerk und Kopfsteinpflaster zieren den idyllischen Innenhof der **Löwenapotheke**, die seit 1640 am Axeltorv angesiedelt ist – heute der beliebteste Treffpunkt der Stadt. Die jetzige Apotheke im Stil der holländischen Renaissance stammt von 1853, das Wohngebäude wurde 1696 erbaut.

Stenboderne: Di. – Sa. 10 – 14, So. 10 – 16 Uhr | Eintritt 40 DKK, unter 18 Jahre frei

Næstved Museet: Ringstedgade 4 | Di./Mi., Fr./Sa. 10 – 14, So. 10 – 16 Erw. 40 DKK, unter 18 Jahren frei, Ticket gilt am Kauftag für beide Stätten | www.naestved-museum.dk

Die älteste Keramikwerkstatt des Landes

Weiter Sehenswertes

Von der Teatergade führt ein schöner Spazierweg auf den **»Mönchshügel«**. Mit Schnitzeisen hat der Gärtner Jens Andersen hier aus einer Ulmenallee sieben fromme Mönche erstehen lassen.

Die 1839 gegründete »Kähler Keramik« am Kählersbakken 5, Dänemarks älteste Keramikwerkstatt, gehört nach einem Konkurs seit 2008 dem Architekten Frantz Longhi und fertigt moderne, puristische Schüsseln, Schalen, Teller und Vasen nach Entwürfen von Designerstars wie z. B. Louise Campbell oder Björn Poulsen.

Einen eindrucksvollen Anblick bietet am nördlichen Stadtrand das um 1135 gegründete ehemalige Benediktinerkloster. 1565 eröffneten Admiral Herluf Trolle und seine Frau Brigitte Gøye hier eine Schule, das heutige Internat. In der spätmittelalterlichen Klosterkirche, **Herlufsholm**, wo die Schulgründer beigesetzt sind, hängt ein gotisches Kruzifix aus einem grönländischen Walrosszahn.

Rund um Næstved

Köstliches Bier aus der Schlossbrauerei

Gavnø

Zwischen Mai und September verkehrt eine Fähre zur Insel Gavnø und weiter nach Karrebæksminde. Der um 1755 von Otto Thott zu einem **Rokokoschloss** ausgebaute Herrensitz Gavnø ist bewohnt, einige Bereiche, darunter die Schlosskirche, können aber besichtigt werden. Das Anwesen nennt eine der größten privaten Gemäldesammlungen Dänemarks sein Eigen, sowie kostbare Möbel und eine Bibliothek. Altar und Kanzel der um 1400 erbauten Kirche im Südflügel wurden von Abel Schrøder d. Ä. geschnitzt. Die prächtige Lindenallee geht zurück auf das Jahr 1775. Nach alten Familienrezepten braut Dänemarks einzige **Schlossbrauerei** köstliche Biobiere – Pils, Ale, Stout und Lager sowie Oster-, Weihnachts- und Weizenbier. Das angrenzende **Sommerfugleland** zeigt exotische Schmetterlinge und seltene Tropenpflanzen. Neueste Attraktion ist der **Kletterpark Go Fly** mit seiner Zip Line inmitten von alten Baumkronen.

Gavnø Slot: 23. März – 20. Okt.10 – 16, 24. Juni – 11. Aug. bis 18 Uhr | Eintritt 125 DKK, 5 – 12 Jahre 75 DKK | www.gavnoe.dk
Schlossbrauerei: www.slotsbryggeriet.dk

Zweimal Freizeitspaß und zweimal Schloss

Gisselfled Kloster, Schloss Bregentved

Außerhalb von Holme-Olstrup findet man im BonBon-Land rund 60 Attraktionen für die ganze Familie – Karussells, Klettertürme, Seelöwenshows, Kindertheater. Und Dänemarks größte rotierende **Achterbahn**: Bei Tempo 55 drehen sich die Wagen auf der ca. 390 m langen Bahn um sich selbst – da sollten die Benutzer schon einen einigermaßen robusten Magen haben.

Die 1547 von Peder Oxe erbaute **Renaissanceburg** Gisselfeld Kloster, 15 km nordöstlich von Næstved, ist nur an ausgewählten Terminen auf Führungen zu besichtigen, aber der 1870 angelegte Park im englischen Stil und das Klostercafé lohnen jederzeit einen Besuch. Nur 4 km nordöstlich steht Schloss Bregentved, das **größte Gut Seelands**; seit 1746 gehört es dem Grafengeschlecht Moltke. Ursprünglich von Nicolas-Henri Jardin als Barockgarten angelegt, blieben einige seiner Kanäle, Brunnen und Alleen erhalten, als er 1835 in einen Landschaftsgarten verwandelt wurde. Sehenswert hier sind auch ein Obelisk (1770) von Johannes Wiedewelt in Gedenken an Frederik V. sowie eine Statue von Adam Gottlob Moltke, dem seinerzeit das Gut von dem Regenten zugesprochen wurde.

Vom Prismet hat man spektakuläre Ausblicke in Europas größten Kalk-Tagebau.

Das **Camp Adventure** westlich von Rønnede bietet mit 415 m und 475 m zwei der längsten Seilrutschbahnen Nordeuropas.

BonBon-Land: Mai – Okt. 9.30 – 17/20 Uhr | Eintritt ab 149 DKK, unter 90 cm frei | www.bonbonland.dk
Gisselfeld Kloster: Führungen 155 DKK, Park: 30 DKK, unter 12 Jahre frei | www.gisselfeld-kloster.dk
Schloss Bregentved: www.bregentved.dk
Camp Adventure: Eintritt Erwachsene 365 DKK, 7 – 14 Jahre 235 DKK, 3 – 6 Jahre 135 DKK | www.campadventure.dk

Auf dem Grund eines 63 Millionen Jahre alten Meeres

★ Prismet in Faxe

Neben Kalk wurde die Kleinstadt **Faxe**, 25 km östlich von Næstved auch für ihr Bier bekannt: Das Faxe Fad-Pilsner wird in der Brauerei an der Torregade 35 hergestellt. Bekannt ist der Badeort auch für seine kilometerlangen Sandstrände.

Eine ganz besondere Attraktion wurde erst 2017 eingeweiht: »Prismet« – ein echtes Highlight für Architektur- und Geologiefans. Die markante Aussichtsplattform liegt an einer der steilsten Stellen am Rand des **Faxe Kalkbrud**, Europas größtem Kalk-Tagebau. Vom »Prisma« aus hat man weite Blicke über das rund 15 ha große Areal, das sich rund 70 km von Kopenhagen entfernt im Südosten von Seeland befindet. Der Kalk stammt aus der Zeit vor etwa 63 Millionen Jahren, als sich an dieser Stelle gut 100 m unter dem Meeresspiegel ein riesiges Korallenriff befand. Der Kalkbruch wurde über rund 500 Jahre bis in eine Tiefe von 45 Metern ü. d. M. abgebaut – der tiefste menschengemachte Ort im Königreich.

Geomuseum Faxe: Østervej 2 | Besuch des »Prismet« ist frei
www.kalklandet.dk |

Ein Atelier für den großen Bildhauer

Præstø

Etwa 8 km östlich entstand zwischen dem 16. und 18. Jh. das adlige Frauenstift, das **Vemmetofte Kloster** mit seinem idyllischen Klostergarten und Camping am Strand.
Südlich von Faxe liegt Præstø am gleichnamigen beschaulichen Fjord. Hier trafen sich Anfang des 19. Jh.s am nördlichen Stadtrand auf dem **Herrensitz Nysø** illustre Größen aus Kunst und Kultur. Dort ließ Baronin Stampfe für **Bertel Thorvaldsen** (▶Interessante Menschen), der dort die letzten sechs Jahre seines Lebens verbrachte, ein Atelier bauen. Ein kleines Museum zeigt Werke des berühmten klassizistischen Bildhauers.

Vemmetofte Kloster: www.vemmetofte.dk
Thorvaldsen-Sammlung: Mai – Aug. Sa./So.12 – 16 Uhr | Eintritt 30 DKK, unter 18 Jahre frei | www.thorvaldsensamlingen.dk

NYBORG

Insel: Fünen | **Region:** Syddanmark | **Einwohnerzahl:** 16 500

Das kleine Nyborg am Ostrand von Fünen war über Jahrhunderte eines der Zentren des Königreichs. Sogar die erste Verfassung des Landes wurde hier »geboren« – das imposante Schloss Nyborg zeugt noch heute von der einstigen Bedeutung der Hafenstadt. Ja, Hafenstat – denn Nyborg war bis zur Einweihnung der markanten Brücke über den Großen Belt 1998 einer der pulsierendsten Fährhäfen Dänemarks. Heute lässt sich über die Autobahn schnell »durchrauschen«.

Kleine Stadt, große Bedeutung

Doch wer das tut, verpasst viel! Der längste Dolmen Dänemarks, der **Stenbjerggård** misst 168 m und steht südwestlich von Nyborg im Wald zwischen Ellested und Ørbæk. Fast 130 seiner ursprünglichen

Randsteine sind erhalten geblieben. Insgesamt zählt die Begräbnisstätte aus der Jungsteinzeit um 3500 v. Chr. sieben Dolmengräber und ein Kammergrab.

Wohin in Nyborg und Umgebung?

Ein Bollwerk und die erste Verfassung Dänemarks

Nyborg Slot

König Valdemar ließ um 1170 eine erste Burg als Glied einer Festungskette zur Überwachung des Großen Belts bauen, die Schutz vor wendischen Piraten bieten sollte. Die **Königsfamilie** wohnte bis ins 16. Jh. darin. Im Jahr 1282 unterzeichnete König Erik Klipping hier die erste Verfassung Dänemarks. Der Krieg gegen Schweden führte im 17. Jh. zu starken Zerstörungen, 1869 wurde die Festung geschleift. Erst 1917 begann die Restaurierung des Westflügels. Das jetzige »neue« Schloss ist der alte Königsflügel, der zwischen 1200 und 1549 entstand. Bei den Besichtigungen wandelt man durch mittelalterliche **Rittersäle und Königsgemächer**. In der zweiten Hälfte des 17. Jh.s ließ Frederik III. die Festung verstärken und die Wallanlagen ausbauen. Bis 1871 blieb das mit 40 m längste Festungstor des Landes, **Landporten**, der einzige Zugang von der Landseite. Auf den Festungswällen gibt Dänemarks ältestes **Freilichttheater** Nyborg Voldspil immer Ende Juli ein buntes Spektakel.
Der schönste Fachwerkbau ist der 1601 von Bürgermeister Mads Lerche errichtete **Kaufmannshof** an der Slotsgade 11. Heute zeigt hier das Nyborg og Omegns Museum Exponate zur Stadtgeschichte. Margrethe I. legte 1388 den Grundstein zur **Liebfrauenkirche** an der Adelgade, der 67 m hohe Turm stammt aus dem Jahr 1581. Nur wenige Schritte südlich steht der Kreuzbrüderhof, ein 1396 erbautes Steinhaus mit einem Renaissancegiebel von 1614.

Nyborg Slot: Juni – Aug. tgl. 10 – 16, Sept. – Okt. und April – Mai Di. – So. 10 – 15, sonst Do. – So. 10 – 15 Uhr | Eintritt 70 DKK, unter 18 Jahre frei | www.nyborgslot.dk
Freilichttheater Nyborg Voldspil: www.nyborgvoldspil.dk
Stadtmuseum: 24. März – Mai, Sept./Okt. Di. – So. 10 – 15, Juni – Aug. tgl. 10 – 16 Uhr | Eintritt 40 DKK

Im Zeichen der Kirsche

Kerteminde

Eine gemütliche Atmosphäre, wie sie der Maler Johannes Larsen in seinen Bildern festgehalten hat, herrscht noch heute in den schmalen Gassen von Kerteminde (rund 40 km nördlich von Nyborg) mit kleinen, bunten Häuschen und alten Kaufmannsläden. Fünens wichtigster Fischereiort besitzt schöne Fachwerkbauten wie den **Farvergården** von 1630, heute das Stadt- und Heimatmuseum. Am Møllebakken 14 schuf sich der Landschaftsmaler **Johannes Larsen** (1867 – 1961) ein idyllisches Plätzchen, wo ihm heute ein Museum gewidmet ist.

NYBORG ERLEBEN

VISIT NYBORG
Torvet 2B
Tel. 63 33 80 90
www.visitnyborg.dk

KERTEMINDE TURISTBUREAU
Hans Schacksvej 5
5300 Kerteminde
Tel. 65 32 11 21
www.visitkerteminde.dk

DANEHOFMARKED
Großer Mittelaltermarkt mit Ritterturnieren, am 1. Wochenende im Juli
www.visitnyborg.dk/nyborg/danehof-i-nyborg-program

RUDOLF MATHIS €€€€
Wer etwas Besonderes sucht, reserviert am besten Plätze im exquisiten Fischrestaurant am Kerteminde-Hafen. Unwiderstehlich: die Canneloni mit Jomfruhummer und das Himbeerparfait; beeindruckend: die Weinkarte.
Dosseringen 13
Tel. 65 32 32 33
www.rudolf-mathis.dk

LIEFFROY €€€
Von Vater Jean Louis, Chefkoch im Falsled Kro, erbte er die Gene für gute Küche, seit 2010 ist Patrick Lieffroy selbst Chef – am Herd des Hesselhuset. Im Sommer begleiten Promenadenkonzerte das Gourmet-Mahl.
Skræddergyden 34
Tel. 65 31 24 48
www.lieffroy.dk

BEST WESTERN NYBORG STRAND €€€
2013 erhielt das große Konferenz- und Ferienhotel einen schicken Anbau mit 75 Zimmern.
Østerøvej 2
Tel. 65 31 31 31
www.nyborgstrand.dk

Alljährlich im Juli feiert der Badeort sein Kirschenfestival, bei dem neben Kunst und Konzerten auch die Kürung des besten Kirschkuchens, Kirschlikörs und Kirschschnapses auf dem Programm stehen. Den Gang durch die Unterwasserwelt des **Fjord & Bæltcentret** beim Hafen von Kerteminde begleiten die Gesänge von Blauwalen. Im 50 m langen Tunnel unter dem Fjord kann man Quallen, Seesterne, Schollen und Krebse beobachten. Blickfang der Cafeteria ist das 2 t schwere Skelett eines 1996 gestrandeten, 13 m langen Pottwals

Stadt- und Heimatmuseum Farvergården: Langegade 8 | März – Okt. Di. – So. 10 – 16, 18. Nov. – 23. Dez. Mo. – Fr. 10 – 17 u. Sa./So. 10 – 16 Uhr | Eintritt frei | www.ostfynsmuseer.dk

Johannes Larsen Museum: Juni – Aug. tgl. 10 – 17 | Sept. – Mai Di. – So. 10 – 16 Uhr | Eintritt 90 DKK, unter 18 Jahre frei
www.johanneslarsenmuseet.dk

Nyborg sieht einfach hygglig aus.

Fjord & Bæltcentret: Margrethes Plads 1 | Di. – So. 10 – 16 Sommerferien bis 17 Uhr | Eintritt ab 110 DKK, Kinder ab 50 DK www.fjordbaelt.dk

Bestattung per Schiff?

Ladbyskibet

Südwestlich am Kertemindefjord findet man bei **Ladby** Dänemarks einziges **Grabschiff der Wikingerzeit** (▶ Baedeker Wissen, S. 300). Erhalten sind der Erdabdruck, Anker und Planken des 22 m langen Boots für 32 Ruderer Besatzung. Der Vordersteven hatte die Form eines Drachenkopfs, der Hecksteven die eines Drachenschwanzes. Ein Museum informiert über die 1935 begonnenen Ausgrabungen und die Hintergründe dieser Bestattungsform. Eine Nachbildung des Wikingerschiffs ist auf dem Gelände des Museums in Bau, Besucher können dabei zusehen.

Die Spitze Fünens auf der Halbinsel **Hindsholm** kennzeichnen große Getreidehöfe und schöne Strände, mit Måle und Viby gibt es zwei echte Dorfidyllen. Sehenswert ist auch das gewaltige Hünengrab **Mårhoj** bei Snave.

Vikingemuseet Ladby: Vikingevej 123 | Sept. – Mai Di. – So. 10 – 16, Juni – Aug. tgl. 10 – 17 Uhr | Eintritt 70 DKK, unter 18 Jahre frei www.vikingemuseetladby.dk

Nächtigen wie König und Königin

Holckenhavn Slot, Lykkesholm Slot

Etwa 2 km südlich vom Stadtzentrum ▶Nyborg und nur wenige Fahrminuten von der Großen-Belt-Brücke entfernt liegt das zwischen

1584 und 1631 erbaute Holckenhavn. Das Schloss gehört zu den am besten erhaltenen Renaissanceschlössern im Königreich. Zwar lässt es sich von innen nur bei Firmenevents, Hochzeiten oder Wochenendaufenthalten entdecken, doch auch ein Spaziergang durch den herrlichen Park lohnt sich.

»
Was für eine Verpflegung erhältst du hier auf Lykkesholm! Warmes Mittagessen, herrlichen Wein und gute Betten.
«

schwärmte H. C. Andersen (▶ Baedeker Wissen, S. 262), der auf diesem Herrensitz von 1600 südöstlich von Nyborg ein gern gesehener Gast war. Heute dient das Haus vornehmlich Hochzeiten und Firmenfeiern. Doch nicht für Jedermann: Denn um im Schloss Lykkesholm zu wohnen, muss man das ganze Schloss mieten und das Doppelzimmer kostet am Wochenende 30 000 DKK – immerhin inklusive Frühstück. In der Woche ist das Vergnügen (etwas) preiswerter.

Schloss Holckenhavn: Holckenhavn 1, Nyborg | Park im Sommer tgl. 14 – 15.30 Uhr | www.holckenhavn.dk

Schloss Lykkesholm: Lykkesholmvej 20, Ørbæk
www.lykkesholmslot.dk

★★ ODENSE

Insel: Fünen | **Region:** Syddanmark | **Einwohnerzahl:** 197 500

Wer Geschichte und Tradition liebt, ist in Odense richtig. Wer das Heute und nachhaltige Zukunftstrends mag, aber auch. Das klingt gegensätzlich? Mag sein, doch Dänemarks drittgrößte Stadt versöhnt beides: In der Altstadt mit ihren geduckten Häusern rund um die Gasse Bangs Boder, in der der weltberühmte Märchendichter Hans Christian Andersen aufwuchs, lockt Odense zu einer Zeitreise ins 19. Jahrhundert. Noch weiter zurück ins Landleben von einst geht es sogar im Freilichtmuseum »Den Fynske Landsby« vor den Toren der Stadt. Aber Odense ist auch modern: Fast 25 000 Studierende an der Syddansk Universitet und eines der besten Radfahrnetze des Königsreichs sind nur zwei Beispiele dafür. Dass Kultur ebenfalls nicht zu kurz kommt, braucht man da fast nicht ausdrücklich zu erwähnen – unter dem Dach der einstigen Kleiderfabrik Brandts finden Kunstfans Kunst- und Fotomuseen, trendige Cafés und andere Highlights.

P 16

Märchenhaft, mit viel junger Kunst

Vermutlich war Odense, dessen alter Name »Odins« übersetzt »Odins Heiligtum« bedeutet, eine eisenzeitliche Kultstätte für den nordischen Kriegsgott Odin bzw. Wotan – zugleich auch der allmächtige Göttervater in der nordischen Mythologie. Urkundlich wird die Stadt erstmals 988 erwähnt in einem Schutzbrief des späteren deutschen Kaisers Otto III., der u. a. den Kirchen Steuerfreiheit gewährte. 1020 wird Odense Bischofssitz, 1335 werden die Stadtrechte verliehen. Die Ermordung des später heilig gesprochenen **Königs Knud** 1086 auf den Stufen der St.-Albani-Kirche machte Odense im Mittelalter zu einem bedeutenden Wallfahrtsort. Wirtschaftlichen Aufschwung brachte Anfang des 18. Jh.s der Bau eines Hafens, der 1804 durch einen Kanal direkten Zugang zur Ostsee erhielt. Heute ist Fünens größte Stadt das Verwaltungszentrum der grünen Insel. Mitten durch die Stadt schlängelt sich das Flüsschen Odense Å. An warmen Sommertagen nimmt man am besten das Schiff, um zum Zoo hinauszuschippern, oder man radelt am Ufer entlang zum »Fünischen Dorf«.

Wohin in Odense?

Schauplatz eines mittelalterlichen Mordes

Rund um das Rådhus

Der Rundgang beginnt am Flakhavn mit Blick auf Wiig Hansens Skulptur »Oceania«. Wer bummeln möchte, findet in den Fußgängerzonen rund um den Dom und in der Vestergade Geschäfte und Restaurants. Der Westflügel des Rathauses wurde 1883 im Stil norditalienischer Gotik ausgeführt. 1955 kam der Erweiterungsbau aus Stahlbeton hinzu. Zur Rathausführung gehören der Trausaal mit dem Wandschmuck »Junges Glück« und die Gedenkwand für berühmte Söhne Fünens. Auf dem angrenzenden Albani Torv grüßt die Statue des hl. Knud von Einar Utzon-Frank.

Begonnen wurde der hochgotische **Dom Sct. Knuds Kirke** im 11. Jh. von König Knud dem Heiligen, dessen sterbliche Überreste in der Krypta beigesetzt sind, wo auch andere gekrönte Häupter Dänemarks ihre letzte Ruhe gefunden haben. Die Kirche brannte im 12. Jh. nieder und wurde durch eine dreischiffige Backsteinkirche ersetzt. Herrliche Schnitzereien zieren den großen Flügelaltar (1515 – 1534) von Claus Berg. Den Schauplatz der Ermordung König Knuds markiert wenige Schritte entfernt ein Denkmal, da die historische St.-Albani-Kirche nicht mit der heutigen, 1908 geweihten Pfarrkirche identisch ist.

★★ H. C. Andersens Hus

Die Welt des dänischen Märchenkönigs

Der berühmte Sohn der Stadt, Hans Christian Andersen (▶Baedeker Wissen, S. 262), steht in Bronze gegossen im Stadtpark, der nach ihm benannt ist. Im H. C. Andersens **Barndomshjem**, wo die Familie

OBEN: Beim Andersen-Festival dreht sich eine Woche lang alles um den großen Märchenerzähler.
UNTEN: In diesem Häuschen kam er zur Welt.

FAST WIE EIN MÄRCHEN

BAEDEKER WISSEN

Schon ein Spaziergang durch Kopenhagen lässt Hans Christian Andersens Geschichten von der kleinen Meerjungfrau, dem standhaften Zinnsoldat oder den Galoschen des Glücks lebendig werden. Den größten Teil seines Lebens verbrachte der Märchendichter in der dänischen Hauptstadt. Hier fand er, was sein Herz begehrte: Menschen, die ihm halfen, und Orte, die ihn inspirierten.

Eine Karriere am Theater ist sein sehnlichster Wunsch. Gerade 14 Jahre alt, verlässt Andersen 1819 seinen Geburtsort Odense und reist, mit 13 Talern in der Tasche, nach Kopenhagen. Bei Steuermannswitwe Henckel findet er eine Bleibe. Sein Zimmer ist eine leere Speisekammer ohne Fenster und Licht. Als Mittagessen reicht das Geld nur für trockenes Brot, das er tagtäglich auf einer Bank im Kongens Have verzehrt. Schloss **Rosenborg** lässt den hageren Jungen träumen. In seiner Fantasie verwandeln sich die bronzenen Löwen in drei schreckliche Hunde – nachzulesen im Märchen »Das Feuerzeug«. Ausgestattet mit Empfehlungsschreiben, wird Andersen bei Kopenhagener Künstlern vorstellig. In der Bredgade 19 überrascht er Madame Schall, zeigt Tanzschritte – und wird hinausgeworfen. Und auch Guiseppe Siboni, Chorleiter des Hoftheaters, ist überzeugt: Andersen hat kein Talent. Solotänzer Dahlén, Ballettmeister am Königlichen Theater, indes nimmt Andersen als Schüler an. Bei **Engelke Colbiørnsen**, die Andersen 1821 zunächst als Unikum in ihren literarischen Zirkel auf Bakkehuset einführt, wird der Junge erstmals als Dichter angesprochen. Beschwingt schickt er erste Stücke an das Königliche Theater. Die Ablehnung kommt prompt – doch Frederik VI. ist aufmerksam geworden und schickt Andersen 1822 zur **Lateinschule** in Slagelse. Fünf Jahre später kehrt er nach Kopenhagen zurück. Seinen abendlichen »Middag« erhält er als **Kostgänger** bei Kopenhagener Familien. Was aus Wohltätigkeit begann, wurde ein lebenslanger Brauch – und Andersen ein geschätzter Ehrengast.

Stückeschreiber und Schriftsteller

Mit der »Fußreise vom Holmenkanal zur Ostspitze von Amager« gelingt 1828 der Durchbruch als Dichter, ein Jahr später folgt mit »Liebe auf dem Turm der Nicolai-Kirche« Andersens Debüt als Dramatiker. Als er 1830 Riborg Voigt kennenlernt, sie aber seine Liebe nicht erwidert, flüchtet er ins Ausland – und findet den Rhythmus seines Lebens: Auf jede Krise in der Heimat folgen **Reisen** durch Europa und Kleinasien. »Ich wünschte, ich könnte auf einer Kanonenkugel durch die Sphären reiten«, schrieb Andersen, der London und Paris besucht, Berlin, Weimar und Konstantinopel.

» Es war einmal ein richtiger Student, der wohnte in einer Dachkammer, und ihm gehörte gar nichts ... «

Andersens Märchen »Das Heinzelmännchen bei dem Krämer«.

Andersens Märchen haben Millionen von kleinen und großen Lesern begeistert und gehören noch immer zu den großen Werken der Weltliteratur.

Da er ledig ist, führt er keinen eigenen Haushalt, sondern wohnt in möblierten Zimmern, zeitweise auch im Hotel. Im Laufe seines Lebens gelingt es ihm, sich rund um den Kongens Nytorv einzuquartieren: im Hotel du Nord, im Gebäude des Café à Porta, im Hôtel d'Angleterre, in der Store Kongensgade, am Nyhavn und in der Tordenskjoldsgade. 1834 veröffentlicht Andersen seine ersten Märchen. Aus der unglücklichen Liebesgeschichte einer Nixe entsteht ein Nationalsymbol: »Den Lille Havfrue« – »**Die kleine Meerjungfrau**«. Die Jahre bis Mai 1837 – Andersen wohnt in zwei Dachkammern des heutigen Magasin du Nord am Kongens Nytorv – gehören zu den besten seines Lebens. Der König zahlt jährlich 4000 Reichstaler Gage, seine Ideen sprudeln nur so hervor, im Ausland mehren sich die Übersetzungen seiner Werke und in Kopenhagen wird Andersen mit Ehrungen bedacht. Nur mit der Liebe will es nicht klappen: Zwar glaubte er mehrmals, die große Liebe gefunden zu haben, etwa in der schwedischen Opernsängerin Jenny Lind – doch nie erwiderte eine der Angebeteten seine Gefühle.

»Wie einsam bin ich doch ...«

»Mein Leben ist ein schönes Märchen, reich und glücklich!« war die Bilanz von Andersens Autobiografie. Richtig glücklich aber ist der große Dichter nie. Zeitlebens schämt sich der Schustersohn seiner Herkunft, leidet er aufgrund seiner langen Nase und der schlacksigen Gestalt. Nyhavn 18 wird zur letzten Wohnstätte des zunehmend Rastlosen. Von Krankheit gezeichnet, sitzt er am Fenster und beobachtet das Treiben auf der Straße. Zum 70. Geburtstag organisiert das jüdische Ehepaar Melchior eine Feier, die bis ins Detail auf Andersens Leben und Werk abgestimmt ist – selbst der Menüzettel ist von Märchen inspiriert. Moritz und Dorothea Melchior sind es auch, die 1874 eine landesweite Spendenaktion für eine **Andersen-Statue** im Kongens Have initiieren. Wie die Statue von August Såbye 1880 aufgestellt wird, kann Andersen nicht mehr erleben, er erliegt am 4. August seinem Krebsleiden und wird auf dem **Assistens Kirkegård** begraben. Sein Lebensziel aber hat er erreicht: Aus dem hässlichen Entlein, das 1819 vor den Toren Kopenhagens stand, ist ein glänzender Schwan geworden.

1807 – 1819 wohnte, ist heute eine Ausstellung der Kindheit des Dichters gewidmet. Vom 25. Juni bis 31. August macht der **Nachtwächter** allabendlich außer sonntags einen Rundgang, singt dabei alte Lieder und erzählt Wissenswertes über das Viertel.
Das bescheidene Fachwerkhaus Ecke Hans Jensens Stræde/Bangs Boder wiederum gilt als **Geburtshaus** des dänischen Märchenkönigs, der hier am 2. April 1805 zur Welt gekommen sein soll. Mitten im Armenviertel lag damals die Werkstätte des jungen Schuhmachers Andersen und seiner Frau. Das sorgsam restaurierte Kleine-Leute-Viertel bildet heute einen recht romantischen Rahmen für das seit 1930 bereits mehrfach erweiterte Museum.
Bis 2020 entsteht rund um das Geburtshaus des Dichters aktuell ein ganz neues **Erlebnismuseum** rund um seine Märchenwelt. Das neue Haus wird die alten Andersen-Attraktionen H. C. Andersen-Haus und das **Kinderkulturhaus »Fyrtøjet«** (»Das Feuerzeug«) miteinander verbinden. Den Architekturwettbewerb für den 41 Millionen teuren Bau gewann das japanische Büro Kengo Kuma. Insgesamt soll das Erlebnismuseum rund um die Märchenwelt des 1875 verstorbenen Hans Christian Andersen 5600 m² umfassen, von denen zwei Drittel unterirdisch liegen. Die Holzkonstruktion des Museums ist inspiriert von lokaler dänischer Bautradition, den historischen Fachwerkhäusern Odenses. Das Museum ist eingebettet in einen großen »magischen« Garten. Bis zur Eröffnung des neuen Museums kann weiterhin die »alte« Sammlung besichtigt werden, die mit Bildern, Manuskripten, Briefen und Büchern chronologisch Andersens Leben und Werk illustriert, und im Kulturhaus Fyrtøjet können Kinder ebenfalls weiterhin seine Fantasiewelt durch Erzählung, Musik und Theater erleben.

Barndomshjem: Munkemøllestræde 3 – 5 | Sept. – Juni Di. – So. 11 – 16, Juli/Aug. 10 – 17 Uhr | Eintritt 110 DKK, bis 18 Jahre frei www.museum.odense.dk
Kostenloser Rundgang: 21 Uhr ab Den Gamle Kro (Overgade 23)
H. C. Andersens Hus: Hans Jensens Stræde 45 | Mitte Sept. – Mitte Juni Di. – So. 10 – 16, Ende Juni/Anf. Sept. bis 17, Juli/Aug. tgl. 10 – 17 Uhr | Eintritt 110 DKK, bis 18 Jahre frei | www.museum.odense.dk
Børnekulturhuset Fyrtøjet: Møntestræde 1, geöffnet ab 23. Mai wie Andersen Hus

Ein weiterer berühmter Sohn der Stadt

Carl Nielsen

Zweiter illustrer Sohn der Stadt ist der Komponist Carl Nielsen (1865 – 1931), dessen Opern, Sinfonien und Streichquartette bis heute nicht nur auf dänischen Bühnen zu hören sind. Begleitet von seiner Musik kann man sich im lichten Museumsbau über das Werk des begnadeten Komponisten informieren. Ausgestellt sind ferner Arbeiten seiner Frau, der Bildhauerin Anna Marie Carl-Nielsen. Ein Bus fährt nach **Nørre Lyndelse**, 12 km südlich von Odense, wo der

Komponist einige Kindheitsjahre verbrachte und seine Eltern bis 1891 wohnten. So ist das Museum dort vor allem der Jugend des Musikers gewidmet.
Unbedingt ansehen sollte man sich auch den **alten Münzhof**. Zu dem 1999 restaurierten Gebäudekomplex des Stadtmuseums gehören weitere Häuser vom 16. Jh. bis heute. Die Ausstellungen des Museums erzählen vom Odense der Wikingerzeit, in Mittelalter und Barock, zeittypische Interieurs vermitteln ein Stück Alltag vom 17. Jh. bis zur Gegenwart.
Carl Nielsen Museet: Claus Bergs Gade 11 | Sept. - April Do. - Fr. 15 - 19, Sa./ So. 11 - 15, Mai - Aug. Mi. - So. 11 - 15 Uhr | Eintritt frei
www.museum.odense.dk
Geburtshaus Carl Nielsen: Odensevej 2A, Nørre Lyndelse, Mai - Sept. Di - So. 11 - 15 Uhr | Eintritt 30 DKK, unter 18 Jahre frei
www.museum.odense.dk
Møntergården: Overgade 48 - 50, Di. - So. 10 - 16 Uhr | Eintritt 50 DKK, unter 18 Jahre frei | www.museum.odense.dk

Alte Steine, junge Kunst und königliche Waggons

Brandts 13 und Eisenbahnmuseum

Die ältesten Teile der St.-Johannis-Kirche stammen aus dem 13. Jahrhundert. Hier wurde Hans Christian Andersen am Ostermontag 1805 getauft. Die mittelalterliche Kanzel an der Südwestwand ist Dänemarks einzige Außenkanzel. Junge Kunst findet man hingegen im einstigen Kunstmuseum der Fünenmaler – Brandts 13 zeigt Installationen, Filme, Skulpturen und andere aktuelle Werke zeitgenössischer dänischer und internationaler Künstler. Südlich der Altstadt, neben der Bootsanlegestelle für Flussfahrten auf der Odense Å vermitteln die Sonderausstellungen der **Kunstbygningen Filosoffen** ebenfalls innovative Ideen junger Künstler und Designer.
Im **Jernbanemuseet** (Eisenbahnmuseum) nördlich vom Bahnhof kann man einen Lok-Führerstand einsehen und den Unterschied zwischen den königlichen Privatwaggons und den harten Holzpritschen in der 3. Klasse bestaunen. Jeden ersten Samstag im Monat setzten Ehrenamtliche des Stadtmuseums **Thriges Kraftcentral** die imposante Dieselmaschine mit ihren zwei Dampfturbinen in Gang, die ab 1916 die Thriges-Fabrik und das Skibhus-Viertel mit Strom versorgte.
Brandts 13: Jernebanegade 13 | Mi. - So. 10 - 17, Do. 12 - 21 Uhr
Eintritt 90 DKK, unter 18 Jahre sowie Do. 18 - 21 Uhr frei
www.brandts.dk
Kunstbygningen Filosoffen: Di. - Sa. 11 - 17, So. bis 20 Uhr
Eintritt frei | www.filosoffen-odense.dk
Jernbanemuseet: Dannebrogsgade 24 | tgl. 10 - 16, je nach Saison
Eintritt 65 - 95 DKK, 5 - 13 Jahre 35 - 50 DKK
www .jernbanemuseet.dk
Thriges Kraftcentral: Buchwaldsgade 33 | 1. Sa. im Monat 10 - 12 Uhr | Eintritt frei | www.thrigeelvaerk.dk

ODENSE ERLEBEN

VISIT ODENSE
Vestergade 2, 5000 Odense C
Tel. 63 75 75 20
www.visitodense.de

ODENSE OPLEVELSESPAS
Mit dem einen Tag gültigen Odense Oplevelsespas hat man Zutritt zu 10 Museen, zum Rathaus, fährt kostenlos mit den Stadtbussen und zahlt nur den halben Eintritt in den Zoo.

H. C. ANDERSEN FESTIVALS
Eine ganze Woche Ende August rund um den großen Märchenerzähler: Lesungen, Performances, Ausstellungen, Theater und Musik
www.hcafestivals.com

Im Rosengaardcentret gibt es 153 Läden und Lokale, auch am 1. und letzten So. im Mon. 10 – 17 Uhr geöffnet.
www.rosengaardcentret.dk

DEN MARINEBLÅ
Gleich neben dem Geburtshaus von H. C. Andersen findet sich eine reiche Auswahl an dänischem Kunsthandwerk: allerlei Steinzeug, mundgeblasene Gläser, Porzellan mit leuchtenden Glasuren, Goldschmiedearbeiten und ausgewählte Werke dänischer Modedesigner.
Overstræde 8
Mo. - Fr. 10 – 17, Sa. 9. – 13 Uhr

2 DEN GAMLE KRO €€€–€€€€
Scholle mit Lachsmousse oder doch lieber die Perlhuhnbrust mit Entenleber? Wer gerne in historischem Ambiente schlemmt, sollte im Gamle Kro (1683) gegenüber dem Museum Møntergården einkehren. Glasüberdachter Innenhof.
Overgade 23, Tel. 66 12 14 33
www.dengamlekro.eu

1 KLITGÅRDEN €€
Tagsüber Café, abends Restaurant und immer In-Treff. Auf der Karte: dänische Favoriten – Ochsenfilet, Lammkeule und Lachs.
Gravene No 2, Tel. 63 13 14 55
www.klitgaarden-odense.dk

3 STORMS PAKHUS €€
Unter dem Dach eines alten Lagergebäudes lässt sich im »Odense Street Food« an rund 30 Ständen auf eine kleine kulinarische Weltreise gehen.
täglich ab 10 Uhr
Seebladsgade 21
www.stormspakhus.dk

1 CITY HOTEL ODENSE €€€
Moderner Komfort zu vernünftigen Preisen. Das Hotel mit 43 Zimmern und 5 Ferienwohnungen liegt nur wenige Minuten vom Zentrum und dem beschaulichen H.-C.-Andersen-Viertel entfernt.
Hans Mulesgade 5, Tel. 66 12 12 58
www.city-hotel-odense.dk

2 MILLINGS HOTEL PLAZA €€€–€€€€
Luxushotel mit modernen Zimmern und gutem Ruf; am Bahnhof, unweit der Innenstadt und direkt am Park des Schlosses gelegen.
Østre Stationsvej 24
Tel. 66 11 77 45
www.millinghotels.dk/hoteller/hotel-plaza/

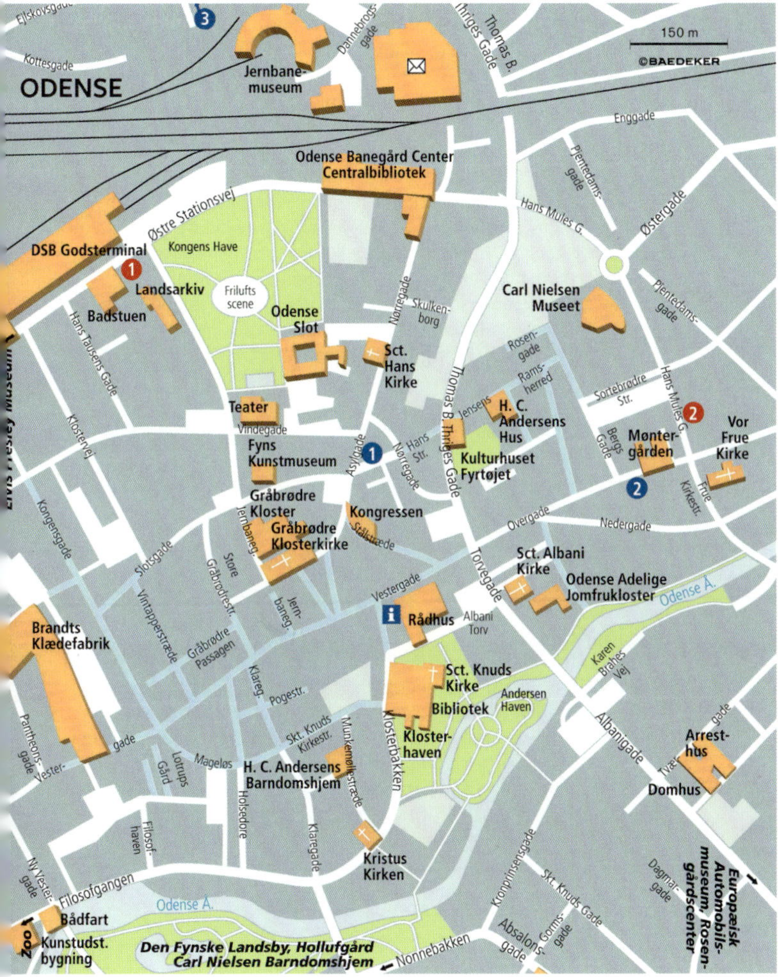

Restaurants

1 Klitgården
2 Den Gamle Kro
3 Storms Pakhus

Hotels

1 City Hotel Odense
2 Millings Hotel Plaza

Hier trifft sich die Kunst- und Kulturszene

★ Brandts

Ein weiterer Besuchermagnet von Odense ist die ehemalige Textilfabrik Brandts. Wo über 100 Jahre Spinn- und Webmaschinen ratterten, trifft sich heute die Kunst- und Kulturszene der Stadt in Restaurants und Cafés, im **Konzertsaal Magasinet** und auf der **Freilichtbühne Amphiscenen** bis spät in die Nacht. 2013 wurden das Museum für Fotokunst und die Kunsthalle Brandts sowie das ehemalige Kunstmuseum der Fünenmaler administrativ zu Brandts verschmolzen, das seitdem auf rund 5000 m^2 auf zwei Etagen der alten Fabrik jährlich gut 20 Wechselausstellungen von dänischer und internationaler Kunst, Fotokunst und Mediengeschichte zeigt.
Das **Medienmuseum** im dritten Stock des Gebäudes gehört hingegen dem Odenser Museumsverbund an und dokumentiert die Entwicklungsgeschichte vom geschriebenen Wort bis zu den heutigen digitalen Medien.

Brandts: Brandts Passage 37 – 43 | Eintritt 75 DKK, unter 18 Jahre frei, alle Sammlungen des Hauses inkl. Medienmuseum 90 DKK
www.brandts.dk
Medienmuseum: Di. – Mi., Fr. – So. 10 – 17, Do. 12 – 21 Uhr
www.museum.odense.dk

Rund um Odense

Wie in Afrika

Zoo

Wie auf dem Schwarzen Kontinent fühlt man sich wiederum im Odenser Zoo, wo im Okavangogehege und im Afrikahaus Löwen, Zebras und Strauße zu beobachten sind. Das **Ocearium** lockt mit einer Reise durch Südamerika: 800 kg schwere Seekühe baden im Fluss, Affen und Tapire laufen durch den Regenwald, bis am Ausgang Pinguine, Tintenfische und Schwertwale die eiskalte Südspitze des Kontinents markieren. 2009 eröffnete im Zoo Odense zudem Nordeuropas größtes **Freifluggehege** für Flamingos, Pelikane und andere afrikanische Vögel. Von Mai bis Sept. kann in der afrikanischen Savanne im Kiwara Camp inmitten der Tierwelt im Zelt übernachtet werden, ein Erlebnis nicht nur für Kinder.

Sdr. Boulevard 306 | tgl. ab 9, Schließzeiten variieren nach Jahreszeit | Eintritt je nach Saison 180 – 220 DKK, 3 – 11 Jahre 100 – 110 DKK | www.odensezoo.dk

Ein fünisches Dorf wie zu Andersens Zeiten

★ Den Fynske Landsby

Etwa 4 km südlich vom Stadtzentrum befindet sich »Das Fünische Dorf«, ein **Freilichtmuseum** mit 20 rekonstruierten ländlichen Höfen, Wassermühle, Pfarrhof, Schule, Schmiede und Armenhaus, wie es zur Zeit von Hans Christian Andersen ausgesehen haben könnte. Im Sommer haben Besucher die Möglichkeit, in den Werkstätten

selbst zu weben und zu töpfern. Wer mit Kindern unterwegs ist, sollte sich im Juli die Andersenmärchen auf der Freilichtbühne ansehen, auch wenn sie auf Dänisch sind.
Außerdem lohnt es sich, das **Museums- und Kulturzentrum Hollufgård**, 8 km südöstlich der City anzusteuern. 1577 ließ Reichsrat Jørgen Marsvin das Hauptgebäude errichten. Seit 1982 birgt das Herrenhaus mehrere Gästeateliers für dänische und internationale Künstler, die in einer Schmiede, Druckwerkstatt, in einem Malatelier und anderen Räumen arbeiten können und Workshops anbieten – im Park werden jeden Sommer die fertigen Arbeiten vorgestellt.

Den Fynske Landsby: Sejerskovvej 20 | Ende März – Juni, Mitte Aug. – Mitte Okt. Di. – So. 10 – 17, Juli – Mitte Aug. tgl. 10 – 18 Uhr
Eintritt Juli – Mitte Aug. 85 DKK, sonst 60 DKK, unter 18 Jahre frei
www.museum.odense.dk
Hollufgård: Hestehaven 201, April – Okt. Di. – So. 10 – 16, Nov. – März So. 10 – 16 Uhr | www.gah.dk

RANDERS

Halbinsel: Jütland | **Region:** Midtjylland | **Einwohnerzahl:** 62 500

Manchmal muss man auch Ungewöhnliches wagen! Ungewöhnliches? Von Randers zu behaupten, es sei ungewöhnlich und anders als andere dänisch Städte wäre zugegeben übertrieben. Dennoch liegt Randers trotz seiner mehr als 1000-jährigen Geschichte im Schatten seiner großen Nachbarn ►Aalborg und besonders ►Aarhus.

Der dänische »Walk of Fame«

Dabei ist in der Stadt am Zufluss der Gudenå, Dänemarks längstem Fluss, in den Randers Fjord einiges zu entdecken. Und drumherum – denn auf und an Fluss und Fjord lassen sich wunderschöne Kanu- oder Kajaktouren unternehmen, angeln oder Radausflüge machen. Randers selbst bietet mit dem Regenwald Randers Regnskov und dem Elvis-Museum mindestens zwei überregional bekannte »reasons to come«.

Wohin in Randers?

Auf der Sternenroute

Stadtbummel

Durch die Torvegade kommt man zum barocken **Rathaus**, das 1778 nach Plänen von Christian Mørup entstand. Davor wacht die Figur von Niels Ebbesen – er erschlug 1340 einen holsteinischen Grafen,

Der King lebt! Auch in Dänemark!

der über Dänemark herrschen wollte. Schräg gegenüber ziert ein Treppengiebel das 1468 vollendete, älteste Steinhaus der Stadt, den Påskesønnernes Gård. Wer einkaufen möchte, kann nun dem Houmeden folgen oder durch die Brødgade bummeln, in der mehrere Fachwerkhäuser aus dem 16. und 17. Jh. erhalten sind. Zu 15 besonderen Sehenswürdigkeiten im Stadtzentrum führt Randers Walk of Fame: Die **Stjerneruten** ist eine 2,5 km lange Rundroute aus im Pflaster eingelassenen Sternen. Start ist am Rathausplatz.

Das ist Abwechslung: von Kunst bis Karibik

Kulturhuset

Im Kulturhuset sind außer Bibliothek, lokalgeschichtlichem Archiv und einem Café zwei Museen eingerichtet: Zum Museum Østjylland gehören eine holzvertäfelte Stube aus dem frühen 19. Jh. und das Wohnzimmer von Rechtsanwalt Buhl mit Gemälden von Rembrandt und Ostade. Das Kunstmuseum stellt dänische Maler des 20. Jh.s vor, u. a. die CoBrA-Mitglieder Ejler Bille und Asger Jorn. Geplant ist ein Anbau an das Kulturhaus.

Was macht eigentlich ein Gerber, was ein Böttcher oder ein Stukkateur? In den 25 Werkstätten des **Handwerksmuseums** von Randers kann man bei der Arbeit zusehen und sich ein Bild von den abwechslungsreichen Tätigkeiten machen. Ein feucht-tropisches Klima, exotische Pflanzen, Tukane und Krokodile geben dem Besucher von **Randers Regnskov** am Tørvebryggen das Gefühl, plötzlich im Regenwald zu sein. Höhepunkte sind die Schlangenhalle und das wie eine gesunkene Fregatte gestaltete Aquarium mit Meerestieren der Karibik.

Kulturhuset: Stemannsgade 2 | www.kultur.randers.dk
Museum Østjylland: Di. - So. 10 - 16 Uhr | Eintritt frei; Kunstmuseum: Di - So. 10 - 16, Mi. bis 20 Uhr | Eintritt zur Sammlung frei Sonderausstellungen 50 DKK | www.randerskunstmuseum.dk
Handwerksmuseum: Lille Rosengård 16, Di., Do., Sa. 12 - 16 Uhr Eintritt frei | www.randers.dk
Randers Regnskov: Mitte Juni - Mitte Aug. tgl. 10 - 18, Mitte Aug. - Mitte Juni Mo. - Fr. 10 - 16, Sa./So. 10 - 17 Uhr | Eintritt 190 DKK, 3 - 11 Jahre 110 DKK | www.regnskoven.dk

Das einzige Elvis-Museum außerhalb der USA

Memphis Mansion

Henrik Knudsen ist Präsident des dänischen Elvis-Presley-Fanklubs - und hat am 15. April 2011 südlich der Altstadt von Randers das einzige Elvis-Museum außerhalb der USA im Beisein der Rockröhre Suzie Quatro und Mitgliedern der Memphis Mafia eröffnet. Zur Graceland-Villa, einer perfekten Kopie des Originals im Maßstab 2:1, gesellte sich 2013 das Tupelo-Haus – Elvis' Geburtshaus, das wie sein US-Vorbild nur 50 m^2 groß ist. Das Museum birgt rund 6000 Exponate zum 1977 in Memphis verstorbenen Sänger, darunter Bühnenoutfits, Plakate und Gitarren.

Vej 3 | tgl. 10 - 18 Uhr | Eintritt 99 DKK, 12 - 18 Jahre 69 DKK
www.memphismansion.dk

Rund um Randers

Bauernleben damals und heute

Gammel Estrup

Kurz vor Auning taucht inmitten von Wald und Wiesen das Bilderbuchschloss Gammel Estrup auf, dessen Westflügel noch aus dem 15. Jh. stammt. Um 1600 kamen Südflügel und Treppenturm im Renaissancestil dazu. Der Nordflügel erhielt Mitte des 19. Jh.s seine heutige Form. Schon 1889 wurde in den Wirtschaftsgebäuden von Gammel Estrup das **Dansk Landbrugsmuseum** eingerichtet, das heute mit Landwirtschaftsgeräten, nachgebauten Arbeitsszenen und stilechten Innenausstattungen einen anschaulichen Eindruck vom Bauernalltag damals und heute vermittelt. Von April bis Oktober demonstrieren Schmiede ihr Handwerk in einer Werkstatt von 1761. Im Schloss selbst gründete Graf Uttental 1930 das **Jyllands Herregårdsmuseum**, das mit Möbeln aus verschiedenen Epochen ein Bild vergangener Generationen nachzeichnet.

RANDERS ERLEBEN

VISIT RANDERS
Rådhustorvet 4
Tel. 86 42 44 77
www.visitranders.com

DET RUNDE HJØRNE
Anerkannte Namen und neue Talente des dänischen Kunsthandwerks wie die Keramiker Karina Skibby und Aase Kvorning oder die Glasbläser Pernille Bülow, Peter Svarrer und Skak Snitker findet man im Laden »Das runde Eck«.
Rådhusstræde 15
Mo. – Fr. 10 – 17.30, Sa. bis 13 Uhr
www.detrundehjoerne.dk

WATER & WELLNESS
Der 2014 eröffnete große Badetempel Water & Wellness ist ein Paradies für Wasserratten mit fünf, bis zu 34 Grad warmen Pools, der längsten Wasserrutsche des Landes und Saunalandschaft.
Viborgvej 80
Mo. – Fr. ab 14, Sa./So. ab 10 Uhr
www.waterandwellness.dk

FLADBRO KRO €€€
Der große Gasthof (1737) serviert feine französische und dänische Küche. Es gibt auch Übernachtungsmöglichkeiten.
Randersvej 75
Tel. 86 42 02 10
www.fladbrokro.dk

KOK & VIN €€ – €€€
Dänische Bioküche mit französischem Bistro-Flair. Der Leckerbissen der kleinen, feinen Karte: Seeteufel mit Blumenkohl und Haselnüssen.
St. Gråbrødrestræde 19
Tel. 31 69 01 06
www.kokogvin.dk

DALBYOVER KRO €€
Alter Gasthof mit gemütlicher Gaststube nahe an Wald und Fjord.
Kronborgvej 41
Havndal
Tel. 86 47 30 01
www.dalbyoverkro.dk

HOTEL RANDERS €€€ – €€€€
Dieses luxuriöse Hotel im Zentrum von Randers wurde 1865 erbaut. Die Einzel- und Doppelzimmer sowie drei Suiten sind im französischen oder Art-déco-Stil eingerichtet.
Torvegade 11
Tel. 86 42 34 22
www.hotel-randers.dk

BEST WESTERN PLUS HOTEL KRONJYLLAND €€€
Zentral gelegenes City-Hotel mit großen, hellen Zimmern.
Vestergade 51-53
Tel. 86 41 43 33
www.bestwestern.dk

HVIDSTEN KRO €€
Königlich privilegierter Gasthof, der sich seit vier Generationen im Besitz des Geschlechts Fiil befindet. Zu den Spezialitäten gehört Omelette mit Speck, Schnittlauch, eigenem grobem Senf und selbstgebackenem Roggenbrot, heiß in der Pfanne aufgetragen.
Mariagervej 450, Spentrup
Tel. 86 47 70 22
www.hvidstenkro.dk

HOTEL STEPHANSENS
€€-€€€

Gemütlich, privat und etwas verwinkelt geht es im kleinen Familienhotel im Herzen der Altstadt zu. Die 10 DZ sind individuell eingerichtet und haben Wlan, eigenes Bad und andere Annehmlichkeiten. Tipp: Das hauseigene Restaurant hat nur 30 Plätze – und eine saisonale Speisekarte mit Charme.
Møllestræde 4
Tel. 86 44 27 77
www.stephansenshotel.dk

1. Feb. - 22. März, 22. Okt. - 22. Dez. Di. - So. 10 - 15, Sa./So. bis 16
23. März - 20. Okt. tgl. 10 - 17 Uhr | Eintritt zu beiden Museen
90 DKK, Juli - Mitte Aug. 100 DKK, unter 18 Jahre frei
www.gammelestrup.dk

Märchenhafte Nächte erleben

★ Clausholm Slot

Gartenliebhaber sollten sich die sechs Gärten von Schloss Clausholm, 13 km südöstlich von Randers, nicht entgehen lassen. Zur Ausstattung gehören ein Wassergarten, ein Kräuterhain und ein Skulpturengarten. Außerdem wachsen hier seit 50 Jahren Nordmanntannen für Weihnachten.

Die fünfflügelige **Barockanlage** wurde zwischen 1699 und 1723 für den Großkanzler Conrad Reventlow erbaut, dessen Büste über dem Hauptportal zu sehen ist. 1712 verliebte sich König Frederik IV. in Anne Sophie, die jüngste Reventlowtochter, die er kurzerhand entführte. Erst neun Jahre später folgte die offizielle Hochzeit und Krönung von Anne Sophie, die nach dem Tod des Königs hier ihre Witwenjahre verlebte. Wesentliche Teile des Anwesens blieben unverändert, u. a. die Stuckdecken im Speisesaal und die Schlosskapelle mit einer der ältesten Orgeln des Landes. Im Sommer werden Konzerte, Lifestyle-Messen und »märchenhafte Nächte« veranstaltet – wer will, kann auch ein Galadiner buchen.

Schloss: 1. Juli - 11. Aug. So. - Fr. 11 - 16, Park: Mai - Sept. tgl. 11 - 17 Uhr | Eintritt ab 13 Jahre Schlosspark 50 DKK, Schloss undPark: 95 DKK | www.clausholm.dk

Moderne Energiegewinnung

Energimuseet

Die Gudenå wurde 1921 etwa 35 km südwestlich von Randers zum Tange Sø aufgestaut. Heute läuft hier in Bjerringbro das größte **Wasserkraftwerk** des Landes auf vollen Touren, die Gudenåcentralen. In dem alten Kraftwerksbau aus den frühen 1920er-Jahren können Interessierte sich darüber informieren, wie Elektrizität die moderne Welt verändert hat, und sogar selbst experimentieren.

Feb./März/April - Sept./Okt tgl. 10 - 17 Uhr | Eintritt 18 - 69 Jahre
110 DKK, über 70 Jahre 90 DKK, unter 18 Jahre frei
www.energimuseet.dk

★★ RIBE

Halbinsel: Jütland | **Region:** Syddanmark | **Einwohnerzahl:** 8200

P/Q 6

In Würde altern – in keiner dänischen Stadt lassen sich Geschichte, Kultur und Traditionen so wunderbar nachspüren wie in Ribe. Die Gassen der ältesten Stadt des Landes winden sich rund um den mittelalterlichen Dom, vorbei an geduckten Fachwerkhäusern und über den Fluss Ribe Å.

Die älteste Stadt Dänemarks

Im mehr als 1300 Jahre alten Ribe errichtete Erzbischof und Missionar Ansgar eine der ersten Kirchen Dänemarks. Schon seit 948 ist Ribe Bischofssitz. Im 12. Jh. war der Ort im Westen des Reichs königliche Residenz – Reste von Wallgraben und Burg zeugen noch davon. Die Wikinger siedelten hier, mit England und Deutschland trieb man im Mittelalter regen Handel. Handelsweg war das Wasser: Die Hafenstadt war über die Ribe Å mit der Nordsee verbunden. Vor allem Vieh fand so seinen Weg zu den Märkten im Westen und Süden. Doch im 16. Jh. versandete der Fluss, der Hof zog nach ►Kopenhagen – heute liegt Ribe rund 10 km vom Meer entfernt im Inland. Ribe fiel in einen Dornröschenschlaf, zu dem der Denkmalschutz glücklicherweise sein Übriges tat, als man mehr als 100 der historischen Gebäude unter Schutz stellte. Viele Besucher nutzen Ribe auch als »Tor zum Wattenmeer«: Das sensible Ökotop und UNESCO-Welterbe liegt nur wenige Autominuten von der Altstadt entfernt. Ein faszinierender Kontrast!

Wohin in Ribe?

Der älteste Dom des Landes und prächtiges Fachwerk

★★ Dom und Fachwerk in der Altstadt

Schon von Weitem sieht man die ungleichen Türme des romanischen Doms aus dem flachen Marschland aufragen. Die Kirche (Baubeginn um 1150) ist heute das einzige fünfschiffige Gotteshaus in Dänemark. Baumaterialien waren rheinischer Tuff, Wesersandstein und jütlandischer Granit. In der Weihnachtsnacht 1283 brach der Vorgängerbau des heutigen **Bürgerturm**s zusammen und wurde erst 1333 durch den jetzigen 52 m hohen Backsteinturm ersetzt. Seine Plattform bietet die beste Aussicht über Ribes Dächer, Marsch und Nordsee. Das Bronzeportal am südlichen Querschiff ziert ein mittelalterlicher Löwenkopf – wer die sogenannte **Katzenkopftür** erreichte, dem wurde Asyl gewährt. Über der Tür stellt eine romanische Granitskulptur die Kreuzabnahme dar. Im Giebeldreieck darüber, einer Arbeit aus dem 13. Jh., ist das Himmlische Jerusalem zu erkennen. Im Innern befinden sich Grabdenkmäler und Epitaphien, darunter eines, das Waldemar der Sieger für seinen 1231 verstorbenen Sohn errich-

Ribe im Brennglas: Fachwerk in der Altstadt und alles überragend der Dom

ten ließ. Die Mosaiken und Fresken der Apsis sowie der neue Altar führte 1982 – 1987 Carl-Henning Pedersen aus. Am Domplatz erinnern Statuen an Hans Adolph Brorson, der 1741 Bischof von Ribe wurde, und an Hans Tausen, den Protagonisten der dänischen Reformation.

Einige der schönsten Fachwerkhäuser Ribes, die den verheerenden Stadtbrand von 1580 überstanden haben, findet man nördlich in der Skolegade und Grønnegade, sowie südlich in der Sønderportsgade und Puggårdsgade. In der letztgenannten Straße wurde um 1550 für den Adligen Oluf Munk die **Tårnborg** erbaut, der spätere Bischofssitz bis 1868. Gegenüber erhebt sich die 1145 gegründete Kathedralschule mit dem 1500 errichteten Steinhaus Puggård. In dem 1496 erbauten Gamle Rådhus, dem **Bürgerhaus**, wurde 1619 Anders Bording geboren, der 1666 in Kopenhagen die erste dänische Zeitung herausgab, und zwar in Versform! Seit 1709 tagt hier der Stadtrat. Das frühere Schuldgefängnis im Haus ist heute als Museum eingerichtet.

www.ribe-domkirke.dk

Gamle Rådhus: Juni – Aug. Mo. – So. 13 – 15 Uhr | Eintritt 20 DKK, unter 18 Jahre frei | www.detgamleraadhusiribe.dk

Den Facetten der Stadt nachspüren

Museen und Alter Hafen

Die im 15. Jh. geweihte St.-Katharinen-Kirche ist Teil eines mittelalterlichen Klosters, das 1228 von Dominikanern gegründet wurde.

RIBE ERLEBEN

VISIT RIBE
Torvet 3
Tel. 75 42 15 00
www.visitribe.dk

NACHTWÄCHTERRUNDE
Im Sommer kann man dem Nachtwächter abends auf seiner Runde folgen. Er singt dabei das Wächterlied des Psalmendichters Thomas Kingo, das die dramatische Geschichte der Stadt erzählt.
1. Mai – 15. Sept. tgl. 22 Uhr ab Marktplatz, Juni – Aug. auch 20 Uhr

❸ SÆLHUNDEN €€
Scholle oder Straußensteak? Beides wird im Sommer draußen an Tischen mit Blick auf den Ribe-Vesterå-Kanal serviert. Zur Nacht laden kleine, kuschelige Zimmer.
Skibbroen 13
Tel. 75 42 09 46
www.saelhunden.dk

❶ WEIS STUE €€
Den Hauch der Geschichte spürt man im 1704 erbauten Fachwerkhaus mit stilvollen Stuben, windschiefen Balken und einem kleinen Garten, klassisch dänischer Küche und acht sehr gemütlichen Zimmern.
Torvet 2
Tel. 75 42 07 00
www.weis-stue.dk

❷ RIBE BRYGHUS €
Im Schatten des Doms wird seit 2006 süffiger Gerstensaft nach altenglischer Ale-Tradition ohne den Zusatz von Kohlensäure gebraut – Faste Øl, Brown Ale, Blond Ale, Black Ale, Jubilæums Ale und Vadehavsbryg.
Verkostung und Verkauf: Sa. 10 – 14 Uhr
Skolegade 4b
Tel. 40 43 17 12
www.ribebryghus.dk

❷ HOTEL DAGMAR €€€
Im frisch renovierten »ältesten Hotel des Landes in der ältesten Stadt Dänemarks« fühlt man sich tatsächlich fast wie nach 1581 versetzt. Wunderschöne Zimmer mit authentischer Atmosphäre, ein erstklassiges Restaurant, gleich gegenüber dem 900 Jahre alten Dom.
Torvet 1
Tel. 75 42 00 33
www.hoteldagmar.dk

❶ DEN GAMLE ARREST €€
Modern und einfach eingerichtete Zimmer im ehemaligen Stadtgefängnis. Im angeschlossenen Restaurant leckere regionale Spezialitäten, u. a. Fisch.
Torvet 11
Tel. 75 42 37 00
www.dengamlearrest.dk

Nach der Reformation diente das Kloster als Spital, seit 1864 ist es ein Stift für Alleinstehende. Im Museum **»Ribes Vikinger«** am Odins Plads wird das Ribe der Wikingerzeit und des Mittelalters wieder lebendig. Hier kann man an Bord eines Wikingerschiffs gehen oder

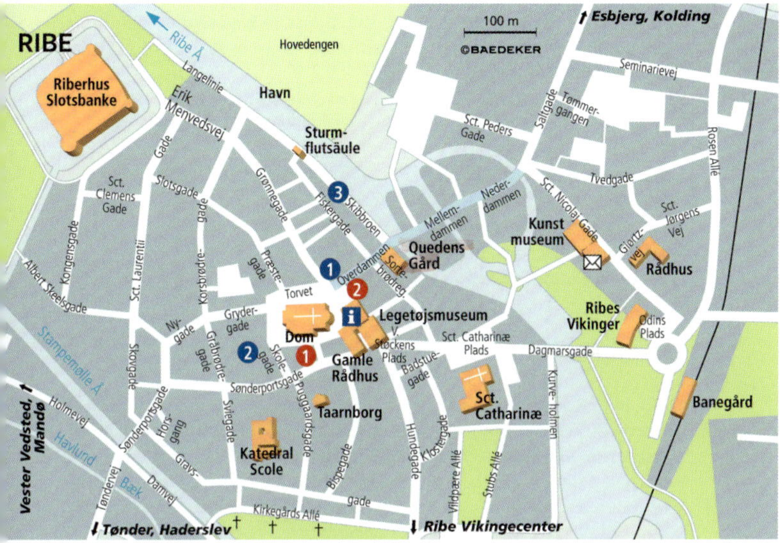

❶ Weis Stue
❷ Ribe Bryghus
❸ Sælhunden

❶ Den Gamle Arrest
❷ Hotel Dagmar

Ribe an einem Septembertag des Jahres 1500 miterleben. Zur Sammlung des Kunstmuseums gehören wiederum Meisterwerke des Goldenen Zeitalters und der Skagener Schule sowie eine Auswahl von Gemälden mit verschiedenen Ribe-Motiven. Zu den schönsten Kaufmannshäusern aus dem 17. Jh. gehört der Quedens Gård am Overdammen 10. Hier betreibt Lise Frederiksen ein herrlich **nostalgisches Hofcafé**, das im Sommer mit Jazz- und Folk-Konzerten unterhält und eine kleine, feine Auswahl an Keramik und Kunsthandwerk, Blusen, Shirts und Schuhen zum Kauf anbietet.

Am gemütlichen **Skibbroen**, einst der Hafen von Ribe, gehen heute nur noch Sportboote vor Anker, doch vor dem Fischrestaurant Sælhunden hat der Ewer »Johanne Dan« festgemacht, ein spezieller Schiffstyp für das Wattenmeer. In den Sommermonaten findet hier am Skibbroen immer mittwochs ein Markt statt. Seit jeher wird das flache Marschland von Sturmfluten bedroht. Die schlimmsten Überschwemmungen sind an der **Sturmflutsäule** abzulesen, deren höchste Markierung (gut 6 m über dem normalen Wasserstand!) die Sturmflut von 1634 anzeigt. Damals wurden zahlreiche Höfe vernichtet, Tausende Menschen kamen ums Leben. Den Rückweg ins Zentrum sollte man unbedingt durch die idyllische **Fiskergade** nehmen, gesäumt von farbenfrohen Fischerhäuschen, die nach dem großen Stadtbrand 1580 gebaut wurden.

Ribes Vikinger: Odins Plads | April, Juni, Sept./Okt., tgl. 10 – 16, Juli/Aug. bis 18, Mi. bis 21 Uhr | Eintritt 70 DKK, unter 18 Jahre frei
www.ribesvikinger.dk
Kunstmuseum: Skt. Nicolajgade 10 | Di. – So. 10 – 16, Juli/Aug. bis 18, Mi. bis 20 Uhr | Eintritt 75 DKK, unter 18 Jahre frei, 1. Mi. im Monat nach 17 Uhr Eintritt frei | www.ribekunstmuseum.dk
www.quedensgaard.dk
Restaurant Sælhunden: www.saelhunden.dk

Rund um Ribe

Für eine Königin

Schlossruine

Nordwestlich der Stadt thronen auf einem Hügel die **Überreste des früheren Schlosses**. Nur eine Burgruine mit Wassergraben zeugt noch von der im 12. Jh. erbauten königlichen Residenz. Ein Standbild erinnert an Königin Dagmar, die Gemahlin Waldemars des Siegers, der 1202 – 1241 über Dänemark regierte.

Werden Sie zum Wikinger

★ Vikinge Center

Etwa 2 km südlich von Ribe sind zahlreiche Anlagen aus der Wikingerzeit rekonstruiert worden: Auf dem Marktplatz von anno 720 trifft man Schmied, Drechsler und Weber. Der aus 160 Eichenstämmen errichtete Gutshof ist auf 980 datiert. Außerdem kann man Ribes Stadtambiente im Jahr 825 bestaunen. Das Museum ist auch im Besitz eines **rekonstruierten Wikingerschiffes** vom Typ Gislinge. Diese Boote waren 8 m lang und eigneten sich mit nur 40 cm Tiefgang perfekt fürs Segeln im Wattenmeer. Jedes Jahr am ersten Maiwochenende treffen sich Anhänger des Seefahrervolks und spielen auf dem weitläufigen Gelände Mittelalter – einer der größten Wikingermärkte des Nordens. Bei einem Urlaub auf dem Areal können Fans sogar noch tiefer ins Wikingerleben eintauchen.

Mai – 21. Juni, Sept., Mo. – Fr. 10 – 15.30, 22. Juni – Aug. tgl. 11 – 17 Uhr | Eintritt 120 DKK, 3 – 13 Jahre 50 DKK, ab 14 Jahre 100 DKK | www.ribevikingecenter.dk

Einer der wertvollsten Naturräume der Welt

★★ Vadehavscentret

Das Vadehavscentret in Vester Vedsted ist dem Wattenmeer und der Marsch gewidmet. Seit 2017 zeigt es sich in neuem Gewand: Die Architektin Dorte Mandrup kombinierte für ihren nordisch-funktionalen Entwurf modernes Bauen mit traditionellen regionalen Materialien wie Stroh. Das **Wattenmeercenter** entführt auf fast 3 000 Quadratmetern in einen der wertvollsten Naturräume der Welt. Die

Dauerausstellung »Die Zugvögel des Wattenmeeres« vermittelt in multimedialer Form Hintergründe zu Flora und Fauna der Landschaft, zu Leben und Routen von Zugvögeln. Sogar seltene Gäste wie Seeadler sind inzwischen wieder im sensiblen Ökotop zuhause. Neben der festen Ausstellung im Hauptgebäude bieten die ausgebildeten Naturführer des Centers jedes Jahr rund 700 Touren an: **Austernsafaris** beispielsweise veranstalten die Ranger von Oktober bis Mitte April. Darüber hinaus stehen v. a. im Sommer Wattwanderungen, Seehundsafaris oder Fischtouren auf dem Programm. Immer beliebter wird »Sort sol« – Vogelführungen in Frühjahr und Herbst zur **»Schwarzen Sonne«**, wenn tausende Stare und andere Zugvögel den Himmel an der Westküste verdunkeln.

Okholmvej 5, Vester Vedsted | außer Jan. tgl. 10 – 17 Uhr | Eintritt 100 DKK, Kinder 50 DKK | www.vadehavscentret.dk

BAEDEKER MAGISCHE MOMENTE

ZU DÄNEMARKS VORFAHREN

Willkommen im Mittelalter! Willkommen bei den Wikingern! Jedes Jahr Anfang Mai treffen sich auf dem größten Wikingermarkt des Landes im VikingeCenter bei Ribe tausende Anhänger der dänischen Urahnen und Freunde lebendiger Geschichte. Mischen Sie sich unter tüchtige Handwerker, feilschende Händler, Gaukler, Krieger, Bogenschützen, Musiker und andere mehr, wenn am Fluss Ribe Å eine Atmosphäre herrscht wie vor 1300 Jahren.

Per Bus auf die Insel

Wattinsel Mandø

Von Mai bis September fährt mehrmals täglich von Vester Vedsted der Mandøbus zur 7,5 km² großen Insel Mandø – nur bei Ebbe erreichbar und seit 2010 zum Nationalpark Wattenmeer gehörig. Unterwegs sieht man, wie Landgewinnung funktioniert. Unweit der Haltestelle im Ort Mandø wird in einem Schifferhaus von 1831 im gleichnamigen Museum die Geschichte der Insel erzählt.
Man kann zu Fuß oder per Fahrrad die herrliche Natur erkunden – sechs verschiedene **Fahrradrouten** sind farbig ausgeschildert. Auf der Insel brüten Tausende von Austernfischer, Seeschwalben, Strandläufer, Stelzvögel und Eiderenten. Im Sommer werden Treckerfahrten zum Hochsand Koresand südwestlich im Wattenmeer angeboten (Dauer ca. 3 Std.). Dabei kommt man auch am Robbenschutzgebiet vorbei. Man kann Schlickwürmer und Muscheln suchen, Krabben fangen und mit etwas Glück sogar Bernstein finden.

Mandøbus: www.mandoebussen.dk
Mandø Museum: Öffnungszeiten sind auf den Mandøbus abgestimmt
Eintritt 25 DKK, Kinder 10 DKK | www.mandoehuset.dk

RINGKØBING

Halbinsel: Jütland | **Region:** Midtjylland | **Einwohnerzahl:** 17 800

Stockrosenidyll zwischen Fjord und Meer: Das kleine Ringkøbing am gleichnamigen Fjord lädt mit seinen niedrigen Backsteinhäusern mit roten Ziegeldächern und kopfsteingepflasterten Gassen zum Bummeln ein. Rund um den Marktplatz ducken sich Kneipen und Cafés – im Sommer spielt sich hier das Leben draußen ab. Wer mit dem Nachtwächter abends um Ringkøbings enge Winkel zieht, fühlt sich (fast) wie ins Mittelalter versetzt. Die Natur ist dabei nicht weit: Zur Nordsee sind es nur wenigen Minuten. Und mit dem Ringkøbing Fjord liegt eines der besten Surfreviere des Nordens gleich vor der Tür.

Schlendern, Surfen, Whisky

Archäologische Funde datieren die Entstehung der alten Hauptstadt Westjütlands auf die Mitte des 13. Jh.s. Damals war der ▶ Limfjord gen Westen hin geschlossen, und Ringkøbing der einzige schiffbare Nordseehafen nördlich des Wattenmeers. Im 17. Jh. begann die Einfahrt zum Fjord allmählich südwärts zu wandern und zu versanden. Erst mit der Eröffnung der Schleuse in Hvide Sande wurden die Probleme der Hafenstadt langfristig gelöst. Heute liegen Sportsegler und Fjordfischer im Hafen dicht an dicht.

Nur durch eine schmale Fahrrinne erreichen Boote vom Ringkøbing-Fjord aus die Nordsee.

Wohin in Ringkøbing?

Durch historische Gassen

In der Altstadt

Charakteristisch für das Stadtbild von Ringkøbing sind die dunkelroten Mauern, weißen Gesimse und Halbwalmdächer der **Kaufmannshöfe** vom Ende des 18. Jh.s, wie sie noch in der Østergade 11, Nørregade 2 und Algade 4 – 6 erhalten sind. Beim Turistbureau erhält man einen Prospekt mit Vorschlägen für einen Rundgang durch die historischen Gassen. Ältestes Gebäude ist das Hotel Ringkøbing am Marktplatz, dessen Grundstein bereits um 1600 gelegt wurde. Die ersten Häuser an der lebhaften Vester Strandgade Richtung Hafen stammen noch aus dem frühen 19. Jh., am markantesten ist das Zollamt von 1843. Einen Schwerpunkt des **Ringkøbing Museums** am Østerport bilden grönländische Exponate. Sie sind eine Schenkung des Polarforschers Ludwig Mylius-Erichsen (1872 – 1907).

Ringkøbing Museum: Juli/Aug. Mo. – Fr. 11 – 17, Sa./So. 10 – 14, Sept. – Juni So. geschl. | Eintritt 50 DKK, unter 18 Jahre frei
www.levendehistorie.dk

Rund um den Ringkøbing-Fjord

Fische und der höchste Leuchtturm Dänemarks

Hvide Sande

Weite Strandspaziergänge auf der Landenge Holmsland Klit, Reiten und Surfen gehören zum Urlaub in Hvide Sande, wo die Schiffe durch eine schmale Fahrrinne in die Nordsee gelangen. Das **Fiskeriets Hus** ist der Fischereiwirtschaft gewidmet. Jährlich im April feiert Hvide Sande das **Sildefestival**, Dänemarks größten Wettbewerb im Heringsfischen. Tipp für Frühaufsteher: Die Fischauktion am Hafen beginnt werktags um 7 Uhr. Dann kommen die Kutter mit ihrem morgendlichen Fang zurück.

In den Dünen von Hvide Sande erhebt sich seit 1902 der höchste Leuchtturm Dänemarks: das strahlend weiße, 38 m hohe **Lyngvig Fyr**. Im Leuchtturmwärterhäuschen dokumentiert eine Außenstelle des Ringkøbing-Skjern Museums neben Flora und Fauna das Badeleben um 1920, von oben eröffnen sich herrliche Ausblicke auf die Küste – nach insgesamt 228 Treppenstufen. Die ersten führen die Düne zum Leuchtturm hinauf.

Fiskerietshus: Nørregade 2 b | Palmsonntag – 1. Nov. tgl. 10 – 17 sonst bis 16 Uhr | Eintritt 95 DKK, 4 – 12 Jahre 30 DKK www.fiskerietshus.dk

Lyngvig Fyr: Holmsland Klitvej 109 | Ostern – Okt. tgl. 10/11 – 17 Uhr Eintritt 50 DKK, unter 18 Jahre frei | www.levendehistorie.dk

Von historisch bis Erlebnis

Nördlich von Ringkøbing

Knapp 12 km nordwestlich, am Ufer des Vest Stadil Fjord, erzählt der unter Denkmalschutz gestellte **Dünenhof Strandgaarden** vom Leben an der Westküste vor über 100 Jahren. Hier kann man sehen, wie einst gefischt wurde und welche Rettungsgeräte bei den Strandungen zum Einsatz kamen. In der Webstube können Besucher beim Spinnen und Weben zuschauen, im Laden gibt es hübsche Spielsachen und Kunstgewerbe. Den Altar der Kirche von **Ølstrup**, 14 km nordöstlich von Ringkøbing, schmückt ein Gemälde aus dem Jahr 1904 von Emil Nolde (1867 – 1956), auf dem Christus in Emmaus dargestellt ist. Als einziges seiner religiösen Bilder ist es in einer Kirche zu sehen. Weiter südlich am Fjordufer bei **Velling Mærsk** begleitet den Besucher das leise Surren von Dänemarks größtem Windenergiepark – hier werden jährlich fast 10 Gigawattstunden Strom produziert. In dem Familienerlebnispark in **Hee** kann man zwischen 50 Attraktionen wählen, vom Baden über Wasserfahrräder und Beachvolleyball bis zu Autorennen und einem Tierpark.

Dünenhof Strandgaarden: Husby Klitvej 5 | Juli – Sept. Mo. – Fr. 12 – 16 Uhr | Eintritt 70 DKK, unter 18 Jahre frei www.levendehistorie.dk

Fiske og Familiepark: Hovervej 56 | Mitte Mai – Anfang Sept. tgl. 10 – 17/18 Uhr | Eintritt ab 3 Jahren 90 DKK www.familieparkwest.dk

RINGKØBING ERLEBEN

RINGKØBING FJORD TURISME
Nørregade 2b, 6960 Hvide Sande
Tel. 70 22 70 01
www.hvidesande.dk/de/

SURFEN AM FJORD
Die gesamte Küstenlinie des Ringkøbing-Fjords ist ein durchgehender breiter Sandstrand, der Fjord selbst gehört zu den besten Surfrevieren Dänemarks. Während sich an der rauen Nordsee die High-Speed-Fans tummeln, bevorzugen Anfänger hinter den Dünen hingegen das ruhige Binnengewässer – kein Wunder, dass hier eines der größten Surfzentren des Landes liegt. Aktive finden Ausrüstung oder Kurse für Anfänger und Fortgeschrittene u. a. in Hvide Sande.
West Wind Nord, Gytjevej 15, und West Wind Syd, (Sønder Klitvej 1, www.westwind.dk)

HOTEL FJORDGÅRDEN € €
Das große, etwas kühle Tagungshotel am Ringkøbingfjord besitzt eine schöne Badelandschaft mit Sauna und Solarium.
Vester Kær 28
Tel. 97 32 14 00
www.hotelfjordgaarden.dk

Preisgekrönter Whisky, alte Flugzeuge und seltene Vögel

Südlich von Ringkøbing

Der schönste Genuss kommt dann, wenn man ihn nicht erwartet: Dass im kleinen Stavning am Ringkøbing Fjord einmal Whisky, ja der beste Whisky des Landes gebrannt werden würde, hätte noch vor wenigen Jahren niemand erwartet. Doch im Lauf eines Jahrzehnts haben Martin Vesterby und seine Mitstreiter schon zahlreiche Preise für ihren Rye und Malt Whisky errungen. Am Flughafen von Stavning wiederum gibt es 50 **Flugveteranen** und mehr als 300 Modellflugzeugezu bestaunen.
Im **Strandvogthof** in Haurvig lebte 1890 – 1957 eine liebenswerte, aber auch bestimmte und zielstrebige Frau namens Abeline. Ihre gemütlichen Stuben sind heute Museum. Im Sommer wird hier noch altes Handwerk ausgeübt. Am Südrand des Ringkøbingfjords leben heute seltene Gänse-, Schwan- und Entenarten, Rotschenkel, Säbelschnäbler und Alpenstrandläufer, denn schon 1898 erließ der dänische Staat eine Bestimmung zum Schutz der Vogelfauna von **Tipperne**.

Stavning Whisky: Stauningvej 38 | Mo. – Fr. 10 – 13.30, Führungen mit Tasting 150 DKK | www.stauningwhisky.dk
Danmarks Flymuseum: Juni – Aug tgl. 10 – 17, Mai, Sept./Okt. bis 16, Mitte März – April bis 15 Uhr | Eintritt 70 DKK, 7 – 14 Jahre 30 DKK www.flymuseum.dk
Abelines Gård: Sdr. Klitvej 87, März – Okt. So. – Fr. 11 – 17 Uhr Eintritt 50 DKK, unter 18 Jahre frei | www .levendehistorie.dk

RINGSTED

Insel: Seeland | **Region:** Sjælland | **Einwohnerzahl:** 21 900

Verkehrsknotenpunkt und Handelstadt, historisch und modern: Drei große Thingsteine am Rathaus errinern an Ringsteds bedeutungsreiche Vergangenheit – als eine der ältesten Städte Dänemarks galt Ringsted als Hauptstadt Seelands, in der das Landsthing lag. Auch das Königshaus machte den Ort zum zentralen Punkt: Bis 1341 wurden die dänischen Könige hier beigesetzt, erst später löste ▶Roskilde es ab. Heute belegen allenfalls die großen Autobahn- und Zugknotenpunkte Ringsted zentrale Lage.

Früher bedeutend, heute beschaulich

Blutige Fehden erschütterten auch Ringsted. 1131 wurde Herzog Knud Lavard, wenige Kilometer außerhalb im Wald von Haraldsted, das Opfer einer Verschwörung. Verantwortlich für den Mord war sein Vetter Magnus, der Sohn des alternden Königs Niel. Doch am Ende setzte sich Valdemar I., der Sohn Knud Lavards, in dem politischen Ränkespiel durch und konnte 1157 die dänische Krone entgegennehmen – die **Goldene Zeit der Valdemare** brach an. Weil angeblich Wunder am Grab von Knud Lavard geschahen, sprach Papst Alexander III. ihn 1169 heilig.

Wohin in Ringsted und Umgebung?

Hier ruhen viele gekrönte Häupter

Im Städtchen

Durch eine schwere Eichentür betritt man die romanische **Sct. Bends Kirke**. Eine erste Klosterkirche wurde um 1080 aus Travertin erbaut. Nach der Heiligsprechung von Knud Lavard im Jahr 1169 veranlasste Valdemar I. den Bau einer neuen Kirche, die schon ein Jahr später mit großem Pomp eingeweiht wurde. Die sterblichen Überreste seines Vaters wurden am Hochaltar beigesetzt und bis 1341 blieb die Kirche bevorzugte **Grablege der dänischen Könige**, bevor der Dom in Roskilde Mitte des 14. Jh.s diese Funktion übernahm. Nach einem Brand 1241 erhielt die Kirche ihr frühgotisches Gewölbe und den gotischen Turm über der Vierung. Rechts neben dem Eingang nennt eine Aufstellung die 27 gekrönten Häupter, die hier ab 1182 ihre letzte Ruhe fanden. Im Chor bezeichnet eine reich verzierte Messingplatte das Grab von König Erik Menvedn († 1319) und seiner Gemahlin Ingeborg. Die bekannteste Persönlichkeit ist aber Königin Dagmar († 1212), die Gattin von Valdemar dem Sieger, in deren Grab man ein zart emailliertes, byzantinisches Goldkreuz aus dem Jahr 1000 fand. Das **Dagmarkreuz** ist heute ein beliebtes Brautgeschenk.

RINGSTED ERLEBEN

RINGSTED TURIST INFORMATION

Tvær Allé 1 - 3
Tel. 57 62 66 00
www.visitringsted.dk

RINGSTED OUTLET

Outlet-Dorf mit 29 Markenboutiquen, die auch So. 10 - 16 Uhr geöffnet sind! Dänische Labels sind u. a. mit Ticket to Heaven, Samsøe & Samsøe und Signal vertreten.
www.ringstedoutlet.dk

SØRUP HERREGAARD € € €

Auf dem alten Herrensitz einige Kilometer südlich der Stadt, dessen Geschichte bis ins 12. Jh. zurückreicht, setzt man auf französische und neue dänische Küche. Hallenbad, Sauna, Solarium und Tennisplatz des Hotels garantieren Entspannung.
Sørupvej 26
Tel. 57 64 30 02
www.sorup.dk

Stadtgeschichte und Müllerei sind die beiden Schwerpunkte des Museums Vestsjælland. In einer 1804 erbauten **Windmühle**, die zum Museum gehört, wird ganzjährig Mehl aus biologisch angebautem Getreide gewonnen. Im **Radiomuseum** dokumentieren wiederum Phonographen und Grammophone, Röhrenradios und erste Farbfernseher 100 Jahre Rundfunkgeschichte von 1880 bis 1980.

Museum Vestsjælland: Køgevej 41 | Di. - Do., So. 11 - 16 Uhr Eintritt 30 DKK, unter 18 Jahre frei | www.vestmuseum.dk
Radiomuseum: Feb. - Dez. Di. - Do., So. 11 - 16 Uhr | Eintritt 50 DKK, unter 14 Jahre frei | www .ringsted-radiomuseum.dk

Auch hier ruhen bedeutende Dänen

Kloster Sorø und Gut Tersløsegaard

Schon 1161 hatten Zisterziensermönche westlich von Ringsted am Sorøsee unter der Schirmherrschaft von Bischof Absalon das Kloster Sorø gegründet, von dem allerdings nur noch das Tor »Klosterporten« und die der Jungfrau Maria geweihte Kirche erhalten sind. In der romanisch begonnenen und gotisch vollendeten Marienkirche sind bedeutende Dänen beigesetzt: Hinter dem Altar ruhen etwa der Gründer von ▶Kopenhagen, Bischof Absalon († 1201) und König Christoffer II. († 1332). In der Querkapelle ist Dänemarks großer Komödiendichter **Ludvig Holberg** (▶Interessante Menschen) beigesetzt, der auf dem nahen Gut Tersløsegaard seinen Lebensabend verbrachte, wo dem Meister ein kleines Museum gewidmet ist. Das spätgotische Triumphkreuz von 1530 in der Vierung stammt aus der Werkstatt von Claus Berg. Eine der besten Internatsschulen des Landes ist die **Akademie von Sorø**, die König Frederik II. anno 1586 als Ritterakademie für Adlige ins Leben rief. Nach der Schließung 1665 erlaubten erst das Vermögen und die Bibliothek Ludvig Holbergs einen Neuanfang. Ihm zu Ehren wurde im Akademiegarten, der bis an das Ufer des Sorøsees reicht, eine Bronzestatue aufgestellt.

Informationen über Sorø: www.visitwestseeland.de/de/soroe
Gut Tersløsegaard: Holbergsvej 101 | Pfingsten – 29. Sept. Sa./So. 12 – 16 Uhr | Eintritt 50 DKK, unter 15 Jahre frei
www.tersloesegaard.dk

Und noch zwei Kirchen

Fjenneslev und Bernede

Knapp 8 km westlich von Ringsted findet sich eine der ältesten Landkirchen Dänemarks. Die um 1125 geweihte, doppeltürmige Kirche von Fjenneslev wurde im romanischen Stil aus Feld- und Kreidesteinen erbaut. Beachtung verdienen die zeittypischen Wandmalereien und ein Kruzifix von Claus Berg auf dem Altar. Das benachbarte Bjernede besitzt mit seinem 1150 – 1175 erbauten Gotteshaus **die einzige Rundkirche Seelands**. Schöne Aussichten verspricht 15 km nördlich der Gyldenløves Høj, mit 126 m ü. d. M. der höchste Punkt Seelands.

★ RØMØ

Region: Syddanmark | **Inselfläche:** 129 km² | **Bewohnerzahl:** 650

Q/R 4/5

In Rømø fängt Dänemark erst richtig an – das jedenfalls ist der Eindruck vieler Reisender, die das Königreich vor allem mit einem assoziieren: Strand, Dünen und Meer. Tatsächlich beginnt nach der Anreise durch das flache, eingedeichte Marschland zwischen ►Tønder und Skærbæk nach der rund zehn Kilometer langen Fahrt über den in den 1940er-Jahren erbauten Damm hinüber nach Rømø (die Endung -ø ist das dänische Wort für Insel) das Meer-Gefühl von offenem Himmel, Freiheit und rauer Natur. Die südlichste der dänischen Nordseeinseln besitzt einige der breitesten Strände Europas, die besonders bei Strandseglern, Lenkdrachenfans und anderen Aktiven beliebt sind.

Düne, Strand, Meer

Auch Autos dürfen – bei Ebbe – auf weiten Arealen des Strandes an Rømøs Westküste fahren. Doch keine Angst: Rømø besitzt genug Strand auch für Badegäste oder Spaziergänger, die sich nur den frischen Wind um die Nase wehen lassen möchten. Zwischen dem Ferienort **Lakolk** und dem Südstrand beispielsweise gibt es auch stille

Strandsegel müssen nicht wie Segel aussehen, wie man auf Rømø sieht.

bschnitte. Und wer nur wenige Schritte geht, hat oft Rømøs schönste Küsten scheinbar für sich allein. Vogelfreunde finden in Frühjahr und Herbst auf Rømø ideale Bedingungen: Das Wattenmeer ist ein wichtiger Zwischenstopp zehntausender **Zugvögel** auf dem Weg von Süden nach Norden und umgekehrt. Auch per Schiff ist Rømø noch zu erreichen: Zwischen Sylt und Havneby im Inselsüden verkehren ganzjährig Fähren.

Wohin auf Rømø?

Von Walen, Schafen und dem Watt

Toftum und Havneby

Eine Blütezeit im 17. – 19. Jh. verdankte die Insel dem Walfang vor Grönland und Spitzbergen. Von dieser Zeit berichtet der 1748 erbaute, reetgedeckte »Kapitänshof« von Toftum im Norden der Insel. Im **Kommandørgården** kann man auch das Skelett eines Pottwals bestaunen, der 1996 mit 15 Artgenossen bei Rømø strandete. Decken und Türen des Friesenhofes sind mit biblischen Motiven bemalt, die Außenwände mit holländischen Kacheln verkleidet. Wie schert man ein Schaf, welche Rassen gibt es und was lässt sich aus der Wolle herstellen? All das zeigt jedes Jahr im Juli der **Schafsmarkt** beim al-

RØMØ ERLEBEN

RØMØ-TØNDER TURISTFORENING
No. 1 Frankel
Havneby
Tel. 74 75 51 30
www.romo.dk

INTERNATIONALES DRACHENFESTIVAL
Ein Riesenspaß für alle Altersgruppen ist das internationale Drachenfestival Anfang September, bei dem sich der Himmel mit tausenden bunten Fantasievögeln schmückt.
www.danskdrageklub.dk

HOTEL KOMMANDØRGÅRDEN
€€-€€€
Klassische und gemütliche Ferienanlage mit Wellness- und Reitcenter sowie Kinder-Spielland.
Havnebyvej 201
Tel. 74 75 51 22
www.kommandoergaarden.dk

ENJOY RESORTS RØMØ
€€€-€€€€
200 Ferienhäuser mit Hotelservice, Gourmetgastronomie, 27-Loch-Links-Golfplatz und großem Spa – an der Südspitze der Insel wird Verwöhnen großgeschrieben.
Vestergade 31
Havneby
Tel. 75 75 56 55
www.enjoyresorts.dk/enjoy-resorts-roemoe

ten Walfängerhof, wo Leckeres aus Lammfleisch und Schafsmilch angeboten wird. Durch weite Heideflächen geht es nach Süden zur St.-Clemens-Kirche von Kirkeby, die dem Schutzpatron der Seeleute geweiht ist. Sie stammt aus dem 16. Jh. und besitzt fünf Votivschiffe, die zum Dank für die Rettung aus Seenot von wohlhabenden Schiffsführern gestiftet wurden. In Wort und Bild erzählen die Grabsteine auf dem Friedhof vom Leben der Kapitäne.
Der moderne Fischereihafen im Süden der Insel ist Ausgangspunkt der Fähren nach Sylt. Die faszinierende Welt des Wattenmeers stellt in all seinen Facetten das 2013 eröffnete **Naturzentrum Tønnisgaard** vor. Neben Wattwanderungen mit Erforschen des Meeresbodens und Austernsammeln gehören Krabbenfischen am Strand von Lakolk, vogelkundliche Ausflüge und das eigenhändige Beschleifen eines Bernsteins zu den Angeboten für die ganze Familie.

Kommandørgården: Juvrevej 60 | Mai – Sept. Di. – So. 10 – 17 Uhr Eintritt frei | www.natmus.dk

Naturzentrum: Havnebyvej 30 | 16. März – 31. Okt. Mo. – Fr. 10 – 16 Juli – Aug. auch So., Nov. – 15. März Mo. – Mi. 10 – 15 Uhr | Eintritt 22 DKK, 4 – 13 Jahre 11 DKK | www .tonnisgaard.dk

BAEDEKER ÜBERRASCHENDES

6X DURCHATMEN

Entspannen, wohlfühlen, runterkommen

1. PARADIESISCH

Blumenwiesen, verwunschene Gärten mit Picknickplätzen, dazu einen herrlichen Blick über den Belt bietet die **grüne Oase bei Lindelse** südlich von Rudkøbing auf Langeland. (▶ **S. 219**)

2. ENTSPANNEN

Zu Füßen des Leuchtturms von **Dueodde auf Bornholm** die Füße in den vielleicht feinsten Sand der Welt stecken und die Seele baumeln lassen. (▶ **S. 92**)

3. IM PARK

Schloss Corselitze bei **Falster** ist umgeben von einem Park im englischen Stil mit romantischen Teichen und verschwiegenen Kanälen. Einfach herrlich! (▶ **S. 109**)

4. NACHT MIT MEERBLICK

Im Leuchtturmwärterhäuschen des Vesborg Fyr auf **Samsø** eine geruhsame Nacht mit Meerblick genießen (▶ **S. 305**)

5. AM STRAND

Selbst in der Hochsaison ist an vielen Stränden jede Menge Platz – genau das Richtige für Sonnenanbeter, kleine Wasserratten und passionierte Strandläufer. Auch auf **Rømø**. (▶ **S. 286**)

6. KÖNIGLICHE RUHE

Übernachtung auf einem echten Schloss oder Herrenhof! Ein besonderes Erlebnis, das man mit Sicherheit nicht vergisst. Genießen Sie Romantik und einen Hauch von Adel. (www.slotshotel.dk, www.slotte-herregaarde.dk)

★★ ROSKILDE

Insel: Seeland | **Region:** Sjælland | **Einwohnerzahl:** 50 000

Roskilde?! Auch wer die Universitäts- und Kulturstadt im Norden Seelands noch nie besucht hat, weiß zumindest eines: Roskilde – das ist eines der größten Rockfestivals Europas. Jeden Sommer strömen zehntausende Rock- und Popfans in die Stadt am gleichnamigen Fjord, um eine Woche lang etablierte Stars, angesagte Bands und Newcomer zu erleben. Das klingt ihnen zu laut? Keine Angst: 51 Wochen lang geht es in Roskilde ruhiger und unaufgeregter zu. Dann dürfen Sie auf keinen Fall den Besuch im mächtigen Dom auslassen, in dem 38 dänische Monarchen beigesetzt wurden – auch die Grabstätte von Königin Margrethe II. ist hier schon vorbereitet.

Wikinger- und Königsstadt

Um das Jahr 1020 hatte sich Roskilde zum Sitz der seeländischen Bischöfe entwickelt – der Kirche folgte dann die Monarchie. So war Roskilde im Mittelalter mit 10 000 Einwohnern eine der größten Städte Nordeuropas. Diese waren übrigens nicht die ersten Siedler. Zuvor lebten nämlich schon **Wikinger** hier, die den Fjord aus strategischen Gründen schätzten – das berühmte Wikingerschiffsmuseum zeigt historische Fahrzeuge. Und wer will, kann sogar mit einem originalgetreuen Nachbau auf dem Roskilde Fjord in See stechen wie ein echter Wikinger.

★★ Domkirke Roskilde

April – Sept. Mo. – Sa. 10 – 18, So. 13 – 18, Okt. – März Di. – Sa. 10 – 16, So. 13 – 16 Uhr
Eintritt 60 DKK, unter 18 Jahre frei
Orgelkonzerte im Sommer jeden Do. 20 Uhr
www.roskildedomkirke.dk

Dänemarks Nationaldenkmal

Baugeschichte

Der Dom Sct Lukas (▶Baedeker Wissen, S. 290), eine mächtige, rote Backsteinkathedrale mit schlanken Turmspitzen, gehört zu den Nationaldenkmälern Dänemarks. Schon im Jahr 960 soll Harald Blauzahn hier eine Holzkirche gestiftet haben. Sicher ist, dass man um 1030 begann, eine Steinkirche zu errichten. In den folgenden Jahrhunderten erlebte die Stadt ihre Blütezeit, war Zentrum der Geistlichkeit, die über große Macht und Reichtum verfügte, vor allem, als König Valdemar einen jungen Priester mit Pariser Schulung zum Bischof wählen ließ: Absalon aus dem Geschlecht der Hvide. 1168 schenkte

Valdemar seinem Günstling die Stadt und Burg Havn. Absalon wurde so zum eigentlichen Gründer ▶Kopenhagens. Die heutige Hauptstadt war damals ein völlig unbedeutendes Fischerdorf. Das Machtzentrum lag in Roskilde. Die Wende kam 1536 mit der Reformation: 11 Pfarrkirchen und alle Klöster von Roskilde wurden eingezogen. Noch einmal stand Roskilde 1658 im Brennpunkt, als im Dom der Friedensvertrag zwischen Dänemark und Schweden unterzeichnet wurde. Durch ihn verlor Dänemark seine Besitzungen jenseits von Kattegat und Øresund. In seinen Grundzügen stammt der Sakralbau aus der Zeit Bischof Absalons: 1170 wurde mit dem Bau im romanischen Stil begonnen, später kamen Kapellen und Anbauten in den jeweils herrschenden Stilarten hinzu, sodass der Dom heute ein einzigartiges, architekturhistorisches Denkmal darstellt. Die beiden Westtürme wurden im 14. Jh. angefügt, ihre mit Kupfer verkleideten Helme 1635 und 1636.

Alles ist vorbereitet

Grablege der Könige

Bereits seit Anfang des 15. Jh.s diente der Dom als letzte Ruhestätte dänischer Monarchen. Die Alabaster- und Marmorgrabmäler von 38 dänischen Königinnen und Königen – von Margrethe I. († 1412) bis zur Königinmutter Ingrid († 2000) – sind Hauptanziehungspunkte der Kirche. Der Sarg Frederiks IX. († 1972), der zuerst in einer der Grabkapellen stand, erhielt im Jahr 1985 eine eigene Grabstätte außerhalb des Doms – ein Oktogon aus Handstrichziegeln. Am 15. November 2000 wurde hier Königin Ingrid neben ihrem Ehemann beigesetzt. Als wertvollstes Stück gilt die Liegefigur Margrethes I. (1414) hinter dem Hochaltar. Auch die amtierende Königin Margrethe II. wird einst hier beigesetzt; ihr Grabmal ist seit April 2018 fertig, wird aber öffentich nicht gezeigt.

Etwas für die Ohren

Ausstattung

An der Nordwand sieht man die Königsempore und den reich verzierten Stuhl Christians IV. aus der Zeit der Renaissance. Gegenüber fällt der Blick auf die berühmte Barockorgel aus dem 16. Jh.; ein Ohrenschmaus sind die kostenlosen **Orgelkonzerte** internationaler Solisten. Über dem wunderschön geschnitzten Chorgestühl aus der Mitte des 15. Jh.s stellen Holzreliefs Szenen aus dem Alten und Neuen Testament dar. Der vergoldete, mit Schnitzereien reich verzierte Flügelaltar (16. Jh.) ist eine Arbeit, die ursprünglich für die Schlosskirche von Frederiksborg Slot (▶Hillerød) vorgesehen war. Gefertigt wurde das Retabel in der belgischen Stadt Antwerpen, das in jener Zeit zum wichtigsten Hafen in Westeuropa aufstieg. Ansehen sollte man sich auch das Bronzetaufbecken aus dem Jahr 1602 und die 1609 aufgestellte Sandsteinkanzel mit schönem Marmordekor. Das Dommuseum im Rittersaal berichtet über Einzelheiten der Kirchengeschichte.

DOM VON ROSKILDE

Mehr als 800 Jahre Architekturgeschichte spiegeln sich im Dom von Roskilde wider. Im 10. Jh., als die Dänen noch Wikinger und in ganz Europa als Plünderer gefürchtet waren, ließ ihr König die erste Kirche bauen. Seit Anfang des 15. Jh.s ist die rote Backsteinkathedrale letzte Ruhestätte der dänischen Royals.

Öffnungszeiten und Preise: ▶ S. 290

❶ Kapelle Christians IV.
Die Kapelle mit dem Sarg des Renaissancefürsten schmücken Wandmalereien von Wilhelm Marstrand und eine Bronzestatue des Königs, die Bertel Thorvaldsen anfertigte.

❷ Königsportal
Das Portal zwischen den Westtürmen wird nur bei fürstlichen Begräbnissen geöffnet.

❸ Dommuseum
Vom Mittelalter bis zur Gegenwart erzählt das Dommuseum, wo eine Kopie vom Goldkleid Margarethes I. zu sehen ist.

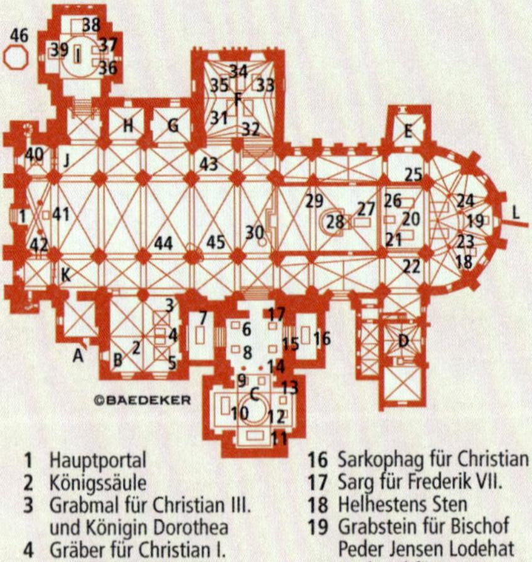

- **A** Eingang
- **B** Kapelle Christians I. (Dreikönigskapelle)
- **C** Kapelle Frederiks V.
- **D** Kapitelhaus
- **E** Oluf-Mortensen-Vorhalle
- **F** Kapelle Christians IV.
- **G** St.-Andreas-Kapelle
- **H** St.-Birgitte-Kapelle
- **I** Kapelle Christians IX.
- **J** Nördliche Turmkapelle
- **K** Südliche Turmkapelle
- **L** Absalonsbogen

1. Hauptportal
2. Königssäule
3. Grabmal für Christian III. und Königin Dorothea
4. Gräber für Christian I. und Königin Dorothea
5. Grabmal für Frederik II. und Königin Sophie
6. Sarg für Caroline Amalie
7. Sarkophag für Sophie Magdalene
8. Sarg für Christian VIII.
9. Sarg für Marie Sophie Frederikke
10. Sarkophag für Königin Louise
11. Sarkophag für Frederik V.
12. Sarg für Juliane Marie
13. Sarg für Christian VII.
14. Sarg für Frederik VI.
15. Sarg für Louise Charlotte
16. Sarkophag für Christian VI.
17. Sarg für Frederik VII.
18. Helhestens Sten
19. Grabstein für Bischof Peder Jensen Lodehat
20. Grabmal für Herzog Christopher
21. Sarkophag für Frederik IV.
22. Pfeiler mit Gebeinen von Svend Estridsen
23. Sarkophag für Christian V.
24. Sarkophag für Charlotte Amalie
25. Pfeiler mit Gebeinen von Estrid (Schwester Knuds d. Gr.)
26. Sarkophag für Königin Louise
27. Sarkophag für Königin Margarethe I.
28. Hochaltar
29. Chorgestühl von 1420
30. Taufstein
31. Sarkophag für Frederik III.
32. Sarkophag für Sophie Amalie
33. Sarg für Anne Cathrine
34. Sarg für Christian IV.
35. Sarg für Prinz Christian
36. Sarkophag für Königin Alexandrine
37. Sarkophag für Christian X.
38. Doppelsarkophag für Christian IX. und Königin Louise
39. Doppelsarkophag für Frederik VIII. und Königin Louise
40. Sarkophag für Anne Sophie Reventlow
41. Kirsten Kimer, Per Døver und St. Jørgen
42. Rüstung von Vincentz Hahn
43. Königsempore
44. Orgel (1554–1654)
45. Kanzel (17. Jh.)
46. Grab für Frederik IX.

④ Königssäule
An einer Granitsäule der Dreikönigskapelle ist die Größe verschiedener Könige abzulesen: Als Größter hat sich Christian I. mit gut 2,10 m eingetragen, sein Skelett misst allerdings nur knapp 1,90 m. Er ist hier mit seiner Gemahlin beigesetzt.

⑤ Frauenpower
Es war eine Frau, die das nordische Großreich schuf. Unter Dänemarks Königin Margarethe I. schlossen sich Dänemark, Schweden und Norwegen 1397 zur Kalmarer Union zusammen, die 126 Jahre hielt – bis Schweden 1523 ausscherte. Die 1414 in Alabaster ausgeführte Liegefigur von Margarethe I. ist ein gotisches Meisterwerk des Lübeckers Johannes Junge.

©BAEDEKER

Im Dommuseum ist eine Kopie des goldenen Kleids von Königin Margarethe I. zu bewundern.

Wohin noch in Roskilde?

Geschichtsträchtige Straßen und Mauern

Altstadt

In dem 1733 von Laurids Thura entworfenen **Roskilde Palais** fanden 1835 – 1848 die Ständeversammlungen statt, wurde 1849 die neue dänische Verfassung verabschiedet. Seit 1923 war das Palais bischöfliche Residenz. Heute präsentiert hier das **Museet for Samtidskunst** zeitgenössische Kunst und junge Filmarbeiten. Mit seinen umfangreichen archäologischen und ethnologischen Sammlungen dokumentiert das **Roskildemuseum** hingegen die Stadtgeschichte von der Steinzeit bis heute.

Nur der über 500 Jahre alte Turm des 1880 erbauten **Rathauses** zeugt noch von der mittelalterlichen Laurentiuskirche (1125) am Stændertorvet. Reste der im 16. Jh. abgerissenen Kirche sind in der 1998 unter dem Marktplatz ausgegrabenen Ruine zu besichtigen

(Schlüssel im Rathausturm). Mittwochs und samstags findet auf dem Stændertorvet ein Wochenmarkt vor historischer Kulisse statt. Weiter geht es durch die hübsche Skomagergade, Roskildes Fußgängerzone. Am Ende biegt man links in die Ringstedgade ein. Wie anno dazumal duftet es im **Kaufmannshof** im Haus Nr. 6 – 8, wo Salzheringe und Stockfisch, Würste nach Großmutters Rezept und köstliche Bonbontüten über den Tresen gereicht werden.
Aus dem späten 11. Jh. stammt die **Liebfrauenkirche** an der Fruegade im Süden der Altstadt. Sie wurde, so berichtet der dänische Geschichtsschreiber Saxo († 1220), um 1080 von Bischof Sven Normand aus Quellkalkstein errichtet. Die Schnitzereien der Kirchenbänke sind ein Werk des Roskildemeisters Caspar Luebbeke.

Museet for Samtidskunst: Di. – Fr. 11 – 17, Sa./So. 12 – 16 Uhr
Eintritt 50 DKK, unter 18 Jahre und So. frei | www.samtiskunst.dk
Roskildemuseum: tgl. 10 – 16 Uhr | Eintritt 45 DKK, unter 18 Jahre frei | www.roskildemuseum.dk
Lützhøfts Købmandsgård: März – Dez. Mo. – Do. 11 – 17, Sa. 10 – 14 Uhr | Eintritt frei

Kirchen mit Aussicht

Im Norden der Stadt

Vom Byparken im Norden der Stadt hat man einen weiten Blick über die Fjordlandschaft. Am Nordende des Parks führt der Sct. Ibs Vej zur gleichnamigen romanischen Kirche, in der Überreste mittelalterlicher Fresken erhalten sind. Die ältesten Teile der Sct. Jørgensbjerg Kirke oben auf dem aussichtsreichen **Sct. Jørgensbjerg** sind Chor und Schiff (11. Jh.). Durch die schlanken Rundstäbe in den Ecken und an den Längswänden im Hauptschiff wirkt das Gotteshaus wie eine versteinerte Stabkirche.

Roskilde ohne Musik?

Ragnarock

Kaum vorstellbar! Das neue **Museum für Pop, Rock und Jugendkultur** »Ragnarock« lädt ein zum Eintauchen in die Populärkultur von Musik bis Tanz und Gegenkultur seit den 1950ern – mit dänischem Schwerpunkt.

Rabalderstræde 16 | Di. – So. 10 – 17, Mi. bis 22 Uhr | Eintritt 90 DKK, unter 18 Jahre frei | www.museumragnarock.dk

★★ Vikingeskibsmuseet

Jedes Schiff erzählt eine eigene Geschichte

Fünf restaurierte Wikingerschiffe

Neben dem Wikingerschiffsmuseum von Oslo vermittelt die Schiffshalle von Roskilde den besten Überblick über den Schiffsbau der Wikinger (►Baedeker Wissen, S. 300). Die Anlage erstreckt sich direkt am Fjordufer mit herrlichem Ausblick über das Wasser. In der Halle befinden sich fünf 1962 gehobene und restaurierte Wikingerschiffe

ROSKILDE ERLEBEN

ROSKILDE TURISTBUREAU
Stændertorvet 1, Tel. 46 31 65 65
www.visitroskilde.com

VISIT HOLBÆK
Ahlgade 1C, 4300 Holbæk
Tel. 59 43 11 31
www.visitholbaek.dk

FLUGHAFEN
Copenhagen Airport Roskilde, 8 km südlich der Stadt und 43 km westlich von Kopenhagen, ist der Provinzflugplatz für Seeland und die Außenbezirke der Hauptstadt. Regelmäßig Verbindungen zu den Inseln ▶Ærø, ▶Samsø, ▶Læsø und ▶Anholt.

ROCK IN ROSKILDE
Zwei Jahre nach dem legendären Woodstock-Festival ging 1971 in Roskilde zum ersten Mal ein riesiges Konzert über die Bühne. Heute gehört das achttägige Rockfestival am ersten Wochenende im Juli mit über 100 000 Zuschauern zu Europas größten Open-Air-Events.
www.roskilde-festival.dk

GLASGALLERIET
Im ehemaligen Glaswerk kann man heute Glasbläsern bei der Arbeit zusehen und im schmucken Verkaufsraum schöne Mitbringsel erstehen.
Sct. Ibs Vej 12
www.glasgalleriet.dk

1 SNEKKEN €€–€€€
Hier wird so getafelt, wie es die Wikinger taten. Auf der Speisekarte stehen Gerichte wie Frejas Gastmahl (Frejas Gæstebud) mit Räucherlachs auf Spitzkohl mit Äpfeln und Radieschen sowie Wikingerwürstchen (Vikingepølser) mit Selleriemus, Zwiebeln und Senf.
Vindeboder 16
Tel. 46 35 98 16
www.snekken.dk

2 SCANDIC HOTEL ROSKILDE €€€
Haus mit allen Annehmlichkeiten eines modernen Business-Hotels, lichte Zimmer in modernem, skandinavischen Design; 15 Minuten bis zur Innenstadt.
Ved Ringen 2, Tel. 46 32 46 32
www.scandichotels.com

3 SVOGERSLEV KRO €€€
Der gemütliche, rote Fachwerkbau in ruhiger Umgebung liegt 4 km westlich der Stadt. Helle Zimmer, großer Garten. Probieren Sie im Restaurant den Lachs mit Avocadomousse.
Hovedgade 45
Svogerslev
Tel. 46 38 30 05
www.svogerslevkro.dk

1 ZLEEP HOTEL ROSKILDE €€–€€€
Klassisch-gediegenes Hotel und eines der ältetesten Gasthäuser des Landes. Einige der 73 Ziimmer haben Blick auf den Dom. Für große Feiern: die in Zusammenarbeit mit dem Nationalmuseum renovierte »Golden Age Hall«. In der Brasserie kann man zu erschwinglichen Preisen speisen.
Algade 13
Tel. 70 23 56 35
www.zleephotels.com

ROSKILDE
Frederikssund
Havn
150 m
©BAEDEKER
Roskilde Fjord
Hillerød
Museumsø
Vikingeskibs-museet
Glas-galleriet
Byparken
Skt. Ibs Kirke
Skt. Laurentii Kirke
Amfiteater
Domkirke
Roskilde Museum
Maglekilde
Palais
Rådhus
Skt. Laurentii Kirkeruin
Bibliotek
Roskilde Kloster
Lützhøfts Købmanns-gård
Gråbrødre kirkegård
Vor Frue kirke
Jernbane-station, Busterminal
Bus
Lejre, Holbæk
Tåstrup, København
Håndværksmuseet
København, Lufthavn, Roskilde
Snekken
Hotel Prindsen
Scandic Hotel Roskilde
Svogerslev Kro

aus der Zeit zwischen 1000 und 1050. Sie waren, mit Steinen beschwert, bei Skuldelev im Roskildefjord als Sperre der wichtigen Fahrrinne versenkt worden, um Roskilde vor feindlichen Angriffen von See aus zu schützen. Jedes Schiff erzählt auf andere Weise von ausgedehnten Handelsreisen, wilden Beutezügen und dem Leben der Fischer. Im Einzelnen handelt es sich um ein knapp 18 m langes Kriegsschiff, das ca. 30 Mann Besatzung hatte, die Skudelev II, zwei Handelsschiffe (14 bzw. 16,5 m) mit einer Nutzlast von 4 t bzw. 20 t, und ein Fischerboot von 12 m Länge – im Øresund gab es damals große Heringsschwärme.
Außerdem beschäftigt sich die Ausstellung mit der Wikingerzeit allgemein. Spannende Bauaktivität verspricht die **Bootswerft**, wo mit Werkzeug und Methoden wie zu Zeiten der Wikinger Repliken der Frachtschiffe Skudelev I und II sowie Kraka Fyr gebaut wurden und dann mit der Skudelev VI ein weiterer Nachbau folgte. In den gegenüberliegenden **Werkstätten** kann man im Sommer die Kunst der Seilerei und Segelmacherei erproben oder vom Dörrfisch aus der Provianttonne kosten. Wie 1997 gehobene Wrackteile weiterer Schiffe untersucht und datiert werden, sehen Besucher in der archäologischen Werkstatt. Im Hafen liegen die nachgebauten Schiffe »Helge Ask« und »Roar Ege« sowie der restaurierte Einmaster »Ruth« vor Anker. Ein unvergessliches Erlebnis sind die in den Sommermonaten täglich angebotenen, einstündigen **Segeltörns** auf dem Roskildefjord mit einem der offenen Rahsegelboote: Gäste packen dabei mit an, rudern das Schiff aus dem Hafen und hissen die Segel.
Tgl. 10 – 16, in den Ferien bis 17 Uhr | Eintritt 90/130 DKK, unter 18 Jahre frei, Bootsfahrt pro Pers. 100 DKK | www.vikingeskibsmuseet.dk

Rund um Roskilde

Auf zum Schlemmertörn mit dem nostalgischen Dampfer

Dampfer »Sagafjord«

Auf derselben Route, die einst die Wikinger nahmen, um den Handelsplatz im Innern des Fjords zu erreichen, lädt heute der nostalgische Dampfer »Sagafjord« zum Schlemmertörn – an Bord gibt es ein traditionelles Lunchbuffet mit Fischspezialitäten, Kaffee und Kuchen oder Abendmenü; detaillierte Infos zu den monatlich wechselnden Ausflugsfahrten im »Sejlplan« auf der Website. Das Schiff legt am Vindeboder 18 (Museumsinsel) ab, wo es im Winter als schwimmendes Restaurant vor Anker liegt. Ole Rømer (1644 – 1710) bestimmte 1675 die Lichtgeschwindigkeit aus den Verfinsterungen der Jupitermonde und baute den ersten Meridiankreis. Östlich von Roskilde im Waldgebiet von Vestskoven fand man 1978 die **Sternwarte** des berühmten Astronomen. Über Leben und Werk informiert das Museum in Tåstrup.

Fahrtkosten Dampfer: 100 DKK, 3 – 12 Jahre 59 DKK, Buffet 198 DKK, Abendmenü 2 Gänge 340 DKK, 3 Gänge 385 DKK
www.sagafjord.dk
Kroppedal Museum: Kroppedale Allé 3 | Tåstrup Di. – So. 10 – 16 Uhr
Eintritt frei | www.kroppedal.dk

Vorzeitliches Leben und historische Trambahnen

Lejre und Umgebung

Das historisch-archäologische Versuchszentrum Sagnlandet Lejre, knapp 4 km nordwestlich von Lejre, zeigt, wie man früher lebte und

BAEDEKER MAGISCHE MOMENTE

HINTER DEM HORIZONT

Der Stolz der Wikinger waren ihre Schiffe. Wendig und pfeilschnell schmiegten sie sich regelrecht in die Wellen. Das Geheimnis lag in der Kombination von Segel und schlankem Rumpf. Wie die rauen Männer aus dem Norden ihre Rahsegel richtig trimmten und optimal steuern konnten, lässt eine magische Zeitreise ab Roskilde erahnen. Gehen Sie an Bord eines nachgebauten Langschiffs, setzen Sie selbst Segel, spüren Sie das Meer! Bei Flaute heißt es an die Riemen und rudern ...
(Mai – Sept. Sa. 10 – 16 Uhr, Segelkurs p. P. 1100 DKK inkl. Lunch und Getränk, 50 Min.-Segeltörn bei gutem Wetter tgl. ab 10 Uhr, p. P. 100 DKK, www.vikingeskibsmuseet.dk)

DER »SEEHENGST«

Mitten im Roskildefjord liegt der Schiffsfriedhof von Skuldelev. 1962 wurden hier fünf Wikingerschiffe aus dem 11. Jh. n. Chr. geborgen und in mühsamer Arbeit wieder zusammengesetzt. Sie sind heute im Wikingerschiffsmuseum Roskilde ausgestellt. Einige von ihnen wurden auch nachgebaut. Mit Recht darf gesagt werden, dass ihr großartiger Schiffsbau zu jener Zeit eine herausragende technische Leistung war, die den Wikingern einen Platz in der Weltgeschichte verschaffte.

Öffnungszeiten: ▶ S. 389

Schrecken der Meere
Der »Seehengst« misst beachtliche 30 m in der Länge, war also eines der gefürchteten Kriegsschiffe, deren Auftauchen Schrecken verbreitete, und die Eingang in Sagen und Lieder gefunden haben.

Materialschlacht
Für den »Seehengst« wurden 300 Bäume verwendet, u. a. Eichen für die Planken und eine mächtige Eiche für das Kielschwein. 7000 geschmiedete Eisennägel mit 400 kg Gewicht wurden verbaut. Für das 2 km lange Tauwerk waren 400 kg Lindenbast und 600 Pferdeschwänze nötig. 200 Schafe mussten für das 120 m2 große Wollsegel geschoren werden. Pferdefett machte den Stoff wasserabweisend.

Navigation
Vermutlich orientierten sich die Wikinger an Sonne, Mond und Sternen und hielten sich bei ihren Fahrten dicht an der Küste. Im Dänischen Nationalmuseum in Kopenhagen ist eine Holzscheibe mit einem Durchmesser von 7 cm ausgestellt, die als »Sonnenkompass« bekannt ist und den Wikingern wohl zur Navigation diente.

1 Spanten
37 bis 40 Spanten sind mit einem Abstand von 74 cm im Rumpf des Schiffes verbaut. Sie wurden treppenartig bearbeitet und funktionierten wie ein Gerippe des Schiffskörpers, auf dem die Planken direkt auflagen.

❷ Planken

Überraschend: Die Plankenstärke betrug nur 2–2,5 cm. Sie wurden nicht gesägt, sondern direkt aus großen Eichen- und Kieferstämmen herausgespalten.

❸ Kiel

Der Kiel, eine Erfindung der Wikinger, bestand aus einem einzigen Stamm und erlaubte eine sichere Fahrt durch hohe Wellen. Der Tiefgang des »Seehengsts« etwa betrug nur 0,9 m.

❹ Segel

Erst die Rahsegel ermöglichten den Wikingern ihre Raubzüge übers Meer. Auf bis zu 20 Knoten brachte es der »Seehengst« unter Segeln und war damit eventuellen Verfolgern an Schnelligkeit weit überlegen. Vor allem in prekären Situationen erwies sich das Rechtecksegel als dankbare Erfindung: Damit ließ sich das Schiff rückwärts steuern.

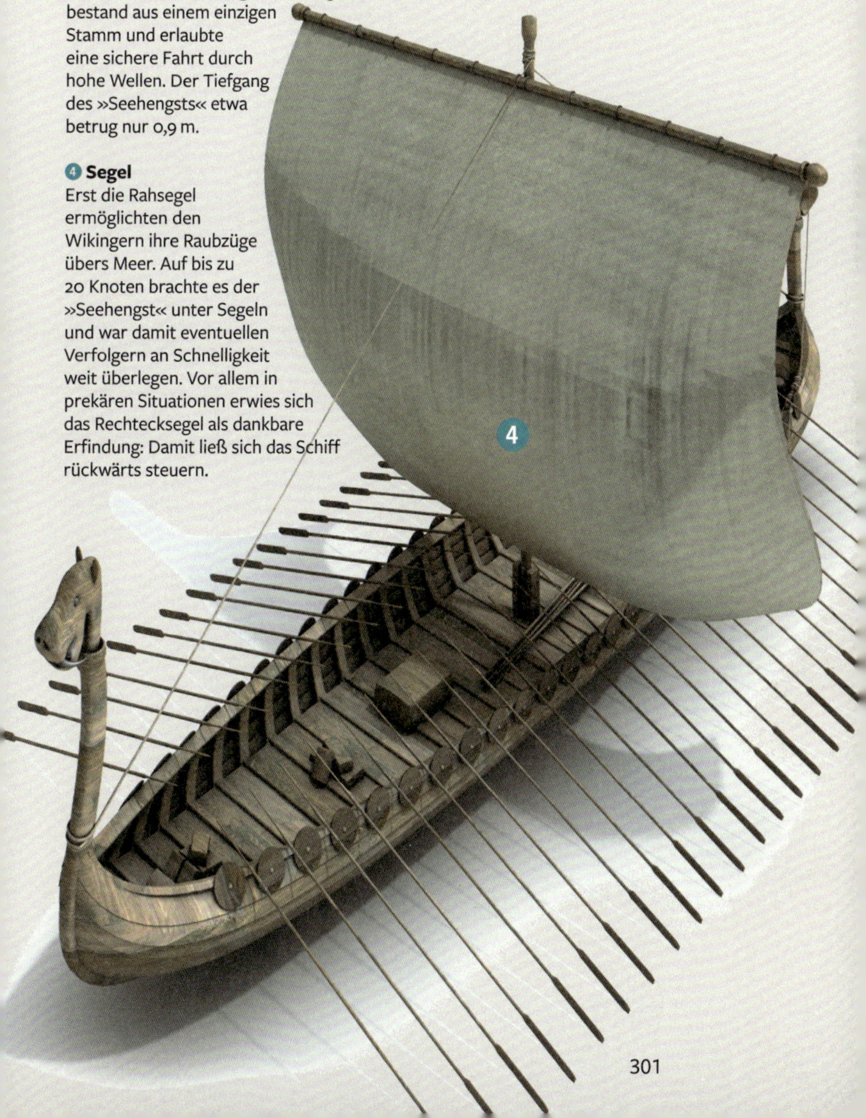

arbeitete. Größte Attraktion ist ein **Eisenzeitdorf** mit vier rekonstruierten Häusern, Hütten, Feldern und Haustieren. Heiligtum war vor rund 2000 Jahren das Opfermoor, wo Schiffe, Waffen, Tiere, ja sogar Menschen den Göttern geopfert wurden. Man kann in einem ausgehöhlten Einbaum herumpaddeln oder in den offenen Werkstätten Töpfern, Webern und Schmieden bei der Arbeit zusehen. Die rekonstruierten Kleinbauernhöfe erzählen vom Leben auf dem Land vor 150 Jahren. Im Sommer finden Veranstaltungen zum Thema »Ländlicher Alltag in Dänemark« statt. Rund 2 km südöstlich befindet sich an der Nebenstraße nach Øm ein ca. 5000 Jahre altes **Ganggrab** aus der Jungsteinzeit. Die 7 m lange, mannshohe Grabkammer besteht aus 15 tragenden Seitensteinen und 4 tonnenschweren Decksteinen – Taschenlampe mitnehmen!
Das fünftgrößte **Straßenbahnmuseum** der Welt liegt knapp 9 km südwestlich von Lejre nahe Skjoldenæsholm. Im Sporvejsmuseet stehen mehr als 30 Wagen aus der Zeit von 1863 – 1949; ab 1952 wurden die Straßenbahnen durch Dieselbusse ersetzt.

Sagnlandet Lejre: Slangealleen 2 | Mai – Mitte Juni, Mitte Aug. – Mitte Sept. Di. – So. 10 – 17, Mitte Juni – Mitte Aug., Mitte Sept. – Ende Okt. tgl. | Eintritt 160 DKK, Kinder 105 DKK | www.sagnlandet.dk
Sporvejsmuseet: Sa. 13 – 17, So. 10 – 17, in den Ferien zusätzlich Di. – Do. 10 – 17 Uhr | Eintritt 90 DKK, Kinder 45 DKK
www.sporvejsmuseet.dk

Verirren ist märchenhaft

Ledreborg Slot

Eines der besterhaltenen Rokoko-Schlösser Dänemarks ist Ledreborg, 2 km südwestlich von Lejre. An der Ausstattung des 18. Jh. wirkte der Rokokoarchitekt Niels Eigtved mit. Hauptaugenmerk gilt dem stuckverzierten Kuppelsaal und der Schlosskapelle. Da die Familie Holstein-Ledreburg den Palast noch bewohnt, lässt er sich nur im Rahmen von vorab gebuchten Privatführungen für Gruppen besichtigen und bei Firmenevents – oder Hochzeiten – erleben. Öffentlich zugänglich ist jedoch der 80 ha große, terrassenförmig angelegte **Schlosspark**, ein Beispiel gelungener Landschaftsgestaltung im englisch-französischen Stil, mit einem der größten Irrgärten Europas und den märchenhaften Naturskulpturen von Jørn Hansen. Der **Hochseilgarten Fly High** ist einer der größten und spannendsten im Land. Der 300 Jahre alte Pachthof von Ledreborg, Gammel Kongsgård, ist heute Museum mit originalen Einrichtungsgegenständen von 1748 – 1959.

Park: tgl. 11 – 16 Uhr | Eintritt 25 DKK; Gammel Kongsgård:
Juni – Aug. Do./So. 13 – 16 Uhr | Eintritt frei | www.ledreborg.dk

Alte Handelsstadt

Holbæk

Am Holbækfjord, einem Arm des großen Isefjords, rund 30 km westlich von Roskilde, bietet die alte Handelsstadt Holbæk hübsche Stra-

ßenzüge, einen attraktiven Hafen mit Holzschiffwerft und Seelands größtes lokalgeschichtliches Museum mit Interieurs des 17.–19. Jahrhundert. Im **Dorf Andelslandsbyen Nyvang** vermitteln der alte Kaufladen, Meierei und Dorfschmiede ein Bild der Blütezeit der Genossenschaftsbewegung zwischen 1880 und 1950.
Nahe Holbæk steht bei Tveje Merløse eine der ältesten Dorfkirchen des Landes, die 20 m hohe Zwillingstürmen aus Tuffstein aufweist. Erbaut wurde sie um im Jahr 1120 im romanischen Stil von Asser Rig, dem Vater des bekannten Bischofs Absalons. Beachtenswert sind die Kanzel von 1571 und Fresken aus dem 13. Jahrhundert. Kunstvolle gotische Wandmalereien des Isefjordmeisters aus der Mitte des 15. Jh.s birgt 7 km westlich der Stadt die schlichte romanische Dorfkirche von **Tuse**.

Holbæk Museum: Klosterstræde 18 | Di. – Fr. 10 – 16, So. ab 12 Uhr Eintritt 50 DKK, unter 18 Jahre frei | www.holbmus.dk
Genossenschaftsdorf: Oldvejen 25 | Mitte April – Mitte Okt. Mo. – Do. 10 – 16, Sa./So. bis 17 Uhr | Eintritt 120, DKK, 8 – 15 Jahre 50 DKK www .adlbn.dk

SAMSØ

Region: Midtjylland | **Inselfläche:** 114 km² | **Bewohnerzahl:** 3700

Willkommen in Dänemarks Gemüsegarten! Und willkommen auf Dänemarks Energieinsel Nummer eins! Die kleine Kattagetinsel Samsø – auf halbem Weg zwischen Jütland und Seeland in der Ostsee gelegen – darf sich mit gleich zwei dänischen Superlativen schmücken. Denn das rund 28 km lange und bis zu 7 km breite Samsø ist aufgrund seiner bevorzugten, geschützten Lage und seiner fruchtbaren Böden eine Perle für regionale Spezialitäten: So kommen beispielsweise fast in jedem Frühjahr die ersten dänischen Kartoffeln von hier – um zu Höchstpreisen von tausenden Kronen das Kilo an Sternerestaurants wie das »Geranium« in ▸Kopenhagen zu gehen. Und die Gemüsesaison endet erst spät im Herbst mit der Ernte der letzten Kürbisse.

100 % nachhaltig

Dass Samsø darüber hinaus die Vorzeigeinsel für erneuerbare Energie ist, die ihre knapp 4000 Bewohner schon mehr als ein Jahrzehnt lang mit Wind- und Sonnenergie sowie Biomasse zu 100 Prozent autark versorgt, und die **Energieakademie in Ballen** ein wichtiger Anlaufpunkt für Forscher, Politiker und interessierte Laien aus aller Welt ist, trägt ebenfalls zur internationalen Bekanntheit des eiszeit-

SAMSØ ERLEBEN

VISIT SAMSØ
Anton Rosens Hus
Anton Rosens Plads 3
Tranebjerg
Tel. 86 59 00 05
www.visitsamsoe.dk

FÄHRE
www.tilsamsoe.dk
www.faergen.de

SAMSØ-RÅVAREFESTIVAL
Die Inselmetropole Tranebjerg feiert an einem Wochenende im Juni die »Rohstoffe« des Eilands beim das Samsø-Råvarefestival.
www.samsoraavarefestival.dk

KERAMIK
In einer alten Kapelle am Dorfweiher in Nordby stellt Sigrid Hovmand die schönsten Dinge aus Ton her – Vasen, Teller, Brotformen und den von ihr entworfenen Römertopf Samsø-Cocotte »Grand Cru«.
Ved Kæret 20, Nordby
geöffnet nach Absprache
www.sigridhovmand.dk

RESTAURANT SAK €€
Ballens jüngstes Restaurant lädt zum Genuss von Inselerzeugnissen, die das Herz der Speisekarte bilden. Schlicht-schicke Einrichtung und helles Ambiente.
Åvej 10a
Ballen
Tel. 28 77 38 77
www.saksamsoe.dk

BRUNDBY HOTEL €€€
Mit eigener Bühne ideal für Musiker: Dänemarks erstes Rock-Hotel.
Brundby Hovedgade 63
Tel. 86 59 00 11
www.brundby-hotel.dk

VADSTRUP 1771 €€
In dem im Herzen von Samsø gelegenen Sommerhotel kommen Gäste garantiert zur Ruhe, in stilvollen Zimmern auf einem alten Bauernhof aus dem 18. Jh. inmitten eines wunderschönen Gartens. Nicht nur die Kuchen sind im kleinen Restaurant ein Genuss.
Vadstrup 4
Tel. 86 59 17 71
www.vadstrup1771.dk

lich geprägten Eilands bei. Die geschützte Hügellandschaft Mårup Bakker im Norden oder der Stavns Fjord im Osten sind Relikte der letzten Eiszeit. Urlauber lieben beide ebenso sehr wie die breiten Strände und idyllischen Dörfer mit Fachwerkhäusern und stillen Winkeln. Anreisen kann man bequem mit der Fähre von Jütland oder Seeland aus.
Energieakademie: www.energiakademiet.dk

Wohin auf Samsø?

Von Tranebjerg bis Stavns Fjord

Reetgedecktes Fachwerk und ein kleiner Archipel
Das Museum Samsø erzählt die Inselgeschichte. Knapp 5 km südöstlich schmiegt sich das hübsche Dorf Ballen an die Ostküste, im Sommer Treffpunkt für Feriengäste und Freizeitkapitäne, die im Jachthafen vor Anker gehen.
Ende des 19. Jh.s ließ die bis heute auf der Insel herrschende Familie Danneskiold-Samsøe ganz im Süden den **Gutshof Brattingsborg** mit einer Villa im englischen Stil erbauen. Die Parkanlage ist im Sommer unter der Woche zugänglich. An der äußersten Südwestspitze der Insel laden im Leuchtturmwärterhäuschen des Vesborg Fyr zwei stilvolle Ferienwohnungen zur Nacht mit Meerblick.
Dank seiner reetgedeckten Fachwerkhöfe am Dorfteich wurde **Nordby**, das, wie der Name sagt, im Norden liegt, 1990 zum »besterhaltenen Dorf Dänemarks« gekürt. Vom Ballebjerg mit seinem 1902 erbauten, winzigen Turm sieht man bis zu den Moränenhügeln im Landschaftsschutzgebiet Nordby Bakker, zur Nachbarinsel Thunø und bei gutem Wetter sogar bis nach ►Aarhus in Jütland.
Ein gutes Dutzend mit Gestrüpp und Gras bewachsene Inselchen gehört zum kleinen **Archipel** des Stavns Fjord, das sich im Nordwesten zum Kattegat öffnet. Das Gebiet, in dem seltene Seevögel ein ideales Refugium gefunden haben, steht unter Naturschutz und ist nur eingeschränkt zugänglich. Im Naturhafen von **Langør** treffen sich die Freunde des Segelsports. Nur 11 m breit ist der Kanhave Kanal – und bildete schon zur Wikingerzeit die Verbindung zur Sælvig Bugt.
Ökomuseum Samsø: Museumsvej 5 | Mai – Okt. 10 – 16, April bis 14 Uhr | Eintritt 50 DKK, unter 18 Jahre frei | www.samsoemuseum.dk
Gutshof Brattingsborg: Park Mitte Juni – Mitte Aug. Di., Fr. 10 – 16 Uhr | Eintritt 40 DKK, Kinder 30 DKK | www.brattingsborg.dk
Ferienwohnungen: € € – € € € | www.vesborgfyr.dk

★ SILKEBORG

Halbinsel: Jütland | **Region:** Midtjylland | **Einwohnerzahl:** 43 100

In Silkeborg möchte man wohnen, so schön ist es hier. Dass jedenfalls denken sich immer mehr Pendler, die von der Stadt im sogenannten Seenhochland meist Tag für Tag zum Geldverdienen ins große ►Aarhus hinüberfahren. Und Recht haben sie – denn die Lage der Kulturstadt am See Langsø und umgeben von Wäldern ist idyllisch.

K/L 11

ENERGIEINSEL

Samsø wurde 1997 zu Dänemarks Energieinsel erklärt. Unter Einsatz erneuerbarer Energien sollte sie innerhalb von zehn Jahren selbstversorgend sein. Und das hat sie geschafft: Heute produziert die Gemeinde sogar mehr Energie als sie selbst verbrauchen kann.

1 BIOGAS

Mit 20 Biogasanlagen kann Samsø den hohen Bestand an Biomasse regenerativ nutzen.

In den Biogasanlagen werden von den jährlich 6,5 Tonnen Abfall 25 Prozent in Energie umgewandelt.

Die Insel kann durch ihren Stallmist, organischen Haushaltsmüll und weitere verwertbare Materialien ihren Eigenbedarf bis zu 30 Prozent energetisch decken.

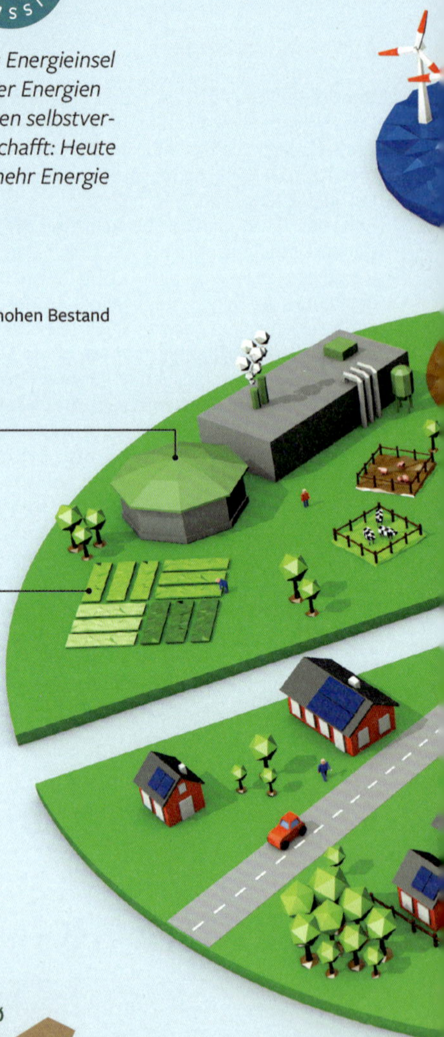

▶ Fakten zur Insel Samsø

Fläche	112,06 km²
Einwohner	3889 / 35 pro km²
Höchste Erhebung	64 m (Ballebjerg)
Ortschaften	6

3 WINDENERGIE

Samsø produziert mit 21 Windkraftanlagen jährlich über 77 000 MWh Strom und deckt damit den Energiebedarf der ganzen Insel.

Zehn der Windkrafträder befinden sich im Küstengewässer, ca. 3–4 km von der Insel entfernt.

Seit der Jahrtausendwende wurden elf Onshore-Anlagen in Betrieb genommen.

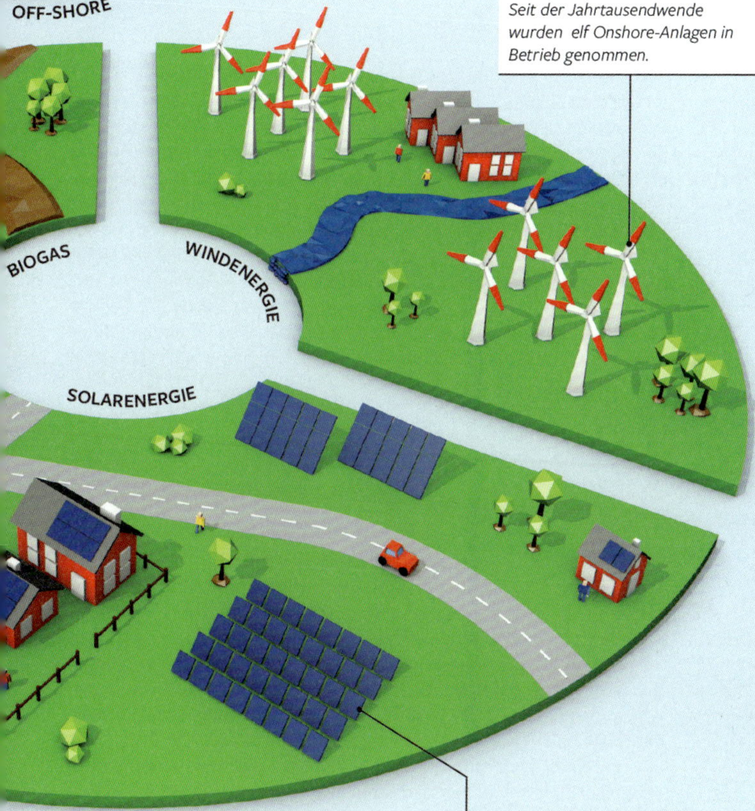

2 SOLARENERGIE

Mit rund 1800 Sonnenstunden pro Jahr liegt Samsø über dem Landesdurchschnitt und bietet eine perfekte Grundlage für die Solarenergie.

Die Selbstversorgerinsel investierte 2002 rund drei Millionen Euro in eine 2500 m² große Solaranlage.

Kultur-stadt in den Wäldern

Kein Wunder, dass auch Dänemarks Reiche hier leben, darunter Lars Larsen, der Macher des Bettenimperiums »Jysk« bzw. »Dänisches Bettenlager«. Dabei war es das Wasser, das Silkeborgs Aufschwung erlaubte: Die Wasserkraft des Flusses Gudenå war Energiequelle für die große Papierfabrik, die Michael Drewsen im 19. Jh. gründete. Nicht entgehen lassen darf man sich die beiden Kunstmuseen und das Süßwasseraquarium.

Wohin in Silkeborg?

Das dänische Pendant zum Ötzi

★ Kulturhistorisches Museum

Im ältesten Gebäude der Stadt, dem 1767 am Seeufer erbauten Hovedgaarden, zeigt das Kulturhistorische Museum eine eisenzeitliche Sensation: die sehr gut erhaltene Moorleiche **»Tollundmann«**. Als er 1950 aus einem Hochmoor im Bjaeldskovdal, 10 km westlich von Silkeborg geborgen wurde, glaubte man zuerst an einen Mord und verständigte die Polizei: Das Opfer hatte nämlich einen Lederstrick um den Hals. Wie Gerichtsmediziner herausfanden, kam er durch Erhängen ums Leben, doch schon vor 2200 Jahren. Archäologen vermuten, dass der 40-Jährige den Göttern geopfert wurde. Im Gesicht des Mannes sind Bartstoppeln und Falten deutlich erkennbar, seine Züge wirken entspannt, als würde er schlafen. Seine letzte Mahlzeit: eine Suppe aus Getreide, Leinsamen und Vogelknöterich. Um diesen besonderen Fund auch außerhalb des Hochmoores zu bewahren, wurde er künstlich konserviert.

1. Mai – Woche 42 (Herbstferien) tgl. 10 – 17, Woche 43 – April Sa./So. 12 – 16 Uhr | Eintritt 65 DKK, unter 18 Jahre frei | www.museumsilkeborg.dk

Zwei absolute Topadressen für moderne Kunst

★ Museum Jorn und Kunst-Centret

Niels Frithiof Truelsen lieferte den Enwurf für das Museum Jorn in einem Park. Die Frontfassade schmückt der Keramikfries »Epokhé« nach Skizzen von Dubuffet. Ausgestellt sind Werke moderner Künstler seit den 1930er-Jahren, v. a. der Gruppe **CoBrA**, zu deren Gründungsmitgliedern der Maler, Bildhauer, Keramiker und Webkünstler Asger Jorn (1914 – 1973) zählte. Mehr als 5500 Werke von 156 international hoch geschätzten Künstlern wie Emil Nolde, Max Ernst, Man Ray und Karel Appel sowie mehrere Hundert eigene Arbeiten hinterließ Asger Jorn seiner Heimatstadt Silkeborg, in der er 1933 mit einer Ausstellung seine Laufbahn begonnen hatte. Später entwickelte Jorn zusammen mit den späteren CoBrA-Künstlern Ejler Bille, Henry Heerup, Egill Jacobsen und Carl-Henning Pedersen einen eigenen spontan-abstrakten Stil. Zwei seiner Hauptwerke werden präsentiert: das Monumentalgemälde »Stalingrad« und der 14 m lange Gobelin »Die lange Reise«. Werke der Künstlergruppe zeigt das CoBrA-

Im Kunstmuseum von Silkeborg

Forum mit modernen Medien und Materialien aus dem Archiv. Silkeborgs zweite Kunst-Top-Adresse ist die ehemalige Wasserkuranstalt **Silkeborg Bad** in einer weitläufigen Parkanlage am Ørnsø. Gezeigt wird zeitgenössische Kunst aus Skandinavien und aller Welt. Wahrzeichen des KunstCentret ist der »Vandmanden«, der aus den Poren seines blauen Körpers Wasserfontänen sprüht.

Museum Jorn: Gudenåvej 9 | April – Okt. Di. – So. 10 – 17, Nov. – März Di. – Fr. 12 – 16, Sa./So. 10 – 17 Uhr | Eintritt 100 DKK, unter 18 Jahre frei | www.museumjorn.dk

KunstCentret Silkeborg Bad: Gjessøvej 40 | Mai – Sept. Di. – So. 10 – 17, Okt. – Apr. Mo. – Fr. 12 – 16, Sa./So. 11 – 17 Uhr | Eintritt 75 DKK, unter 16 Jahre frei | www.silkeborgbad.dk

Hier wurde jahrelang Geld gedruckt – quasi ...

Papierfabrik

1844 erhielt Michael Drewsen die Erlaubnis, eine Papierfabrik in Silkeborg am Ufer der Gudenå zu errichten. 1845 nahm sie ihren Betrieb auf – und machte richtig Geld: Bis 1963 wurde in dem Backsteingebäude das Papier für die dänischen Banknoten hergestellt. Im Jahr 2000 legte man die Fabrik, die maßgeblich zum Wachstum und Wohlstand der Stadt beigetragen hatte, still. Das Industriedenkmal birgt heute das Radisson Blu Hotel Silkeborg, die Lokalzeitung,

SILKEBORG ERLEBEN

SILKEBORG TURISTBUREAU
Åhavevej 2A
8600 Silkeborg
Tel. 86 82 19 11
www.silkeborg.com

DAMPFERAUSFLUG
Vom Anleger Silkeborg legt ab Ostern der älteste Raddampfer der Welt, die 1861 gebaute »Hjejlen«, zu thematischen Ausflugsfahrten auf der Gudenå und zum Silkeborger See ab: Lunchtörns, Portwein- sowie Natur-, Märchen- und Musikfahrten.
Ticket Erw. ab 150 DKK, Kinder ab 90 DKK
www.hjejlen.com

RIVER-BOAT JAZZFESTIVAL
Alljährlich im Juni wird auf den Schiffen am Hafen von Silkeborg, den Plätzen und Straßen der Stadt fünf Tage (und Nächte) lang gejazzt und gejamt – und mitgesungen. Zu dem Event reisen mehr als 70 Bands aus der ganzen Welt an.
Termine und Infos:
www.riverboat.dk

GAMLE SKOVRIDERGAARD €€€
Alter Fachwerkhof am Stadtrand mit 68 modern-eleganten Zimmern, spannender Kunst und gehobener Küche.
Marienlundsvej 36
Tel. 87 22 55 00
www.glskov.dk

RADISSON BLU HOTEL PAPIRFABRIKKEN €€€
Stylisches Haus im skandinavischen Stil in einem ehemaligen Industriekomplex am Fluss. Nur wenige Parkplätze!
Papirfabrikken 12
Tel. 88 82 22 22
www.papirfabrikken.nu

HIMMELBJERGET €€
18 komfortable Zimmer mit Balkon, gutes Restaurant mit Aussichtsterrasse.
Himmelbjergvej 20, Ry
Tel. 86 89 80 45
www.hotel-himmelbjerget.dk

»Midtjyllands Avis«, das Papiermuseum Bikuben sowie auch das Jysk Musik & Teaterhus.
Nordeuropas größtes **Süßwasseraquarium AQUA** südlich des Zentrums verspricht eine spannende Reise in dänische Binnengewässer – zu Hechten, Karpfen und Forellen und einem See voller Ottern.
Papirmuseet: Juni – Aug. tgl. 11 – 16, Mai, Sept. Sa./So. 11 – 16 Uhr
Eintritt 50 DKK, unter 18 Jahre frei | www.museumsilkeborg.dk
Jysk Musik & Teaterhus: www.jmts.dk
Aqua: Vejlsøvej 55 | Mitte Aug. – Juni tgl. 10 – 16 bzw. 17, Juli – Mitte Aug. bis 18 bzw. 20 Uhr | Eintritt 160 DKK, 3 – 11 Jahre 90 DKK
www.visitaqua.dk

Rund um Silkeborg

Aussicht genießen oder Oldtimer bewundern

Himmelbjerget

Majestätisch erhebt sich der Himmelbjerget über dem Julsø, Teil einer schönen Wald- und Seenlandschaft, die sich östlich bis Skanderborg (▶Aarhus, Umgebung) fortsetzt. Man kann einem Wanderweg folgen, ein Kanu mieten oder die Angel auswerfen. In der Nähe des Himmelberg-Turmes erinnert ein Denkmal an den Dichter Steen Steensen Blicher (▶Herning). Der Weg am Südhang entlang führt rund 15 km weiter nach Gammel Rye, einst Hauptort und Thingstätte von Mitteljütland. Über die Blütezeit des **Holzschuhhandel**s im 19. Jh. erzählt das Mølle- og Træskomuseum am Møllestien.

140 seltene europäische und amerikanische Oldtimer von 1900 bis 1948 findet man wiederum rund 15 km nordöstlich von Silkeborg im Jütländischen **Automobilmuseum** am Skovvejen in Gjern.

Museum am Møllestien: Mai – Sept. Di. – Fr. 10 – 16, Sa./So. 13 – 16 Uhr | Eintritt 30 DKK, unter 18 Jahre frei
www.museumskanderborg.dk

Automobilmuseum: April – 15. Mai, Sept./Okt. Sa./So. 10 – 16, 16. Mai – Aug. tgl. 10 – 17 Uhr | Eintritt 100 DKK, Kinder 50 DKK
www.jyskautomobilmuseum.dk

★★ SKAGEN

Halbinsel: Jütland | **Region:** Nordjylland | **Einwohnerzahl:** 8200

Höher hinauf geht's nicht – jedenfalls nicht in Dänemark. Skagen ist die nördlichste Stadt des Königreichs. Und die nördlich von Skagen gelegene Nordspitze Grenen der nördlichste Punkt von Festlandseuropa. Wo Nordsee und Ostsee, Skagerrak und Kattegat zusammenfließen ist ein Sehnsuchtsort für viele Reisende: Wo sonst kann man schon mit zwei Füßen in zwei Meeren stehen?

Sehnsuchtsort nicht nur für Künstler

Heute findet man in Skagen viele Kunsthandwerker, die Glas oder Keramik entwerfen. Und Skagen mit seinen geduckten Häusern ist heute auch ein beliebter Urlaubsort mit vielen Sommergästen. Von Juni bis August bietet auch der Jachthafen ein buntes Bild mit Seglern aus Nordeuropa oder Deutschland. Ungetrübte Badefreuden versprechen die **endlosen Sandstrände** der Umgebung. Surfer finden optimale Verhältnisse, und die vielen Wracks vor der Küste bieten Tauchern ein lohnendes Ziel. Die wunderbare Landschaft sollte man mit dem Fahrrad oder auf Schusters Rappen erkunden.

Wohin in Skagen?

Die Geschichte des Teddybären

Hafen und Altstadt

Herzstück von Skagen ist der **Hafen**, in dem Fischkutter und Segeljachten vor Anker gehen. Am Kai fällt der Blick auf die malerischen alten Fischpackhäuser, die der Künstler Th. Bindesbøll entwarf – eine ausgezeichnete Adresse, um frischen Fisch zu essen. An Wochentagen wird hier morgens ab 7 Uhr kistenweise Fisch versteigert. Niedrige, gelb getünchte Häuschen aus der Zeit um 1900 mit roten Ziegeldächern, deren Kanten schneeweiße Schmuckborten tragen, findet man in **Gammel Skagen**.

Ein Muss für Kinder: Im Bamsemuseum wird die Geschichte des in Deutschland erfundenen Teddybären erzählt – mit 1000 plüschigen Freunden, darunter viele aus früheren Jahrzehnten. Das Haus Nr. 21 im Hans Baghsvej hingegen war seit 1902 Domizil des aus Kopenhagen stammenden Dichters und Malers **Holger Drachmann** (1846 bis 1908), der als »Sänger der Meere« in die Literatur einging. D a s **Anchers Hus**, das 1884 von den Künstlern Anna und Michael Ancher erworben wurde, ist heute ein Museum. Im angrenzenden Saxilds Gaard sind Skizzen zu den Arbeiten der kreativen Familie zu sehen.

Bamsemuseum: Oddevej 2 A | Mai – Sept. tgl. 10 – 17, Okt. – April Mi. – So. 11 – 15 Uhr | Eintritt 40 DKK, Kinder 10 DKK
www .skagensbamsemuseum.dk

Porträts der Skagenmaler hängen im Saal des Brøndums Hotel gegenüber vom Skagens Museum. Hier trafen sich im Sommer die Künstler.

Drachmanns Hus: Mai – Aug. tgl. 11 – 16, April/Sept. Di. – So. 11 – 16 Uhr | Eintritt 50 DKK, unter 27 Jahre 40 DKK
www.drachmannshus.dk
Anchers Hus: Markvej 2 | Mai – Sept. tgl. 10 – 17, April/Okt. Di. – So. 10 – 16, März Do. – So. 10 – 16 Uhr | Eintritt 80 DKK, unter 27 Jahre 70 DKK | www.anchershus.dk

Weltberühmte Künstlerkolonie

★★ Skagens Museum

Ein Sehnsuchsort war der damals kleine Fischerort Skagen um 1900 für zahlreiche dänische Künstler: Um große Namen wie P.S. Krøyer und Michael Ancher entwickelte sich die Künstlerkolonie der Skagenmaler, deren Werke und Stil weit über das Land hinaus berühmt wurden (▶ S. 378). Das Skagens Museum, das seinen Ursprung in dieser Künstlerepoche hat, zählt zu den meistbesuchten in Dänemark. Das vor gut 100 Jahren, nämlich 1908, gegründete und 2016 um einen Anbau erweiterte Museum besitzt rund 1800 Gemälde, Zeichnungen und Skulpturen von Künstlern, die zwischen 1830 und 1930 in Skagen gewirkt haben.
Skagens Museum: Brøndumsvej 4 | Feb., April, Sept. – Nov. Di./Do. – So. 10 – 17, Mai – Aug. tgl. 10 – 17, im Sommer Mi. bis 21 Uhr
Eintritt 100 DKK, unter 18 Jahre frei | www.skagensmuseum.dk

Natur(wissenschaft) verstehen

Skagen Odde Naturcenter

Wie branden bei Grenen zwei Meere aufeinander, und warum wandert die Düne Råbjerg Mile (▶ S. 314)? »Wind, Wasser, Licht und Sand sehen, hören und verstehen«, lautet das Motto im **Erlebniszentrum**. Leicht verständlich wird hier die raue Natur Nordjütlands veranschaulicht. Für den Bau zeichnete Stararchitekt Jørn Utzon verantwortlich, der Schöpfer der Oper von Sydney. Wer wissen will, wie die Landzunge Skagen Odde entstand und wie man Strandsteine bestimmt, oder wer sich für Mammuts und Steinwerkzeuge interessiert, ist im Naturhistorischen Museum richtig.
Odde Naturcenter: Batterivej 51 | Mai – Mitte Aug. tgl. 10 – 16, Mitte Aug. – Mitte Okt. tgl. 10 – 15 Uhr | Eintritt 70 DKK, Kinder 30 DKK
www.skagen-natur.dk
Naturhistorisk Museet: Juli tgl. 12 – 16, Juni/Aug./Sept. Di. – Fr.
Eintritt 50 DKK, Kinder 10 DKK | www.naturmuseum-skagen.dk

Rund um Skagen

Weiter nördlich geht es nicht

★ Grenen

Wenige Kilometer nordöstlich der Stadt markiert die flache Landzunge Grenen Dänemarks äußerste Nordspitze. Im **Kunstmuseum** von Grenen sind junge Künstler vertreten wie Eva und Axel Lind, in den Dünen liegt das Grab von Holger Drachmann (▶ S. 312).

SKAGEN ERLEBEN

SKAGEN TURISTBUREAU
Vestre Strandvej 10
Tel. 98 44 13 77
www.skagen-tourist.dk

AAVANGS FISKEHUS €€€
Angesagtes Fischrestaurant in den liebevoll restaurierten Packhäusern am Hafen.
Fiskehuskajen 1–3
Tel. 98 44 14 33
www.aavangsfiskehus.dk

BODILLES KRO €€–€€€
Landschaftsbilder von Mitgliedern der Künstlerkolonie Skagen hängen an den Wänden des rustikalen Wirtshauses in Hafennähe. Gekocht wird wie zu Urgroßmutters Zeiten.
Østre Strandvej 11
Tel. 98 44 33 00
www.bodilleskro.dk

RUTHS HOTEL UND STRANDHOTELLET €€–€€€
Die 52 Zimmer des Hauses vermitteln die echte Atmosphäre eines Badehotels. Nordische Einrichtung kombiniert mit ausgesuchter Küche und den Annehmlichkeiten einer Wellnessabteilung.
Hans Ruths Vej 1, Gl. Skagen
Tel. 98 44 11 24
www.ruths-hotel.dk

Nur wenige Schritte entfernt von der dänischen Nordspitze hat im Grauen Leuchtturm 2017 das internationale Naturerlebniszentrum **»Skagen Grå Fyr – Center for trækfugle«** eröffnet. Vögel- und Naturfreunde finden Hintergrundinformationen zu den Millionen von Zugvögeln, die den dänischen Norden alljährlich auf ihrer Reise besuchen. Darunter sind neben Gänsen, Kranichen, Blaumeisen oder Schwalben auch Greifvögel wie Seeadler, Wanderfalken und Rotmilane. Der Leuchtturm bietet die beste Aussicht auf die seltenen Vögel – mit 46 Metern ist er außerdem der zweithöchste Leuchtturm des Landes.

Kunstmuseum: Mai – Juni und Sept. – Okt. Di./Do./Sa./So. 11 – 16, Juli–Anf. Aug. tgl. 11 – 17 Uhr | Eintritt frei
www.grenenkunstmuseum.dk.
Center für Zugvögel: Fyrvej 46 | tgl. ab 10, Schließzeiten je nach Saison zw. 16 und 19 Uhr | Eintritt ab 60 DKK, Kinder bis 4 Jahre ab 40 DKK | www.toppenafdanmark.de

Gefräßiger Sand

★ Råbjerg Mile

Der Norden Jütlands wird geprägt von einer durch Wind und Sand verursachten ständigen Landverschiebung von West nach Ost. Ein markantes Zeichen dafür ist der Rubjerg Knude südlich von Lønstrup (►Hjørring), wo man einst auf hohen Klippen einen Leuchtturm errichtete, der nach und nach im Sand versinkt. Südlich von Skagen sollte man sich **Dänemarks größte Wanderdüne** ansehen: Die etwa 2 km² große und bis zu 35 m hohe Råbjerg Mile rückt jedes Jahr rund 15 m nach Osten Richtung Meer vor und verändert dabei laufend ihre Gestalt. Das Dünengebiet steht unter Naturschutz, deshalb darf das Vordringen des Flugsands auch durch Bepflanzungen nicht aufgehalten werden.

Etwa 3 km westlich der Stadt legt der Turm der alten **Laurentiuskirche** aus dem 14. Jh. ebenfalls Zeugnis davon ab, dass die Natur stärker ist als der Mensch. Die Pfarrkirche wurde Ende des 18. Jh.s vom Flugsand erreicht und 1795 auf Anordnung des Königs geschlossen. Den Rest erledigte die Düne.

BAEDEKER MAGISCHE MOMENTE

ZWEI FÜSSE, ZWEI MEERE

Im hohen Norden von Dänemark endet Mitteleuropa – und zwei Meere treffen aufeinander. Wo hat man schon mal die Gelegenheit, das zu sehen? Tauchen Sie an der **Landspitze Grenen** nördlich von Skagen den einen Fuß in die Nordsee und den anderen in die Ostsee. Spüren Sie den Unterschied?

★★ SLAGELSE

Insel: Seeland | **Region:** Sjælland | **Einwohnerzahl:** 33 500 | Slagelse Turistbureau, Løvegade 7 | **www.visitvestsjaelland.dk**

P 21/22

Wo die Wikinger wohnten

Dass Slagelse eine der ältesten Städte Dänemarks ist und rund um die Michaelskirche einiges von seiner mittelalterlichen Atmosphäre erhalten konnte, lockte schon Hans Christian Andersen.

Heute kommen aber die meisten Gäste, um mit der nahen Trelleborg die imposante Wikingerburg von König Harald Blauzahn zu bewundern. Hier, in der größten Festung der Wikinger in Dänemark, wird das raue Leben der Nordmänner und ihrer Familien greifbar.

Wohin in Slagelse und Umgebung?

Im Städtchen

Durch mehrere große Stadtbrände sind nur wenige historische Gebäude erhalten geblieben. Ältestes Bauwerk ist die **St.-Peter-Kirche**, die ebenso wie die gotische **Backsteinkirche St. Michael** im 13. Jh. begonnen wurde. Unweit liegt die ehemalige Lateinschule, die u. a. auch H. C. Andersen (▶Baedeker Wissen, S. 262) besuchte. Ein alter Kaufmannsladen und rekonstruierte Werkstätten sind im **Heimatmuseum** zu besichtigen. 1,5 km Klettern zwischen Buchen- und Kiefernwipfeln ist auf dem Herrenhof Kragerup Gods möglich – dort eröffnete im Jahr 2010 Seelands erster **Hochseilgarten**.

Heimatmuseum: Bredgade 11 | Juli/Aug. Mo./Sa. 11 – 14, Di. – Do. 13 – 16, 12. Jan. – Juni, 1. Sept. – 18. Dez. Mi./So. 13 – 16, Sa. 10 – 13 Uhr | Eintritt 30 DKK, unter 18 Jahre frei | www.vestmuseum.dk
Hochseilgarten: ab 14 Jahre 310 DKK, 10 – 13 Jahre 210 DKK, 7 – 9 Jahre 110 DKK | www .kragerup.dk

So lebten die Wikinger

★★ Trelleborg

Wer die Wikingerzeit (▶Baedeker Wissen S. 318) pur erleben will, sollte 7 km westlich zur Trelleborg fahren. Vermutlich ließ König Harald Blauzahn die 6 ha große Ringburg um 980 als militärischen Stützpunkt errichten. Bis zu 500 Soldaten, Frauen und Kinder hatten Platz in der Festung, die um 1000 ihre Bedeutung verlor. Einige Funde der Ausgrabungen 1934 – 1942 sind im Museum ausgestellt, wo mit modernster Technik die Geschichte der Burg dokumentiert ist. Das **Trelleborghaus** am Eingang ist eine Rekonstruktion der Vorburggebäude, die als Vorratslager und Werkstätten dienten. Der Wallgraben mit 137 m Durchmesser war außen mit starken Holzpalisaden verkleidet und an vier Stellen durch überdachte Holztunnel-Tore passierbar. Quer über den Burgplatz liefen zwei Holzbohlenstraßen im rechten

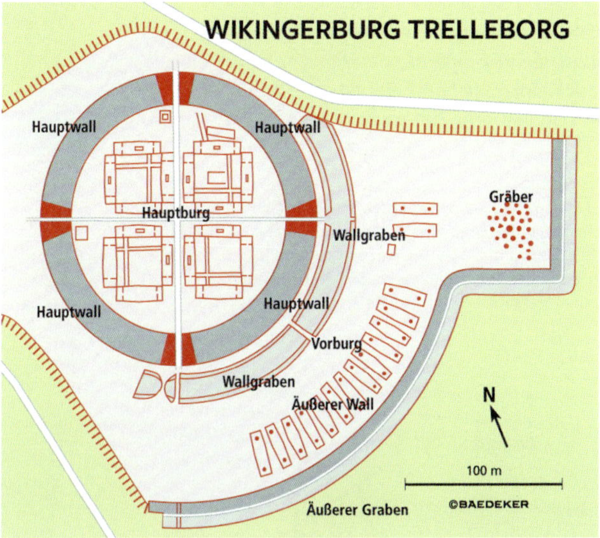

Winkel aufeinander zu. Es gab 16 hölzerne **Langhäuser** von knapp 3 m Länge in der Haupt- und 15 in der Vorburg. Im Bereich der Vorburg liegt ein Gräberfeld mit ca. 160 Bestattungen. Man kann beim Bogenschießen, Brotbacken und bei Rudertouren im Wikingerboot mitmachen, Mitte Juli gibt es einen Wikingermarkt.

Trelleborg Allé 4, Hejninge | April/Mai, Sept./Okt. Di. - So. 10 - 16, Juni - Aug. tgl. 10 - 17 Uhr | Eintritt frei, Wikingermarkt: 120 DKK, unter 18 Jahre 30 DKK | www.natmus.dk

SVENDBORG

Insel: Fünen | **Region:** Syddanmark | **Einwohnerzahl:** 26 600

Wer das alte Svendborg mit seinen engen, verwinkelten Gassen und dem romantischen Marktplatz durchstreift und hinunter zum Hafen geht, kann kaum glauben, dass im Ort in Südfünen die größte Containerreederei der Welt geboren wurde. Doch die Møller-Mærsk Group, die heute in ▸Kopenhagen ihren Hauptsitz hat und einige der größten Containerschiffe der Welt besitzt, hat ihre Ursprünge am Svendborg Sund.

R 17

AUF DEN SPUREN DER WIKINGER

Die rekonstruierten Skudelev-Schiffe im Museumshafen von Roskilde belegen, dass die Wikinger nicht nur gefürchtete Seeräuber waren, sondern auch ausgezeichnete Bootsbauer, kluge Kaufleute und auf nautischem Gebiet ihrer Zeit weit voraus.

▶ **Drachen-/Langboot**
Mit 40 – 70 Mann an den Riemen konnten sie auch ohne Wind vorwärtskommen, unter Segeln bis zu 17 Knoten erreichen. Für die dänischen Gewässer und die Ostsee wurden kleinere Langschiffe bis 17 m und 30 Mann Besatzung eingesetzt. Den Kurs bestimmten sie mit der Sonne, einer Peilscheibe und dem Polarstern.

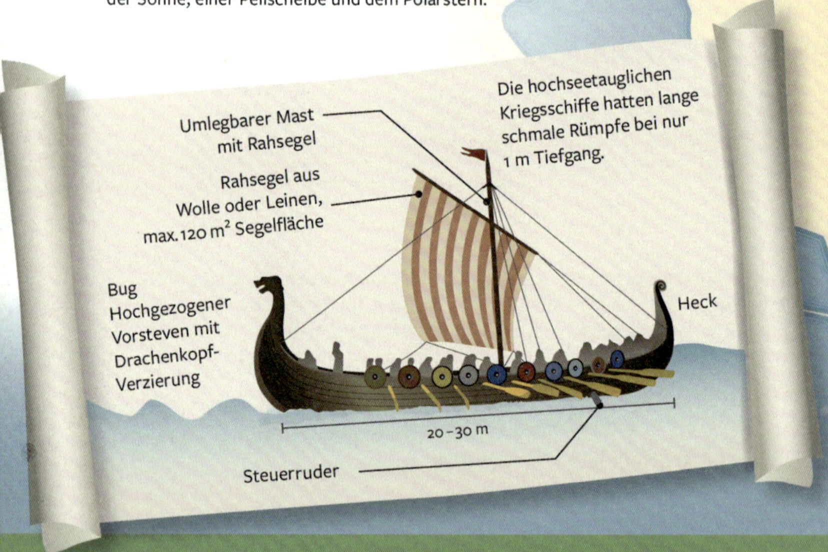

▶ **Knorr**
Das hochseetüchtige Frachtschiff besaß mittschiffs einen offenen Laderaum. Die Besatzung bestand aus 6 – 8 Mann. Bei günstigem Wind konnte es 5 Knoten halten.

▶ **Typische Klinkerbauweise**
Die Spanten (Eiche, Kiefer, Linde) wurden über Feuer und Glut geformt, mit Eisennägeln genietet und mit Teer, Ruß, Ocker und Leinöl abgedichtet.

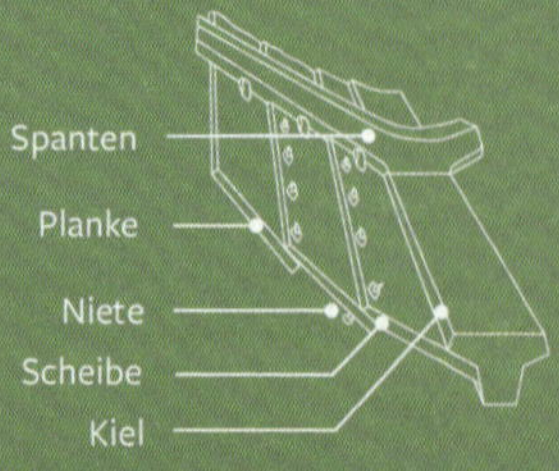

Wikinger
Die Bezeichnung »Wikinger« ist bis heute nicht eindeutig geklärt. Am wahrscheinlichsten ist die Abstammung vom nordischen »vikingr« = »Krieger auf See«.

Leinen los!
Törns und Segelkurse auf rekonstruierten Wikingerschiffen

www.vikingeskibsmuseet.dk

Brillenhelm
Eisenplatten zwischen vernieteten Eisenbändern schützten den Kopf. Der populäre »Wikingerhelm« mit Hörnern ist nicht historisch, sondern geht auf Richard Wagners »Ring des Nibelungen« zurück.

Brünne/Panzerhemd
Nur wohlhabende Krieger konnten sich das bis zu 20 kg schwere eiserne Kettenhemd leisten.

Spatha
Zweischneidiges Schwert, ca. 1 m lang und 5 cm breit

Rundschild
aus Holz, mit Eisenbändern zusammengebunden. (Ø ca. 1 m)

Schildbuckel
schützte die rückwärtig eingepasste Griffhand.

Hauptwaffe waren 1,5 – 3 m lange **Wurfspeere.**

Streitaxt
diente als Waffe und Werkzeug.

Fahrende Händler
Die Wikinger tauschten Honig, Wachs, Bernstein, Felle und Waffen gegen Edelmetalle, Seide, Gewürze, Helme und Rüstungen. Als Norwegen, Dänemark und Schweden im 11. Jh. Königreiche wurden, begannen die Nordmänner sesshaft zu werden.

Dänemarks Südsee

Hier gründeten der Kapitän **Peter Mærsk Møller** und sein Sohn Arnold Peter Møller anno 1904 die A/S Damskibibsselkabet Svendborg – der Beginn einer einmaligen Entwicklung. Auch wenn die Reederei den Blick auf den Weltmarkt richtet, fühlt sie sich immer noch Svendborg und Dänemark verpflichtet: Die Stiftung A. P. Møller Fonden gehört zu den wichtigsten Kulturförderern des Landes, die unter anderem Kopenhagens neue Oper und andere Institutionen förderte. Heute liegen in Svendborgs Hafen schicke Jachten und Segelboote dicht an dicht mit Inselfähren, die vom Havnepladsen nach ►Ærø und in die dänische Südsee fahren. Sie zählt für Segler schon lange zu den schönsten Revieren der Ostsee, auch weil das Meer mitunter so azurfarben leuchtet wie in der Karibik. Und wie in der Karibik gibt es im südfünischen Meer unzählige Inseln und Inselchen, die es zu entdecken lohnt – und damit auch genug Windschutz, sodass man mit den Kajaks auch auslaufen kann, wenn es einmal recht windig ist.

Wohin in Svendborg?

Durch hübsche Gassen schlendern

Altstadt

Dem charmanten Hafenviertel steht die Altstadt in nichts nach. Neben dem Torvet (Wochenmarkt am Samstagvormittag) entzückt **Anne Hvides Gård**, Svendborgs ältestes Stadthaus von 1560, in dem mehrmals jährlich Wechselausstellungen des Stadtmuseums gezeigt werden. Vor der um 1220 romanisch erbauten Sct. Nicolai-Kirche grüßt ein kleines Mädchen, die Skulptur »En lille pige« von Kai Nielsen, der 1882 in Svendborg geboren wurde. Weitere Plastiken des Bildhauers stellt das Kunstbygningen **SAK** aus. Über die Frühgeschichte und das Mittelalter in Svendborg und Südfünen informiert das Stadtmuseum im ehemaligen Armenhaus. Die **Oldtimerfähre** »Helge« legt im Sommer drei Mal täglich von Jessens Mole zur Rundfahrt nach Vindebyöre, Christiansminde, Troense, Grasten und Valdemars Slot ab.

Anne Hvides Gård: Fruestræde 3 | zur Zeit geschlossen www.svendborgmuseum.dk

SAK: Vestergade 27 – 31, Di. – So. 11 – 16 Uhr | Eintritt 40 DKK unter 18 Jahre frei | www .sak.dk

Stadtmuseum: Grubbemøllevej 13 | Mitte Feb. – April Di. – So. 10 – 14, Mai – 22. Dez. Di. – So. 10 – 16 Uhr | Eintritt 50 DKK, unter 18 Jahre frei | www .svendborgmuseum.dk

Fahrten mit der »Helge«: www.svendborg-havn.dk

Dänemarks Tierwelt zum Anfassen

★ Naturama

Ein Naturtheater für alle Sinne ist das Naturama, das Dänemarks Tierwelt zum Anfassen präsentiert. Licht, Ton und Musikpräsentatio-

Beim Blick auf den Svendborgsund kann man schon mal an die Südsee denken ...

nen betten das Tiererlebnis in die wechselnden Tageszeiten, Wetterverhältnisse oder Stimmungen ein. Zu entdecken sind neben 500 Vögeln rund 1000 Tiere aus Nordeuropa. Vom 10. Juli bis 7. August lädt das Hausorchester Dry Drift zu **tierischen Konzerten**.

Naturama: Dronningemæn 30 | Di. - So. 10 - 16 Uhr, in Schulferien bis 17 Uhr | Eintritt 140/110 DKK, unter 18 Jahre frei
www.naturama.dk

Wohin auf Thurø und Tåsinge?

Hier entstand große Literatur

Thurø

Schöne Natur und die besten Badestrände von Svendborg findet man auf der vorgelagerten Insel Thurø, die über einen Damm erreichbar ist. Wer gerne Minigolf spielt, sollte einen Abstecher zum **Smørmosen Strand** machen – mit 20 handgegossenen Schikanen. Auf dem Friedhof der Inselkirche ruht Karin Michaëlis (1872 bis 1950), deren Romanserie »Bibi« in den 1930er-Jahren auch in Deutschland ein Bestseller war. Das Domizil der Schriftstellerin, Torelund, wurde später von Tom Kristensen (1893 – 1974) bewohnt,

SVENDBORG ERLEBEN

VISIT SVENDBORG
Havnepladsen 2
Tel. 62 23 69 51
www.visitsvendborg.dk

Oldtimerschiffe liegen am restaurierten Speicher von **Maritimt Center Danmark**. Im Sommer dreht täglich die 1924 gebaute Sundfähre »Helge« ab Jessens Mole ihre Runden nach Thurø und Tåsinge.
Wer das Seekajak beherrscht, kann sich in die dänische Südsee aufmachen. Etwas Paddelerfahrung sollte man für eine solche Tour allerdings besitzen. Im Dörfchen Vindebyøre auf Tåsinge direkt am Svendborg Sund startet Nicolai Ilcus von Nicus Nature zu **Seekajak-Touren**.
www.maritimtcenter.dk
Nicus Nature, Vindebyørevej 31b
www .nicusnature.com

RESTAURANT VALDEMARS SLOT €€€
Im »Schlosskeller« des Valdemars Slot wird fein gekocht. Das Café Æblehaven empfiehlt sich für einen kleinen Imbiss oder leckere Kuchen.
Slotalleen 100
Troense
Tel. 62 22 59 00
www.valdemarsslot.dk

HOTEL TROENSE €€
Die Zimmer in den weißen Gartenbungalows eignen sich für Gehbehinderte, das Restaurant bietet auch Leckeres für Diabetiker und Vegetarier. Traumhafter Blick auf den Svendborgsund.
Strandgade 5 – 7
Troense
Tel. 62 22 54 12
www.hoteltroense.dk

der ebenfalls auf dem kleinen Kirchhof begraben ist. Sein autobiografischer Roman »Hærværk« gehört zu den großen Zeitromanen vor dem Zweiten Weltkrieg, oft gleichgestellt mit Döblins »Berlin Alexanderplatz«.

Dorfidylle und ein alter Liebesbrauch

Tåsinge

Über die 1200 m lange Svendborg-Sund-Brücke fährt man zur Insel Tåsinge, die eine weitere Brücke auch mit ►Langeland verbindet. Vom Kirchturm in **Bregninge** hat man eine herrliche Aussicht auf Südfünen und die Inselwelt. Direkt daneben berichtet das Skipperhjem og Folkemindesamling in einem Kapitänshof aus dem 19. Jh. über das harte Leben auf See. Im kleinen **Landet** wird heute noch ein alter Liebesbrauch gepflegt: alle Brautpaare, die sich in der hiesigen Kirche das Jawort gegeben haben, legen den Brautstrauß am Doppelgrab zweier unglücklich Liebender auf dem benachbarten Friedhof nieder – die Kopenhagener Seiltänzerin Elvira Madigan und der schwedische Graf Sixten Sparre hatten sich 1889 im nahen Nørreskovwald aus Verzweiflung das Leben genommen. Eine Dorfidylle mit reetgedeckten Fachwerkhäusern aus dem 18. Jh. weist der Hauptort **Troense** an der Nordostseite der Insel auf. Besonders schön ist die Grønnegade mit ihren Kapitänshäusern und verwunschenen Gärten.

Skipperhjem og Folkemindesamling: Juni – Aug. Di. – So. 11 – 16 Uhr
Eintritt ab 15 Jahre 40 DKK | www.taasinge-museum.dk

Barocke Pracht

★ Valdemars Slot

Christian IV. (▶Interessante Menschen) ließ Valdemars Slot bis 1644 für seinen Sohn Valdemar Christian erbauen. Mit dem Prisengeld aus der Schlacht in der Køge Bugt erwarb der Seeheld Niels Juel 1678 das Anwesen, das von seinem Enkel Mitte des 18. Jh.s zu einer prachtvollen Barockanlage ausgebaut wurde, heute das größte Schloss Dänemarks in Privateigentum: Noble Interieurs und Kunstsammlungen des **Herregårdsmuseum** wie die Porträts C. G. Pilos von König Frederik V. und seiner Familie schildern das Schlossleben im Laufe von 350 Jahren. Der Nordflügel beherbergt das neue **Dänische Segelmuseum,** im Südflügel werden historische Jachten restauriert. Auf dem Dachboden warten eine **Sammlung von Jagdtrophäen** und volkskundliche Exponate. Und danach ein erfrischendes Bad? Zum Schloss gehört ein Sandstrand in der Lunkebucht. Und im Schatten des Schlosses liegt Dänemarks größte Minigolfanlage.

Schlossmuseum/Jagdtrophäenmuseum: Ostern, Mai – Juni und Anf. Aug. - Sept. tgl. 10 – 17, Juli – Anf. Aug. bis 19 Uhr

BAEDEKER MAGISCHE MOMENTE

MIT DEM KAJAK IN DIE SÜDSEE

Zum unvergesslichen Wochentrip wird die Paddeltour im südfünischen Meer mit einer Live-aboard-Cruise. Dabei werden die Kajaks auf dem liebevoll restaurierten Dreimastschoner »Fylla« mitgeführt. Das Holzschiff ist das Mutterschiff der Kajakfahrer, die tagsüber in der dänischen Südsee paddeln und abends mit Boot an Bord gehen, um zu einem neuen Zielort zu segeln, wo am nächsten Tag wieder gepaddelt wird.
(Nicus Nature, Svendborg, ▶ S. 322)

Dänisches Segelmuseum: Juni – Aug. tgl. 10 – 17, Sammelticket für die Museen 99 DKK, 4 – 13 Jahre 55 DKK
www .valdemarsslot.dk

Rund um Svendborg

Schlösser, Herrensitze und ein riesiger Findling

Hvidkilde Slot, Dammestenen

Nur 4 km außerhalb der Stadt steht eines der schönsten deutschen Barockpalais des Landes: das um 1550 erbaute Schloss Hvidkilde, das im Besitz der Grafen Ahlefeldt-Laurvig-Lehn ist und Ende der 1990er-Jahre umfassend restauriert wurde. Heute veranstaltet das Hotel Svendborg im Rittersaal festliche Bankette. Die Wassermühle kann als Ferienhaus gemietet werden. Das hinter Wallgraben und Sperrmauer versteckte **Schloss Broholm** aus dem 17. Jh. ist heute ebenfalls ein Hotel. Das Museumsgebäude (Broholmsvej 32) birgt die beachtlichen Altertumssammlung des Kammerherrn N. F. B. Sehested.
Einzigartig in Dänemark sind die um 1550 nach venezianischem Vorbild geschaffenen Rundgiebel des wehrhaften Herrenhofs **Hesselagergård** 4 km nordwestlich von Lundeborg, erbaut um 1538. Das von der Straße aus sichtbare Renaissancegebäude ist leider nicht für die Öffentlichkeit zugänglich. Wer gerne picknickt, kann dies auf einer Wiese östlich von Hesselager tun, wo der Dammestenen aufragt, Dänemarks größter Findling. Der ca. 1000 t schwere, gut 12 m hohe Granitbrocken von 46 m Durchmesser kam während der letzten Eiszeit vermutlich von Norwegen hierher. Nur 5 km weiter nordwestlich trifft man auf **Schloss Glorup**, das 1743 im Stil des Barock verändert wurde. Den großzügig angelegten Park, der auch für Normalsterbliche zugänglich ist, zieren schöne Skulpturen, Gedenksteine und ein toskanischer Liebestempel.

Die Wiege Dänemarks

★ Gudme Kongens Hal

Gold-, Silber- und Bronzefunde bei Gudme und Lundeborg belegen, dass nördlich von Svendborg schon während der Eisenzeit ein wichtiges Handelszentrum lag. Zur Zeit der Völkerwanderung existierte hier bereits ein Königreich – also noch vor dem Reich Gorms des Alten in Jelling (►Vejle) – und demnach stand hier auch die Wiege Dänemarks. Das zumindest wird seit 1993 aufgrund eines sensationellen Fundes in Gudme vermutet: Freigelegt wurde eine 47 x 9,5 m große Halle. Bei der Gudme Kongens Hal, dem größten bisher nachgewiesenen Bau der Eisenzeit in Skandinavien, handelt es sich wahrscheinlich um einen **Königshof**, über den eine kleine Ausstellung informiert. Die Ausgrabungsfunde sind im Svendborger Stadtmuseum und zudem im Nationalmuseum der Hauptstadt ►Kopenhagen ausgestellt.

★ TØNDER

Halbinsel: Jütland | **Region:** Syddanmark | **Einwohnerzahl:** 7600

Es gibt Städte, in die man sich sofort verliebt. Manche Städte heben dagegen ihren Charme für einen zweiten Besuch auf, um von sich zu überzeugen. Tønder gehört für viele Gäste zur zweiten Gruppe, ohne dass sie genau wüssten, warum. Die meisten Dänemarkurlauber übersehen Tønder schlicht – zu grenznah gelegen, zu kurz vor dem sehnsüchtig erwarteten Ziel an der Nordsee. Dabei besitzt Tønder eine einladende Altstadt, ein zu unrecht oft übersehenes Kunstmuseum und: einen der ersten Weihnachtsmärkte im Königreich, der 2017 seinen 25. Geburtstag feierte.

Heute ein kleiner Verwaltungs- und Handelsort in der Region Südjütland, erlebte Tønder im ausgehenden Mittelalter und früher Neuzeit seine Blüte. Grund dafür war der bedeutende Hafen, von dem aus Vieh und Getreide vor allem Richtung Holland verschifft wurde. Weil aber schon damals die Sturmfluten Tønder massiv zusetzten, ließ man im 16. Jh. Deiche erbauen. Mit ungewollten Folgen: Nach und nach versandete die Zufahrt zum Meer, die Handelswege verlegten sich aufs Land und versiegten bald ganz. Neue Arbeitsplätze mussten her – man fand sie in der **Klöppelindustrie**: Im 17. Jh. war Tønder weit über Dänemarks Grenzen hinaus als Hochburg feiner Klöppelspitzen bekannt. Bis zu 12 000 Mädchen und junge Frauen arbeiteten

Klöppeln – einfach Spitze!

Noch ein Stückchen weiterradeln auf der Slotsgaden in Tønder, schon ist man am Schackenborg Slotskro und kann Pause machen.

mit Klöppelkissen. Bis ins 19. Jh. dauerte das Handwerksabenteuer, von dessen Reichtum zahlreiche Patriziervillen im Zentrum heute noch zeugen. Gepflegt wird die Tradition übrigens heute noch: Im kleinen Museum Drøhses Hus und besonders beim Klöppelfestival.

Wohin in Tønder?

Noch immer erkennt man den Wohlstand von einst

Altstadt

Das **Klosterbagerens Hus** am Marktplatz, ein spätgotisches Giebelhaus aus der Zeit um 1517, ließ einst der Klosterbäcker erbauen. Schräg gegenüber soll die Staupefigur des Kagmanden Gerechtigkeit und Ordnung symbolisieren – hier wurden früher öffentlich Prügelstrafen vollstreckt. Der knapp 48 m hohe Turm der 1592 geweihten Christuskirche diente früher als Seemarke für den Schiffsverkehr. Zum reichen Kircheninventar aus Renaissance und Barock gehören eine Kanzel von 1586 und schöne Grabmäler des 17. und 18. Jahrhundert. Im 1672 erbauten **Drøhses Hus** werden Klöppelspitzen ausgestellt; regelmäßig demonstrieren Klöpplerinnen aus der Gegend das alte Handwerk. Zwei stattliche Patriziervillen des 18. Jh.s stehen in der angrenzenden Vestergade: das um 1793 im Louis-XVI-Stil errichtete Haus Nr. 14 und das **Deichgrafenhaus** (Nr. 9) mit schmucker Rokokofassade, das 1777 für den Spitzenhändler und späteren Bürgermeister Carsten Richtens entworfen wurde. Einstöckige **Giebelhäuschen** mit kleinen Erkern sind typisch für die gepflasterte Uldgade, wo einst Frauen und Mädchen an Winterabenden im Schein der Schusterkugel ihre Spitzen klöppelten. Die heutige Idylle lässt leicht vergessen, wie anstrengend die feine Arbeit für Augen und Rücken war, und dass viele Mädchen schon mit sechs Jahren ans Klöppelkissen gesetzt wurden, statt in die Schule zu gehen.

Südlich des Kongevej steht vom ehemaligen Schloss Tønderhus, das 1750 abgerissen wurde, nur noch das Torhaus. Hier zeigt das **Stadtmuseum** ausgesuchte Klöppelarbeiten, Trachten und Tischsilber des 17. und 18. Jh.s sowie Dänemarks größte Sammlung holländischer Kacheln und Fayencen. Anlässlich der Rückführung Nordschleswigs an Dänemarks wurde 1920 an selber Stelle Sønderjyllands **Kunstmuseum** ins Leben gerufen, mit einer repräsentativen Sammlung zeitgenössischer dänischer Maler und Bildhauer. 1995 wurde der alte Wasserturm zum Museum für den Möbeldesigner Hans Jørgen Wegner ausgebaut. Hier sind alle Modelle aus 50 Jahren zu bewundern.

Drøhses Hus: Storegade 14 | April – Dez. Mo. – Fr. 10 – 17, Sa. 10 – 14 Uhr | Eintritt 50 DKK, unter 18 Jahre frei
www.museum-sonderjylland.dk

Tønder Museet/Sønderjyllands Kunstmuseum: Wegners Plads 1
Juni – Aug. tgl. 10 – 17, Sept. – Mai Di. – So. 10 – 17 Uhr | Eintritt 70 DKK, unter 18 Jahre frei | www.museum-sonderjylland.dk

TØNDER ERLEBEN

TØNDER INFOCENTER
Storegade 2-4
Tel. 74 75 51 30
www.visittoender.dk

KNIPLINGS FESTIVAL
Alle drei Jahre findet das Klöppelfestival (2019, 2022 …) mit TeilnehmerInnen aus aller Welt statt.
www.kniplings-festival.dk

TØNDER FESTIVAL
Dass Folk- und Bluesfans in ganz Euroa den Namen Tønder kennen, liegt am Ende August abgehaltenen Open-air-Festival.
www.tf.dk

DET GAMLE APOTEK
Kunstvolles Glas, Keramik und Textilien, bezaubernde Scherenschnitte, originelle Karten und nostalgische Haushaltswaren – im vornehmen Patrizierhaus der »alten Apotheke« von 1671 kann man vielerlei dänisches Kunsthandwerk kaufen. Dazu gibt es ein Apothekenmuseum mit alten Utensilien, Geheimrezepten und Giftschrank.
Østergade 1
tgl. 10 – 17.30 Uhr
www.det-gamle-apotek.dk

SCHACKENBORG SLOTSKRO €€€–€€€€
In dem alten Gasthof neben Schloss Schackenborg zelebriert Henning Kohl erlesene Gerichte – Spezialität: Fasan mit Foie Gras und Kartoffel-Fondant.
Slotsgaden 42
Møgeltønder
Tel. 74 73 83 83
www.slotskro.dk

CAFÉ VICTORIA €€
Originelles Café in der Fußgängerzone. Zu kleinen Snacks unbedingt probieren: das süffige Victoriabier vom Fass.
Storegade 9
Tel. 74 72 00 89
www.victoriatoender.dk

HOTEL TØNDERHUS €€–€€€
Das Haus wurde nach dem Vorbild eines friesischen Gehöfts erbaut. Das Restaurant wartet mit einer feinen Speisekarte auf.
Jomfrustien 1
Tel. 74 72 22 22
www.hoteltoenderhus.dk

Rund um Tønder

Einen Ausflug wert
Beliebtes Ausflugsziel ist 5 km westlich das idyllische Møgeltønder. Reetgedeckte Backsteinhäuschen, Lindenbäume und altes Katzenkopfpflaster sind Kennzeichen der **Slotsgade**, eine der schönsten Dorfstraßen Dänemarks. In der um 1200 geweihten Møgeltønder Kir- Møgeltønder

ke befindet sich eine der ältesten Orgeln des Landes, sie ist von 1679. Für seine treuen Dienste im Krieg gegen Schweden wurde Marschall Hans Schack 1661 mit der bischöflichen Burg Møgeltønderhus belohnt, die er zu einer Barockanlage umbauen ließ. Sein Rokokoaussehen erhielt der Bau um 1750. Elf Generationen blieb das **Schackenborg Slot** im Besitz der Familie Schack, 1993 übernahm Prinz Joachim das Gut samt Land- und Forstwirtschaft, welches der Agrarwirt bis heute bewirtschaftet.

Hilfreicher Wind, bedrohliches Wasser

Højer

Nordwestlich, gleich hinter den Deichen, liegt der Ort Højer, bekannt für seinen Schafsmarkt am zweiten Septemberwochenende. Die reetgedeckten Höfe im alten Ortsteil stehen unter Denkmalschutz. Markanter Blickpunkt ist die 30 m hohe Holzwindmühle im holländischen Stil von 1857. Im **Museum Højer Mølle** kann man sich über das Müllerhandwerk und die Marsch informieren. Über 100 Jahre wurden Tønder und seine Umgebung durch den Højerdeich (1861) geschützt. Der neue Deich, ein 1981 fertiggestelltes, deutsch-dänisches Projekt, hält einem Wasserstand von mehr als 6 m über Normalnull stand. Auf der Sturmflutsäule bei der Højerschleuse sind alle bisherigen Sturmfluten markiert.

Museum Højer Mølle: Møllegade 13, Ostern – Juni./Okt. Di. – So. 11 – 17, Juli – Sept. tgl. 11 – 17 Uhr | Eintritt 50 DKK, bis 18 Jahre frei | www.museum-sonderjylland.dk

★ Løgumkloster

Zisterzienserkloster

Knapp 20 km nördlich von Tønder gründeten Zisterziensermönche 1173 an der Brede Å ein Kloster, um das sich der gleichnamige Ort entwickelte – »Løgum« ist ein altes dänisches Wort für einen wasserreichen Platz. Nach Tønder war Løgumkloster zeitweilig das zweitgrößte Zentrum der Klöppelindustrie. Mitte August findet alljährlich der traditionelle **Klostermærken** statt, eine gelungene Mischung aus Viehmarkt und Volksfest. Eine Besonderheit des Klostermarkts sind die Gauklergottesdienste.

Großartige Raumwirkung

Klosterkirche

Von den einst vier Flügeln des Klosters blieben nur ein Teil des Ostflügels mit Kapitelsaal, Sakristei und Bibliothek sowie der Nordflügel, die heutige Kirche, erhalten. Fast 400 Jahre existierte das Kloster, bis zur Reformation, die 1536 in Dänemark eingeführt wurde. Seit 1548 wird es als Gutsbetrieb geführt. Die 1225 – 1325 im spätromanischen und frühgotischen Stil erbaute Klosterkirche beeindruckt durch ihre Raumwirkung dank hoher, spitzbogiger Fenster und schöner Pfeiler. Der **Flügelaltar** aus dem späten 15. Jh. stand bis 1925 in der Kirche

BAEDEKER MAGISCHE MOMENTE

STARENSEMBLE AM ABENDHIMMEL

Nicht nur Ornithologen geraten zwei Mal im Jahr im dänischen Marschland ins Staunen: Wenn im Frühjahr und Herbst Millionen Stare in großen Schwärmen auf ihrem Weg von Süden nach Norden und umgekehrt in der **Marsch bei Tønder** und Ribe nahe der Nordsee Rast machen, vollführen sie regelmäßig abends am Himmel eine spektakuläre »Flugshow«. Weil dies oft bei untergehender Sonne geschieht, nennen die Dänen das Schauspiel »Sort Sol«, Schwarze Sonne, – eines der faszinierendsten Tierschauspiele Europas! Im Tøndermarskens Naturcentret in Højer erhält man Infos über das eindrucksvolle Spektakel.

von Jerne. In die Nordwand des Chors eingemauert ist ein Reliquienschrank von ca. 1325. An zwei Pfeilern im Westteil der Kirche sind die Holzfiguren zu sehen, die früher wohl als Altarbilder dienten: eine Ende des 15. Jh. gefertigte Anna Selbdritt und eine Pietàgruppe (1500 – 1525). Die **Kanzel** mit Reliefs der Tugenden stammt aus Tønder (1580). Zwischen zwei Fenstern an der Nordwand des Hauptschiffs erkennt man eine französische Lilie, ein Mariensymbol, bekannt aus dem Wappen des Mutterklosters Citeaux in Frankreich. In der Sakristei birgt eine Nische an der Westwand die anmutige Holzskulptur »Maria mit dem Kind« von ca. 1400. Durch eine niedrige Tür betritt man die **Bibliothek**, deren Südwand eine Nachbildung des Hochaltars von 1325 trägt. Das mit Gold, Silber und Bergkristallen verzierte Kunstwerk erzählt in 12 Feldern das Leben Marias mit Christus als Richter auf einem Regenbogen – das Original befindet sich im Nationalmuseum in ▶ Kopenhagen. Westlich schließt das 1585 von Herzog Adolf von Gottorp im Renaissancestil erbaute Jagdschloss an, heute Priesterseminar.

Kloster: Mo. – Fr. 10 – 17.30, So. 12 – 17 Uhr | Eintritt frei
www.loegumkloster-kirke.dk

Archäologischer Erlebnispark

Hjemsted Oldtidspark

Im archäologischen Erlebnispark, etwa 20 km nordwestlich von Løgumkloster in **Skærbæk,** wird die Frühzeit wieder lebendig. Hier

LØGUM KLOSTERKIRKEN

1 Ehem. Treppe zum Mönchsschlafsaal
2 Sakristei
3 Bibliothek
4 Kapitelsaal
5 Treppe zum Mönchsschlafsaal im ersten Stock
6 Gefängnis
7 Tordurchgang
8 Brunnen
9 Studier- und Arbeitssaal der Mönche
10 Heizanlage
11 Latrinen der Mönche
12 Treppe zum Obergeschoss
13 Speisesaal der Mönche
14 Küche
15 Speisekammer (?) Wärmeraum (?)
16 Sprechraum des Cellerars
17 Speisesaal der Laienbrüder; oben deren Schlafsaal
18 Vorratsräume
19 Vermutete Stelle der Klausurtür
20 Ehemaliges Jagdschloss, heute Priesterseminar

kann man wie vor 2000 Jahren in Einbäumen herumpaddeln, mit Pfeil und Bogen schießen oder mit zeittypischen Geräten eine Mahlzeit zubereiten und in zwei Kabinen mit 28 Betten im Flair der Frühzeit nächtigen.

Hjemstedvej 60, Juli – Aug. tgl. 10 – 17, Mai, Juni, Sept. Di. – So. 10.30 – 16.30, Okt. Di. – Sa. 10.30 – 16.30 Uhr | Eintritt Erw. 70/100 DKK, Kinder 40/60 DKK | www .hjemsted.dk

VEJLE

Halbinsel: Jütland | **Region:** Syddanmark | **Einwohnerzahl:** 111 000

Großes Angebot

Wer über die Autobahn E 45 nach Vejle anreist, blickt bei der Fahrt über die hohe Autobahnbrücke zur Rechten hinunter auf den 22 km langen Fjord mit seinen waldreichen Ufern. Weit unten links liegen spektakuläre Gebäude und ein großer Jachthafen.

Tatsächlich ist aber die Altstadt der eigentliche Schatz der im 13. Jh. gegründeten Stadt am Fluss Vejle Å. Rund um Vejle liegen mit dem UNESCO-Welterbe Jelling, dem berühmten Familienpark ►Legoland in Billund oder dem Giskud Zoo einige der größten Attraktionen Jütlands. Gründe genug also, Vejle und Umgebung zu entdecken!

Wohin in Vejle?

Neues Wahrzeichen am Wasser ...

... ist ein ungewöhnliches Wohngebäude, dessen Dach die Wellen der Skyttehusbugten aufnimmt: »Bølgen«. Entworfen wurden die Luxusdomizile vom dänischen Stararchitekten Henning Larsen. Das moderne Vejle zeigt sich hier am Wasser, wo Wohnhäuser wie dieses die historische Stadt zum Meer öffnen.

Bølgen

Eine Moorleiche

Ältestes Bauwerk der Stadt ist die gotische St.-Nikolai-Kirche am Kirketorvet. Hier steht ein Sarg mit der ca. 2500 Jahre alten Moorleiche einer 40- bis 50-jährigen Frau aus der keltischen Eisenzeit, die man 1835 im Moor Hraldskær entdeckte. An der nördlichen Außenmauer sind 23 Schädel von hingerichteten Räubern eingemauert.

Sct. Nicolai Kirke

Kunst und die Lebewesen des Waldbodens

Das **Vejle Kunstmuseet** bietet neben Malerei und Skulpturen eine der landesweit größten Grafiksammlungen mit Arbeiten von Rembrandt bis zu Wilhelm Lundstrøm. Der Erweiterungsbau von Kim Utzorn birgt neben vier Grafiksälen und einem Saal für Wechselausstellungen auch die **Junior Galleri** speziell für Kinder. Das **Velje-Musee**t, das Jahr 2013 als Kultur Museet in der Spinderihallerne neu eröffnete, zeigt die Stadtgeschichte Vejle von der Vorzeit bis zur Gegenwart.

Museen

In den unterirdischen Gängen des Wissens- und Erlebniszentrums **Økolariet** kann nicht nur der Nachwuchs interaktiv Umwelt, Wasser, Natur sowie Ressourcen und Klimawandel entdecken. Im Ökolarium wird mit Spielen und Aktivitäten Wissenswertes zu diesen Themen vermittelt, so kann man Spaziergänge am Meeresboden unternehmen und die verborgenen Lebewesen des Waldbodens suchen.

Vejle Kunstmuseet: Flegborg 16 – 18 | April – Okt. tgl. 11 – 17, Nov. – März bis 16 Uhr | Eintritt frei | www.vejlekunstmuseum.dk
Velje Museet: Spinderigade 11 | Juni – Aug. Di. – So. 10 – 17 Uhr Eintritt frei | www.spinderihallerne.dk
Økolariet: Feb. – Nov. Sa. – Do. 10 – 16 Uhr | Eintritt frei www.okolariet.dk

Rund um Vejle

Der Hof des Wikingerkönigs

Um das Jahr 1000 war Jellling das politische Zentrum des Landes. Hier liegen die größten **Grabhügel** Dänemarks und zwei **Runensteine** (UNESCO-Weltkulturerbe). Die 21 m und 24 m hohen Grabhügel an der Landstraße stammen von 935 bis 950. Ausgrabungen lassen

★ Kongernes Jelling

vermuten, dass der nördliche Hügel das Grab König Gorms († um 940), der südliche das seiner Gemahlin Thyra enthält. Der kleine Runenstein trägt die Inschrift

»
Gorm der König errichtete diese Mäler nach Thyra, seiner Königin, dem Stolz Dänemarks.
«

Der große Runenstein ist das wunderbar verzierte Vermächtnis von **Harald Blauzahn** (940 – 985) zur ewigen Erinnerung an seine Eltern und an die eigenen Ruhmestaten: »Harald der König ließ diese Mäler errichten nach Gorm, seinem Vater, und nach Thyra, seiner Mutter, der Harald, der für sich Dänemark gewann und ganz Norwegen, und der die Dänen zu Christen machte.« Der große Runenstein wird auch »Taufschein Dänemarks« genannt, obwohl die eigentliche Christianisierung Dänemarks noch über ein Jahrhundert dauern sollte. König Harald verlegte seinen Sitz von Jelling nach Seeland, vermutlich nach ▶ Roskilde. Bei den immer noch laufenden, archäologischen Untersuchungen wurde 2010 in Jelling Europas größte königliche Residenz der Wikingerzeit freigelegt. Das Archäologenteam um Mads Dengsø Jessen von der Universitet Aarhus ist überzeugt, damit den **Königshof** von Harald Blauzahn gefunden zu haben. Er lag innerhalb einer

Der legendäre Harald Blauzahn hinterließ sein Vermächtnis auf diesem Runenstein.

VEJLE ERLEBEN

VISIT VEJLE
Banegårdspladsen 6
Tel. 75 82 19 55
www.visitvejle.dk

JELLING TURISTINFORMATION
Gormsgade 23
7300 Jelling
Tel. 41 20 63 31

MUNKEBJERG HOTEL
€€€–€€€€
Das stilvolle Hotel mit zwei Spitzenrestaurants gilt als eine der besten Adressen des Landes. Das Haus besitzt auch eine Konditorei, eine Metzgerei und ein Golfmuseum.
Munkebjergvej 125
Tel. 76 42 85 00
www.munkebjerg.dk

HOTEL VEJLEFJORD
€€€–€€€€
Was für eine Verwandlung: Das ehemalige Sanatorium vor den Toren von Vejle ist mit seinen 113 Zimmern heute eines der schönsten Wellnesshotels des Landes. Ein kleines »Schloss im Wald«.
Sanatorievej 26
7140 Stouby
Tel. 76 82 33 80
www.hotelvejlefjord.dk

mächtigen, 12,5 ha großen Palisade, wo bisher die Reste von insgesamt vier Häusern und einer Kirche gefunden wurden. Seit 2015 zeigt das Museum eine völlig neu konzipierte Ausstellung zur Wikingerzeit und König Harald Blauzahn. Im schönen Fårupsee kann man jeden Sommer das rekonstruierte **Wikingerschiff** »Jelling Orm« bestaunen, ein 15 m langes und 3 m breites Schiff aus goldgelbem Lärchenholz.
Juni – Aug. tgl. 10 – 17, Sept. – Mai Di. – So. 10 – 17 Uhr | Eintritt frei
www.natmus.dk/kongernes-jelling

Flora und Fauna: einheimisch und exotisch

Velje Ådal und Givskud Zoo

Naturliebhabern sei das »Bachtal« (Velje Ådal) empfohlen, das sich zunächst breit und mächtig vom Vejlefjord gen Westen erstreckt, dann aber hinter Skibet zum engen, tiefen Tal mit ausgewaschenen Schluchten wird. Durch den Naturpark fuhr bis 1957 die Eisenbahn nach Vandel. Heute bildet ihre Trasse den Rad- und Wanderweg **Bindeballestien**.
Ein beliebtes Ausflugsziel ist auch der Givskud Zoo, knapp 10 km nordwestlich von Jelling. Ein Tropenhaus ergänzt die Anlage und seit 2015 die größte **Dinosaurierausstellung** des Landes.
Mitte April – Juni, Mitte Aug. – Mitte Sept., 10 – 16/17, Juli – Mitte Aug. 10 – 20 Uhr | Eintritt 210 DKK, 3 – 11 Jahre 110 DKK
www.givskudzoo.dk

VIBORG

Halbinsel: Jütland | **Region:** Midtjylland | **Einwohnerzahl:** 35 000

Viborg wächst: Die Stadt an den zwei Seen – dem Søndersø und dem Nørresø (also Süd- und Nordsee) – gewinnt seit einigen Jahren immer mehr an Popularität. Tatsächlich bietet die Verwaltungsmetropole für eine Provinzstadt viele Annehmlichkeiten und zeigt sich rund um den Dom charmant-historisch. Seine spürbare Gelassenheit hat Viborg sich in seiner langen Geschichte zugelegt: Die Stadt im Herzen von Jütland ist mehr als 1000 Jahre alt und war als Thing-, also Versammlungsstelle ein bedeutender Ort. Das bedeutende Thing wurde am »Heiligen Berg«, so die Übersetzung des Namens Viborg, abgehalten. Die Domstadt war der Knotenpunkt wichtiger Handelswege, hier begann der historische Heer- und Ochsenweg von Jütland nach Schleswig. Nach der Reformation schwand Viborgs Bedeutung. Verheerende Großbrände zerstörten die meisten alten Bauten, sodass nur im Domviertel das mittelalterliche Erbe erhalten blieb.

Bezaubernde Heide, herrliche Seen

Die Seele der Gegend hat wohl niemand so einfangen können wie der Heidedichter **Steen Steensen Blicher** (1782 – 1848), der heute noch populär ist. Seine Erzählungen aus der Schulstube im nahen Lysgård kennen die meisten Dänen von Kindesbeinen an. Viborger Bürger des 20. Jh. beschreibt der hier geborene Peer Hultberg (1935 – 2007) in seinem Kultroman »Byen og verden« (»Die Stadt und die Welt«).

Wohin in Viborg?

Kirchliches und politisches Herz der Stadt

Dom und Rathaus

Die neoromanische Granitkirche wurde im 12. Jh. erbaut und zwischen 1864 und 1876 nach dem Vorbild der ursprünglichen Kathedrale erneuert. Nur die dreischiffige **Krypta** ist original erhalten. Hier ruht in einem lederbezogenen Sarg der einbalsamierte Goldmacher Valdemar Daa, den H. C. Andersen (▶ Baedeker Wissen, S. 262) in seiner Geschichte »Der Wind erzählt von Valdemar Daa und seinen Töchtern« verewigt hat. Das Innere des Doms wird von einer **Bilderbibel** beherrscht, die Joakim Skovgaard 1901 bis 1906 fertigte. Die Malereien in den Seitenschiffen zeigen Szenen des Alten Testaments, im Querschiff Szenen aus dem Leben Jesu, im Chor Auferstehung und Himmelfahrt. Die Deckengemälde »Jesu Geburt, Moses, David und den Propheten« malte Skovgaard in Öl auf Mahagoni. Das **Kon-**

VIBORG ERLEBEN

VISIT VIBORG
Tingvej 2A
Tel. 87 87 88 88
www.visitviborg.dk
Damen-, Herren-, Kinder- und Tandemräder verleiht die Touristinformation, pro Tag 100 DKK + Kaution.

AUSFLUGSBOOT MARGRETHE I
Ein Besuch in Viborg ist nicht komplett ohne einen Ausflug mit dem historischen Boot »Margrethe I« auf den Seen. Vom Ableger an der Hans Tausens Alle 1 starten von Mai bis Aug. täglich Touren.
70 DKK, Kinder bis 18. Jahre 50 DKK

HEERWEGMARSCH
Der wohl größte Volksmarsch Nordeuropas findet seit mehr als 50 Jahren am letzten Juniwochenende statt.
www.haervejsmarchen.dk

NIELS BUGGES KRO €€€
Gut 5 km südlich des Zentrums im Grünen gelegener Landgasthof, dänische Feinschmecker-Küche, gute Weinkarte, nostalgische Zimmer.
Ravnsbjergvej 69
Dollerup
Tel. 86 63 80 11
www.nielsbuggeskro.dk

PALADS HOTEL €€-€€€
Das Stadthotel neben der Kathedrale verfügt über gut ausgestattete Zimmer und Suiten. Im Restaurant wird nach dänischer Tradition gekocht.
Skt. Mathiasgade 5
Tel. 86 62 37 00
www.hotelpalads.dk

gehyldingsmonument neben dem Dom erinnert daran, dass sich vom 11. bis 17. Jh. die Stände hier versammelten, um dem neu gewählten König zu huldigen.
Das alte Barock-Rathaus am Domplatz entwarf Claus Stallknecht aus Altona, den man nach dem Brand von 1726 zum Wiederaufbau nach Viborg berufen hatte. Jetzt stellt hier das **Skovgaard Museum** Gemälde und Skulpturen von Joakim Skovgaard (1856 – 1933) und dem befreundeten Künstlerkreis aus.
Juni – Aug. Di. – So. 10 – 17, Sept. – Mai Di. – So. 11 – 16 Uhr | Eintritt 60 DKK, unter 18 Jahre frei | www.skovgaardmuseet.dk

Hier lässt es sich leben und ausspannen

Sct. Mogens Gade, Stadtpark

In den Vierteln um den Dom ist die Geschichte am lebendigsten, nicht zuletzt in der restaurierten Sct. Mogens Gade, wo man am mittelalterlichen Gebäude Nr. 9 lesen kann: »So ein Haus gibt es nur in Viborg«. Im Hof des »Karnapgården (Nr. 31) erinnern Granitquader und Reliefs an frühere Kirchenbauten. Die **»Kirche der Südgemein-**

de« wurde 1227 von Dominikanern errichtet. Nur Chor und Mittelschiff sind noch erhalten, alles andere wurde nach dem Großbrand 1726 neu aufgebaut. Der gotische Altar (1520) ist eine vergoldete flämische Bildschnitzerarbeit. Ein Schlüssel zur Geschichte der Region ist das kulturhistorische **Stiftsmuseum** in der Fußgängerzone am zentralen Hjultorv. Wer ausspannen und bummeln möchte, besucht hier am Samstag den Wochenmarkt. Das Tüpfelchen auf dem i in Viborg sind die vielen Grünanlagen wie der Stadtpark **Borgvold** mit einem biblischen Garten am Ufer der Nørresø. Direkt gegenüber in der Riddergade 8 veranstaltet die Galleri Braenderigården Ausstellungen mit dänischen und internationalen Künstlern.

Stiftsmuseum: Juli – 15. Aug. Di. – So. 10 – 17, 16. Aug. – 30. Juni Di. – Fr. 13 – 16, Sa./So. 11 – 17 Uhr | Eintritt 40 DKK, unter 18 Jahre frei | www.viborgmuseum.dk

Galleri Braenderigården: Di./Fr. 13 – 17, Sa. 10 – 14 Uhr | Eintritt frei | www.gb-h.dk

Rund um Viborg

Riesiges Stollenlabyrinth

Mønsted Kalkgruber

Die archäologischen Funde auf dem Höhenzug **Hvolris** 16 km nördlich von Viborg reichen von ca. 2200 v. Chr. bis 1300 n. Chr. Seit 1962 wurden Dörfer und Grabstätten der Eisenzeit, Grubenhäuser der jüngeren Steinzeit und Hügel der Bronzezeit freigelegt. Westlich von Viborg erzählt in den Mønsted Kalkgruber das größte Stollenlabyrinth der Welt vom harten Arbeitsalltag in der **Kalkmine**. Manche ihrer Höhlen, die besichtigt werden können, sind so groß wie Dome, manche Pfade hingegen extrem schmal oder Gänge so niedrig, dass man kaum aufrecht stehen kann. Mitte der 1950er-Jahre wurden die Gruben stillgelegt, heute gibt es hier 18 000 Fledermäuse und ein Underground-Kino.

24. März – Okt. tgl. 10 – 17 Uhr | Eintritt 70 DKK, 4 – 12 Jahre 30 DKK | www .monsted-kalk-gruber.dk

Verwunschene Natur und eine alte Dorfschule

Hald, Lysgård

Unberührte Heide, alte Buchen und knorrige Eichen, verwunschene Quellen und einen 34 m tiefen See finden Naturfreunde 8 km südwestlich im Gebiet von Hald. Eine der klassischen Wanderungen von rund 5 km führt unterhalb von Ravensberg entlang, wo Niels Bugges Bank die schönste Aussicht gewährt. In der Scheune beim **Gut Hald Hovedgård**, dem seit dem Mittelalter fünften Anwesen an dieser Stelle, informiert eine Ausstellung über das ganze Gebiet. Die alte Dorfschule E Bindstouw in **Lysgård** diente Steen Steensen Blicher als

Viborgs Domkirche wurde nach dem Vorbild aus dem 12. Jh. neu gebaut.

Vorbild für seine gleichnamige Novelle. Er wurde im Pfarrhof von Vium geboren und war später selbst Pfarrer in Thorning, wo das **Blicheregnensmuseum** an sein Leben und Werk erinnert.

Gut Hald Hovedgård: www.haldhovedgaard.dk
Dorfschule E Bindstouw: Juli/Aug. Di. – So. 10 – 17 Uhr | Eintritt 20 DKK, unter 18 Jahre frei | www.viborgmuseum.dk
Blicheregnensmuseum: Mai – Sept. Mo. – Fr. 10 – 16, Sa./So. bis 17 Uhr | Eintritt 30 DKK, unter 18 Jahre frei | www.blicheregnensmuseum.dk

VORDINGBORG

Insel: Seeland | **Region:** Sjælland | **Einwohnerzahl:** 18 000

R 25

Auf seine große Vergangenheit ist Vordingborg heute noch stolz: 1353 kam in der südlichsten Stadt der »Hauptstadtinsel« Seeland Margrethe I. zur Welt – Dänemarks erste von bislang nur zwei Königinnen. Wahrzeichen der Hafenstadt ist der Gåsetårn: Der »Gänseturm« ist das einzige Relikt der 1362 – 1365 erbauten Burg. Jetzt bildet der Turm den Mittelpunkt eines spannenden Burgmuseums. Als Verkehrsknotenpunkt ist Vordingborg auch wichtig: Über die Brücke über den Storstømmen verläuft der internationale Bahnverkehr von Kopenhagen nach Mitteleuropa – die alte Brücke aus den 1930er-Jahren weicht in Kürze einem zeitgemäßen Neubau.

Große Geschichte

Nur Ruinen erinnern in der Garnisonsstadt an eine der ältesten Festungsanlagen Dänemarks. Auf **Burg Vordingborg** wurde das Reich 1157 unter Valdemar dem Großen wieder vereint. 1241 verfasste Valdemar II. das erste dänische Gesetzbuch **Jyske Lov**. Valdemar Atterdag machte die Burg 1360 zu einer Festung gegen deutsche Hansestädte.

Wohin in Vordingborg und Umgebung?

Einst die größte Burg Nordeuropas

Gåsetårnet, Vor Frue Kirke

1365 entstand der »Gänseturm«, das Wahrzeichen Vordingborgs, neben Resten der Ringmauer das einzige noch erhaltene Bauwerk der Valdemarzeit und Herzstück von **Danmarks Borgcenter**, das auf Führungen die einst größte Burg Nordeuropas präsentiert. Auf dem 36 m hohen Spitzdach hebt eine vergoldete Gans ihre Flügel.

VORDINGBORG ERLEBEN

VORDINGBORG TURISTINFORMATION

Slotsruinen 1
Tel. 55 34 11 11
www.sydkystdanmark.dk/turist-information-danmarks-borgcenter-gdk615137

HOTEL KONG VALDEMAR €€

Auch das Restaurant des modernen Hotels lohnt einen Besuch.
Algade 101
Slotstorvet
Tel. 55 31 12 10
www.hotelkongvaldemar.dk

Die gotische **Liebfrauenkirche** wurde wiederum um 1400 erbaut. Das herrliche Altarbild aus dem Jahr 1442 stammt von Abel Schrøder d. J. Der Chor zeigt Malereien des 15. Jh.s, darunter eine außergewöhnliche Darstellung von Christi Geburt. Die Karikatur vom durstigen Maurer Jeppe wurde bei Renovierungsarbeiten entdeckt.

Borgcenter: Mitte Okt. – Ende März tgl. 10 – 16, Ende März – Juni, Sept. – Mitte Okt. bis 17, Juli/Aug. bis 18 Uhr | Eintritt 65 DKK, mit iPod-Guide 125 DKK, unter 18 Jahre frei, Burgruine Eintritt frei
www.danmarksborgcenter.dk

Kunst, Geschichte und zwei kleine Museen

Masnedø, Knudshoved Odde

Um die Storstrømpassage zu sichern, legte man Anfang des 20. Jh.s auf der vorgelagerten Insel Masnedø ein Fort an. 1994 restauriert, dient es heute für sommerliche **Kunstausstellungen** von Ende Juni bis Mitte August. Auf der Halbinsel Knudshoved Odde nördlich von Vordingborg kann man bronzezeitliche Gräber entdecken, an der Spitze der Landzunge wachsen verschiedene Wildblumen, in den salzhaltigen Wasserlöchern leben seltene Froscharten und im Freigehege weiden amerikanische Bisons. Im alten Pfarrhof bei der Kirche von Udby, 10 km nördlich der Stadt , wurde 1783 der dänische Theologe und Volkserzieher **Grundtvig** (▶ Interessante Menschen) geboren. Gedenkstuben im Pfarrhaus aus der Zeit um 1600 erinnern an ihn. Auf eine Bürgerinitiative hin entstand rund 12 km nördlich in Køng ein Museum zur Geschichte von Niels Ryberg, einem Bauernsohn, der 1744 das Gut kaufte, 1783 eine Weberei gründete und später zum Hoflieferanten aufstieg.

www.sommerudstillingen.dk

Grundtvigs Mindestuer: Pasmergårdsvej 13 | Juli/Aug. Do./So. 13 – 15.30, Juni/Sept. 1. So. im Monat | Eintritt 30 DKK, Kind 10 DKK
www .oerslevkirke.dk

Køng Museet: 24. März – 20. Okt., 1. – 15. Dez. Sa./So. 12 – 16 Uhr
Eintritt 30 DKK, unter 18 Jahre frei | www.koengmuseum.dk

H

HINTER-GRUND

Direkt, erstaunlich, fundiert

Unsere Hintergrundinformationen beantworten (fast) alle Ihre Fragen zu Dänemark.

Keine Antiquitär, sondern dänisches Design von Hans J. Wegner. ▶

DAS LAND UND SEINE MENSCHEN

Ein mildes Licht, das Meer und die Farben des Landes verweben sich in Dänemark zu einer einzigartigen Sinfonie. Vermutlich nirgendwo in Europa hat man auf eine so sympathische Weise das Gefühl, die Zeit sei stehen geblieben, der Beton noch nicht erfunden und die Landschaft gehöre nur uns allein.

»Hygge« im Reich der Inseln

Vom Meer umtost

Was Thomas Mann in seiner 1903 erschienenen Novelle so wunderschön vom südlichsten Land Skandinaviens erzählt hat, besitzt zeitlose Gültigkeit. Ein langer Strandspaziergang bei stürmischem Wetter, wenn der Wind an der Jacke zerrt, die Lippen nach Salz schmecken und das Meer so laut brüllt, dass man sein eigenes Wort kaum versteht, ist und bleibt ein Stück dänischen Wohlbefindens. Am nächsten Tag scheint die Sonne von einem strahlend blauen Himmel, der

Findlinge wie dieser Wackelstein im Wald Almindingen auf der Insel Bornholm zeugen von der Eiszeit.

Strand hat wieder seine natürliche Breite und man findet zwischen Muscheln und anderem Strandgut vielleicht sogar einen Bernstein, das mystische Gold des Nordens. Deutschlands Nachbar Dänemark besteht aus der großen **Halbinsel Jütland und rund 440 Inseln** mit einem Namen – gerade einmal 72 davon bewohnt –, weshalb man zu Recht von einem Inselreich spricht. Von keinem Ort aus ist es weiter als 50 km bis zum Meer, und ein Badestrand und ein Jachthafen gehören fast überall dazu. Als typisch für Dänemark gilt der Urlaub im Ferienhaus, der im kleinen Königreich immer Saison hat. Auf einer Reise durch das Inselreich zwischen Nord- und Ostsee erschließt sich das Geheimnis von »hygge«, der legendären dänischen Gemütlichkeit und Gelassenheit.

»

Tonio Kröger stand in Wind und Brausen eingehüllt, versunken in dies ewige, schwere, betäubende Getöse, das er so sehr liebte. Wandte er sich und ging fort, so schien es plötzlich ganz ruhig und warm um ihn her. Aber im Rücken wusste er sich das Meer; es rief, lockte und grüßte. Und er lächelte.

«

Von Eiszeiten und vom Meer geformte Landschaft

Flacher Westen, hügeliger Osten

Dänemarks Landschaft besteht aus einem flachen West- und einem hügeligen Ostteil. Die Grenze verläuft von Bovbjerg an der Nordseeküste über Hald bei Viborg und biegt dann steil in den Süden nach Padborg in Südjütland ab. Hier erstreckte sich die sogenannte Hauptstillstandslinie des Eises, d. h. hier kamen vor rund 22 000 Jahren die aus dem Norden und Osten vordringenden Eismassen der letzten Eiszeit, der Weichsel-Eiszeit, zum Stillstand. Erkennbar ist diese Linie an den **Endmoränen**, die vom Eisrand beim Vorstoß aufgeschoben wurden. Westlich dieser Grenze, in Westjütland, ist das Land schon sehr viel länger der Abtragung ausgesetzt. Hier beherrschen **Geesthügel** das Bild und ausgedehnte **Sanderflächen**, d. h. Ebenen aus Sand, Kies und Geröll, die von Schmelzwasserflüssen des Inlandeises abgelagert wurden. Nördlich und östlich der Hauptstillstandslinie lag das Land bis vor ca. 12 000 Jahren unter dem Eis. Erst nach dessen Abschmelzen setzte auch hier die Erosion ihren großen Hobel an, daher ist die Landschaft hier noch sehr viel hügeliger. Im Randbereich des Inlandeises bildete sich durch Anhäufung das Moränenhügelland. Hier befindet sich auch der höchste Berg des Landes, der Møllehøj (170,86 m) bei Skanderborg. Nur, wenn man den von Menschen errichteten Grabhügel miteinrechnet, ist der Yding Skovhøj mit seinen 172,54 m die höchste Erhebung des Landes.

Vielfältige Küsten

In der Nacheiszeit stieg der Meeresspiegel an, die Verbindung zwischen Schweden und Dänemark sowie den dänischen Inseln und dem europäischen Festland ging verloren; durch Überflutungen entstanden die als Sund, Großer und Kleiner Belt bezeichneten Wasserstraßen. Heute liegt Dänemark gleich an zwei Meeren, Nord- und Ostsee. Den Übergang bilden das Skagerrak von der Nordsee her und das Kattegat im Osten; am Kap Skagen treffen die beiden zusammen. Bei rund 7500 km Küstenlänge kann Dänemark eine Vielzahl verschiedener Küstentypen aufweisen: Felsküsten im nördlichen Bornholm, Kliffküsten auf Møn und Flachküsten auf den übrigen Inseln. Die zahlreichen Förden, im Dänischen »Fjord« genannt, die besonders an der Küste Ostjütlands auftreten, sind vom Meer überflutete Gletscherrinnen; in ihrem Schutz entstand eine ganze Reihe von Hafenstädten.

Dünenlandschaften

Die jütländische Westküste hingegen hat über weite Strecken einen geraden Verlauf, denn sie ist eine Ausgleichsküste. Daher gibt es dort nur wenige Häfen, abgesehen vom Limfjord, dem mit 180 km längsten Fjord Dänemarks. Als fast ununterbrochener Gürtel ziehen sich Dünenlandschaften an der westjütländischen Küste hin. Heute ist es gelungen, die Dünenwanderung fast völlig zum Stillstand zu bringen – außer bei Råjberg Mile und Rubjerg Knude in Nordjütland, wo die letzten **Wanderdünen** Dänemarks jährlich noch rund 5 – 15 m ostwärts rücken. Nach fast vier Jahrzehnten unter Sand gaben sie den Leuchtturm von Rubjerg Knude kürzlich wieder frei. Bei der Renovierung erhielt der markante Aussichtspunkt eine neue Treppe, eine Aussichtsplattform und ein Kaleidoskop im Turminneren. Mit einem Besuch sollte man aber nicht zu lange warten: Schon in 10 – 15 Jahren wird die Landmarke durch die Erosion der Steilküste ins Meer stürzen.

Flora: vom Menschen geprägt

Laub- und Nadelwälder

Erdgeschichtlich und damit pflanzengeografisch gehört Dänemark (Bornholm ausgenommen) zu Mitteleuropa und nicht zu Skandinavien. Entsprechend wächst in den südlichen Teilen Dänemarks Laubwald. An bestimmten Stellen Mitteljütlands wird jedoch bereits der Übergang zur Nadelwaldzone deutlich, die Fichte gedeiht hier besonders gut. Der gesamte Wald, der rund elf Prozent Dänemarks bedeckt, ist angepflanzt und wird forstwirtschaftlich gehegt. Unter den Laubbäumen ist die Buche am weitesten verbreitet; daneben finden sich Eiche, Ulme und Linde. Wie ursprünglicher, dänischer Buchenwald in etwa ausgesehen hat, kann man auf der Insel Møn beobachten, in deren schönen Wäldern auch eine artenreiche Begleitflora gedeiht. Im Frühjahr blühen hier Buschwindröschen, Leberblümchen, Gelbes Windröschen, Bärlauch und Seidelbast.

Dünen-, Heide- und Feuchtgebiete

Vollkommen anders geartet sind die Pflanzengesellschaften der Dünen-, Heide- und Feuchtgebiete, die hauptsächlich in Jütland vorkommen und rund zehn Prozent der Landesfläche einnehmen. Entlang der Westküste Jütlands breitet sich die Dünenvegetation aus, die sich mit Seegras, Binsen, der schwarzen Rauschbeere, Zwergweiden usw. an die extremen Verhältnisse der Flugsandgebiete an-

BAEDEKER MAGISCHE MOMENTE

MIT DER FÄHRE IN DIE FERNE

Nur eine Handvoll liegt in der Nordsee, hunderte in der Ostsee. Mit mehr als 400 Inseln ist Dänemark vielleicht das größte Inselreich Europas. An Bord der Fähre fängt der Urlaub bereits an, wenn man das Festland hinter sich lässt, der Wind durchs Haar und die Meeresbrise um die Nase weht. Spektakulärer Bauten wie der Großen-Belt-Brücke zum Trotz, ist und bleibt Dänemark eine Seefahrernation – Sie spüren es auf Fähren von Fehmarn nach Lolland, hinüber nach Bornholm, auf Urlaubsinseln wie Læsø, ja selbst auf den kleinen Limfjordfähren und Dutzenden anderen.

gepasst hat. Außerdem wachsen hier noch Strandroggen, Meersenf und Strandhafer, Dünenrose, Strandsalzmiere, Strandplatterbse und Stranddistel.
Auch die Schlickflächen und Salzwiesen im Wattenmeer weisen eine Fülle von Pflanzenarten auf, wie sie andernorts nicht gedeihen, so etwa Queller, Schlickgras, Widerstoß (Strandflieder) und Salz-Aster. Auf den Sanderflächen und sandigen Moränenhängen sowie auf vielen Arealen, wo Wälder gerodet wurden, hat sich die Heide weit ausgebreitet. Ein Großteil dieser Flächen (wie auch der Feuchtgebiete) wurde im Laufe des 19. Jh.s kultiviert und **in Agrarland umgewandelt**. Um den Limfjord, der Jütlands Norden zweiteilt, findet man noch so etwas wie Natur pur mit artenreichen Brack- und Süßwasserbiotopen und Vejlerne, Nordeuropas größtes Feuchtgebiet für Wasservögel.

Wald stoppt Sandflucht

Im Südosten bietet das **Himmerland** den größten Wald, die wasserreichsten Quellen und die größten Heideflächen im ganzen Königreich. Um der Sandflucht Einhalt zu gebieten, hat man um 1800 damit begonnen, Wald anzupflanzen. Diese Waldinseln, Plantagen genannt, bestehen hauptsächlich aus Blau- und Waldkiefern. Sie ziehen sich heute wie eine Kette an der dänischen Nordküste entlang.

Pflanzenwelt Bornholms

Auf Bornholm findet man **Skandinavien im Miniaturformat** sowie Pflanzenarten, die innerhalb Dänemarks sonst nur selten oder gar nicht anzutreffen sind, wie z. B. unter Naturschutz stehende Orchideen und Anemonen. In den Gärten der Bornholmer wachsen sogar Südfrüchte wie Feigen, die normalerweise nur im Mittelmeerraum gedeihen. Eine weitere Besonderheit: Bornholm besitzt im Norden Dänemarks die einzige Felsküste überhaupt.

Fauna

Mein lieber Schwan!

Dänemark ist das Land der Schwäne, der Höckerschwan der **Nationalvogel**. Gab es 1926 zu Beginn des absoluten Schutzes dieser Art nur noch drei bis vier Paare, so brüten heute 4500 – 5000 Paare. Die flachen Gewässer an der Küste sind auch als Überwinterungsplatz beliebt: 75 000 Vögel und damit ca. 40 Prozent des nordwesteuropäischen Bestandes sprechen für sich.

Waldtiere ohne Wald

Zwar haben die Dänen ihren Wald auf rund elf Prozent der Landesfläche reduziert, doch ist die dänische Tierwelt immer noch eine Waldfauna. Zahlenmäßig betrachtet ist der überwiegende Teil der Wildtiere auf dem Ackerland anzutreffen, das rund zwei Drittel des Landes ausmacht. Maschinen- und Chemieeinsatz auf den Äckern machen hier vielen Arten das Überleben schwer. Die Tierwelt Dänemarks ent-

OBEN: Typische Küstenlandschaft
UNTEN: Zwei Austernfischer halten Ausschau.

spricht der des mitteleuropäischen Tieflandes. In den Laubwäldern leben Reh, Rothirsch, Damhirsch, Fuchs und Dachs. Der Damhirsch kommt recht häufig vor, den Rothirsch hört man wegen des geringen Waldbestandes eher selten röhren. Füchse wagen sich immer öfter bis in die Städte, jagen dort Mäuse und Vögel oder machen sich über die Abfälle her. Auch **Elche** leben seit Ende 2015 wieder im Königreich: Im Naturschutzgebiet Lille Vildmose in Ostjütland wurden fünf schwedische Kälber ausgewildert.

(Zug-)Vögel

Bemerkenswert ist die Vielfalt der Vögel – **über 300 Arten** wurden gezählt, davon rund 160 Arten Brutvögel. Neben Spechten, Singdrosseln, Rotkehlchen, Meisen, Buchfinken, Amseln und Staren (vor allem im Inland) sind im Küstengebiet viele Zug-, See- und Sumpfvögel zu beobachten, u. a. Zwergschwäne, Ringelgänse und Pfeifenten. Ende September ziehen die etwa 30 000 kurzschnäbeligen Gänse von Svalbard im Polarmeer auf ihrem Flug nach Holland und Belgien an der Westküste Jütlands entlang; spätestens im Januar kehren sie nach Dänemark zurück. Ein wahres Dorado findet der Vogelfreund auch um den Limfjord im Norden Jütlands. In den Vogelschutzgebieten brüten Lach- und Silbermöwe, der Säbelschnäbler sowie Brandseeschwalbe und Küstenseeschwalbe, ferner Tiere, die das Röhricht lieben, darunter Rothalstaucher, Rohrdommel und Rohrweihe. Auf den nordöstlich von Bornholm liegenden Ertholmene (Erbseninseln) liegen die einzigen dänischen Brutplätze typisch felsbrütender Meeresvögel wie Trottellumme und Tordalk.

Meerestiere

Mit etwa 1500 Tierarten verfügt die salzhaltigere Nordsee (3,5 % Salzgehalt) über eine weitaus größere Artenvielfalt als die mit einem Prozent Salzgehalt salzarme Ostsee (ca. 200 Arten). Insbesondere folgende Tiere leben vor der dänischen Küste: **Tümmler und Robben**, Kabeljau, Hering, Scholle, Mies- und Herzmuscheln, Krebse, Seesterne, Schnecken, Sandwürmer, Quallen und Wasserflöhe.

Naturschutz ist ein wichtiges Thema

Kulturlandschaft und strenger Umweltschutz

Die Landwirtschaft spielt in Dänemark eine herausragende Rolle, fast zwei Drittel der Gesamtfläche des Landes werden heute entsprechend genutzt. Dafür wurden Moore trockengelegt, die Heiden umgebrochen, landwirtschaftlich nutzbare Fläche geschaffen und Menschen angesiedelt. Nur einige Naturschutzgebiete und ein dem Tourismus vorbehaltener Dünen- und Heidestreifen entlang der Nordseeküste sind im Urzustand belassen.
Andererseits gibt es keine Schwerindustrie in Dänemark, auch keine verschmutzten Flüsse. Die **Umweltschutzgesetze** sind mit die schärfsten der Welt. Die Dänen legen Wert darauf, dass ihre herrli-

chen Sandstrände sauber bleiben. Denn der Tourismus bildet eine wichtige Einnahmequelle.

Mehr Wald

Grenzen sind dem dänischen Naturschutz durch die dichte Besiedlung und die intensive Nutzung fast des gesamten Landes gesteckt. So werden oft Flächen geschützt, die ganz oder teilweise landwirtschaftlich genutzt werden. Ein weiteres Ziel ist, die Waldfläche innerhalb der nächsten 100 Jahre zu verdoppeln. Denn das Sandtreiben an der jütländischen Küste ist vor allem ein Resultat des Abholzens der Wälder.

Schutzgebiete

Dänemarks Natur und landschaftliche Vielfalt schützen bislang **vier Nationalparks**. 2008 wurde ein 24 km² großes Gebiet auf der **Halbinsel Thy** in Nordjütland zwischen den Dünen und Stränden der Nordsee und Dänemarks größtem Fjord, dem Limfjord, als erster dänischer Nationalpark ausgewiesen. Im Jahr darauf kam die von der Eiszeit geprägte **Hügellandschaft der Mols Bjerge** (18 km²) in Ostjütland bei Århus hinzu. Seit 2010 bildet das **dänische Wattenmeer** (Vadehavet) an der Nordseeküste von der deutschen Grenze bis zur Halbinsel Skallingen inklusive der Inseln Rømø, Mandø und Fanø und dem Hinterland den dritten und größten Nationalpark. 2014 wurde es zudem zum Weltnaturerbe der UNESCO erklärt. Seit 2015 kann Dänemark einen vierten Nationalpark vorweisen: Die Fjordlandschaft rings um den Roskildefjord, das **Skjoldungernes Land**.
Zudem wurde 2014 90 km nördlich von Kopenhagen eine gewellte Landschaft als bislang einziger dänischer **Geopark** anerkannt: **Odsherred**. Dass gerade diese Region als einer der nur 100 Geoparks weltweit aufgenommen wurde, liegt an der ungewöhnlichen Geologie, die den Charakter der Landschaft formt. Sie wurde von der letzten Eiszeit vor etwa 11 000 Jahren erst erschaffen.

UNSECO-Weltnaturerbe Steilküste

Die imposante Steilküste von **Stevns Klint** im Südosten der Insel Seeland gehört seit 2014 zum UNESCO-Weltnaturerbe. Herausragendes Merkmal der 15 km langen und bis zu 40 m hohen Kreidefelsen ist ihr **Fossilienreichtum**. Die Küstenpartie gehört zu den wenigen Orten weltweit, an denen noch Spuren des gewaltigen Meteoriteneinschlags vor rund 65 Mio. Jahren erhalten sind.

Bevölkerung

Geringes Wachstum

Am dichtesten besiedelt sind die Inseln Fünen und Seeland mit der Hauptstadtregion Kopenhagen sowie die nordjütische Insel nördlich des Limfjords. Jütland und die vielen kleineren Inseln sind relativ dünn bzw. gar nicht besiedelt. Auch in Dänemark werden immer weniger Kinder geboren; momentan beläuft sich das Bevölkerungs-

DANMARK

Lage:
Zwischen Mitteleuropa und der Skandinavischen Halbinsel

Fläche: **42 916 km²**
Zum Vergleich:
Deutschland: **357 121 km²**

Einwohner: **5,7 Mio.** (2016)
(davon Färöer **49 000** und Grönland **56 000**)
Zum Vergleich
Deutschland: **82,02 Mio.**

Bevölkerungsdichte:
149 Einwohner/km²
87 % leben in Städten

Staat

Parlamentarische Monarchie
Staatsoberhaupt:
Königin Margrethe II. (seit 1972)

Wappen/Flagge

Das dänische Wappen zeigt drei blaue Löwen und neun rote Herzen auf einem goldenen Schild. Der »Danebrog« ist eine der ältesten Nationalflaggen der Welt. Sie soll Dänenkönig Waldemar II. am 15. Juni 1219 während der Schlacht bei Reval erschienen sein.

Hauptstadt

Kopenhagen **603 000 Einw.**
(Hovedstaden-Region **1,8 Mio.**)
Aarhus **330 000**
Aalborg **202 000**
Odense **200 000**

Inseln

72 der 406 dänischen Inseln sind bewohnt. Zu Dänemark gehören außerdem Grönland (2 Mio. km² Land) und die Färöer-Inseln (1400 km²).

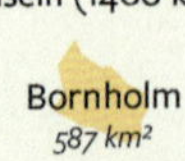

Wirtschaft

BIP pro Kopf (2016):
46 500 €
zum Vergleich:
Deutschland **36 700 €**

Arbeitslosenquote (2016):
6,2%

Hauptausfuhrprodukte:
Maschinen und Maschinenteile, Nahrungsmittel, Pharmazeutika und Elektronik, Erdgas und Erdöl

Religion

Ev.-luth. Volkskirche **80,4%**

Katholiken **6,5%**

Muslime **4,1%**

Klimastation Kopenhagen

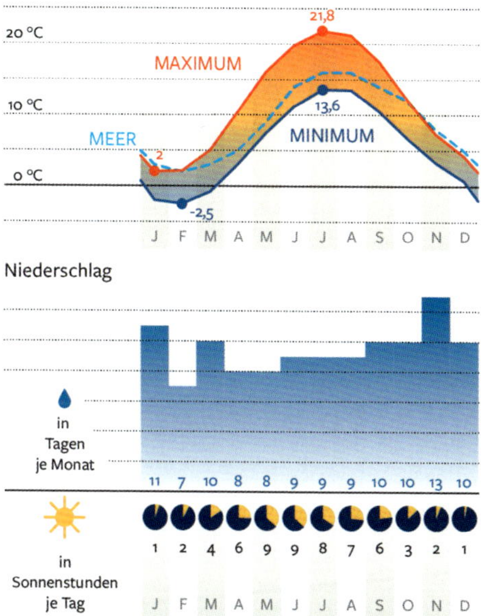

Leuchttürme

In Dänemark sind **255 Leuchttürme** registriert (in Deutschland ca. 220). Dänisch »Fyr« bedeutet Leuchtfeuer.

wachstum auf etwa 0,6 Prozent. Rund 19 Prozent der Dänen sind Rentner. Rund 50 000 Menschen mit deutschem Pass bekennen sich zur dänischen **Minderheit**. Die Mitglieder der dänischen Minderheit leben vor allem in Flensburg, den Kreisen Nordfriesland und Schleswig-Flensburg sowie im nördlichen Teil des Kreises Rendsburg-Eckernförde.

Ziel vieler Migranten

Dänemark ist das Ziel von Einwanderern v. a. aus der Türkei, aus dem ehemaligen Jugoslawien und aus Asien, insbesondere Pakistan. 2015 betrug der Anteil ausländischer Staatsbürger 12 Prozent, 1984 waren es noch zwei Prozent. Über die Hälfte der Einwanderer lebt im Großraum Kopenhagen, fast jeder Vierte stammt aus einem anderen skandinavischen Land oder den EU-Staaten. Auf dem Höhepunkt der Flüchtlingswelle kamen 2015 rund 21 500 Flüchtlinge nach Dänemark. Nach teils heftig diskutierten Zugangsbeschränkungen sank die Zahl 2016 auf nur noch 6235 Personen.

Politik: Königin, Folketing und der Wohlfahrtsstaat

Die Königin repräsentiert ...

Das Oberhaupt der parlamentarischen Monarchie Dänemarks ist seit 1972 Königin **Margrethe II.** (geb. 1940), die 2017 ihr 45. Kronjubiläum beging. Ihretwegen musste 1953 das Thronfolgegesetz geändert werden, sodass seither auch die weibliche Thronfolge in der dänischen Verfassung verankert ist, allerdings in zweiter Linie. Der Königin obliegen ausschließlich formelle und zeremonielle Funktionen (▶ Baedeker Wissen, S. 354).

... das Folketing regiert

Seit 1953 hat Dänemark ein Einkammerparlament, das Folketing mit 179 Abgeordneten. Alle vier Jahre wird das Parlament neu gewählt. In Dänemark gibt es seit jeher eine **Vielzahl politischer Parteien**, sodass meist nur Minderheitsregierungen zustande kommen. Zu den stärksten Parteien zählen die Sozialdemokraten sowie die Konservative Volkspartei und die Liberalen.

Inseln auf Unabhängigkeitskurs

Zu Dänemark gehören auch die Färöer-Inseln zwischen Norwegen und Island sowie Grönland. Die **Färöer** bilden seit 1948 ein autonomes Gebiet unter der dänischen Krone und haben ein eigenes Nationalbanner – sie streben wie Grönland die völlige Unabhängigkeit von Dänemark an. **Grönland** gehört seit 1721 zu Dänemark und besitzt seit 1979 das Recht auf innere Selbstverwaltung. Anfang 2008 wurde ein Plan für die Loslösung vom Mutterland präsentiert, Ende November 2008 stimmten die Grönländer zu 75,5 Prozent mit ja. Am 21. Juni 2009 trat auf Grönland das Selbstregierungsstatut in Kraft – erste Voraussetzung dafür, dass es sich von Dänemark lösen und seine reichen Öl- und Erzvorkommen selbst nutzen kann.

Grenzen des Wohlfahrtsmodells

Lange Zeit galt das dänische Wohlfahrtssystem neben dem schwedischen und norwegischen europaweit als Vorbild. Prinzip des skandinavischen Modells ist es, **soziale Leistungen allen Bürgern** zu gewähren, nicht nur den sozial Schwächsten oder Personen, die berufstätig gewesen sind. Den größten Teil der finanziellen Last trägt der dänische Staat, daher zahlen die Dänen extrem hohe Steuern (durchschnittlich 33 Prozent des Bruttogehalts), andererseits sind zum Beispiel Gesundheitswesen und Bildungssystem kostenlos. Mittlerweile steckt dieses System in einer Krise, da es nicht darauf angelegt war, derart viele Arbeitslose und Sozialhilfeempfänger so lange Zeit zu unterstützen wie in den letzten Jahren. Eine Anhebung der ohnehin schon hohen Steuern ist politisch nicht möglich, weshalb die Staatsverschuldung enorme Ausmaße angenommen hat. Vermutlich wird die Entwicklung in allen skandinavischen Ländern auf ein mehr fragmentarisches Wohlfahrtsmodell hinauslaufen.

Wirtschaft: Eines der reichsten Länder der Welt

Erfolgreiche Exporte

Gemessen am Bruttosozialprodukt pro Einwohner gehört Dänemark zu den zehn reichsten Ländern der Erde. Die dänische Wirtschaft ist

»Hygge« ist die Lebensphilosophie vieler Dänen.

MODERNE MONARCHIE

Dänemark ist stolz auf sein Königshaus. Die königliche Familie von Margrethe II. lehnt dynastischen Pomp ab und hat keine Skandale zu bieten, wie sie die britische Monarchie in den letzten Jahren in Verruf brachten. Selbst Kronprinz Frederik hat sein Leben längst in solide Bahnen gelenkt und ist inzwischen Vater von vier Kindern. Beim Volk erfreuen sich die Königin und ihre Familie großer Beliebtheit. Jüngsten Umfragen zufolge stehen 83 Prozent der DänInnen hinter ihrem Königshaus, das sie für eine wichtige Institution halten – und zwar quer durch alle Bevölkerungsschichten und Regionen.

Bürgerliche Königin mit künstlerischer Ader

Die am 16. April 1940 geborene Königin Margrethe II., die 2017 ihr 45. Thronjubiläum feierte, erbte nach dem Tod ihres Vaters Frederik IX. den dänischen Thron. Dazu war 1953 die Verfassung geändert worden, da es bis dahin – mit Ausnahme der 1412 verstorbenen Margrethe I. – nur männliche Thronfolger gegeben hatte. Margrethe II. ist die 55. Monarchin der **ältesten regierenden Dynastie der Welt**. Als Staatsoberhaupt einer konstitutionellen Monarchie wirkt sie bei Regierungsbildungen mit, steht formal an der Spitze der Regierung und repräsentiert Dänemark im Ausland. Darüber hinaus verfügt Margrethe II. über kein politisches Mitspracherecht.

Berühmt sind Margrethes persönlich gehaltenen Neujahrsansprachen: So muss sich das dänische Volk schon mal den Vorwurf der Selbstgefälligkeit anhören. Am meisten macht die Königin abseits der politischen Bühne aber als Künstlerin von sich reden. Als Textildesignerin entwarf sie u. a. Kostüme und Dekor für das Ballett »Et folkesagn« (1991) und die Fernsehverfilmung von Andersens Märchen »Die Schneekönigin« (2000), illustrierte Bücher wie die dänische Ausgabe von Tolkiens »Herr der Ringe« (1977) und übersetzte mit ihrem Mann 1981 den Roman »Alle Menschen sind sterblich« von Simone de Beauvoir ins Dänische.

Die königliche Familie

Lange Zeit schüttelte das Volk den Kopf über **Kronprinz Frederik** (geb. 1968), ließ er sich doch mit dem Heiraten Zeit und genoss das Leben. 2000 aber lernte er beim Besuch der Olympischen Spiele in Sydney Mary Elisabeth Donaldson kennen, die er vier Jahre später im Kopenhagener Dom heiratete. Inzwischen hat sich auf Schloss Amalienborg, wo das Kronprinzenpaar lebt, Nachwuchs eingestellt: 2005 wurde der Thronfolger geboren, 2007 Tochter Isabella und 2011 kamen die Zwillinge Vincent und Josefine zur Welt – das Mädchen ist 26 Minuten jünger als ihr Bruder. Der Thronfolger aber heißt Christian – denn seit sieben Generationen wird er abwechselnd Frederik oder Christian genannt.

Prinz Joachim, der aus einer ersten Ehe mit Alexandra Christina Manley zwei Söhne hat – Prinz Nicolai (geb. 1999) und Prinz Felix (geb. 2002) – ist 2008 zum zweiten Mal vor den Traualtar getreten: In der Dorfkirche von Møgeltønder heiratete er die gebürtige Französin Marie Cavallier, mit der er ebenfalls zwei Kinder hat: Prinz Henrik (geb. 2009) und Prinzessin Athena (geb. 2012). Über die Hochzeit mit der Französin freute sich bis zuletzt besonders Margrethes Ehemann **Prinz Henrik**. Der als Henri Graf de Laborde de Monpezat geborene Franzose heiratete Margrethe 1967 und verstarb nach kurzer, schwerer Krankheit im Februar 2018 – also nicht einmal ein Jahr nach der Goldenen Hochzeit. In seinen letzten Lebensmonaten blieb dem Gelegenheitsdichter und Lebenskünstler ein Schicksal nicht erspart, das auch immer mehr ältere dänische »Untertanen« erleiden: eine fortschreitende Demenz. Ganz am Ende seines Lebens sorgte der dänische Prinzgemahl noch für Aufsehen, weil er nicht wie traditionell vorgesehen an der Seite seiner Gattin im Dom zu Roskilde bestattet werden wollte. Stattdessen wurde Henrik auf eigenen Wunsch kremiert. Die Hälfte der Asche des passionierten Seglers wurde in den dänischen Hoheitsgewässern verstreut, die andere Hälfte in einer Urne im Garten von Schloss Fredensborg beigesetzt.

Margarethe grüßt ihr Volk. Ihr inzwischen verstorbener Ehemann Prinz Hendrik hält sich wie immer im Hintergrund.

stark exportorientiert. Seit Jahrzehnten ist die Arbeitslosigkeit in Dänemark recht großen Schwankungen unterworfen; 2016 lag sie bei 6,2 Prozent. Die höchste Arbeitslosenrate haben die Inseln außerhalb der Hauptstadtregion und der Nordosten Jütlands.

Starke Agrarwirtschaft

Fast zwei Drittel der Gesamtfläche des Landes werden landwirtschaftlich genutzt, rund zwei Drittel der Agrarprodukte gehen in den Export. Die größte Bedeutung hat die **Viehzucht** – vor allem Schweine-, aber auch Rinder- und Geflügelzucht. Etwa die Hälfte des in Großbritannien verbrauchten Schinkens stammt aus Dänemark. Bei der dominierenden Rolle der Viehzucht ist es kein Wunder, dass ein Großteil der pflanzlichen Agrarproduktion – vor allem Getreide (60 Prozent), Kartoffeln und Zuckerrüben – als Tierfutter verwendet wird. Hauptanbaugebiet sind die fruchtbaren Grundmoränenböden in Ostjütland. Ferner spielen Obst- und Gemüseanbau sowie Blumenzucht eine wichtige Rolle. Zudem kann Dänemark stolz von sich behaupten, in Europa der führende **Exporteur von Weihnachtsbäumen** zu sein.

Fischerei

Bedeutung für die Wirtschaft hat bis heute auch der Fischfang: Dänemark gehört zu den 10 – 15 größten Fischereinationen der Welt. Gefangen werden vor allem Kabeljau, Tobis (großer Sandaal), Scholle, Hering und Kaiserhummer. Mehr als 80 Prozent der Fangerträge stammen **aus der Nordsee und dem Skagerrak**. Wichtigste Fischereihäfen sind Esbjerg, Thyborøn, Hanstholm, Hirtshals und Skagen.

Industrie

Dänemark verfügt nur über wenig Bodenschätze. Dennoch ist die Industrie zum **zweitgrößten Wirtschaftszweig** avanciert. Führend sind die Nahrungs- und Genussmittelindustrie mit Schlachtereien, Molkereien, Getreidemühlen und Brauereien, die chemische Industrie mit Kraftstoff, Insulin und Kunststoffprodukten sowie die Eisen- und Metallindustrie. Auch Möbel und Spielzeug (vor allem »Lego«) zählen zu den Verkaufserfolgen der dänischen Wirtschaft.

Öl, Gas und Wind

Die Energieversorgung des Landes beruht vorwiegend auf importierter billiger Kohle aus außereuropäischen Ländern, auf Öl und Erdgas aus der dänischen Nordsee und auf Windenergie. Alternative Energiegewinnung spielt eine immer größere Rolle: Sonnenkollektoren und vor allem Windkraft- sowie Feuerungsanlagen, die mit biologischen Brennstoffen beschickt werden. Das in der Nordsee geförderte Öl und Erdgas übersteigt bei Weitem den Eigenbedarf – nach Norwegen und England ist Dänemark **drittgrößter Ölproduzent in Westeuropa**. Ein Großteil der Fördermengen wird daher exportiert: Erdgas gelangt vor allem nach Schweden und Deutschland. Die Ölkrise und fallende Weltmarktpreise setzten in den letzten Jahren den dänischen Ölproduzenten wie Mærsk Oil zu.

BAEDEKER ÜBERRASCHENDES

6X ERSTAUNLICHES

Überraschen Sie Ihre Reisebegleitung: Hätten Sie das gewusst?

1. FRIEDLICH

Im **Global Peace Index** hält sich Dänemark seit Jahren auf dem fünften. Platz. Deutschland hat Rang 16.

2. SONNENBAD AUF DEM FRIEDHOF

In Deutschland kaum vorstellbar: Der **Assistenzfriedhof in Kopenhagen** ist zugleich ein Park, der genau so auch genutzt wird. (▶ **S.208**)

3. WHALE WATCHING

Im Kleinen Belt bei **Middelfart** leben in den Sommermonaten rund 3000 Schweinswale – unternehmen Sie eine Walexkursion. (▶ **S. 245**)

4. AUF DEM MEERESGRUND

Laufen Sie im **Faxe Kalkbrud bei Næstved** über den Grund des Meeres, wo vor 63 Millionen Jahren ein Korallenriff bestand. (▶ **S. 255**)

5. KOSTENLOS

Der Zutritt zu allen 140 staatlichen und staatlich anerkannten Museen Dänemarks ist für unter 18-Jährige kostenlos. Das lohnt auch einen Kurzbesuch. Z. B. im **Nationalmuseum in Kopenhagen**. (▶ **S. 189**)

6. SAFARI

Im Sommer kann man im Kiwara Camp in der afrikanischen Savanne inmitten der Tierwelt im Zelt übernachten – der **Zoo von Odense** ist ein Erlebnis nicht nur für Kinder. (▶ **S. 268**)

Tourismus

Die meisten Arbeitsplätze bietet der Dienstleistungssektor, darunter der Tourismus als eine beachtliche Einnahmequelle mit steigender Tendenz. Jährlich besuchen rund neun Millionen Auslandsgäste das Land. Die meisten von ihnen kommen aus Deutschland und Schweden. Der Wermutstropfen dabei: das Preisniveau lag 2017 satte 39 Prozent über dem Durchschnitt aller EU-Mitgliedsstaaten.

»Gesellschaft des Wissens«

Den Herausforderungen der Globalisierung will sich Dänemark mit einer »Gesellschaft des Wissens« stellen, die u. a. mit Biotechnologie, Pharmaindustrie und Informationstechnologie **nachhaltiges Wachstum** erzielt. Dazu wurden drei Milliarden Euro aus den Rückflüssen von Erdölkonzessionen und Privatisierungen bis 2012 in einem Hochtechnologiefonds gebündelt, der die Grundlagen- und Spitzenforschung förderte. Sein Erfolg: Inzwischen haben sich mehr als 300 Unternehmen dieser Branchen in der dänisch-schwedischen Øresund-Region niedergelassen, davon rund ein Drittel aus dem Biotech-Sektor.

Zukunftsziele und Visionen

Da auch Grönland zum dänischen Staatsgebiet gehört, ist Dänemark stärker als andere Länder mit den Folgen des Klimawandels konfrontiert. Bereits 1992 führte Dänemark als erstes EU-Land eine **CO_2-Steuer** ein; seit 2011 wird die »Energiestrategie 2050« umgesetzt, die Dänemark von Öl, Gas und Kohle unabhängig machen soll. Schon heute liefert **Windkraft** im Ressourcenmix des atommeilerfreien Landes knapp 38 Prozent (2016) der Energie. Bis 2020 soll der Anteil der Windkraft auf 50 Prozent steigen. Haupthafen der boomenden Offshore-Windindustrie ist Esbjerg, von wo aus auch die Turbinen für britische Hochsee-Windparks verschifft werden.
Kuhfladen wiederum sind der Rohstoff, aus dem Maabjerg Bioenergy in einer der weltgrößten **Biomasse-Anlagen** seit Sommer 2012 emissionsfrei Energie produziert und Struer und Holstebro mit Strom versorgt. Weitere 50 Biomassegroßanlagen sollen in den nächsten Jahren errichtet werden.

GESCHICHTE

Streitbare Wikinger und expansionslustige Monarchen, Großreich an der Ostsee und Vormacht in Skandinavien, eigenwilliges EU-Mitglied ohne Lust auf den Euro – Dänemark ist ein kleines Land mit großer Geschichte und blickt auf eine wechselvolle Vergangenheit zurück.

Dieses über 4000 Jahre alte Megalithgrab auf Langeland nennt man »König Humbles Grab«. Der sagenhafte Humble soll aber erst im 4. Jh. gelebt haben.

Die Anfänge: Megalithkultur und »Wilde Horden«

Erst Jäger, dann Bauern

In einem Flusstal gefundene Feuersteinwerkzeuge belegen, dass Menschen schon vor rund 250 000 Jahren in Südjütland umhergestreift sind. Doch gilt es als sicher, dass es sich dabei nur um vereinzelte Jäger handelte, die sich ausschließlich zum Jagen so weit nach Norden vorwagten. Eine ständige Besiedlung dieser Breiten erfolgte erst nach der letzten Eisperiode, also vor etwa 11 500 Jahren, wie Funde von Waffen und Werkzeugen dokumentieren. Aus der Zeit um 7000 v. Chr. datieren die ersten Kunstformen, z. B. Einritzungen von Figuren in einem Auerochsenknochen. An der Wende von der Alt- zur Jungsteinzeit (ca. 3300 v. Chr.) sind die ersten Ackerbauern nachweisbar, die ihre Toten in großen **Megalithgräbern** bestatteten, von denen heute noch ca. 2000 erhalten sind. In der Bronzezeit, die in Dänemark um etwa 1500 v. Chr. einsetzte, begruben Menschen der Oberschicht ihre Toten in Hügelgräbern. 11 000 dieser Anlagen stehen heute unter Denkmalschutz. Berühmtestes Zeugnis der **Eisenzeit** ist der Silberkessel von Gundestrup (Jütland). Er wird der Keltenzeit zugerechnet, die von ca. 500 v. Chr. bis zur Zeitenwende andauerte.

Wilde Horden vor Rom

»Furor teutonicus« nannten die Menschen im antiken Rom voller Panik die von Norden nach Oberitalien einfallenden Horden der **Kimbern** und **Teutonen**. Erst dem römischen Feldherrn Marius gelang es, ihren Vormarsch nach Süden zu stoppen.
Die dänischen Vorgeschichtsforscher sind überzeugt, dass beide Volksstämme **aus Jütland** aufbrachen, die Kimbern aus Himmerland, die Teutonen aus Thy. In den darauf folgenden Jahrhunderten entwickelte sich ein reger Handelsverkehr zwischen dem Römischen Reich und dem Gebiet des heutigen Dänemark. Für die Wissenschaft sind die ersten nachchristlichen Jahrhunderte allerding »dark ages«, über die politische Geschichte Dänemarks in dieser Zeit ist so git wie nichts bekannt. Der Name **»Daner«** als älteste Bezeichnung für die Stämme auf Jütland und den dänischen Inseln wurde erst während der Völkerwanderungszeit von römischen Schriftstellern verwendet.

Zeit der Wikinger und Aufschwung zur Großmacht

Ära der Wikinger

Um 700 entstand in Dänemark ein Königtum, dessen erster Herrscher Angantyr (Angandeo bzw. Ongendus) hieß. Rund 100 Jahre später ließ König Godfred (ca. 800 – 810) – wohl aus Furcht vor dem expandierenden Frankenreich Karls des Großen – die dänische Südgrenze befestigen, indem er den vermutlich schon ein Jahrhundert zuvor errichteten Wall Danevirke, das **Dänenwerk**, ausbauen ließ. Der Zeitabschnitt zwischen 720 und 1050 wird als Wikingerzeit bezeichnet (▶ Baedeker Wissen, S. 318 und S. 364).

Aus Heiden werden Christen

Unter Godfreds Sohn Harald begann allmählich die Christianisierung der Dänen, aber es dauerte noch weit über 100 Jahre, bis **Harald Blauzahn** (935 – 985) auf dem Runenstein von Jelling, einem der bedeutendsten historischen Zeugen des frühen Mittelalters in Dänemark, stolz verkündete, er habe das ganze Land unterworfen und dessen Bewohner christianisiert. Bei der Christianisierung mögen politische Überlegungen eine große, wenn nicht gar die entscheidende Rolle gespielt haben. Harald wusste nämlich vom grausamen Ende der heidnischen Sachsen durch die Truppen Karls des Großen. Daher erschien es ihm ratsamer, mit den fränkischen Christen rechtzeitig Frieden zu schließen, als diesen einen Vorwand zu geben, in ein heidnisches Land einzufallen und es zu »missionieren«.

Bruderkrieg und große Unruhen

Mit dem Mord an Knud IV. (1080 – 1086), den verärgerte Bauern wegen erhöhter Steuern in Odense erschlugen und der wegen angeblicher Wunder 1101 heilig gesprochen wurde, endete vorläufig die radikale Machterweiterung der dänischen Könige. Ohne Übereinstimmung mit den Interessen von Adel und Geistlichkeit war ein Re-

EPOCHEN

MEGALITHKULTUR UND »WILDE HORDEN«

9500 v. Chr.	Erste Siedlungen der Jäger und Sammler
3300 v. Chr.	Bronzezeitliche Megalithgräber
113 v. Chr.	Kimbern und Teutonen aus Jütland fallen ins Römische Reich ein

ZEIT DER WIKINGER UND AUFSCHWUNG ZUR GROSSMACHT

8. – 11. Jh.	Wikingerüberfälle an den europäischen Küsten
1169 – 1227	Dänisches Großreich an der Ostsee
1397	In der Kalmarer Union vereinigen sich Dänemark, Norwegen und Schweden zu einem Staatenbund
1460	Beginn der Personalunion zwischen Dänemark und den Herzogtümern von Schleswig und Holstein
1523	Schweden löst die Kalmarer Union auf.

REFORMATION UND ABSOLUTISMUS

1537	Reformation
1563 – 1720	Kriege mit Schweden
1626	Niederlage Christians IV. gegen Tilly
1660	Beginn des absolutistischen Zeitalters in Dänemark

19. JAHRHUNDERT: ERNEUT KRIEG UND FRIEDEN

1807 – 1810	Krieg mit England
1814	Kieler Frieden mit Verzicht auf Norwegen
1864	Friede von Wien und Verlust Schleswig-Holsteins

DIE BEIDEN WELTKRIEGE

1914 – 1918	Im Ersten Weltkrieg bleibt Dänemark neutral.
1915	Frauen erhalten das Wahlrecht.
1917	Mit dem Verkauf der westindischen Besitzungen an die USA endet die dänische Kolonialzeit.
1940 – 1945	Im Zweiten Weltkrieg wird Dänemark trotz seiner Neutralität von deutschen Truppen besetzt.
1944	Island erklärt seine Unabhängigkeit.

AUF DEM WEG IN EIN MODERNES EUROPA

1955	Bonn-Kopenhagener Erklärungen
1973	Beitritt zur EG
1993	Maastrichter Vertrag

DÄNEMARK HEUTE

1998 / 2000	Brücke über Großen Belt und Øresund
2020	Geplanter Baubeginn des Fehmarnbelttunnels

gieren nicht mehr möglich. Im Kampf um die Krone wurde innerhalb der königlichen Familie skrupellos gemordet.

Zeit der Valdemare

Mitte des 12. Jh.s erlebte das Land die, wie dänische Historiker gern hervorheben, **»glückliche« Zeit der Valdemare** (1157 – 1241). Unter Valdemar I. dem Großen (1157 – 1182) und seinen beiden Söhnen Knud VI. und Valdemar II. dem Sieger wurde Dänemark im Innern weitgehend befriedet, die Zentralmacht entscheidend gestärkt. Nach außen vergrößerte das Reich sein Territorium rund um die Ostsee. 1169 eroberten die Dänen die Insel Rügen, 1219 nahmen sie Estland teilweise ein, sogar Holstein mit der Stadt Lübeck gelangte in ihren Besitz. Mit der Niederlage gegen norddeutsche Fürsten in der Schlacht bei Bornhöved in Holstein 1227 mussten die Besitzungen an der Ostsee allerdings abgetreten werden – Dänemarks Zeit als Großmacht war damit erst einmal beendet. Nach 1241 schwand die Macht der Krone, und Adel und Geistlichkeit konnten ihre Position verstärken.
Überall im Land herrschte **feudale Anarchie**, acht Jahre lang (1332 – 1340) besaß das Reich nicht einmal einen König. Erst **Valdemar IV. Atterdag** (1340 – 1375) – für Ludvig Holberg (▶Interessante Menschen) »einer der größten und nützlichsten Könige, die je auf einem dänischen Thron saßen«, für adlige und geistliche Zeitgenossen hingegen »der Böse« – stellte die Macht des Königshauses erneut her. Sein größter außenpolitischer Schachzug war die von ihm erwirkte Heirat zwischen seiner Tochter Margrethe und König Håkon VI. von Norwegen.

Königin Margrethe I.

Nach Valdemars und Håkons Tod ließ sich Margrethe – gegen das Gesetz der männlichen Erbfolge – 1387 zur Regentin von Dänemark ausrufen. Kurze Zeit später regierte sie die Drei-Staaten-Union Dänemark, Norwegen und Schweden, nachdem der schwedische Adel sie zur Herrscherin über sein Land gemacht hatte. Die verfassungsmäßige Grundlage für diesen Staatenbund schuf Margrethe 1397 mit der **Kalmarer Union**, in der die nordischen Länder gegen das Deutsche Reich vereinigt werden sollten.

Schweden schert aus

Nach mehreren Kriegen um den Anschluss an Dänemark wählten 1460 die schleswig-holsteinischen Stände überraschend den dänischen König Christian I. zum Herzog von Schleswig und von Holstein. Bis ins 19. Jh. hinein waren diese Herzogtümer Bestandteil des Königreichs Dänemark. Norwegen mit seinen Besitzungen im Nordatlantik (Färöer-Inseln, Island und Grönland) gehörte bis 1814 zur dänischen Monarchie, während die Schweden schon bald versuchten, sich von der dänischen Oberhoheit zu lösen. Als der Dänenkönig Christian II. (1513 – 1523) oppositionelle schwedische Adlige im **»Stockholmer Blutbad«** (1520) hinrichten ließ, brach in Schweden ein erneuter

Aufstand los, der das endgültige Aus der Kalmarer Union zur Folge hatte. Mit dem 1523 zum schwedischen König ausgerufenen Reichsverweser **Gustav Vasa** begab sich Schweden nun in scharfe Konkurrenz zum Königreich Dänemark-Norwegen um die Vorherrschaft in Nordeuropa.

Reformation und Absolutismus

Adel mit großer Macht

Nach wie vor ist nicht schlüssig geklärt, warum König Christian II. anno 1523 Dänemark aufgab und vor rebellischen Adligen flüchtete, die daraufhin ihre Macht enorm ausbauen konnten. Die Wahl des Königs lag nun – bis 1660 – in den Händen des Reichsrats, in dem sich der Hochadel versammelte.

Weg zum Absolutismus

1536 führte Christian III. die Reformation in Dänemark ein. Er konfiszierte den Grundbesitz und das Vermögen der katholischen Kirche und machte sich selbst zum Oberhaupt der neuen lutherischen Staatskirche. Durch die **Nationalkirche** sollte die dänische Muttersprache, die in den Gottesdiensten allmählich das Latein ablöste, einen größeren Stellenwert erhalten und schließlich zu einem neuen dänischen Identitätsgefühl beitragen. Als König Christian IV. (▶Interessante Menschen) seine Herrschaft antrat, ging es Dänemark gut, bei seinem Tod hinterließ der volkstümlichste aller dänischen Könige jedoch einen politischen und wirtschaftlichen Scherbenhaufen. Sein Nachfolger Frederik III. (1648 – 1670) nutzte die Gunst der Stunde. 1660 konnte er die Stände dafür gewinnen, ihm das **Erbfolgerecht** zuzugestehen, was ihn unabhängig vom Reichstag machte. Mit der neu gewonnenen Macht wandelte er seine Herrschaft in eine absolutistische Regierungsform um.

Dänemark unterliegt Schweden

Während der Regierungszeit Christians III. war Dänemark die führende Macht in Nordeuropa und kontrollierte die Ostsee. Ab Mitte des 16. Jh.s endete die friedliche Koexistenz mit dem schwedischen Nachbarn. Schweden wollte Dänemark die Souveränität im Norden abringen, der dänische König hingegen träumte von einer neuen Kalmarer Union unter eigener Vorherrschaft. Mehrere Kriege waren die Folge. Die Niederlage Christians IV. während des **Dreißigjährigen Krieges** gegen die Truppen des kaiserlichen Feldherrn Tilly bei Lutter am Barenberg (1626) bescherte Dänemark einen militärischen Zusammenbruch und einen Staatsbankrott. Bis 1658 musste das Reich alle seine Besitzungen östlich des Øresunds außer Bornholm an das immer stärker werdende Schweden abtreten, die Landesfläche schrumpfte um ein Drittel. Nach der letzten kriegerischen Auseinandersetzung, dem **Großen Nordischen Krieg** (1709 – 1720), war der jahrhundertelange Machtkampf zwischen Dänemark und Schweden vorüber.

RAUE MÄNNER AUS DEM NORDEN

Wo die Wikinger auftauchten, verbreiteten sie Angst und Schrecken. Brandschatzend zogen sie durch die Welt, stießen dabei in bisher unbekannte Regionen vor, schufen ein riesiges Handelsnetz und errangen politische Macht. Doch ebenso schnell wie sie erschienen waren, verschwanden die rauen Nordmänner wieder von der Bildfläche.

8. Juni 793: Der erste tödliche Hieb einer Streitaxt traf den Abt, dann metzelten die Wikinger alle Brüder des Klosters Lindisfarne in Britannien nieder, raubten die Abtei aus und zündeten sie an. »Niemals zuvor hat es in Britannien einen derartigen Schrecken gegeben, wie wir ihn jetzt durch ein Heidenvolk erlitten haben«, beschrieb Alkuin, der Gelehrte am Hof Karls des Großen in Aachen, den Überfall.

Reißende Wölfe

Seit diesem Überfall, in dem viele Historiker den Beginn der Wikingerära sehen, ging in europäischen Küstenorten die Angst vor den wilden Nordmännern in ihren **Drachenschiffen** um. Sie plünderten, brandschatzten, vergewaltigten, ermordeten oder versklavten die Einwohner. Sie fuhren sogar die Flüsse hinauf: 810 wurde Friesland geplündert, 845 Hamburg. Köln, Mainz, Worms und Speyer folgten. »Die Zahl der Schiffe nahm zu. Der endlose Strom der Wikinger nimmt kein Ende«, kommentierte um 860 ein französischer Mönch. Paris, Bordeaux, Toulouse, selbst Spanien war Ziel der beutegierigen Wikinger. Nach der Plünderung von Lissabon, Cádiz und Sevilla stießen sie ins westliche Mittelmeer vor, brandschatzten die Küste Nordafrikas und segelten schließlich das Rhônetal hinauf. Als »stechende Hornissen«, »reißende Wölfe«, »Geißeln Gottes« gingen sie in die Annalen des 9. und 10. Jh.s ein. »Normanni« wurden sie von den Franzosen genannt, bis sich der Begriff »Wikinger« durchsetzte, abgeleitet vom altnordischen »víkingr«, was so viel bedeutet wie »plündern, morden«, aber auch »Handel treiben«.

Abenteuer und Gier

Die rund 2 Mio. Wikinger bildeten nie ein geeintes Volk. Sie stammten aus Schweden, Norwegen und Dänemark, wurden von Hunderten Kleinkönigen regiert. Von Schottland, Irland und den atlantischen Inseln führte sie der Weg bis hinüber nach Island und Grönland. Im Jahr 1000 gelangte Leif Eriksson, genannt »Der Glückliche«, aus Island nach Neufundland. Damit war er, lange Zeit vor Kolumbus, der erste Europäer auf dem amerikanischen Kontinent. Warum begaben sich die von Fischfang, Ackerbau und Viehzucht lebenden Nordmänner, die den Schlittschuh mit Knochenkufen erfanden, aber offenbar weder Tisch noch Stuhl kannten und keine überragenden bildlichen und schriftlichen Darstellungen hinterließen, auf große Fahrt? Über die Ursachen der Wikingerzüge, an denen nach Schätzungen des Schleswiger Archäologen Harm Paulsen »allenfalls fünf Prozent« der Wikinger teilgenommen haben sollen, gibt es viele Theorien: die Überbevölkerung, das Erbrecht (das nur den Erstgeborenen berücksichtigte) oder pure Gier. Eine Raubfahrt könnte ein »Initiationsritus« gewesen sein, der den Knaben zum Mann machte. Auch das Kriegerethos dürfte eine Rolle gespielt haben: Wer im Kampf sein Leben einbüßte, wurde von Walküren nach **Walhall** gebracht, wo er sich bis in die Ewigkeit mit Met verlustieren durfte.

Zahl oder stirb!

Die Überfälle erfolgten immer nach dem selben Schema: heimliche Landung, gewaltsame Erstürmung des Ziels, Plünderung und schneller Rückzug. Wer verschont werden wollte, wurde zur Kasse gebeten: Viele Städte und Grundherren zahlten lieber das sogenannte **Danegeld** statt zerstört und geplündert zu werden. Prominente Gefangene konnten oft nur durch hohe Lösegelder freigekauft werden. Als für den Erzbischof von Canterbury nicht die verlangten 12 000 Kilo Silber gezahlt wurden, prügelten ihn die Geiselnehmer mit Knochen und Ochsenköpfen zu Tode. Schnell hatten die wilden Nordmänner aber erkannt, dass sich Reichtum auch anders erwerben ließ. Sie verwoben bislang nicht zusammenhängende Wasserstraßen zu einem weit verzweigten Verkehrsnetz und erbauten befestigte Stützpunkte, aus denen sich Städte wie Dublin und Kiew entwickelten. Doch kehrten sie immer wieder gern zu ihrem Piratendasein zurück. In der ersten Hälfte des 11. Jh.s reichte das Netz der Wikinger von Grönland bis Taschkent. Die Nordmänner handelten mit Schmuck, Gewürzen, Waffen, Honig, Speckstein, Pelzen und Häuten. Ihren Reichtum aber verdank-

Auf dem Wikingermarkt von Lindholm Høje wird alljährlich Ende Juni die Epoche der Wikinger wieder lebendig.

ten sie dem Sklavenhandel. Die größte Niederlassung mit über 1000 Einwohnern war **Haithabu** bei Schleswig im heutigen Schleswig-Holstein; hier traf sich die internationale Welt. Doch nicht jedem gefiel es dort. So schrieb der aus dem kultivierten Córdoba in Andalusien angereiste Araber At-Tartûschi 965 entrüstet, dass es den Bewohnern sehr an Tischsitten mangele und dass, um sich die Ausgaben zu sparen, überzählige Babys einfach ins Meer geworfen würden.

Das Ende

Zwischen 867 und 954 waren weite Teile Englands unter der Kontrolle dänischer Wikinger. Knut dem Großen (1018 – 1035) gelang es gar, König über England, Dänemark und Norwegen zu werden. Nach 1042 zerfiel das Großreich jedoch wieder. Rollo gründete 911 in Frankreich das Herzogtum Norman (die spätere Normandie) und wurde 912 Vasall und Herzog des fränkischen Königs Karls des Einfältigen; Robert Guiscard unterwarf 1059 – 1085 Unteritalien. Im Namen eines modernen Staats sind die Wikinger sogar bis heute verewigt: **Russland**. Die Menschen rund um den Ladogasee nannten die schwedischen Wikinger, aus deren Machtbasen sich der erste russische Staat entwickeln sollte, »rus« (Rothaarige).
Die Wikinger verschwanden am Ende fast ebenso schnell wieder von der Bildfläche, wie sie erschienen waren. Fast überall in Europa hatten sich die herrschende Wikinger- bzw. Normannenschichten mit den Untertanen vermischt. Ausgerechnet mit dem Normannen **Wilhelm dem Eroberer**, der nach dem Sieg über die Angelsachsen 1066 Englands neuer Herrscher wurde, ging die Wikingerära endgültig zu Ende. Im gleichen Jahr wurde Haithabu niedergebrannt. Von der einst stolzen Handelsmetropole blieb nur die meterhohe Umwallung sichtbar, bis die Stadt im Jahr 1897 wiederentdeckt wurde.

Reste der Wikingerzeit: das Gräberfeld von Lindholm Høje aus der Luft

Langer Friede

Nach dem Frieden von 1720 begann eine bis 1807 währende, friedliche Periode, die längste, die Dänemark bis dahin erlebt hatte. In wirtschaftlicher Hinsicht war ein **enormer Aufschwung** zu verzeichnen: Der Außenhandel florierte, die Schifffahrt hatte Hochkonjunktur. Reformen sorgten für Veränderungen in Wirtschaft und Gesellschaft. Auch zu einem Verbot des Sklavenhandels, den Dänemark u. a. an der afrikanischen Goldküste betrieb, rang sich die Krone 1792 durch.

19. Jahrhundert: erneut Krieg und Frieden

London greift ein

Mit seiner Neutralitätspolitik rief Dänemark allerdings Anfang des 19. Jh.s Großbritannien auf den Plan. London fürchtete, dass der französische Kaiser **Napoleon Bonaparte** die Dänen in ein Bündnis gegen die Briten zwingen und die große dänische Flotte gegen die britischen Schiffe einsetzen könnte. Als Kopenhagen sich einem Bündnis mit Großbritannien verweigerte, bombardierten britische Schiffe 1807 die dänische Hauptstadt und raubten die dänische Flotte. Dänemark ging daraufhin tatsächlich eine Allianz mit Napoleon ein und beteiligte sich an Frankreichs Kontinentalsperre gegen Großbritannien. Nach der Abdankung Napoleons auf dem Wiener Kongress musste das nun wirtschaftlich am Boden liegende Dänemark im **Kieler Frieden** von 1814 Norwegen an Schweden abtreten, das sich mit einem Heer gegen den einstigen Kaiser gestellt hatte. Die Färöer, Island und Grönland durfte Kopenhagen behalten, zudem blieben die Herzogtümer Schleswig, Holstein und Lauenburg im Besitz des Königreichs. Die **Kolonien** in Südindien (seit 1620) und an der afrikanischen Goldküste wurden 1845 und 1850 verkauft.

Die »deutschen« Herzogtümer

Ein zentrales Problem in der ersten Hälfte des 19. Jh.s war die Stellung der Herzogtümer innerhalb des Reichs. Ein Drittel der Bevölkerung des eigentlichen Dänemark und der Herzogtümer war deutsch – Holstein und Lauenburg hatten eine komplett deutsche Bevölkerung, Schleswigs Einwohner bestanden je zur Hälfte aus Deutschen und aus Dänen. Im Rahmen des **erstarkenden Nationalismus** in ganz Europa forderte nun die Mehrheit der Bevölkerung in den Herzogtümern die Loslösung von Dänemark und die Einbindung in den Deutschen Staatenbund. 1848 brach zwischen Dänemark und Schleswig ein Krieg aus, in den sich auch Preußen einmischte und der 1851 mit der Niederlage Schleswigs endete.

Als dann die dänische Monarchie 1863 erneut versuchte, das nördlich gelegene Schleswig entgegen den Friedensvereinbarungen von 1851 an das Königreich zu binden, erklärten 1864 Preußen und Österreich Dänemark den Krieg, der rasch entschieden war: Im **Frieden von Wien** musste Dänemark die drei deutschen Herzogtümer abtreten. Nach 1864 setzten v. a. die Bauern auf industriellen und agrartechnischen Fortschritt. Molkereien und Schlachthöfen folgten Bierbrauereien, Zuckerfabriken, Werften und Zementfabriken. Anfang des 20. Jh.s waren fünf Prozent der Arbeiter in Gewerkschaften organisiert.

Die beiden Weltkriege

Dänemark bleibt neutral

Im Ersten Weltkrieg blieb Dänemark neutral, was ganz im deutschen Interesse war. Allerdings musste die dänische Regierung vielen deutschen Forderungen nachkommen und z. B. den Großen Belt verminen, trotz internationaler Verpflichtungen, diese Wasserstraße offen zu halten. Etwa 275 Schiffe der dänischen Handelsmarine wurden versenkt; etwa 6000 dänische Südjütländer fielen auf deutscher Seite. 1917 verkaufte Dänemark seine **letzte Kolonie** in Westindien (Virgin Islands) an die Vereinigten Staaten von Amerika. 1920 stimmten gemäß den Vereinbarungen im Versailler Friedensvertrag von 1918 die Nordschleswiger über ihre künftige Staatszugehörigkeit ab. Über die Hälfte von ihnen votierte für den Anschluss an Dänemark, zu dessen Gunsten die Grenze neu gezogen wurde, sodass diese nun weitgehend mit der gewachsenen Sprachengrenze zusammenfiel.

Besetzt

Auch im Zweiten Weltkrieg wollte Dänemark neutral bleiben. Trotz eines mit Deutschland am 31. Mai 1939 geschlossenen Nichtangriffspakts wurde das Land am 9. April 1940 innerhalb weniger Stunden besetzt. Nach kurzem Widerstand – 16 dänische Soldaten fielen – kapitulierte die Regierung. Deutschland garantierte jedoch die Souveränität des Staats sowie die weitere dänische Neutralität. Anders als in anderen besetzten Ländern gab es in Dänemark **keine Nazifizierung** des gesellschaftlichen Lebens. Heer, Flotte und Polizei blieben unter dänischer Führung. Mehr als 200 000 deutsche Flüchtlinge aus Ostpreußen kamen ab März 1945 in dänischen Lagern wie Øksbøl bei Esbjerg, Silkeborg Bad oder Sandholm bei Kopenhagen unter.

Bald schon regte sich **Widerstand** gegen die Besatzer. Nach dem Verbot der Kommunistischen Partei gingen die Kommunisten in den Untergrund und sammelten Widerständler um sich. Als sich die deutsche Niederlage abzuzeichnen begann, nahmen Sabotageakte zu. Im Oktober 1943 plante die deutsche Regierung die Deportation der dänischen Juden. Als der »Reichsbevollmächtigte« Werner Best dies dem deutschen Diplomaten Georg Ferdinand Duckwitz mitteilte, organisierte dieser zusammen mit dem dänischen Widerstand die Flucht, sodass weniger als 500 Menschen nach Theresienstadt verschleppt wurden; über 7000 gelangten über See nach Schweden. Im Zweiten Weltkrieg kamen rund 7000 Dänen ums Leben. Ein Jahr vor Kriegsende hatte sich **Island** von Dänemark losgelöst und zur Republik erklärt.

Auf dem Weg in ein modernes Europa

Gefragter Bündnispartner

Obwohl Dänemark im Zweiten Weltkrieg neutral geblieben war, wurde das Land 1945 als Alliierter anerkannt und konnte somit die **Vereinten Nationen** (UN) mitbegründen. Nach den negativen Erfahrungen während des Zweiten Weltkriegs und mit dem Erstarken der UdSSR gab Dänemark nun auch seine traditionelle Neutralität auf und wurde 1949 Gründungsmitglied der **Nato**. Neben ihrem Engagement im Nordatlantikpakt haben dänische Soldaten als Blauhelme an vielen friedenserhaltenden Maßnahmen der UN teilgenommen: u. a. seit den 1990er-Jahren im früheren Jugoslawien. 2003 stellte sich Dänemark an die Seite der USA und erklärte dem Irak den Krieg, entsandte aber keine Truppen.

Dänen und Deutsche

In den 1950er-Jahren verbesserte sich das Verhältnis zu Deutschland. In den **Bonn-Kopenhagener Erklärungen** von 1955 legten die Regierungen beider Staaten das Minderheitenproblem in der deutsch-dänischen Grenzregion endgültig bei, indem den jeweiligen Minoritäten Sonderrechte im kulturellen und politischen Bereich zugestanden wurden – seitdem ist z. B. der Südschleswigsche Wählerverband (SSW) als politischer Vertreter der dänischen Minderheit in Schleswig-Holstein bei Wahlen nicht mehr an die Fünf-Prozent-Klausel gebunden.

Ja zu Europa, nein zum Euro

1973 trat das Land der EG bei. Nachdem die dänische Regierung einige Ausnahmeregelungen hatte durchsetzen können, wurde 1993 in Dänemark der **Maastrichter Vertrag** angenommen, die Grundlage für den politischen Zusammenschluss der EU-Staaten. Im Jahr 2000 jedoch entschieden sich die Dänen knapp gegen den Euro. 2008 stimmte Dänemark für den EU-Reformvertrag von Lissabon.
Mehrere Jahre lang diskutierten Immobilienbranche und Politik über die Aufgabe einer dänischen EU-Ausnahmeregelung: Beim Beitritt zur damaligen EG bestand Dänemark auf der sogenannten **Sommerhausregel** – Freizeitimmobilien dürfen von wenigen Ausnahmen abgesehen nur an EU-Bürger mit dauerhaftem Wohnsitz im Königreich verkauft werden, aus Angst vor einem Ausverkauf der Küsten. Dies wird auch nach 2018 so bleiben.

Dänemark heute

Brücken und Tunnel verbinden

Durch den Brückenschlag über den Großen Belt 1997 / 1998 und die Eröffnung der **Øresundbrücke** 2000 hat Dänemark heute eine direkte Anbindung zum Kontinent und zum Nachbarn Schweden (▶ Baedeker Wissen, S. 370). Mit dem Fehmarnbelttunnel zwischen dem dänischen Rødby auf Lolland und Puttgarden auf der Insel Fehmarn

ØRESUNDBRÜCKE

Bis zum Sommer 2017 war Dänemarks gewaltige Schrägseilbrücke mit Auto- und Schienentrasse die längste ihrer Art weltweit – dann übernahm Schottland mit Queensferry Crossing über den Firth of Forth bei Edinburgh Platz Nr. 1. Für den Verkehr freigegeben wurde die Øresundbrücke am 1. Juli 2000. In nur 30 Minuten können die Dänen seither mit Bahn und Auto nach Schweden rüberfahren. Blickfang des gigantischen Bauwerks sind seine kilometerweit sichtbaren Pylone.

Rund um die Uhr geöffnet
http://de.oresundsbron.com
www.oeresund-bruecke.de

❶ Tunnel und Insel Peberholm
Den Auftakt der 16 km langen Querung des Øresunds bildet von dänischer Seite aus die Fahrt durch einen 4 km langen Unterwassertunnel. Dieser wurde nötig, weil der erste Abschnitt der Sundquerung genau in der Einflugschneise des Kopenhagener Flughafens liegt. Ans Licht kommt der Tunnel auf der künstlichen Insel Peberholm. Auf der »Pfefferinsel«, so genannt, weil nebenan die Saltholm, die Salzinsel liegt, beginnt die Auffahrt auf die 7845 m lange Brücke, die eine der schmalsten Stellen des Öresunds überspannt. Dem Autoverkehr stehen vier Fahrspuren und zwei Standstreifen zur Verfügung. Gut 20 000 Fahrzeuge rollen pro Tag über die Brücke.

❷ Zufahrtsbrücken
Im Westen und Osten führen zwei 3 bzw. 3,7 km lange Zufahrtsbrücken auf die Hochseilbrücke.

❸ Hochseilbrücke
Kernstück der Øresundquerung ist eine 1092 m lange Hochseilbrücke. Ihre beiden gigantischen Pylone aus Stahlbeton erheben sich 204 m hoch über dem Sund. Die H-förmigen Pylone wurden vor Ort mit Kletterschalungen betoniert. Die längste Stützweite beträgt 490 m. Eine Kamera befindet sich auf dem Pylon vor Schweden und weist in Richtung Dänemark. Ihr Bild wird alle 10 Sekunden aktualisiert und ermöglicht so jederzeit einen Blick auf die Verkehrslage und das Wetter (Sichtverhältnisse, Windrichtung, Windgeschwindigkeit und Temperatur). Fußgänger und Fahrradfahrer dürfen die Brücke nicht überqueren, obwohl es Notwege gibt. Sie müssen ein Ticket für den Öresundzug lösen, das 12 bis 15 Euro kostet. Die Mitnahme von Fahrrädern ist in der Bahn erlaubt.

❹ Brückenpfeiler
Die 51 tragenden Pfeiler gründen in 15 m tief im Meer liegenden Senkkästen, den Caissons. Insgesamt wurden 320 000 m^3 Beton, 82 000 t Baustahl und 60 000 t Schlaffstahl verbaut.

Maut
Um die hohen Baukosten von rund 2 Mrd. Euro zu refinanzieren und die Erhaltungskosten zu decken, werden Mautabgaben erhoben. Die einfache Fahrt kostet für Pkw bis 6 m Länge 49 Euro, mit Anhänger und für Wohnmobile 98 Euro. An den Mautstellen kann man mit Kronen oder Kreditkarte bezahlen.

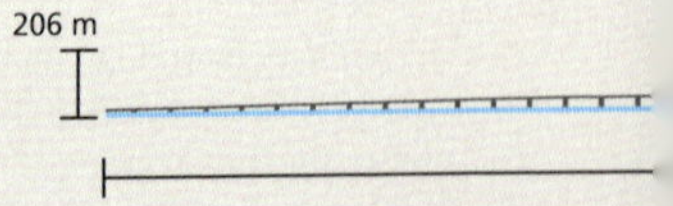

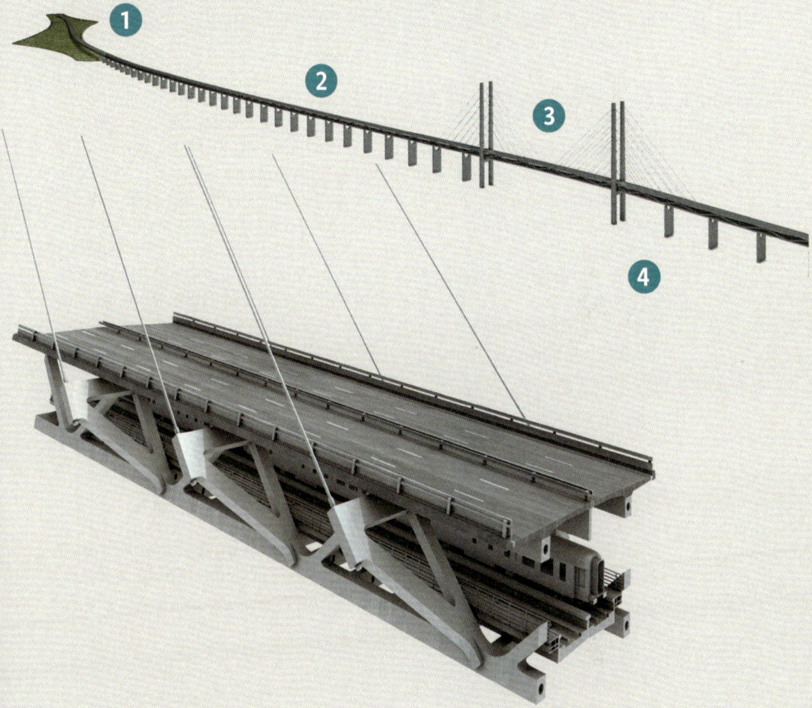

GOLDEN GATE BRIDGE
San Francisco, 1937, 37 Mio. $

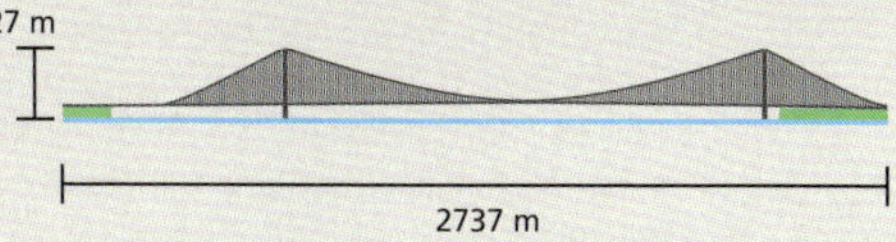

ØRESUNDBRÜCKE
Kopenhagen – Malmö, 2000, 2 Mrd. €

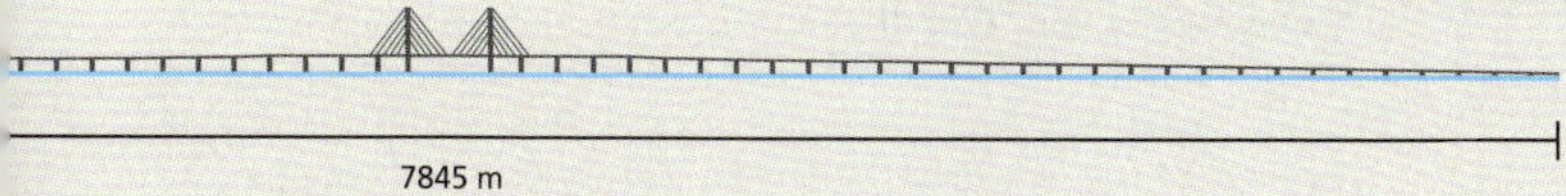

soll ab 2028 die direkte Anbindung an Deutschland folgen. Das hierzulande umstrittene Projekt wird von Dänemark finanziert; als Drehkreuz und Transitland zwischen dem Kontinent und Skandinavien erhält es so noch mehr Gewicht.

Parlamentswahl 2015

Bei der Parlamentswahl vom Juni 2015 musste die bisherige Ministerpräsidentin Helle Thorning-Schmidt eine Schlappe hinnehmen. Obgleich die Sozialdemokraten wieder stärkste Kraft wurden (26,3 Prozent), verloren ihre beiden bisherigen Koalitionspartner, die Sozialliberalen und Volkssozialisten, so stark, dass es nicht mehr zur Regierungsbildung für Dänemarks erste Frau an der Staatsspitze reichte. Dafür stiegen die Rechtspopulisten der Dänischen Volkspartei (DF) mit Kristian Thulesen Dahl mit 21,1 Prozent zur zweitstärksten Kraft auf. Die rechtsliberale Venstre wurde mit 19,5 Prozent der Stimmen drittgrößte Partei. Ihr Parteichef **Lars Løkke Rasmussen** bildete eine Minderheitsregierung, nachdem die Gespräche mit den Rechtpopulisten gescheitert waren, und wurde Ministerpräsident.

KUNST UND KULTUR

Aus welcher Zeit stammt der berühmte Sonnenwagen von Trundholm? Welche Epoche ging als »Goldenes Zeitalter« in die Kunstgeschichte des Landes ein? Und was hat es mit der Künstlergruppe CoBrA auf sich?

Frühzeit

Dolmen und Edelmetalle

Die ältesten kunsthandwerklichen Zeugnisse in Dänemark stammen aus der mesolithischen **Maglemosekultur** (ca. 9300 – 6800 v. Chr.): Knochen, Geweihe und Bernsteinanhänger, in die geometrische Muster, zuweilen auch stilistische Tiere und Menschen eingeritzt sind. Aus der Jungsteinzeit (ca. 3000 – 1800 v. Chr.) sind neben Keramik auch Gräber, Dolmen aus unbehauenen Granitblöcken und Grabhügel mit Kammern oder Steinkisten erhalten, die immer noch das Landschaftsbild prägen. In der Bronzezeit (1800 – 500 v. Chr.) ersetzten Bronze und auch Gold die Keramik als künstlerische Ausdrucksmittel. Das wohl schönste Werk dieser Epoche ist der **»Sonnenwagen« von Trundholm**, ein 60 cm großes, wagenförmiges Kultgerät aus dem 12. – 11. Jh. v. Chr., das man heute im ▶ Kopenhagener Nationalmuseum bewundern kann. Das häufigste Motiv der Bronzezeit war jedoch das Schiff, das als religiöses Symbol eine wichtige Rolle spielte. In der Eisenzeit (500 v. Chr. – 800 n. Chr.) entstand

Sieben romanische Rundkirchen sind in Dänemark erhalten geblieben – vier davon, auch die Ny Kirke, stehen auf Bornholm.

eine hoch entwickelte Goldschmiedekunst, zu deren berühmtesten Exponaten die mit vielen Figuren verzierten **»Goldhörner von Gallehus«** gehören.

Wikingerzeit

Zahlreich sind die Funde aus der Wikingerzeit (um 800 – 1060), darunter Schmuckstücke von hoher Qualität mit Tierdarstellungen. Als bedeutendstes Zeugnis für das bildhauerische Schaffen der Wikinger gilt der **Runenstein des Harald Blauzahn** bei Jelling (um 985). Während bei den älteren Skulpturen die Tierornamentik vorherrscht, findet man auf diesem Stein bereits eine Christusfigur.

Romanik und Gotik

Dome, Rundkirchen und goldene Altäre

In der romanischen Epoche entstanden während der Regierungszeit Valdemars des Großen (1157 – 1182) mächtige Dome, darunter, von den Domen am Niederrhein beeinflusst, diejenigen von Ribe und Viborg. Auch die Rundkirchen, die als wehrhaftes Gotteshaus konzipiert waren, stammen aus dieser Zeit. Sieben sind erhalten, vier befinden sich auf Bornholm. Auswärtigen Einfluss zeigen die **Kalkmalereien**, die vor allem auf Seeland reichhaltig vorzufindenden Freskenmalereien des 12. Jh.s, die auf Kontakte mit dem Byzantinischen Reich hinweisen. Zu den hervorragenden Werken der romanischen Steinskulptur gehört das Bogenfenster am Dom zu Ribe mit einer ergreifenden Darstellung der Kreuzabnahme. Unvergleichlich ist der Reichtum Dänemarks an »goldenen Altären« aus dem 12. und 13. Jh., an vergoldeten Altaraufsätzen aus Kupfer, die in keinem anderen Land in solcher Zahl erhalten sind.

Inspiriert von der Backsteingotik

Ab Mitte des 13. Jh.s hielt die Gotik Einzug in Dänemark. Da aber bereits im 12. Jh. in Dänemark zahlreiche Kirchen erbaut wurden, hinterließ die Gotik nur wenige Baudenkmäler, darunter die beiden Kirchenbauten St. Marien und St. Olai in Helsingør sowie St. Knud in Odense, den Dom von Århus und die Peterskirche in Næstved, die sich vom Stil her an die norddeutsche Backsteingotik anlehnen. Unter deutschem Einfluss entstanden auch die aus Holz geschnitzten und bemalten **Altartafeln**. Die herausragendsten Arbeiten sind der Flügelaltar (1479) des Lübecker Holzschnitzers Bernt Notke im Dom von Århus und die von dem ebenfalls aus Lübeck stammenden, aber im süddeutschen Stil arbeitenden Claus Berg angefertigte Hochaltartafel (1515 – 1525) der St.-Knud-Kirche in Odense. Die Einführung der Reformation bedeutete das Aus für die Bildschnitzerkunst. Künstler wie Claus Berg verließen schließlich das Land, weil die Aufträge ausblieben.

Renaissance

Impulse aus den Niederlanden

Niederländische Künstler brachten die Renaissance nach Dänemark. Wohlstand kennzeichnete die Epoche, die **Verherrlichung des eigenen Status** wurde für die Monarchie zum Prinzip: Unter Frederik II. wurde Schloss Kronborg bei Helsingør (1574 – 1586) umgebaut, Christian IV. ließ in Hillerød Schloss Frederiksborg (1602 – 1620) bauen und in Kopenhagen das kleine Schloss Rosenborg (1610 – 1626). Die Prestigegelüste der Krone wirkten sich auch auf den Hochadel aus, der den Bau stattlicher **Herrensitze** in Auftrag gab wie Schloss Rosenholm in Ostjütland oder Schloss Holckenhavn auf Fünen, sowie auf Bürger, die reich geschmückte Steingebäude errichten ließen, wie das Jens Bangs Stenhus in Ålborg. Die verstärkte Hervorhebung des Individuums brachte eindrucksvolle Grabmäler hervor, etwa das für Christian III. (1575) im Dom von Roskilde. Auch die **Porträtkunst** stand in hoher Blüte. Eine Vorstudie zu einem Wandteppich (1581) in Schloss Kronborg mit der Darstellung Frederiks II. ist das älteste gemalte Ganzfigurporträt im Land.

Barock und Rokoko

Im Zeitalter des Barock setzte in Kopenhagen nach einer Phase darniederliegender Wirtschaft eine Periode intensiven Bauens ein. Zu den bedeutendsten Bauten gehören das Schloss Charlottenborg, seit 1754 Sitz der Königlichen Kunstakademie, das im österreichischen Barockstil erbaute Schloss Christiansborg und die nach einem Entwurf von Niels Eigtved errichteten **Rokokopalais von Amalienborg**, seit 1794 als Residenz der dänischen Könige. Auf dem Gebiet der Skulptur sind vor allem Thomas Quellinus' prachtvolle Grabmäler in vielen dänischen Kirchen und das 1688 enthüllte Reiterstandbild von Christian V. in Kopenhagen zu erwähnen. Die **Malerei** wurde weiterhin durch ausländische Künstler, insbesondere aus den Niederlanden, beeinflusst. Sie hatte jetzt vor allem der Raumdekoration zu dienen, was die nach 1615 erstellte Serie großer Ölgemälde an der Decke des langen Saals von Schloss Rosenborg in Kopenhagen zeigt. Anfang des 18. Jh.s gelangte der Porträtstil des französischen Hofs von Ludwig XIV. nach Dänemark. Der bedeutendste Porträtmaler dieser Zeit war der in Deutschland ausgebildete Balthasar Denner.

Bauboom in Kopenhagen

Klassizismus

Zu den herausragenden Werken des Klassizismus zählen die Liebfrauenkirche in Kopenhagen (1811 – 1829) von Christian Friedrich Hansen und das Reiterstandbild Frederiks V. (1771) des Franzosen J. F. J. Saly auf dem Schlossplatz von Amalienborg, was als ein Hauptwerk der europäischen Skulptur gilt. Die Malerei machte vor allem mit **Landschaftsdarstellungen** von sich reden. Imposante Werke auf diesem Gebiet schuf Christoffer Wilhelm Eckersberg (1783 – 1853), der mit seiner Lehrtätigkeit an der Kunstakademie in Kopenhagen ab 1818 die Malerei der nächsten Generation wesentlich beeinflusste. Berühmter wurde er jedoch durch Kabinettstückchen, die er eher zum eigenen Vergnügen als für die Öffentlichkeit malte: Erotische Gemälde wie die »Frau vor dem Spiegel«, deren nackter Rücken den Blick des Betrachters in die Tiefe des Bildes führt, wo er im Spiegel statt nackter Tatsachen nur ein bezauberndes Dekolleté erblickt.

Werke von europäischem Rang

Historismus

Der Einfluss der Romantik auf die Architektur führte vielfach zur Nachahmung früherer Stilformen wie Romanik, Gotik, Renaissance und Barock. Aus der Epoche des Historismus stammen das **Rathaus von Kopenhagen** und im Westen der Hauptstadt die Grundtvigkirche, die bereits einen Übergang zur Architektur der Moderne bildet.

Blick zurück in der Architektur

EDEL, PRAKTISCH, FORMVOLLENDET

Kopenhagen versteht es, neueste Trends in Design, Kunst und Architektur mit einem wunderbar entspannten Lebensstil zu verbinden. Dänisches Design genießt in aller Welt einen hervorragenden Ruf. Man findet es im Kunsthandwerk, in futuristischen Bauten und der industriellen Fertigung, in traditionsreichen Möbelhäusern, kleinen Design-Shops, Hotels, Cafés und natürlich in den Wohnungen der Hauptstädter, die für ihren Stil zu Recht gerühmt werden.

Zum Markenzeichen wurde **Dansk Design** nach dem Zweiten Weltkrieg, als Dänemark mit der Produktion von Mobiliar, Beleuchtung und Accessoires für Haus und Heim einen wirtschaftlichen Aufschwung erlebte. Der internationale Durchbruch gelang den Dänen mit ihren Designprodukten in den 1960er-Jahren. Dänisches Design steht für Erzeugnisse von hoher Qualität, die schlicht, doch originell, ja teilweise künstlerisch gestaltet, eine wichtige Forderung erfüllen: **Funktionalität**. Die Vorliebe der Dänen für qualitätvolle, aber einfache, d. h. sparsam angefertigte **Gebrauchsgüter** reicht in frühere Zeiten zurück. Das Land besitzt kaum Bodenschätze und konnte sich nur mit einem hoch entwickelten Handwerk wirtschaftlich behaupten. Die Hersteller begannen daher, sich auf Gegenstände aus erlesenem Material zu spezialisieren, die leicht zu produzieren waren. Auf Zierrat verzichtete man großzügig, die Materie selbst war Dekoration genug. Veredelung wurde schließlich zum A und O. »Etwas Dauerhaftes, das gut zusammengebaut und aus hochwertigem Material ist und so klassisch aussieht, dass es jahrelang in Mode bleibt«, das ist nach den Worten von Christian Jacobsen, Direktor des Museums für angewandte Kunst in Kopenhagen, »echtes dänisches Design«. Eine Vorreiterrolle bei seiner Entwicklung spielte nicht nur die 1775 unter dem Patronat der Königinmutter gegründete **Kongelige Porcelainsfabrik** (▶Baedeker Wissen S. 228), sondern auch die 1853 errichtete Porzellanfabrik **Bing & Grøndahl**, die 1904 gegründete Silberschmiede von **Georg Jensen** und die einstigen **Holmegård Glaswerke**.

Leuchtende Beispiele

Pionierarbeit bei der Entwicklung leisteten auch Einzelpersonen. Zu den bekanntesten Formgebern des dänischen Designs zählt das Multitalent **Poul Henningsen**, von den Dänen kurz PH genannt. Besonders mit seinen Lampen machte sich der Designer einen Namen. Seine für den dänischen Pavillon auf der Pariser Weltausstellung aus lackiertem Aluminium geschaffene **PH-Lampe** – 1928 patentiert – zeigte ein schlichtes Design, nutzte die Lichtqualität und -stärke optimal aus und war einfach wie preisgünstig herzustellen. Charakteristisch für PH-Beleuchtungskörper ist, dass sie mehrere Schirme besitzen, um die Farbe des elektrischen Lichts zu korrigieren. Bis heute gehört Henningsens Pendelleuchte PH5 in drei von vier dänischen Haushalten zum Inventar.

Schöner wohnen ist zeitlos modern: Seit 1775 ziert das blaue Musselmalet-Dekor der Königlichen Porzellanmanufaktur die dänischen Frühstückstische.

Klassiker und junge Garde

In den 1930ern führte **Arne Jacobsen** als Architekt den Funktionalismus in Dänemark ein. Zu seinen bekanntesten Gebäuden zählt das Hotel SAS Royal als erstes Hochhaus in Kopenhagen. Jacobsen widmete sich auch der Gestaltung von Möbeln. Sein Siebener-Stuhl aus den 1950ern wurde ein Bestseller und ist aus der heutigen Bürowelt nicht mehr wegzudenken. Zu den Lichtgestalten im Möbeldesign gehörte auch **Børge Mogensen**, der mit seinem Sprossensofa ebenfalls einen zeitlosen Klassiker kreierte. Poppige Farben und Formen prägten zeitgleich die Entwürfe von **Verner Panton**, dessen Möbel bis heute in Illums Bolighus verkauft werden. Nach den Studien menschlicher Proportionen und der Maxime »Die Form eines Gegenstandes folgt seiner Funktion« vereinfachte **Kaare Klint** bestehende Möbeltypen und erneuerte sie. Organische Formen waren Markenzeichen von **Finn Juhl**, dessen »Pelikan-Sessel« bis heute beliebt ist. »The Chair« (1949) von **Hans J. Wegener** avancierte zum Star, nachdem der Schalenstuhl beim Präsidentenwahlkampf zwischen Kennedy und Nixon im Fernsehduell eingesetzt worden war. »Wer mag schon in den Möbeln seiner Eltern wohnen?« fragt **Peter Hay** und trifft mit seinen hochwertigen, individuellen Möbeln zu erschwinglichen Preisen den Zeitgeist. Dänemarks junge Garde beweist, dass Design auch bunter, verspielt und ausgefallen, unkompliziert und preiswerter sein kann als bislang gewohnt. Beliebte Klassiker und aufstrebende Labels zeigt in Kopenhagen das **Designmuseum Danmark**. International vermarktet wird das dänische Design vom staatlichen Büro Danish Crafts, das auf **www.craftscollection.dk** die führenden Designer und Produkte des Jahres vorstellt.

Goldenes Zeitalter der Malerei und Bildhauerei

Die Malerei erlebte zwischen 1816 und 1848 ein »Goldenes Zeitalter«, das sich durch eine liebevolle Schilderung der Umwelt sowie durch Ausgewogenheit der Bildkomposition und der Farbgebung hervortat und als eigentlicher Beginn der dänischen Kunst angesehen wird. Bedeutendster Vertreter dieser Periode ist **hristen Købke** (1810 – 1848), der trotz seines kurzen Lebens mit seinen Landschafts- und Porträtbildern zu den größten dänischen Künstlern gehört. Auch der Bildhauer **Bertel Thorvaldsen** zählte zu den berühmtesten Künstlern seiner Zeit (▶ Interessante Menschen). Um 1850 setzte in der dänischen Malerei ein Niedergang ein. Auch in Opposition zur selbstzufriedenen Kunstakademie gründeten Ende des 19. Jh.s dänische, schwedische und norwegische Maler im nordjütländischen Skagen eine Künstlerkolonie, die zur berühmtesten Künstlergruppe Dänemarks wurde. Im Stil des Impressionismus und beeinflusst von der französischen Freiluftmalerei schufen die **»Skagenmaler«** Werke, die das Meer sowie das Leben der Fischer und Bauern zum Motiv hatten. Die dänischen Vertreter waren u. a. Anna und Michael Ancher, Peder Severin Krøyer und Viggo Johansen.

20. und 21. Jahrhundert

Bildhauerei und Malerei

Zu den herausragenden Bildhauern des 20. Jh.s zählen Kai Nielsen (1882 – 1924), der Schöpfer eines neuen Monumentalstils, und der Metall- und Holzbildner Robert Jacobsen (1912 – 1993), von 1962 bis 1981 Professor an der Kunstakademie München.

In der Malerei erregte die Künstlergruppe **CoBrA** die größte Aufmerksamkeit. Gegründet wurde sie 1948 in Paris unter Leitung des dänischen Malers Asger Jorn von abstrakten Künstlern aus Dänemark, Belgien und den Niederlanden – CoBrA steht als Abkürzung für Copenhague, Bruxelles und Amsterdam. Die Gruppe strebte eine von populären Bildsprachen ausgehende »Volkskunst« an, die sie unter Verschmelzung von Expressionismus, Surrealismus und Abstraktion zu gestalten suchte. Zwar wurde CoBrA schon 1951 wieder aufgelöst, doch leistete ihre Malerei den wesentlichsten Beitrag Dänemarks zur europäischen Kunst der Nachkriegszeit. International große Wertschätzung genießt **Per Kirkeby** (geb. 1938), der neben der Malerei Ausdrucksformen und Medien wie Skulptur, Grafik, Lyrik und Film verwendet; 1978 wurde Kirkeby Professor an der Kunstakademie in Karlsruhe, 1989 an der Städelschule in Frankfurt a. M. Neben Kunstwerken findet besonders das dänische Design internationale Beachtung (▶ Baedeker Wissen, S. 376).

Neuer Stil in der Architektur

Für die Architektur des 20. Jh.s war Skandinavien sehr bedeutend. In den 1920er- und 1930er-Jahren wurde eine erdverbundene Bauweise geschätzt. Bestes Beispiel hierfür sind die »Bakkehusene« des Dä-

Die Ny Carlsberg Glyptothek in Kopenhagen besitzt eine herausragende Sammlung dänischer Bildhauerei.

nen Ivar Bentsen (1876 – 1943), im Reihenhausstil angelegte **»Hügelhäuser«**. Als Schöpfer eines neuen Architekturstils traten in Dänemark u. a. Erik Møller und Arne Jacobsen hervor, nach deren preisgekrönten Entwürfen 1938 – 1942 das neue, in Stahlbeton gehaltene Rathaus von Århus errichtet wurde. Neben Jacobsen ist **Jørn Utzon** (1918 – 2008) der international wohl bekannteste dänische Architekt. Sein bedeutendstes Werk steht in Australien: die Oper von Sydney (1957 – 1974), deren markante Betondachschalen aufgeblähten Segeln gleichen.

Architekten des neuen Jahrtausends

Klimawandel und Urbanisierung prägen die Architektur des neuen Jahrtausends. Hauptvertreter sind neben dem Duo Lundgaard & Tranberg zwei Architekten, die international äußerst erfolgreich sind – und doch verschieden: Henning Larsen, der wie seine Wohn-Woge Bølgen in Vejle von Strukturalismus bis Neo-Moderne jeden Trend neu interpretiert hat, und **Bjarke Ingels**, der mit dem 8-Haus in Kopenhagens Ørestad u. a. das »weltbeste Wohngebäude 2011« schuf. Zu den neuesten Highlights des Shootingstars der dänischen Architekturszene gehören das multifunktionale LEGO House in Billund oder das Küstenmuseum TIRPITZ in Blåvand an der Nordseeküste, die beide 2017 eröffneten. Auch international ist Ingels eine Größe – sein Büro BIG, die Bjarke Ingels Group, hat Büros in New York und Kopenhagen.

INTERESSANTE MENSCHEN

Für die Arbeiterklasse: Martin Andersen Nexø

1869 – 1954
Schriftsteller

Martin Andersen Nexø stammte aus ärmlichen Verhältnissen. Er war der erste große Vertreter der ab Beginn des 20. Jh.s an Bedeutung gewinnenden Arbeiterliteratur in Dänemark. In seinem vierbändigen Roman »Pelle, der Eroberer« (1906 – 1910) beschreibt er einfühlsam das harte Leben von Bauern, Fischern und Arbeitern der Zeit auf der Insel Bornholm, seiner Heimat in Kindertagen. Den ersten Teil des Romans verarbeitete Bille August zu einem Film, der 1988 die Goldene Palme von Cannes und einen Oscar erhielt. Andersen, der als Mitglied der dänischen KP 1943 vor den Nazis nach Schweden geflüchtet war, lebte von 1951 an bis zu seinem Tod in Dresden.

Jenseits von Afrika: Karen Blixen

1885 – 1962
Schriftstellerin

Ihren Namen nannte sie nicht, obwohl Baronin Blixen nach ihrem Bestseller »Jenseits von Afrika« längst Dänemarks populärste Autorin war. Mit rauchiger Stimme bat sie im Radio ihre Leser um eine Krone, damit ihr Geburthaus Rungstedlund in eine Stiftung überführt werden konnte. Nur eine Krone pro Kopf, denn sie wollte wissen, wie viele sie erhörten. Es waren mehr als achtzigtausend, durch die ihr Herrenhaus am Meer als Museum gerettet wurde.

Als glücklich empfand sie ihre Jugendjahre nicht. Zwar konnte ihr die vermögende Familie materielle Geborgenheit bieten, doch führten Mutter, Großmutter und Tante ein strenges Regiment über sie und ihre vier Geschwister. Verstanden fühlte sich das temperamentvolle Mädchen nur von ihrem **Vater Wilhelm Dinesen**. Für die zehnjährige Karen war es ein Schock, als er sich 1895 das Leben nahm.

Mit 28 Jahren heiratete sie ihren Halbvetter, den Großwildjäger **Baron Bror Blixen-Finecke**, wanderte mit ihm 1914 nach Britisch-Ostafrika aus und erwarb dort eine Kaffeeplantage. Die Zweckehe – Karen wollte seinen Adelstitel, er ihr Vermögen – hielt nicht lange. Von ihrem Ehemann unentwegt betrogen und mit Syphilis angesteckt, reichte sie 1925 die Scheidung ein. Nach der Trennung begann sie ein leidenschaftliches Verhältnis mit dem Großwildjäger **Denys Finch Hatton**. Er ermutigte Karen zum Schreiben. Doch 1931 musste sie ihre Kaffeefarm wegen Unrentabilität verkaufen. Vier Monate später kam Denys bei einem Flugzeugabsturz ums Leben. Schweren Herzens kehrte Karen Blixen im Juli 1931 zu ihrer Mutter zurück. Dort verhalfen ihr ihre Erzählungen, die sie auch unter den Pseudonymen Tania Blixen, Isaac Dinesen und Pierre Andrézel verfasste, binnen kurzer Zeit zu Weltruhm. 1937 erschien ihr stark autobiografischer Roman **»Afrika, dunkel lockende Welt«**, 1985 von Sydney Pollack als »Jenseits von Afrika« mit Meryl Streep und Robert Redford verfilmt. 1954 erhielt sie den Nobelpreis für Literatur. Am 7. September 1962 starb sie mit 77 Jahren im Giebelzimmer ihres Hauses, ohne Afrika je wieder gesehen zu haben. Unter einer riesigen Buche ist sie begraben. Haus und Hof sind heute ein Museum (▶ S. 211).

»
Ich versprach dem Teufel meine Seele, und als Gegenleistung versprach er mir, dass alles, was ich erlebte, in Geschichten verwandelt würde.
«

Der Erforscher der Atome: Niels Bohr

1885 – 1962
Physiker

Nicht wenige Wissenschaftler schüttelten zunächst den Kopf, als Niels Bohr 1913 seine Hypothese von den Gesetzen der Atome veröffentlichte. Ausgehend von Ernest Rutherfords Atommodell erklärte der junge Physiker, dass das Atom nicht die kleinste unteilbare Einheit ist, sondern dass um einen positiven geladenen Atomkern elektrisch negativ geladene Elektronen rotieren, so wie die Planeten ihre Bahnen um die Sonne ziehen. 1922 erhielt er den **Nobelpreis für Physik**. Gemeinsam mit anderen Forschern begründete er auch die Quantenmechanik, die Mechanik der Vorgänge in der Mikrophysik. Neben Werner Heisenberg zeigte er, dass sich, anders als in der klassischen Physik, wo sich Phänomene nach dem Prinzip von Ursache und Wirkung vorausberechnen ließen, im atomaren Maßstab nur Wahrscheinlichkeiten, aber keine Gewissheiten erkennen lassen. Während der deutschen Besatzungszeit emigrierte Bohr in die USA, wo er an der **Entwicklung der Atombombe** mitarbeitete, obwohl er ihre Auswirkung fürchtete – er wies Roosevelt und Churchill auf entsprechende Konsequenzen hin, doch ohne Erfolg. Nach dem Krieg arbeitete Bohr wieder am Institut für Theoretische Physik in Kopenhagen (seit 1965 Niels-Bohr-Institut). 1975 wurde seinem Sohn Aage ebenfalls der Physik-Nobelpreis verliehen.

Blick ins Universum: Tycho Brahe

1546 – 1601
Astronom

Seine Theorie, nach der sich Mond und Sonne um die Erde drehen, alle übrigen Planeten aber um die Sonne, war eine Art Vorläufer für die Weltenschau des Kopernikus. Im dänischen König Frederik II. fand der in Südschweden geborene Astronom Tycho Brahe einen großen Gönner. Auf der Insel Ven im Øresund durfte er die Sternwarte Uranienborg erbauen, wo er unter anderem einen Katalog mit den Positionen von 1000 Fixsternen erstellte. Nach einem Streit mit König Christian IV. im Jahr 1597 verließ er Dänemark, um seine Tage in Prag als Kaiserlicher Astronom von Kaiser Rudolf II. zu beschließen. Seine frühere Sternwarte auf Ven wurde abgerissen, und von seinem umfangreichen, astronomischen Instrumentarium blieben der Nachwelt nur zwei Sextanten erhalten. Doch Brahe hatte einen gelehrigen Gehilfen, der seine Arbeiten entscheidend weiterführen sollte: Johannes Kepler.

Der populäre Baumeister: Christian IV.

1577 – 1648
König

Immer wieder betonte er, dass er sich nur für das Wohl des Reichs und des Volks einsetzte. Und die Untertanen glaubten ihm. Doch nicht alles, wofür König Christian IV. stritt, brachte seinem Land Glück. Ein großer Baumeister war er auf alle Fälle. Im alten Kopenhagen gibt es kaum ein prächtiges Gebäude, an dem nicht sein Signum prangt, das berühmte große »C« mit der kleinen »4«. Darüber hinaus gab er auch **die ersten Reihenhäuser Europas** in Auftrag: Wohnungen für seine Seeleute und deren Familien. Mit seinen Feldzügen allerdings (zweimal gegen Schweden sowie auf deutschem Boden im Dreißigjährigen Krieg) verursachte der König, der sich auch bei Saufgelagen und bei Frauen (23 Kinder) hervortat, ein gewaltiges Chaos im Reich. Nach vielen militärischen Niederlagen war das Land wirtschaftlich völlig am Boden und hatte im Ränkespiel der europäischen Mächte nichts mehr zu melden. Dessen ungeachtet ist kein anderer König in Dänemark so populär wie Christian IV.

Der Vater der Volkshochschule: Nikolai Frederik Severin Grundtvig

1783 – 1872
Schriftsteller,
Pädagoge

Einen Namen machte sich der unermüdliche Schriftsteller und Pfarrer Grundtvig nicht nur mit dem Werk »Die Mythologie des Nordens« (1808), das den Dänen nordische, heidnische Mythen nahezubringen versuchte – sondern auch mit über 400 von ihm **selbst verfassten Liedern**, die das dänische Kirchengesangbuch so sehr beherrschen, dass ein Gottesdienst in Dänemark ohne ein Wort von Grundtvig kaum vorstellbar ist. Auf Reisen nach England kam er mit den Gedanken der Aufklärung in Berührung. Mit seinen pädagogischen Zielen wurde er auch über die Landesgrenzen hinaus bekannt: Er trat ein für eine konsequente Erwachsenenbildung und schuf die Volkshochschulen, die ohne Lehrpläne und Examenszwang den Bür-

Christian IV. und Anna Katherina von Brandenburg

gern eine allgemeine Orientierung über das tägliche Leben vermitteln sollten. Die erste Schule dieser Art entstand 1844 in Rødding auf Jütland. Grundtvigs Werke findet man ganz zeitgemäß heute auch online auf www.grundtvigsværker.dk.

Der dichtende Professor: Ludvig Holberg

1684 – 1754
Universal-gelehrter

Mit seinen gesellschaftskritischen Komödien, in denen er in Anlehnung an Molière und die italienische Maskenkomödie treffsicher menschliche Selbstgefälligkeiten aufs Korn nahm, ist Ludwig Baron von Holberg als Schöpfer des dänischen Lustspiels in die Weltliteratur eingegangen. Doch die Komödien sind nur ein kleiner Teil der enormen Produktion des gebürtigen Norwegers, der als **Hauptvertreter der skandinavischen Aufklärung** gilt. Eine Verbindung zwischen seiner Tätigkeit als Kopenhagener Universitätsprofessor für Metaphysik, Rhetorik und Geschichte und dem Theater fand er wohl nicht sehr passend: Für seine Komödien legte sich der vielseitige Kopf, der auf drei großen Auslandsreisen auch Deutschland besuchte, das Pseudonym »Hans Mickelsen, Bürger in Kalundborg« zu, das in Dänemark rasch zum geflügelten Wort wurde.

Schwermütiger Denker: Søren Kierkegaard

1813 – 1855
Philosoph und Schriftsteller

»Was von einem Toten kommt«, prophezeite Søren Kierkegaard kurz vor seinem Tod, »darauf wird man weit eher hören!« Er behielt Recht. Von seinen Zeitgenossen wollten oder konnten nur wenige den grüblerischen, schwermütigen Denker und seinen quälenden Zwiespalt zwischen pietistischem Herrnhutertum und Hegels Dialektik begreifen. In seinem dichterisch-philosophischen Werk, das rund 40 Titel umfasst, behandelte Kierkegaard die Situation des modernen isolierten Menschen. **Existenz** und **Angst** sind hierbei die zentralen Themen. Sein Denken mündete in die Einsicht, dass Angst und Selbstverlorenheit ausschließlich durch die göttliche Gnade zu überwinden sind, dass es ohne einen Glauben an Gott keine menschliche Existenz geben kann. Der zurückgezogen lebende Philosoph – seine Verlobung hatte er aufgelöst, weil er »in religiösem Sinn bereits als Kind Gott versprochen war« – verstand sich selbst als religiöser Schriftsteller. Ein Jahr vor seinem Tod begann er den **»Kirchenkampf«**, seine scharfen Angriffe gegen die offizielle Verkündigung des Christentums und die kirchlichen Autoritäten. Im Oktober 1855 brach der Mann, der zu den wichtigsten Vertretern von Dänemarks »Goldenem Zeitalter« gehörte, erschöpft und ausgebrannt auf der Straße zusammen. Er kam ins Krankenhaus, wo er fünf Wochen später starb. Berühmt wurde er außerhalb Dänemarks durch deutsche Übersetzungen. Seine Ideen bilden weitgehend die Grundlagen der Dialektischen Theologie, der Dialog- wie der Existenzphilosophie.

Der Stummfilmstar: Asta Nielsen

1881 – 1972
Schauspielerin

Nicht etwa ein berühmter Hollywoodstar erhielt die **erste Supergage der Filmgeschichte**, sondern die Schauspielerin Asta Nielsen aus Dänemark. Bekam sie für ihren ersten Filmauftritt in »Der Abgrund« (Dänemark, 1910) noch bescheidene 200 Kronen (53,60 Dollar), verdiente sie 1912 bei dem Berliner Produzenten Paul Davidson bereits 1500 Dollar pro Woche – der bestbezahlte US-Star seinerzeit musste sich dagegen mit 250 Dollar zufrieden geben. Ihre ruhmreiche Karriere begann Asta Nielsen als Bühnenschauspielerin in ihrem Heimatland. Aber erst **in Deutschland** wurde sie einer der größten Stummfilmstars. Berühmtheit erlangte sie vor allem durch Filme, die von der großen, unglücklichen Liebe handeln. Zu ihren bekanntesten Filmen gehören »Hamlet« (1920), »Fräulein Julie« (1922) sowie ihr letzter Streifen »Unmögliche Liebe«, ein Tonfilm von 1932. Asta Nielsen hat wesentlich dazu beigetragen, den Film zu einer Kunstgattung mit eigenen ästhetischen Gesetzen zu machen.

Asta Nielsen, Superstar der Stummfilm-Ära

Von Aufstieg und Fall: Johann Friedrich Graf von Struensee

1737 – 1772
Arzt und
Reformer

Eineinhalb Jahre leitete der deutsche Arzt Johann Friedrich Struensee die politischen Geschicke Dänemarks. Der in Halle a. d. Saale geborene Hamburger Mediziner war 1769 von König Christian VII. als Leibarzt an den dänischen Hof geholt worden. Dort erwarb er sich schnell das Vertrauen der unglücklich verheirateten Königin Caroline Mathilde sowie des schwachsinnigen Monarchen, der ihm zusehends mehr politische Macht in die Hände gab. Struensee versuchte, das feudale, rückständige Dänemark in einen aufgeklärten Staat umzuwandeln. U. a. schaffte er die Folter ab, beschnitt die Rechte des Adels und verbesserte den gesellschaftlichen Status der Bauern. Doch mit seinem eigenmächtigen Handeln machte er sich am Hof auch Feinde. Diese bliesen wegen des »schamlosen Treibens« mit der Königin (sie hatten ein gemeinsames Kind) schließlich zur Hetzjagd auf ihn. Auch die Presse – Struensee hatte **die Pressefreiheit eingeführt!** – stimmte in den Chor mit ein und putschte den Hass der Dänen gegen das »Deutschtum« des »Königinnenschänders« hoch. Am 17. Januar 1772 wurden Struensee und Caroline Mathilde verhaftet. Die aus England stammende Königin durfte nach Celle ausreisen, wo sie drei Jahre später starb. Struensee wurde **wegen Hochverrats zum Tod** verurteilt und auf dem Osterfeld vor Kopenhagen enthauptet, nachdem ihm erst, wie das Gesetz es vorsah, die rechte Hand abgehauen worden war. Die royale Dreiecksgeschichte verfilmte der dänische Regisseur Nikolaj Arcel 2012 in »Die Königin und ihr Leibarzt«.

Ein begnadeter Künstler: Bertel Thorvaldsen

1768 – 1844
Bildhauer

Heute weniger bekannt, war Bertel Thorvaldsen zu seinen Lebzeiten neben Antonio Canova der **größte Bildhauer des Klassizismus**. Den überwiegenden Teil seines Lebens, die Jahre von 1797 – 1838, verbrachte der Künstler in Rom, wo er sich an den Werken der klassischen Kunst ausbildete. Am Ende seines Lebens stand fast in jeder europäischen Metropole ein Bildwerk aus seiner Werkstatt, in der ihn rund 50 Schüler unterstützten: u. a. in Rom der Alexanderfries, in Kopenhagen die Gestalt Christi mit den zwölf Aposteln, in Stuttgart die Statue Schillers, in München das Reiterdenkmal von Kurfürst Maximilian. Als er aus Rom zurückkehrte, bereitete ihm die Bevölkerung Kopenhagens einen triumphalen Empfang. Sein Tod mitten in einer Theatervorstellung galt als nationales Unglück. Schon zwei Jahre später wurde in Kopenhagen das Thorvaldsenmuseum eröffnet, in dem alle Werke ausgestellt sind, die der Künstler seiner Geburtsstadt vermacht hatte.

Der Erfinder des Reiseführers: Karl Baedeker

1801 – 1859
Verleger

Als Buchhändler kam Karl Baedeker viel herum, und überall ärgerte er sich über die »Lohnbedienten«, die die Neuankömmlinge gegen Trinkgeld in den erstbesten Gasthof schleppten. Nur: Wie sollte man sonst wissen, wo man übernachten könnte und was es anzuschauen gäbe? In seiner Buchhandlung hatte er zwar Fahrpläne, Reiseberichte und gelehrte Abhandlungen über Kunstsammlungen. Aber wollte man das mit sich herumschleppen? Wie wäre es denn, wenn man all das zusammenfasste?

Gedacht, getan: Zwar hatte er sein erstes Reisebuch, die 1832 erschienene »Rheinreise«, noch nicht einmal selbst geschrieben. Aber er entwickelte es von Auflage zu Auflage weiter. Mit der Einteilung in »Allgemein Wissenswertes«, »Praktisches« und »Beschreibung der Merk-(Sehens-)würdigkeiten« fand er die klassische Gliederung des Reiseführers, die bis heute ihre Gültigkeit hat. Bald waren immer mehr Menschen unterwegs mit seinen **»Handbüchlein für Reisende, die sich selbst leicht und schnell zurechtfinden wollen«**. Die Reisenden hatten sich befreit, und sie verdanken es bis heute Karl Baedeker. Dänemark beschreibt er erstmals im 1879 erschienenen Band »Baedeker's Schweden und Norwegen«.

»

Die Umgebungen Kopenhagens und das ganze nordöstl. Seeland sind von hervorragender Schönheit: allenthalben reiche Kornfelder, grüne Wiesen, stattliche Buchenwälder, deren Wurzeln der krystallklare, bald blau, bald grünlich erscheinende Sund bespült, dazwischen zahlreiche Villen, Schlösser, Dörfer und Flecken.

«

Baedeker's Schweden und Norwegen, 1. Auflage 1879

E

ERLEBEN & GENIESSEN

Überraschend, stimulierend, bereichernd

Mit unseren Ideen erleben und genießen Sie Dänemark.

Mit dem Traktor-Bus geht's an den Strand. ▶

SANDORMEN

BEWEGEN UND ENTSPANNEN

Ob Radfahren, Gleitschirmfliegen, eine Kanutour oder Tauchen: In Dänemark haben Aktivurlauber viele Möglichkeiten. Und auch Menschen mit Handicap kommen ins Wattenmeer. Außerdem gilt Dänemark als Inbegriff für Familienferien: sicher, kinderfreundlich und »hyggelig«, was viel mehr meint als Gemütlichkeit – echte (Kinder-)Freundlichkeit, die zu Heiterkeit und Zufriedenheit bei Eltern und Nachwuchs führt und damit einen entspannten Urlaub für alle garantiert.

Am und auf dem Wasser

Angeln Für Sportangler ist Dänemark ein Paradies. Gelegenheiten für ihr Hobby finden sie an der Westküste, den Flüssen und Seen in Jütland, den Fjorden Ostjütlands, den Küsten von Fünen, Seeland und den anderen Inseln der dänischen Südsee, an den Felsenküsten von Bornholm, in den vielen künstlich angelegten Put & Take-Teichen sowie auf hoher See. Die Dänen – passionierte Angler von Meer-, Bach- und Regenbogenforellen, Hering, Dorsch und Lachs – tun viel, um den Fischbestand zu erhalten bzw. zu verbessern. Wer angeln möchte, muss mindestens 18 Jahre alt sein und eine **Angellizenz** haben, die in Postfilialen, Touristenbüros und Angelgeschäften sowie online unter www.fisketegn.dk erhältlich ist – eine Jahreskarte kostet 185 DKK, ein Wochenschein 130 DKK und ein Tagesschein 40 DKK. Für **Put & Take-Teiche** ist keine Lizenz erforderlich. Freizeitangler, die älter als 65 Jahre sind, werden gegen Vorlage ihres Führerscheins oder ihrer Krankenversicherungskarte von den Kosten für die Lizenz befreit. Wer ohne gültige Lizenz angelt, muss ein Bußgeld zahlen. Tipp: Die dänische Naturbehörde Naturstyrelsen ist Eigentümer einiger Angelgebiete, die für Hobbyangler frei zugänglich sind. Oft kann man in diesen Gebieten kostenlos angeln, für andere muss man eine Gebühr bezahlen.

www.udinaturen.dk.

Segeln Offene Reviere wie die Ostsee und das Kattegat und geschützte wie das Südfünische Inselmeer, der Svendborgsund, das Smålandsfahrwasser zwischen Seeland und Lolland oder der Limfjord in Nordjütland machen Dänemark ideal für Segler. Will man auf große Fahrt gehen, heißt Bornholm das Ziel, von wo man einen letzten Schlag zu den Zwillingsinseln Christiansø und Frederiksø machen kann. Service und Unterkunft bieten **350 Jachthäfen** – mal moderne Marinas mit allen erdenklichen Einrichtungen, mal kleine, idyllische Ankerplätze. Für Boote unter 8 m beginnen die Hafengebühren bei 80 DKK, Boote über 12 m zahlen ab 120 DKK. 150 Häfen sind Mitglieder der Freihafenordnung (www.skivesoesportshavn.dk) – wer als Gast Mitglied eines Segelvereins ist, der diesem Verband angehört, kann im dänischen Partnerhafen kostenfrei übernachten. In 25 Jachthäfen können Liegeplätze bereits im Voraus gebucht werden unter www.marinabooking.dk des dänischen Seglerverbandes Foreningen af Lystbådehavne i Danmark.

Wasser(sport)freunde müssen nicht Ihr eigenes Boot mitbringen, wenn sie Dänemark vom Meer aus erleben wollen. Segel- und Motorboote oder Motorsegler werden meist wochenweise vermietet. Voraussetzung ist der Nachweis von genug Segelerfahrung. In Küstengewässern ist ein Sportbootführerschein bei Booten unter 15 m Länge nicht nötig. Alternative: Eine Woche Segelurlaub in der Gruppe und mit Guide kostet zwischen 3000 und 5500 DKK. Dafür erhalten Sie Übernachtung an Bord, Vollverpflegung (ohne Getränke) etc.

www.visitdenmark.de/segeln

Surfen

Hohe Wellen und reichlich Wind mit Durchschnittsgeschwindigkeiten von 9m/s machen die **Nordseeküste zum Top-Ziel für Windsurfer**. Klitmøller und Vorupør sind Hotspots der Wavesurfer – sie gelten als »Cold Hawaii«. Speedsurfer zieht es an den flachen Ring-

Dänemark hat für alle das richtige Surfrevier.

WASSERSPASS IN VIELEN FACETTEN

BAEDEKER WISSEN

Mit 7313 km Küstenlinie, mehr als 400 Inseln, Wattenmeer, 350 Jachthäfen, brandender Nordsee, idyllischer Ostsee, weiten Fjorden sowie 600 Seen und Wasserläufen im Landesinnern ist Dänemark wie geschaffen dazu, das nasse Element in all seiner Vielfalt und seinen faszinierenden Facetten zu entdecken.

Wat(t) für eine Natur!

Eine der größten Attraktionen der Nordseeinsel **Fanø** ist das Wattenmeer mit seinem großen Robbenbestand. Mehr als 3000 Tiere leben hier in ihrer natürlichen Umgebung: gescheckte See-, aber auch die selteneren Graurobben. Besonders gut lassen sie sich bei Ebbe beobachten. Dann lagern sie rund um das Galgerev südlich von Sønderho, auf der Sandbank nördlich vom Grådyb und sogar auf der Sandbank im Nordby Hafen. Im Juni / Juli ziehen die Robben dort ihren Nachwuchs auf: knopfäugige Heuler, knapp zehn Kilo schwer und so knuddelig, dass man sofort versteht, warum sie als Kuscheltiere überall auf der Insel die Souvenirshops füllen. Geführte Wanderungen zu den Robbenbänken bei Galgerev starten in der Saison am Sonderhø-Strand. Unterwegs erzählen die Ranger von Naturvejlederne Fanø spannende Geschichten über das Leben im Watt. Auf Fanø können auch Rollstuhlfahrer und Gehbehinderte das Wattenmeer aus nächster Nähe erleben – mit einem elektrischen **Wattenmeerrollstuhl**, den sie auf Ballonreifen problemlos über den Meeresboden lenken können. Angeschafft wurde der Wattenmeerrollstuhl von der Ferienhausvermittlung FanøHus, die das Sondermodell regelmäßig auch für die Rangerführungen zur Verfügung stellt (Rangertouren bei Fanø Turistbureau, Færgevej 1, Nordby, www.visitfanoe.dk; Wattenmeerrollstuhl unter: www.fanohus.de). Am Ringkøbingfjord ist das Wasser so flach, dass man drin stehen kann – perfekt, um **neue Sportarten** zu testen. Zum Beispiel Wakeboarding in der Aqua Sports Zone von Hvide Sande. Dort saust im Kabelpark mit seiner 5-Mastanlage für Wakeboard und Wasserski ein Lift mit 30 km / h über die 60 – 80 cm tiefen Fluten. Für Abwechslung sorgt der etwas tiefere Obstacles-Bereich (Gytjevej 1, Hvide Sande, www.kabelpark.dk, Tageskarte 375 DKK). Wer nur zuschauen möchte, setzt sich an den Kai oder ins Panoramacafé.

Paddelspaß im Stehen

Auf Hawaii wurde es erfunden, in Dänemark ist es ein Trendsport: SUP, wie die Szene das **»Stand-Up-Paddling«** nennt, trainiert den ganzen Körper und ist leicht zu erlernen. In Kegnaes, 45 km nördlich von Flensburg, zeigen deutsche Instruktoren von Surfers Paradise in Tageskursen, wie man auf den langen Boards bald schon flott durch die Fluten gleitet (www.surfers-p.de). Für Paddelspaß sorgen insgesamt 50 befahrbare Flussläufe, Seen und Kanäle. Wer lieber im Sitzen paddelt und schon Erfahrungen mit einem Kajak gesammelt hat, für den könnte eine Tour im **Seekajak** spannend sein: Auf Tåsinge, direkt am Svendborg Sund, bietet das Unternehmen Nicus Nature Trips bis in die dänische Südsee an. Für Familien und Kinder gibt es spezielle Angebote (Nicus Nature, Svendborg, www.nicus nature.com). Mit KajakOle lässt sich sogar Kopenhagen vom Wasser aus entdecken (www.kajakole.com).

Seehasen und Skorpione

Hören Taucher den Namen **Middelfart**, geraten sie ins Schwärmen. Nirgendwo im Königreich gibt es einen schöneren Platz zum Strömungstauchen: Neben Muscheln, Dorschen, Klippenbarschen und vielen Krebsen bevölkern dort große Seesterne, Seeskorpione, Seehasen und gelbe Schwämme die Steilwand. Achtung: Die starke Strömung ist nichts für ungeübte Taucher! Als Unterkunft empfiehlt sich der Campingplatz Hindsgavl – dort gibt es eine Flaschenfüllstation. Neben Middelfart gehört auch **Gammel Albo** zu den spannendsten Tauchgebieten der Ostsee. In Tiefen bis zu 80 m tummelt sich eine reiche Unterwasserwelt; nicht zu vergessen die zahlreichen Wracks aus dem Zweiten Weltkrieg.

Geführte Tauchgänge sowie PADI-Ausbildungskurse bis zum Master Diver bietet das **größte Tauchcenter** des Landes, Alpha Diving (www.alphadiving.dk), in Djursland an. Ein weiterer Tauchspot ist Søbådet; die orangefarbenen Taucherbojen sind in den Seekarten eingetragen (Infos erteilt der Tauchclub vor Ort: Marsvinet-Lillebælt, www.marsvinet-lillebaelt.dk).
Moderne Jachten lassen sich in Dänemark in jedem Hafen mit und ohne Skipper chartern. Einzigartig ist der **Traditionstörn**, der Ende Mai durch die dänische Südsee führt: Gesegelt wird mit der 1911 auf der Lühring-Werft erbauten 40-Meter-Brigg »Eye of the Wind«, geschlafen in komfortablen, klimatisierten Doppelkabinen mit eigenem Bad. Die Fahrtroute ist so angelegt, dass neben dem Segelerlebnis genügend Zeit für Landgänge bleibt. Von Kiel geht es zum Kleinen Belt und via Middelfart, Aarhus oder Ebeltoft und den großen Belt in sieben Tagen zurück nach Kiel (www.eyeofthewind.net/de/toerns/toernplan-de/copy-of-copy-of-schnuppertoern-ostsee-1).

Man kann einfach auch nur Spazierengehen.

købingfjord, die Bucht von Køge und zur Inselwelt im Süden von Fünen. Anfänger können die Kunst des Gleitens in 23 Windsurfschulen lernen und in dreistündigen Schnupperkursen testen, ob der Sport etwas für sie ist.

An Land

Golf

Das leicht hügelige Gelände, das für große Gebiete Dänemarks typisch ist, bietet ideale Voraussetzungen fürs Golfen. Rund 200 Golfplätze mit unterschiedlichsten Schwierigkeitsstufen gibt es in dem kleinen Land, davon allein 20 Anlagen in Nordseeland. Gäste sind überall willkommen, sofern sie Mitglied eines Golfklubs sind. Auf Pay-&-Play-Plätzen können Sie gegen Zahlung der Greenfee einen Tag lang auf einer kurzen, übersichtlichen Bahn abschlagen und Ihr Spiel verbessern. Eine Golfstunde mit Trainer im Golfklub am Urlaubsort kostet 150 DKK. Da Golf ein Volkssport ist, gehören die **Greenfees zu den niedrigsten in Europa.** Werktags sind durchschnittlich 200 DKK, am Wochenende 300 DKK zu entrichten.

Radfahren

Mehr als 12 000 km ausgeschilderter Radwege, die Nordseeroute, der Heerweg und der Ostseeradweg als länderübergreifende Radfernwege sowie elf nationale Radfernrouten bieten beste Voraussetzungen für Genuss. Ein weißes Zweirad auf rotem Grund vor einem orangefarbenen Stern weist den Weg zu besonders fahrradfreundlichen Unterkünften in der Nähe. Das Radwegennetz ergänzen insgesamt 26 thematische Panorama-Radwege. Die neue App **BIKE & STAY DK** ist ein Guide für diese Panorama-Radrouten. Die App liefert einen Überblick über den Verlauf der einzelnen Routen. Jede Route steht ferner als Detailkarte zum Download und dann auch offline zur Verfügung, sodass man sie mit auf die Tour nehmen kann. Darüber hinaus beinhaltet die App detaillierte Angaben über mögliche Aktivitäten und Campingplätze entlang und in der Nähe der Route. Die App funktioniert auch in deutscher Sprache. Bei der Routenplanung hilft auch der Radtourenplaner des Dänischen Radfahrerverbandes DFC (www.cyclistic.dk/de).

In der Bahn kann der Drahtesel nach Kauf eines Fahrradtickets mitgenommen werden; in der Hauptreisezeit vom 1. – 31. August muss für Reisen mit InterCity- und InterCityLyn-Zügen zudem ein Platzticket gelöst werden (www.dsb.dk). Die **Fahrradmitnahme** ist im Kopenhagener S-Bahnnetz sowie in den Hafenbussen ebenfalls gestattet. Ist genug Platz vorhanden, werden Räder auch in den Schnellbus- und Expressbuslinien zwischen den dänischen Städten mitgenommen. Völlig unproblematisch ist der Fahrradtransport auf den Fähren. Gesperrt für Radfahrer sind jedoch die Brücken über den Großen Belt und den Øresund – bei beiden Querungen kann das

Fahrrad in der Bahn befördert werden. Detailliertes Karten- und Infomaterial gibt es u. a. beim Dansk Cyklist Forbund, der auch acht Radreiseführer für Dänemark herausgegeben hat.
www.cyklistforbundet.dk

Mountainbiking

Ein Paradies für Mountainbiker ist die **Halbinsel Odsherred** im Nordwesten von Seeland, wo eine MTB-Route durch den hügeligen Bidstrup Skovene führt. Weiße Flecken auf Bäumen und roten Pfählen weisen entlang der 9 km langen Rundstrecke den Weg. Start und Ziel der Tour ist der Parkplatz am Ny Tjørnehusvej von Heide Overdrev. Geradelt werden darf nur auf Wald- und Forstwegen und der ausgewiesenen MTB-Strecke – querfeldein ist tabu.
Infos, Karte: www.naturstyrelsen.dk
Leihräder: Odsherred-Camping | Nykøbing Sj., Nordstrandsvej 107
Tel. 59 91 16 42 | www.odsherredcamping.dk

Reiten

Dänemark ist ein Dorado für Reitsportfans. Überall gibt es Reiterhöfe und Reitschulen. Beliebt sind Ausritte am Strand, Wander- und Westernreiten, Tölt-Touren mit Isländern und Ferientage im Pferdewagen. Auch Ferien- und Wochenendkurse mit Unterricht für die ganze

BAEDEKER MAGISCHE MOMENTE

WO HYGGE ZUHAUSE IST

Ein, nein: das dänische Lebensgefühl schlechthin hat in den letzten Jahren seinen Siegeszug um die ganze Welt angetreten: Hygge. Was meist mit Gemütlichkeit beschrieben wird, ist noch viel mehr: Hygge ist das Treffen mit Freunden, ein Plausch mit Kollegen im Büro, ein Kaffee im wohlig-warmen Lieblingscafé an der Ecke, das Aufwärmen am Kamin nach einem Strandspaziergang und und und. Wo Sie Hygge am besten erleben können? Irgendwo in Dänemark natürlich! In seinem Buch »Hygge – ein Lebensgefühl, das einfach glücklich macht«, hat der dänische Professor Meik Wiking das Grundrezept seiner Heimat zusammengefasst. Die perfekte Urlausvorbereitung oder -verlängerung für Zuhause!

RADFAHRLAND DÄNEMARK

Die dänische Fahrradkultur ist so alt wie das Gefährt. Bereits 1880 schwang man sich auf ein Stahlross, das der britische Ingenieur James Starley neun Jahre zuvor entwickelt hatte. Heute ist der Radverkehr Vorreiter für eine emissionsfreie Mobilität, die Politik und Wirtschaft mit ehrgeizigen Programmen vorantreiben. Wo sonst auf der Welt gibt es eine offizielle Fahrrad-Botschaft (www.cycling-embassy.dk)?

41%

der Hauptstädter fahren mit dem Rad täglich zur Arbeit oder Ausbildung, 2025 sollen es 60% sein. 90% der Dänen besitzen ein Fahrrad. In Kopenhagen gibt es fünf Mal so viele Fahrräder (675000) wie Autos (118000).

Mülleimer...
am Straßenrand sind gekippt, damit Radfahrer nicht anhalten müssen.

Bei Schneefall...
werden zuerst die Fahrradwege geräumt.

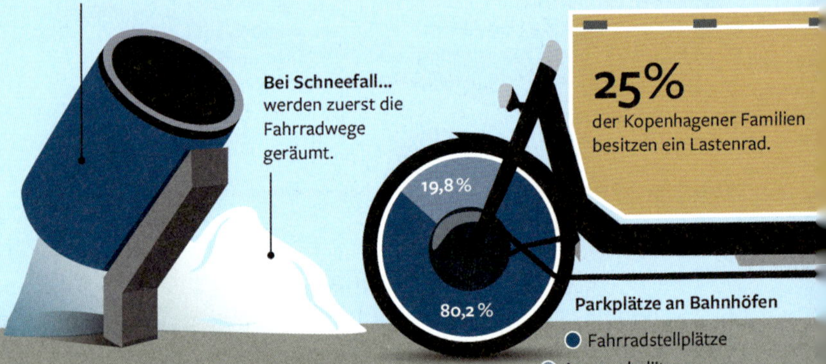

25%

der Kopenhagener Familien besitzen ein Lastenrad.

Parkplätze an Bahnhöfen

- Fahrradstellplätze
- Autoparkplätze

▶ **Beschilderung der Fahrradrouten**
Ein einzigartiges Routennetz führt durch alle Landesteile Dänemarks. Insgesamt gibt es über 12000 beschilderte Radwege.

Nationale Routen
Es gibt elf nationale Routen, die sich zusammen über mehr als 4400 km erstrecken.

Regionale Routen
Sie sind mit weißen zweistelligen Zahlen ab 16 beziffert.

Lokale Routen
Sie sind durch eine dreistellige Nummer von 100 bis 999 gekennzeichnet.

Cykel Superstier
Mehrspuriger Radschnellweg mit kostenlosen Luftpumpen und Wasserstationen

32 % der Bevölkerung in großen Städten trugen 2017 Fahrradhelme.

56 % aller Wege in Kopenhagen werden per Rad zurückgelegt. Insgesamt radeln die Hauptstädter rund 1,4 Mio. km am Tag.

Häufigste Unfallursachen

- Rechtsabbiegen
- Zusammenstöße auf Kreuzungen
- Linksabbiegen
- Heckaufprall
- Wenden
- Parkende Autos

Häufigste Verletzungen

- Arme und Schultern
- Kopf und Hals
- Magen und Rücken
- Beine und Hüfte
- Sonstige 4,7 %

GoBike – das öffentliche Stadtfahrrad

In Kopenhagen gibt es Leihräder mit Tablets. Mit einer App kann man sie von unterwegs orten, besetzen und bezahlen. Die Stationen sind in der Stadt verteilt und über das Tablet sind die Räder zu entsperren und zu benutzen. Mit Kreditkarte kann man auch ohne Handy und App direkt bezahlen.

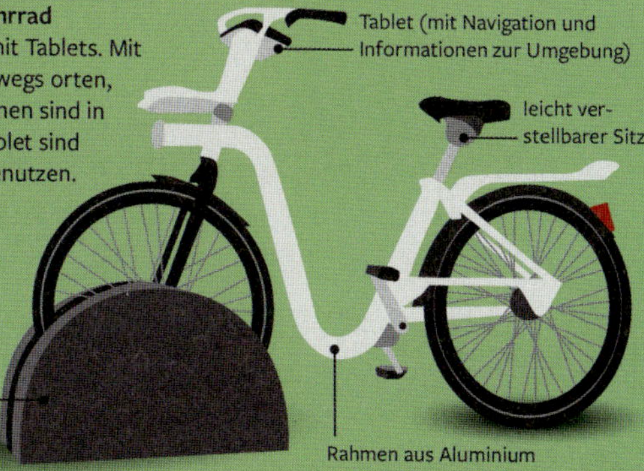

www.gobike.com

Familie samt passender Unterkunft können gebucht werden. Detaillierte Infos erteilt der Dansk Ride Forbund.
Oder möchten Sie Ihr eigenes Pferd mit in den Urlaub nehmen? Dann können Sie zum Beispiel in einem der sogenannten »høhoteller« (Heuhotels), den dänischen **Unterkünften für Pferd und Reiter**, übernachten. Sie können auch mit Ihrem Pferd campen, denn auf einigen dänischen Campingplätzen ist das Mitbringen von Pferden erlaubt. Eine weitere Möglichkeit sind die einfachen Naturlagerplätze, die extra für Gäste mit Pferden angeboten werden.
Mehr Tipps zum Reiturlaub auf www.visitdenmark.de/de/daenemark/aktivitaten/reiterferien-und-reiturlaub-danemark

Wandern

In Dänemark gibt es Hunderte von gekennzeichneten Wanderwegen. Seit 2007 führt etwa der **Øhavsstien (Inselmeer-Wanderweg)** 220 km lang zu den schönsten Ecken der dänischen Südsee. Viele dänische Touristenbüros bieten Tages- oder Mehrtageswanderungen an und halten Karten- und Infomaterial für ihre Region bereit. Für alle öffentlichen **Naturschutzgebiete** hat das Dänische Ministerium für Umweltschutz Informationsbroschüren, Karten und Beschreibungen herausgegeben und zum Großteil als pdf-Download online gestellt (www.naturstyrelsen.dk). Die schönste Zeit zum Wandern sind die Monate Mai / Juni und September, wenn sich die Landschaft in ihren intensivsten Farben zeigt.

Dänemarks erster Premium-Wanderweg

Als erste Route im Königreich erhielt 2017 die neu konzipierte **»Mariager Fjord Panoramaroute«** im Naturschutzgebiet Bramslev Bakker die vom Deutschen Wanderinstitut e. V. vergebene Auszeichnung als Premium-Wanderweg. Die insgesamt zehn Kilometer lange Tour an einem der schönsten Fjorde des Landes startet am Jachthafen des Städtchens Hobro. Von dort wandern Sie auf der Nordseite des Mariager Fjords entlang durch eine typisch dänische Landschaft mit den von der Eiszeit geformten Hügeln der Bremslev Bakker, Landwirtschaft, Wäldchen, Meer und Strand. Der Charakter der Strecke ist von ihrer Lage am Fjord geprägt. Auf halber Strecke lädt das Restaurant Bramslev Bakker zu einer Pause auf seiner Panoramaterrasse ein. Die lange Strandpassage am Ende der Tour können Wanderer barfuß genießen. Insgesamt dauert die Wanderung rund drei Stunden.
Routenverlauf und Karte: www.visitmariagerfjord.dk/de

In der Luft

Hangsegeln

In Norddänemark säumt eine der spektakulärsten **Sanddünenlandschaften** Europas die rund 10 km lange Steilküste zwischen Løkken und Lønstrup. Das Gebiet ist nicht nur herrlich zum Wandern, sondern auch Dänemarks schönstes Revier zum Gleitschirmsegeln. Dank der stabilen Aufwinde kann man dort im Nordsommer stundenlang in der Luft schweben (Soaring). Wer es noch nie versucht hat, aber schon immer einmal ausprobieren wollte: Mike Küng von der Rhöner Drachen- und Gleitschirmflugschule Wasserkuppe GmbH vermittelt bei den Dänemark-Flugwochen das nötige Grundwissen – Groundhandling, Rückwärtsaufziehen, Rückwärtsstarten und kilometerweites Fliegen im dynamischen Seewind. Die Dansk Hanggliding & Paragliding Union (DHPU) hat mit vielen dänischen Grundbesitzern eine Vereinbarung für Gleitschirmsportler getroffen und betreibt eigene **Aufzieheinrichtungen** bei Fasterholt in der Nahe von Brande, in Jütland sowie bei Skjoldnæsholm bei Kirke Valsø auf Seeland. Als sehr hilfreich erweist sich die Übersichtskarte zu den Gleitschirmgebieten auf der Website.

DHPU: www.dhpu.org

Ballonfahren

Im Heißluftballon über das Königreich fahren – diesem Hobby frönen in Dänemark drei Vereine mit 44 aktiven Ballonpiloten, die immer Mitte August beim **Nordic Ballon Cup** (www.ballooncup.com) ihren Meister küren. Wer mitfahren will, kann sich online dafür registrieren lassen unter der Internetadresse www.oplevelsesgaver.dk (2395 DKK).

ESSEN UND TRINKEN

Das muss man sich auf der Zunge zergehen lassen: Dänemark gehört heute zur gastronomischen Weltklasse – der Neuen Nordischen Küche und innovativen Sternenrestaurants wie Noma und Geranium sei Dank. Doch Genuss für den kleineren Geldbeutel finden Reisende auch in kleineren Restaurants oder den typisch dänischen Kros, den traditionellen Landgasthäusern. Angebot und Qualität variieren manchmal stark. Aber das tun sie auch beim echt dänischen Hotdog, den es heutzutage manchmal sogar in Bio-Ausführung oder für Vegetarier gibt. Velbekomme!

Bitte zu Tisch!

Frühstück – **morgenmad** – gibt es zwischen 7 und 10 Uhr. Zu Kaffee oder Tee werden verschiedene Sorten Brot oder Brötchen, Eier, Käse, Heringszubereitungen, Aufschnitt, Marmelade und »Wienerbrød«, luftig-süßes Plundergebäck, gereicht.

Das Mittagessen – **frokost** – besteht meist aus einer kalten Mahlzeit. Zwischen 12 und 14 Uhr essen die Dänen gerne ihre »Smørrebrød«, kunstvoll belegte Butterbrote, oder stärken sich an einem reichhaltigen Buffet mit kalten Leckereien: Heringen, geräuchertem und gra-

vad laks, Räucheraal, Krabben, Salaten und sauer eingelegtem Gemüse, Käse und warmen Kleinigkeiten wie Frikadellen, Hühnchen und Schweinebraten. Eine Auswahl vom Buffet gibt es mitunter auch als »platter«, als Tellergericht.
Den kleinen Hunger am Nachmittag stillen ein dänisches Hotdog oder süße Backwaren wie »Gåsebryst«, ein mit Sahne und Marzipan gefüllter Blätterteig, eine Kanelstang (Zimstange), ein Wienerbrød und ein großer Becher Kaffee.

Kalt oder warm: Abendessen

Die Hauptmahlzeit des Tages wird gegen 18 oder 19 Uhr eingenommen – als kaltes Abendbrot namens **»aftensmad«** oder warmes **»middag«**. Zum umfangreichen abendlichen »Mittagessen« wird im Kreis der Familie oder unter Freunden das Beste aus Land und See genossen: Fisch in vielen Variationen, Kalb-, Schweine- und Rindfleisch, Brot, Käse und saisonales Gemüse sowie der Dessertklassiker **»Rødgrød med fløde«** (Rote Grütze mit Sahne). Doch damit endet der tägliche Speiseplan nicht – nichts lieben die Dänen mehr, als nachts um zehn oder selbst um Mitternacht, zu einem erneuten Becher Kaffee oder Kräutertee einen süßen Kuchen zu verzehren. (▶Typische Gerichte, S. 402)

Frisch aus Fluss, See und Meer

Kein dänischer Ort ist mehr als 55 km von der Küste entfernt. Das Landesinnere prägen Flüsse, Bäche und Seen. Fisch bildet daher seit Jahrtausenden die Grundsäule der dänischen Küche und wird köstlich zubereitet. **Lachs, Dorsch, Scholle, Hering und Aal** dominieren die Fischauswahl; saisonal gesellen sich Forelle, Flunder und Hornhecht hinzu. Die grönländische Tiefsee liefert große Garnelen in Zartrosa, die dänische Nordsee schmackhaftere, kleinere Krabben. Nur auf Fanø gibt es **»Bakskud«**, getrockneten und geräucherten Plattfisch, der vor dem Servieren erwärmt wird. Auf Bornholm werden silbrig glänzende Heringe im Rauch zu goldenen Bornholmern.

Fleisch(los)

Die Wurzeln des **»Dansk Bøf«** liegen in der deutschen Küche: Die Frikadelle kam unter Christian IX. 1842 ins Nachbarland. Die Hackklöße aus Schweinefleisch werden dort mit gebratenen Zwiebeln, Kartoffeln und Roter Bete als Beilage serviert. Stammt das Fleisch vom Rind, heißt die Frikadelle »Hakkebøf«. Weitere deftige Favoriten der Dänen sind »Flæskesteg med rødkål« (Schweinebraten mit knuspriger Kruste und Rotkohl), »Gule ærter med nakkekam« (Gelbe Erbsensuppe mit Schweinenackenkamm und Bratwurst) sowie »Dyreryg« (Rehbraten mit Preiselbeeren). Vegetarisch gibt sich das traditionelle Resteessen **»Biksemad«**: Kartoffeln, Gemüse und Ei. Mit oder ohne Speck gab es einst bei den Bauern den »Æggekage«, einen Eierkuchen mit Schnittlauch, Tomaten und einer dicken Scheibe Rugbrød (Roggenbrot).

Restaurants

Mit Freunden auswärts zu essen, gehört für die Dänen zu einem Vergnügen, dass sie gern und ausgiebig genießen. Auf dem Lande führen viele Lokale die Bezeichnung »Kro«, was dem deutschen »Krug« entspricht. Dass dort nicht nur rustikal-schlichte Küche auf den Tisch kommt, beweisen viele, auch **internationale Auszeichnungen**. (▶ S. 16 ff.)

Die **Kosten** für einen Restaurantbesuch liegen in Dänemark aber deutlich über dem deutschen Preisniveau: Im Preis sind neben 15 % Bedienung auch 25 % MOMS (Umsatzsteuer) enthalten.

BAEDEKER MAGISCHE MOMENTE

GOLDENE BORNHOLMER

Frisch geräuchert, gepökelt oder in Roggenmehl gewendet und gebraten – Bornholmer Fischrezepte sind unwiderstehlich, abwechslungsreich und meist ein wohlgehütetes Geheimnis. Wer der Tradition folgen will, genießt den berühmten Bornholmer Räucherhering als »**Sol over Gudhjem**«, d. h. mit grobem Salz, Schnittlauch, Radieschen, Schwarzbrot und der »Sonne«, einem rohen Eigelb, das den Fisch leichter durch die Kehle rutschen lässt. In Hasle (▶ S. 86) können Sie erleben, was für ein Genuss aus dem schnöden Hering werden kann.

TYPISCHE GERICHTE

Die traditionelle dänische Küche liebt gehaltvolle Hausmannskost, ist reich an Brot- und Backspezialitäten und verwendet gerne Seefisch, würzigen Käse, Joghurt und Buttermilch.

Dansk bøf: Undenkbar, dass es in Det Lille Apotek auf der Speisekarte fehlt, denn seit 1720 ist es dort ein Middag-Klassiker. Doch wer jetzt ein saftiges Steak erwartet, hat sich geirrt. Das Rindfleisch kommt als saftige, knusprig gebratene Frikadelle daher, die auf einem Spiegel brauner Bratensoße ruht – und ist nur echt mit gebratenen Zwiebeln, Kartoffeln und Roter Bete als Beilage.
Fyldt rødspætte: Ein Fischklassiker, der seit Jahrhunderten zum Speiseplan der Kopenhagener gehört, ist die gebratene Scholle, die heute meist am Sonntag auf den Tisch kommt. Besonders schmackhaft wird sie mit Spargelspitzen und Krabben gefüllt. Mit Zitronensoße und jungen Salzkartoffeln ein Gedicht für Fischfans.
Stegt ål: Bereits zur Eisenzeit wurde in Kopenhagen Aal genossen, wie Skelettfunde aus jener Zeit den Archäologen verrieten. Neben dem Räuchern ist besonders das Braten des äußerst fettreichen Fisches bei den Dänen beliebt. Dann heißt er »Stegt ål« und paart sich gerne mit jungen Salzkartoffeln und frischer Petersilie – und verlangt nach getaner Mahlzeit nach einem kleinen Verdauungshelfer. Wie wär’s mit einem Gammel Dansk, dem berühmten Kräuterschnaps, oder einem eisgekühlten Aquavit aus Aalborg?
Pølser: Seit über 100 Jahren gehören die mobilen Würstchenbuden zum Stadtbild von Kopenhagen. Sie verkaufen knallrote Würstchen mit Senf, Ketchup, Essiggurke und gerösteten Zwiebeln in der Weißbrotstange.

Dass der Traditionssnack auch gesund und richtig lecker sein kann, beweist DØP (www.doep.dk) mit Ständen am Runden Turm und Amagertorv 31. Seine Bio-Hotdogs bestehen aus Rind-, Schweinefleisch oder Tofu, das Brötchen ist aus Vollkornroggenmehl und Leinsamen oder, ganz vegan, aus Sauerteig mit Kartoffel- oder Pastinakenmus gebacken.

Rødgrød med fløde ist nicht nur der bekannteste Zungenbrecher, sondern auch das beliebteste Dessert. Komponiert wird die Beerengrütze traditionell aus roten Früchten – Johannisbeeren, Himbeeren und Kirschen gehören auf jeden Fall hinein! Angedickt mit Speisestärke wird die Sommergrütze klassisch mit Sahne oder Vanillesoße serviert.

Bondepige med slør: Schwarzbrot, Apfelmus und Sahne sind die Zutaten für einen Traditionsnachtisch, der ein Festmahl abschließt. Die Zubereitung ist blitzschnell: Das zerkrümelte Schwarzbrot wird mit Butter und Fett in der Pfanne karamellisiert und dann abwechselnd schichtweise mit Apfelmus in eine Schale gefüllt. Ist das »Bauernmädchen« vollendet, erhält es einen weißen Schleier aus steif geschlagener Sahne, den eine Kirsche oder andere rote Frucht bekrönt.

Wienerbrød: 1850 streikten die dänischen Bäcker. Damit das Volk dennoch sein tägliches Brot hatte, wurden Bäcker aus Österreich geholt – die ihre eigenen Rezepte mitbrachten. Die Dänen liebten das neue Backwerk aus Blätterteig und tauften es kurz »Wienerbrot«. Ganz klassisch kommt der Dänen-Plunder mit einer Füllung aus Marzipan oder Buttercreme, verziert wird er mit Mandelsplittern und Zuckerguss. Nicht immer kleine Teilchen oder nur handgroß – als »Kanelstang«, Zimtstange, sind sie sogar selten weniger als einen halben Meter lang!

Getränke

Nationalgetränke

Die Nationalgetränke der Dänen sind **Kaffee und Bier**. Die braune Bohne wird häufig nicht frisch aufgebrüht, sondern kommt aus großen Thermoskannen. Dann schmeckt der Kaffee mitunter zwar etwas fade, getrunken werden darf aber, bis der Durst gestillt ist – eine Tasse kostet genauso viel wie eine Kannenfüllung (påfyld). In den Großstädten hat der Siegeszug der Coffee Shops mit fantasievollen Espressokreationen für viel Konkurrenz gesorgt. Doch dort gibt es das kostenlose Nachschenken nicht …

Bier

Dänemarks Beitrag zur Kunst des Bierbrauens ist überragend: Eswar der Botaniker undd Pilzkundler **Emil Christian Hansen**, der Carlsberg-Laboratorien entdeckte, dass Hefepilze für die alkoholische Gärung verantworlich sind. Die von ihm 1883 isolierte untergärige Hefe wurde als Saccharomyces carlsbergensis quasi zur Keimzelle sämtlicher Brauhefen weltweit. Dänisches Bier (Øl) kommt meist in der Flasche daher. Neben dem Marktführer Carlsberg aus Kopenhagen, zu dem auch Tuborg als bekannteste der 15 Marken der Gruppe gehört, und großen regionalen Brauereien, beleben seit einigen Jahren auch **Mikrobrauereien** den Markt mit ihren interessanten Kreationen. Wie im Ribe Bryghaus lässt sich das Brauen dort live vor Ort erleben und danach frisch gebrautes Ale, Stout, Pils oder Lager genießen. Dänisches Fassbier gibt es auch, es enthält jedoch weniger Kohlensäure als deutsches. Zu Weihnachten produzieren die Brauereien extra-starkes Julebryg mit bis zu neun Prozent Alkohol. Eine dänische Bierspezialität ist die **Kande**, für die das Porter-Starkbier mit Pils oder Alt sowie Pernod, Zitronenlimonade und Akvavit gemixt wird. Mehr als ein Glas sollte man davon aber eher nicht trinken.

Ribe Bryghaus: www.ribebryghus.dk

Wein aus dänischem Anbau

Leider teuer, sogar extrem teuer im europäischen Vergleich ist mit Flaschenpreisen ab 279 DKK dänischer Wein, der in den letzten Jahren immer mehr an Qualität gewonnen hat. Angebaut wird er vor allem auf Seeland und Bornholm, wo die rote, robuste **Sorte Rondo** erstaunlich gehaltvolle Ergebnisse hervorbringt – mit einer Note von Brombeeren und Kirschen. Zu den Vorreitern gehört das Dansk Vincenter in Hvidovre – 12 km von Kopenhagen entfernt gedeihen dort vollmundige Rote!

Danks Vincenter: www.vincenter.dk

Akvavit und Magenbitter

Ein typisch dänischer Schnaps, der gern nach fetten Speisen getrunken wird, ist der goldfarbene **Aalborg Akvavit**. Der u. a. mit Kümmel aromatisierte Branntwein, der eiskalt genossen wird, bringt mit 38 % Alkohol die vom Verdauen ermatteten Lebensgeister zurück. Als Magenbitter ist der rubinrote, sanfte **Gammel Dansk** beliebt.

FEIERN

Es gibt Musikfestivals und Karneval, Wikingermärkte und viele andere große Kultur-Events – ein Überblick über die wichtigsten Termine im ganzen Land.

Information und Öffnungszeiten

Auf www.visitdenmark.de finden Sie einen regelmäßig aktualisierten Veranstaltungskalender. Auf www.kulturnaut.dk kann man ebenfalls nach Veranstaltungen suchen.
Am 5. Juni, dem Verfassungstag, schließen Geschäfte und Büros um 12 Uhr, Banken sind ganztags geschlossen. Am 24. und 31. Dezember schließen Banken und viele Büros ganztags, Geschäfte um 12, 14 oder 16 Uhr.

VERANSTALTUNGSKALENDER

FEIERTAGE

1. Januar (Neujahr)
Ostern (Gründonnerstag – Ostermontag)
Dän. Buß- und Bettag (4. Fr. nach Ostern)
Christi Himmelfahrt
Pfingstsonntag/-montag
1./2. Weihnachtsfeiertag

JANUAR

SKAGEN WINTERBADEFESTIVAL

Am letzten Wochenende im Januar zieht es alljährlich hunderte dänische und internationale »Eisbrecher« in die oft nur 5° C kalte Ostsee.
www.skagen.dk/events/vinterbaderfestival/

FEBRUAR

VINTER JAZZ

Beim internationalen Musikfestival »Winterjazz« erwartet Fans überall im Land Jazz und Poetry.
www.jazz.dk

FROST FESTIVAL

Im Februar erhellen Musik und Lichtinstallationen das jahreszeitlich eher dunkle Kopenhagen.
www.frostfestival.dk

MÄRZ

DANISH FLY FESTIVAL, KOLDING

Großes Fliegen-Fischer-Treffen alle ungeraden Jahre am Koldingfjord in Syddanmark. Mit Fliegeruten zum Ausprobieren.
www.flyfestival.dk

APRIL

GEBURTSTAG DER KÖNIGIN

16. April, große Parade der Palastwache in Kopenhagen.

HERINGSFESTIVAL, HVIDE SANDE

Seit 1994 treffen sich Petrijünger am letzten Wochenende im April zum größten Angelwettbewerb des Landes am Ringkøbingfjord, wo im Frühjahr die Fische laichen.
www.sildefestival.dk

MAI

WIKINGERMARKT, RIBE

Den Sommer über gibt es zahlreiche Wikingerspiele und -märkte im ganzen Land. Dänemarks größter Wikingermarkt wird Anfang Mai im Vikingecenter abgehalten. Mehr als 200 Handwerker in historischen Kostümen zeigen, wie vor 1300 Jahren als Schmied oder Töpfer gearbeitet und gehandelt wurde. Für Nervenkitzel sorgen Kämpfe mit Waffen aus jener Zeit. Kinder können an einem »Kriegertraining« teilnehmen.
www.ribevikingecenter.dk

KARNEVAL

Vorbild für den Pfingstkarneval, von alternativen Studentengruppen in den 1980er-Jahren begründet, war Brasilien. Der größte Fasching des Nordens steigt in Aalborg mit einem Wettbewerb von Narrenteams aus aller Welt; farbenfroh und Samba tanzend ziehen die Jecken auch durch die Hauptstadt.
Aalborg Karneval:
www.aalborgkarneval.dk
Kopenhagen Karneval:
www.karneval-kbh.dk

HUNDESTED SANDSKULPTUREN FESTIVAL

Sensationelle Sandfiguren internationaler Künstler sind von Mai bis September am Hafen von Hundested zu bewundern.
www.sandfestival.dk

COPENHAGEN MARATHON

Internationaler Stadtmarathon mit Hafenflair und frischer Meeresbrise für bis zu 12 000 Läufer aus aller Welt.
www.copenhagenmarathon.com

JUNI

GRUNDLOVSDAG (VERFASSUNGSTAG)

Am 5. Juni 1840 gab König Frederik VII. Dänemark eine bürgerliche Verfassung. Dies wird bis heute im ganzen Land gefeiert.

ROSKILDE DYRSKUE

Auf Dänemarks größter Tierschau in Roskilde auf der Insel Seeland wechseln Huhn, Schwein, Ochs und Ross noch per Handschlag den Besitzer.
www.roskildedyrskue.dk

KNIPLINGS FESTIVAL, TØNDER

Alle drei Jahre ehrt Tønder beim internationalen Klöppelfestival mit Workshops, Vorträgen und Ausstellungen seine jahrhundertealte Textiltradition (2019, 2022 ...).
www.kniplings-festival.dk

SCT. HANS AFTEN

Am 23. Juni feiern die Dänen ihr Mittsommerfest und verbrennen überall im Land hoch auf Holzstößen eine Hexe, die auf einem Besenstiel reitet – so wird symbolisch das Böse vertrieben.

INTERNATIONAL KITE FLIERS MEETING, FANØ

Tausende Drachenpiloten aus aller Welt demonstrieren am dritten Wochenende im Juni am Strand von Fanø die Flugkünste ihrer fantasievollen Konstruktionen. Wer zwischendurch zu Boden schaut, kann Bernstein finden.
www.kitefliersmeetingfanoe.de

RIVERBOOT JAZZ FESTIVAL

An Bord des weltältesten noch operierenden Raddampfers, auf Plätzen und in Parks wird fünf Tage lang Jazz von Weltruf geboten.
www.riverboat.dk

HÆRVEJSMARCHEN & HÆRVEJSLØBET, VIBORG

Als »Weg zur Gesundheit« verstehen sich der Volkslauf und die Wanderung, bei denen die ganze Familie mitmachen kann.
www.haervejsmarchen.dk

TORDENSKIOLD TAGE

Frederikshavn 1717: Mit mehr als 1000 Schauspielern und vielen Einheimischen erinnert das Historienspektakel an die große Zeit der Handelsmarine auf der Ostsee und Schlachten zwischen Dänen, Schweden und Norwegern.
www.tordenskiold.dk

JULI

REBILD BAKKER NATIONALPARK

Dänen und Amerikaner mit dänischen Wurzeln feiern am 4. Juli in den Hügeln von Rebild Bakker den amerikanischen Unabhängigkeitstag.

5./6. JULI, FREDERICIA

Fredericia gedenkt auf seinen Wallan-

DER LÄNGSTE TAG DES JAHRES

Der längste Tag des Jahres muss im so winterdunklen Norden unbedingt gefeiert werden! »Sankt Hans aften« heißt der ***Johannisabend*** auf Dänisch. Der 23. Juni ist zwar kein Feiertag, aber ein Feier-Tag: An vielen Stränden entlang der Küste von Holbæk bis Hvide Sande und Skagen lodern meist ab 20 oder 21 Uhr die großen Johannisfeuer. Ein Festredner hält die »Båltale«, die »Feuerrede«, dann werden Volkslieder wie die »Mittsommerweise« gesungen und es wird gefeiert. Dabei sein darf jeder – auch Gäste sind gern gesehen.

»ORANGE FEELING« MIT ROCK UND POP

Seit fast 50 Jahren bildet das internationale Rockfestival von Roskilde einen festen Bestandteil im dänischen Kulturkalender. Bei diesem grandiosen Open-Air-Konzert, zu dem Superstars und Newcomer der Musikszene sowie Fans aus aller Welt anreisen, stehen wirtschaftliche Interessen erfreulicherweise immer noch nicht im Vordergrund.

Im Jahr 1971, zwei Jahre nach dem legendären Woodstock-Festival, ging in Roskilde zum ersten Mal ein Riesen-Open-Air-Konzert über die Bühne. Rasch avancierte es zu einem festen Bestandteil der europäischen Musikszene und zählt heute zu den bedeutendsten Open-Air-Festival Europas. Jahr für Jahr erscheinen am **ersten Wochenende im Juli** Abertausende von Musikfans, um hier acht Tage lang Rock, Pop, Blues, Jazz, Folk und Techno voll zu genießen.

Stars und Newcomer

»Viele Leute von heute und morgen und ein paar von gestern« lautet die Devise der Veranstalter, nach der alljährlich Bands und Solisten aller Stilrichtungen nach Roskilde eingeladen werden. Neben Supergrößen der Rock- und Popszene bekommen unbekannte Musiker hier die Chance, vor einem fachkundigen Publikum auf sich aufmerksam zu machen. Auch Theaterensembles sowie Performancekünstler geben in der Zeltstadt ihr Bestes, sogar ein klassisches Philharmonieorchester ist schon aufgetreten.

Monumental

Natürlich reicht für die pro Jahr inzwischen weit über 170 agierenden Solisten und Gruppierungen nicht mehr – wie im Anfangsjahr 1971, als nur (!) 10 000 Fans anreisten – eine einzige Bühne aus. **Sieben Bühnen**, verteilt auf einem Quadratkilometer Festivalgelände, bieten absoluten Musikgenuss. Selbst im hintersten Winkel erlebt man das Geschehen auf der Bühne dank Übertragung auf Großbildleinwände live mit. Wahrzeichen des Festivals ist seit 1978 das an drei Masten aufgehängte, **orangefarbene Zelt**, mit dem zuvor die Rolling Stones durch Europa getourt waren. Es überdacht allerdings nur die Hauptbühne, nicht die Zuhörer. Daneben gibt es noch andere, unterschiedlich große Zeltbühnen, die den Fans auch Schutz vor Wind und Wetter bieten.

Mammut-Organisation

Um die Organisation und den reibungslosen Ablauf von Dänemarks größtem Rockfestival kümmern sich mehr als **30 000 freiwillige Helfer**, darunter Mitglieder von Vereinen aller Art aus der Umgebung wie Umweltschutzgruppen, Frauenorganisationen oder multikulturelle Freundschaftsverbände. Sie gestalten Programm und Marketing, kontrollieren den Einlass, reinigen Toiletten und Duschen, verkaufen Getränke und Essen, versorgen Fans, die ohnmächtig geworden sind. Die Besonderheit von Roskilde: Weder Helfer noch der Organisator »Roskildefonden« wirtschaften in die eigene Tasche. Roskildefonden ist ein **gemeinnütziger Verein**, der die Einnahmen, die sich inzwischen bei jedem Konzert auf stattliche, zweistellige Millionenbeträge belaufen, Jugendorganisationen, Kindergärten und anderen humanitären Einrichtungen zugute kommen lässt.

Die große Tragödie

Von einem tragischen Unglück überschattet wurde das Roskilde-Festival 2000. Beim Megakonzert der US-Rockband »Pearl Jam« in der Nacht zum 30. Juni entstand vor der Bühne plötzlich ein furchtbares Gedränge. **Panik** brach aus. Viele Fans stürzten im Schlamm, der nach Dauerregen entstanden war, zu Boden und wurden von den Nachfolgenden überrannt – neun junge Männer erstickten unter den Menschenmassen im Schlamm. Erschüttert brachen am Samstagvormittag Tausende Besucher ihre Zelte ab, Topgruppen wie »Oasis« und die »Petshop Boys« sagten aus Respekt vor den Toten ihre Auftritte ab. Das Festival jedoch ging weiter. Keine 24 Stunden später tanzten dort wieder Tausende zu den Rockklängen einer Band. Wie man solchen Tragödien besser vorbeugen kann, erforscht der »Roskilde 2000 Tragedy Fund«.

Kartenvorverkauf

Der Verkauf der 100 000 Eintrittskarten beginnt jedes Jahr grundsätzlich am 1. Dezember. Offizieller Ticketpartner für den deutschsprachigen Raum ist www.eventim.de, Eintrittskarten gibt es aber auch unter www.billetnet.dk; Informationen über das Festival: www.roskilde-festival.dk.

Dem wahren Roskilde-Fan können weder Wind noch Wetter etwas anhaben.

lagen des dramatischen Sieges von 1864 über die schleswig-holsteinischen Truppen.
www.dfb-fredericia.dk

SKAGEN FESTIVAL
Dänemarks ältestes Musikfestival holt Volksmusik, Folk und Blues an die Nordspitze des Landes.
www.skagenfestival.dk

RINGREITEN
Am ersten Wochenende im Juli treffen sich in Sønderborg mehr als 500 Ringreiter zum größten Turnier Jütlands.
www.ringriderfesten.dk

CARL NIELSEN INTERNATIONAL MUSIC COMPETITION & FESTIVAL, ODENSE
Internationale Musikerinnen und Musiker unter 30 Jahren zeigen alle zwei Jahre (2018, 2020) ihr Können.

ROSKILDE FESTIVAL
Europas größtes Rockfestival
(▶ Baedeker Wissen, S. 408)
www.roskilde-festival.dk

AARHUS INTERNATIONAL JAZZ FESTIVAL
Seit mehr als 25 Jahren heißt es in Cafés, Clubs und Pubs: Bühne frei für Jazz!
www.jazzfest.dk

COPENHAGEN JAZZ FESTIVAL
Auf Plätzen, in Lokalen und Konzerthallen spielen zehn Tage lang internationale Jazzgrößen. Duke Ellington und Miles Davies haben dem Festival schon ihre Reverenz erwiesen.
www.jazz.dk

H. C. ANDERS FESTSPILLENE, ODENSE
Im Freilichtmuseum »Den Fynske Landsby« wird alljährlich ein anderes Andersen-Märchen gezeigt.
www.hcandersenfestspillene.dk

LANGELANDFESTIVAL
Dänemarks größtes Gartenfest mit Konzerten und Kinderspaß.
www.langelandsfestival.dk

CLASSIC FYN RUNDT
Binnen drei Tagen umsegeln 100 historische Segelschiffe die Ostseeinsel Fünen.
www.fynrundt.dk

FANØ FREE FOLK FESTIVAL
Folk-, Indie- und Avantgarde-Musik erklingen in dem pittoresken Dörfchen Sønderho auf der Insel Fanø.
www.fanofreefolk.dk

AUGUST

KULTURHAVN, KOPENHAGEN
Zu beiden Ufern des Hafenkanals sorgen Vereine, Verbände und Kulturschaffende für ein buntes Programm.
www.kulturhavn.dk

DEN BLÅ FESTIVAL, AALBORG
Jazz aller Stilrichtungen, Open Air und drinnen wird in der Limfjord-Kapitale geboten.
www.denblaafestival.dk

BORNHOLMS MUSIKFESTIVAL
Atmosphärisches Ambiente: Klassische Konzerte und Kammermusik erklingen in den traditionellen Rundkirchen der Insel.
www.bornholms-musikfestival.dk

EUROPÆISK MIDDELALDER FESTIVAL, HORSENS
Europas größtes Mittelalterfest bietet an zwei aufeinanderfolgenden Tagen spannende Ritterturniere, offene Werkstätten, Bühnen, Straßenkunst und Umzüge mit mehr als 100 000 Musikanten, Gauklern, Rittern, Pilgern, Mönchen, Hofdamen und Bettlern.
www.middelalderfestival.dk

TØNDER FESTIVAL
Auf den sechs Bühnen des Festivalge-

ländes und in den Clubs der Stadt haben schon Stars wie Arlo, Pete Seeger und The Chieftains für Stimmung gesorgt.
www.tf.dk

SEPTEMBER

DRACHENFESTIVAL, RØMØ

Am ersten Septemberwochenende ist der Ferienort Lakolk Gastgeber eines der größten Drachenfestivals Europas – an seinem befahrbaren Strand.

AARHUS FESTUGE

Das größte Kulturspektakel Skandinaviens unterhält zehn Tage lang mit Oper, Theater, Ballett, Tanz, Musik, Sport, Film, Literatur, Kinderspaß und kunterbuntem Straßenrummel.
www.aarhusfestuge.dk

CPH PIX

Filmfestival Ende September/Anfang Oktober mit Mainstream- und Avantgardewerken in Kopenhagen.
www.cphpix.dk

OKTOBER

KULTURNATTEN

Dänemarks Version der »Langen Nacht der Museen«: Landesweit öffnen Museen, Kulturinstitutionen und Orte, die sonst nicht zugänglich sind, bis spät in die Nacht hinein.
www.kulturnatten.dk

NOVEMBER / DEZEMBER

Bereits ab Mitte November sorgen Weihnachtsmärkte mit Lichterglanz und Gløgg für Stimmung. Besonders schön: Nyhavn und Tivoli (Kopenhagen), Julebyen (Tønder), Jul i Den Gamle By (Aarhus).

SHOPPEN

Bei Souvenirs ist die Vielfalt groß: Sie reicht vom trendigen Glasobjekt als Unikat einer der Kunsthandwerker bis hin zum Klassiker, den man beim Stöbern auf einem der beliebten Flohmärkte (»Loppemarked«) finden kann. Und egal ob Design, Mode oder Schmuck: Mitbringsel aus Dänemark werden garantiert nicht zum Staubfänger. Auch Kulinarisches erinnert an wunderbar entspannte Urlaubstage.

Hohes Preisniveau auch im Alltag

Der offizielle Eurostat-Preisvergleich zeigt: In Dänemark sind Lebensmittel rund **ein Viertel teurer als in Deutschland**, Alkohol kostet sogar doppelt so viel. Im Land selbst ist der Einkauf in den Städten günstiger als in den Feriengebieten der Küste. Preiswerte Einkaufsquellen sind die Discounter Lidl, Rema 1000, Fakta, Netto und Aldi; SuperBrugsen und Spar ähneln den deutschen Rewe-Märkten. Was die einzelnen Märkte gerade im Angebot haben, verrät online die Website www.tilbudsugen.dk. Schuld an den hohen Preisen ist neben den höheren Löhnen die MOMS (Umsatzsteuer) von 25 Prozent, während in Deutschland der ermäßigte Satz von sieben Prozent gilt.

Preiswert und frisch sind **Gemüse, Obst, Kartoffeln** und selbst gemachte Marmeladen, die von Bauern am Straßenrand aus eigener Produktion angeboten werden. Die Benzinpreise liegen auf deutschem Niveau und schwanken ebenso stark. Eine aktuelle Übersicht über dänische Benzinpreise findet sich auf www.fdmbenzinpriser.dk.

Laden-öffnungszeiten

Ende 2012 wurde das einst sehr starre Ladenschlussgesetz abgeschafft – nur an gesetzlichen Feiertagen müssen die Ladentüren geschlossen bleiben. In Kleinstädten und Dörfern wird jedoch bis heute die Mittagspause oft eingehalten. Kernöffnungszeiten in den Städten sind Mo. – Fr. 9 / 10 – 17 / 18 Uhr, samstags ist bis 14 oder 16 Uhr geöffnet. In den größeren Städten und Einkaufszentren setzt sich immer stärker eine **Sonntagsöffnung von 12 – 16 Uhr** durch, wie sie in Kopenhagen bereits Standard auf dem Strøget und der Købmagergade ist. Ebenfalls eine Sonntagsöffnung bieten die meisten Groß- und Fachmärkte wie Bilka, der täglich von 8 – 22 Uhr zum Einkaufen für Haus und Garten, Mode und Freizeit lädt.

Dänisches Design

Weltberühmt ist dänisches Design (▶ Baedeker Wissen, S. 376). Günstiger gibt es die Klassiker beim »Udsalg« zum Saisonende oder beim Lagerverkauf, wo auch B-Ware mit teilweise kaum sichtbaren Mängeln, dafür jedoch um einiges günstiger, in den Handel kommt.

Vor allem rund ums eigene Heim gibt es viele schöne Dinge made in Denmark, die formvollendet, praktisch, schön – und erschwinglich sind. Allen voran die **Eva-Solo-Karaffen**, die in die Kühlschranktür passen und bei Tisch dank Neopren-Überzug die Kälte gut halten. Oder auch die Wärme ... Ein Hingucker bei Tisch sind auch die farbenfrohen **Stelton-Thermoskannen**, die 1977 entworfen wurden und heute so modern sind wie einst. Seit 2013 gibt es die millionenfach verkaufte Isolierkanne auch in Hochglanzoptik.

Schmuck, Porzellan und Kunsthandwerk

Schmuck und Silber von Georg Jensen, Bernsteinschmuck und Porzellan der Königlich Kopenhagen-Porzellanmanufaktur sind ebenfalls als Souvenir bei Gästen sehr beliebt und überall im Land erhältlich. Einzigartiger als Modeschmuck von Pilgrim, die längst auch in Deutschland Filialen betreiben, sind die minimalistischen Schmuckkreationen von **Sophie Bille Brahe**, die in ihrer ersten Kollektion auf geometrische Formen im Bauhaus-Stil setzte und zum neuen Shooting Star in Dänemark avancierte. Für ihre zweite Kollektion kooperierte Brahe mit der Ladenkette Weekday und präsentierte mit der Ensemble-Kollektion zehn Einzelteile aus Silber – Ketten, Cuffs, Armreife und Ringe – die sich schier unendlich kombinieren lassen. Auf skandinavischen Minimalismus setzt auch die Kopenhagenerin **Vibe Harsløf**, die mit Sneakerschmuck für Aufsehen sorgte. Etwas Besonderes sind die Unikate, die die lokalen Kunsthandwerker gestalten. Viele von ihnen nehmen die Natur als Vorbild und schaffen aus Granit, Muschelschale, Holz und Metall traumhafte und einzigartige Kunst- und Schmuckwerke.

Glaskunst

International berühmt – und wunderschönes Mitbringsel – ist auch die dänische Glaskunst. In Aalborg schmückt Lisbeth Lange im Kaltverfahren riesige Glasschalen mit filigranen oder poppigen Mustern, auf Bornholm fertigen Maibritt Jönsson und Pete Hunner von Baltic Sea Glass kristalline Tischkultur, die tief verwurzelt ist in der Flora, Fauna und Geologie der Ostseeinsel.

Begehrte Modelabels

Harald Holstein gründete in den 1980er-Jahren auf einer kleinen Insel ein dänisches Modelabel, das mit femininen und lässigen Schnitten erst die Herzen der Frauen eroberte und dann auch die ihrer Töchter: Noa Noa. War Holstein einst ein Pionier, so ist die dänische Modeszene längst ein **wichtiger, internationaler Wirtschaftsfaktor** mit klangvollen Namen wie Henrik Vibskov, Munthe plus Simonsen, Tina Wodstrup und Stine Goya, 2011 Gewinnerin des Dansk Fashion Award. Ilse Jacobsen wurde mit kunterbunten Gummistiefeln und Regenmänteln berühmt. Heute ergänzen sportlich-schicke Freizeitkleidung und elegante Abendroben ihre Kollektion. Laufsteg der aktuellen Mode- und Designszene ist neben Kopenhagen, wo alle angesagten dänischen Designer mit Showrooms oder Flagshipstores

BAEDEKER MAGISCHE MOMENTE

WO DÄNEMARK ZU WEIHNACHTSTISCHE BITTET

Stilvolles Porzellan von Royal Copenhagen schmückt seit Generationen nicht nur dänische Schlösser und Stuben. Aber wussten Sie, dass die traditionsreichen Geschäftsräume von **Royal Copenhagen** am Amagertorv 6 in Kopenhagen alljährlich zur Inspirationsquelle für 250 000 Dekorationsfans aus dem In- und Ausland werden? Die festlich geschmückten Weihnachtstische, die sogar Königin Margrethe II. schon ausgestattet hat, sind von Mitte November bis Ende Dezember zu sehen. Eintritt frei

Lakritz von Johan Bülow gibt es in Svaneke auf Bornholm.

vertreten sind, Aarhus in Jütland, wo Works United und der Wood Wood Store Modeschöpfer wie Karstoft Vestergaard, SNS Herning, Bøgelund Jensen und Peter Jensen vorstellen (▶ Das ist Dänemark, S. 12ff.).

Herzhaftes und Süßes

Bei Lebensmitteln sind Räucherlachs, Frühstücksspeck, Leberpastete, marinierter Hering in vielen Variationen und Kaviarcreme aus der Tube neben Käse die beliebtesten kulinarischen Mitbringsel aus dem Königreich. Naschkatzen freuen sich über Pralinen und Schokoladenspezialitäten von Anthon Berg, Peter Beier oder Sv. Michelsen, Haferkekse und die Lakritz von Johan Bülow oder Salzlakritz von Ga-Jol, auf deren Packung stets ein Sinnspruch abgedruckt ist.

»Flaschen-Geister«

Beliebte Mitbringsel sind auch dänische Spirituosen. Der berühmte Magenbitter **Gammel Dansk** wird aus 29 Kräutern hergestellt; Wermut, Ingwer und Lakritze verleihen ihm seinen typischen Geschmack. Als Verdauungshilfe gehört für viele Dänen ein Gläschen Gammel Dansk Bitter Dram nach einer üppigen Mahlzeit dazu. Andere nehmen einen klaren Kümmelschnaps aus Jütland mit, den Aalborg Akvavit. Oder doch lieber etwas ganz Exotisches? Dann greifen Sie zu Små Gule: Der dänische Wodka mit Lakritz in seiner knallgelben Flasche ist schon optisch ein Hingucker. Skål!

ÜBERNACHTEN

Typisch dänisch im Ferienhaus am Strand, in einem individuellen Boutiquehotel, einem historischen Badehotel, königlich im Schloss oder allein im Zelt im Wald – wer Dänemark bereist oder im kleinen Königreich entspannten Urlaub macht, hat die berühmte Qual der Wahl. Garantiert ist dabei immer ein bleibendes Erlebnis.

Ferienhäuser

250 000 Ferienhäuser von einfach bis luxuriös gibt es in Dänemark. 93 Prozent liegen dort, wo auch die Dänen am liebsten ihre Freizeit verbringen: am Meer. Alle Häuser sind in Privatbesitz und daher **sehr individuell** eingerichtet, fast immer mit Sauna oder Jacuzzi und immer häufiger auch mit Internet via WLAN. Jedes siebte Haus wird über Fremdenverkehrsämter oder Agenturen offiziell vermietet. Die Preise richten sich nach Lage, Ausstattung und Saison. Das Angebot reicht vom gemütlichen Holzhaus bis hin zum Luxushaus unter Reet mit beheizbarem Schwimmbad, Whirlpool etc. Die dänischen Ferienhäuser sind das ganze Jahr über buchbar. Die meisten liegen nahe am Wasser in schöner Umgebung und bieten viel Platz für einen individuellen Urlaub.

Immer stärker nachgefragt werden ungewöhnliche Urlaubsdomizile. In Hvide Sande können Urlauber **Ferienhausurlaub auf dem Wasser** machen – auf komfortablen, modernen Hausbooten, die fest vertäut am Ise- und Ringkøbing Fjord liegen.
www.visitdenmark.de/ferienhausurlaub

Camping und Zelten

Camping ganz klassisch ...

85 Prozent der über 450 dänischen Campingplätze, von denen **170 ganzjährig geöffnet** sind, liegen am Wasser. Ein Viertel der Plätze, die je nach Ausstattung mit bis zu fünf Sternen ausgezeichnet sind, vermieten neben Zelt- und Stellplätzen auch Hütten mit Kochgelegenheit. Fünf-Sterne-Hütten besitzen sogar ein eigenes Bad mit Dusche und WC, Hütten mit bis zu vier Sternen nutzen die Sanitäreinrichtungen des Campingplatzes. Camping außerhalb der Campingplätze ist in Dänemark nicht erlaubt, auch nicht in den Dünen an der dänischen Küste. Dies gilt auch für Wohnmobile, für die es landesweit neben den Campingplätzen rund 350 Stellplätze gibt. Langzeitparkplätze für Campingfahrzeuge gibt es nur auf speziell eingerichteten Plätzen. Kürzere Aufenthalte auf Parkplätzen, Raststätten u.ä. sind überall im Land erlaubt.

Für die Übernachtung auf dänischen Campingplätzen ist **ein gültiger Campingpass** erforderlich. Der in ganz Europa geltende, dänische

Pass Camping Key Europe kostet im Jahr 110 DKK. Für sporadische Nutzer: Bei Einzelübernachtungen wird ein Transitpass ausgestellt, der nur in Dänemark Gültigkeit besitzt (35 DKK). Eine im Heimatland ausgestellte Internationale Camping Card der FICC, FIA oder AIT gilt auch in Dänemark.
www.daenischecampingplaetze.de

... oder mit Glamoureffekt

Glamping ist eine noch vergleichsweise junge Wortschöpfung, die »Glamourous« und »Camping« zu einem völlig neuen Urlaubserlebnis verschmilzt: Statt Isomatte im Minizelt und ungeliebtes Schlangestehen vor den Gemeinschaftsduschen wird beim **Glamping** in großzügigen Safarizelten oder in Luxusmobilheimen genächtigt. Besonders für Familien haben diese Mobilhomes einen großen Vorteil zum Ferienhaus: Der Nachwuchs findet sofort Anschluss und kann kostenlos im platzeigenen Badeland plantschen. Ein weiteres Plus sind die flexiblen Buchungszeiträume. Anders als bei den meisten Ferienhäusern kann der An- und Abreisetag bei den Glamping-Homes frei gewählt werden. So entgeht man dem berüchtigten Verkehrschaos zum Ferienhaus-Bettenwechsel am Samstag.

Ein Zelt im Wald

Ein Naturerlebnis pur garantiert das Angebot »Freies Zelten«. Zelturlauber dürfen in rund 150 ausgewählten Wäldern in ganz Dänemark kostenlos ihr Zelt aufschlagen. Rad- oder Wanderurlauber, die mit Zelt unterwegs sind, können ferner auf rund 1000 so genannten Naturlagerplätzen gratis übernachten, etwa in Wäldern, in der Nähe einer der 70 Volkshochschulen oder auf Bauernhöfen.
Urlaub in der dänischen Inselwelt mit ihren mehr als 400 Inseln lässt sich einfach und preisgünstig in einem **Inselzeltlager** machen. Die in Dänemark äußerst beliebten »Ø-lejr«, die sommerlichen Insellager, sind eine naturnahe Art, Urlaub zu machen. Und sie sind ideal für Urlauber mit einer Vorliebe für sportliche Aktivitäten und gemeinsame Unternehmungen mit der eigenen und befreundeten Familie.
Waldzelten: www.teltpladser.dk
Zeltlager: www.oelejr.dk

Hotels und Gasthöfe

Angebot

Übers ganze Land sind mehr als 900 Hotels verteilt, vom einfachen Landgasthof bis zum vornehmen Schloss. Alle Häuser, die mindestens 40 Betten haben und Mitglieder des Verbandes HORESTA (www.horesta.dk) sind, werden jährlich offiziell klassifiziert: von einem Stern für die einfachste Ausstattung bis zu fünf Sternen für luxuriöse Nobelunterkünfte. **Nachhaltigkeit** ist in der dänischen Hotellerie besonders in den Großstädten ein Thema. Nach einer alljährlichen Prüfung erhalten Hotels, die strenge Umwelt- und Gesundheitsauflagen erfüllen, als Qualitätssiegel den Grünen Schlüssel (www.greenkey.dk).

Preise

Übernachten in Dänemark ist teuer, wobei gerade auf dem Lande oder in traditionellen Badeorten das Preis-Leistungs-Verhältnis häufig nicht stimmt. In den letzten Jahren wurde jedoch der Modernisierungsstau in Angriff genommen. Besonders Landgasthöfe, deren gute Küche Gäste von weit her anlocken, haben die Standards ihrer Zimmer nun endlich angepasst und erhöht. Alle Übernachtungspreise enthalten 25 Prozent MOMS (Umsatzsteuer) und 15 Prozent Serviceaufschlag.

Nostalgischer Charme im Badehotel

An den Küsten finden sich 40 altehrwürdige Badehotels, die neben nostalgischem Charme und köstlicher, regionaler Küche heute auch oft mit Wellness verwöhnen. Ruths Hotel in Skagen (www.ruths-hotel.dk) und Svinkløv Badehotel bei Sletterstrand (www.svinkloev-badehotel.dk) sind solche Perlen, aber auch am Lillebælt, auf Bornholm und in den alten Badeorten Tisvildeleje, Gilleleje und Hornbæk an der Nordküste von Seeland laden solche legendären Badehotels zu einem unvergesslichen Aufenthalt.

Übernachten am Wasser in Troense

In vielen der Badehotels ist der Aufenthalt »all inclusive«. Wenn sich die Türen zum Speisesaal öffnen, herrscht wirklich ein Grund zur Freude, da nicht selten einer der besten Köche Dänemarks in der Küche steht. Die **Saison** der Badehotels geht üblicherweise von Mitte April bis Mitte Oktober. Doch immer mehr Badehotels haben das ganze Jahr geöffnet. Die Preise variieren, und Sie werden alle Hotelklassen finden, von Super Deluxe Hotels mit Spa- und Wellnessbereich bis hin zu bescheideneren, rustikalen Hotels.

Designhotels

Als erstes Designhotel der Welt gilt das **Radisson Blue Royal Hotel**, das Arne Jacobsen im ersten Hochhaus der Hauptstadt in den 1960er-Jahren in Kopenhagen entwarf – Zimmer 606 ist noch original wie zur Eröffnung eingerichtet (www.radissonblu.com/de/royalhotel-copenhagen). Seitdem haben sich viele Designhotels hinzugesellt – so das maritime Admiral (www.admiralhotel.dk) in einem denkmalgeschützten Kornspeicher gegenüber der Kopenhagener Oper, das ultramoderne Sankt Petri (www.sktpetri.com) in einem früheren Kaufhaus der Hauptstadt, das märchenhafte Hotel Nimb (www.nimb.dk) im Herzen des Tivoli, das Hotel Oasia in Aarhus (www.hoteloasia.dk), das Hotel Legoland (www.hotellegoland.dk), dessen Zimmer eine einzige Hommage an den Spielstein sind. In Kürze erweitert Legoland sein Hotelangebot in Billund sogar und baut ein neues Themenhotel, das nicht weniger als 200 Mio. DKK kosten wird.

Königlich nächtigen

Dänemark ist eine Monarchie, sogar eine der ältesten der Welt. Umso mehr dürfen sich auch Urlauber darauf freuen, im Königreich einige der schönsten Unterkünfte selbst erleben zu dürfen – und auf einem echten Schloss oder Herrenhof zu übernachten! Ein besonderes Erlebnis, das man mit Sicherheit nicht vergisst. Alle dänischen Schloss- und Herrenhofhotels finden Sie über Danske Slotshoteller oder den Verband dänischer Schlösser und Herrenhäuser (.

www.slotshotel.dk | www.slotte-herregaarde.dk

Echt dänisch: der Kro

In Dänemark gibt es rund 450 Kros, knapp 100 davon sind **königlich privilegiert**. Viele findet man in den kleinen Städtchen und Dörfern, und dort wiederum idyllisch abseits der Hauptverkehrsstraßen. In den Kros herrscht eine einzigartige, gemütliche Atmosphäre. In der »Krostue«, der Kro-Stube oder dem Kro-Restaurant, wird meist ein traditionelles, eher handfestes dänisches Essen serviert. Die Gerichte beruhen auf alten Rezepten und frischen Zutaten. Die Wurzeln der Krotradition gehen zurück bis ins 12. Jh.: Im Jahr 1283 bestimmte König Erik Klipping, dass auf allen Straßen und Fährhäfen in Dänemark, die ein dänischer König nutzen wollte, ein Kro gebaut werden müsse. Die letzten drei Kros bekamen erst 1912 das königliche Privileg. Ein Glück für jeden Untertan: Nicht nur Könige, auch andere ermattete Reisende durften und dürfen sich in einem dänischen Landgasthof erfrischen.

Auch die nicht privilegierten Kros bewahren die Werte, die die Krogeschichte vorgegeben hat, aber erweitert z. B. um exklusive Restaurants. Auch **sportliche Aktivitäten** werden angeboten, darunter beispielsweise Golf.
www.danskkroferie.dk

Urlaub beim Bauern

»Bondegaardsferie« – Urlaub auf dem Bauernhof ist auf mehr als 130 Höfen möglich, darunter auch auf **zehn Ökohöfen,** die vorwiegend auf Jütland zu finden sind.

Jugendherbergen

Die 68 Jugendherbergen von Danhostel stehen **allen Altersklassen** offen – Familien mit Kindern sind hier ebenso willkommen wie junge Einzelreisende, Senioren oder Gruppen. Voraussetzung für eine Übernachtung ist ein Jugendherbergsausweis. Für nur eine Übernachtung gibt es einen Gastausweis (35 DKK). Kinder unter 18 Jahren checken über den Ausweis der Eltern ein. Alle dänischen Jugendherbergen bieten ein preiswertes Frühstück an. In den Küchen haben die Gäste die Möglichkeit, ihre Speisen selbst zuzubereiten.
www.danhostel.dk

Preiswerte Alternativen mit persönlicher Note

Groß im Kommen ist der Haus- und Wohnungstausch, bei dem zwei Partner während des Urlaubs gegenseitig ihr Domizil tauschen: Das ist nicht nur preiswert, sondern ermöglicht auch einen direkten, schnellen Kontakt zu den Dänen. Mehrere **Online-Plattformen und Agenturen** haben sich darauf spezialisiert.
Auch das Angebot an alternativen, jungen Reiseunterkünften wächst in Dänemark. **»Woofing«** und **»Couchsurfing«** etwa sind ausgezeichnete Möglichkeiten, (fast) kostenlos Urlaub zu machen. Während die »Woofer« bei der Mitarbeit auf dem Bauernhof Kenntnisse über ökologische Landwirtschaft in Dänemark gewinnen, steht beim Couchsurfing die persönliche Begegnung des Gastes, der oftmals die »Schlafcouch« mehrfach während eines Urlaubs wechselt, mit dem Gastgeber im Mittelpunkt.
Besonders in der Sommersaison säumen Schilder mit der Aufschrift »Zimmer«, »Værelser« oder »Rooms« den Straßenrand. Wer gerade zur Ferienzeit nicht auf den Zufall hoffen will, findet in Dänemark eine wachsende Zahl von Verbänden und Agenturen, die **Privatunterkünfte** mit Frühstück vermitteln.
Tourist Information Copenhagen Right Now: www.visitcopenhagen.com (Zimmer in und in der Nähe von Kopenhagen)
Nyborg Turistbureau: www.bed-breakfast-fyn.dk (B&B sowohl in den meisten größeren Städten als auch in den Dörfern, auf dem Lande sowie auf den Inseln rund um Fünen)
Dansk Bed & Breakfast® and Dansk BoligBytte - Homelink Denmark: www.bbdk.dk

P

PRAKTISCHE INFOS

Wichtig, hilfreich präzise

Unsere Praktischen Infos helfen in allen Situationen in Dänemark weiter.

Über die Øresundbrücke geht es nonstop sogar bis Schweden. ►

KURZ & BÜNDIG

ELEKTRIZITÄT
220 Volt/50 Hz; Adapter sind nicht notwendig. Fast alle Steckdosen sind mit einem **Kippschalter** versehen.

GELD

WECHSELKURSE
1 EUR = 7,44 DKK
1 DKK = 0,13 EUR
1 CHF = 6,40 DKK
1 DKK = 0,15 CHF

SPERRNOTRUF (D)
Bei Verlust von Bank-, Kredit- oder Handykarte:
+49 116 116 (D)
www.sperr-notruf.de

ÖFFNUNGSZEITEN DER BANKEN
In der Regel Mo. – Fr. 9.30 – 16 Uhr (Do. bis 18 Uhr); Wechselstuben teilweise bis 22 Uhr

NOTRUFE

ALLGEMEINER NOTRUF
Polizei: Tel. 114
Feuerwehr und Ambulanz:
Tel. 112

LÆGEVAGTEN – ÄRZTLICHER BEREITSCHAFTS- UND RETTUNGSDIENST
Mo. – Fr. 16 – 8 Uhr, Wochenende rund um die Uhr
Tel. 38 88 60 41 sowie
www.laegevagten.dk.

ACE EURO-NOTRUF
Tel. +49 711 530 343 536

ADAC-NOTRUFZENTRALE
Tel. +49 89 22 22 22
Ambulanzrückholdienst und Telefonarzt:
Tel. 0049 89 76 76 76

DRK-FLUGDIENST
Tel. +49 211 917 499 39

DEUTSCHE RETTUNGSFLUGWACHT
Tel. +49 711 70 10 70
www.drf-luftrettung.de

ÖAMTC-NOTRUFZENTRALE
Tel. +43 1 251 20 00

SCHWEIZERISCHE RETTUNGSFLUGWACHT
Tel. +41 333 333 333

AUTOHILFE

ADAC-NOTRUF/DANMARK A/S FALCK-HUSET
Bei Unfall: Tel. 112; bei Wagenpanne: Tel. 70 10 20 30
www.falck.dk

AVD
Tel. +49 69 660 66 00

WAS KOSTET WIE VIEL?
Einfache Mahlzeit ab 180 DKK
3-Gänge-Menü ab 400 DKK
1 Tasse Kaffee ab 40 DKK
1 Bier ab 50 DKK
Doppelzimmer ab 900 DKK
Benzin: 1 l Super ab 11 DKK

ZEIT
Mitteleuropäische Zeit (MEZ)
Sommerzeit (Ende März – Ende Okt.)

ANREISE · REISEPLANUNG

Anreisemöglichkeiten

Mit dem Auto ...

Autofahrer können über den Großen Belt (Fünen/Seeland) und den Øresund (Seeland/Südschweden) von Flensburg bis Malmö (Schweden) durchfahren (Maut). Die Vogelfluglinie **E 47** zwischen Hamburg und Kopenhagen ist auf dänischer Seite durchgängig eine Autobahn, auf deutscher Seite bis Heiligenhafen-Ost ausgebaut. Das letzte Teilstück bis zum Fehmarnbelttunnel, das voraussichtlich ab 2028 die Fährverbindungen ersetzen soll, ist derzeit im Bau.

... und der Fähre

Die Scandlines Auto- und Eisenbahnfähre verkehrt rund um die Uhr von Puttgarden/Fehmarn in 45 Minuten nach Rødbyhavn/Lolland. Von Rostock nach Gedser/Falster dauert die Fährfahrt zwei Stunden. Weitere Verbindungen bestehen zwischen Flensburg bzw. Langballigau und Sønderborg. Bis auf wenige Ausnahmen verkehren Fähren täglich. Alle Fähren sind **in der Hochsaison sehr ausgelastet** und sollten zeitig reserviert werden.

Inseln sammeln

Mit seinen mehr als 400 Inseln ist Dänemark ein echtes Insel-Königreich. Einige der schönsten kleinen Inseln in Nord- und Ostsee können Urlauber auch »sammeln«: Für den neuen, **kostenlosen Inselpass** haben sich insgesamt 37 Eilande zusammengetan, um Freunde von Inseln und Fähren zum Entdecken der abseits der großen Touristenströme gelegenen Ziele einzuladen. Größtes Eiland für das Inselhopping ist dabei Bornholm mit rund 589 Quadratkilometern, kleinstes Birkholm mit nur 0,9 Quadratkilometern. Neben einem kurzen **Inselporträt** mit aktuellen Fakten und touristischen Informationen enthält das dänisch »Ø-pas« genannte Heft auch eine Karte sowie einen QR-Code, der direkt zur Webseite der entsprechenden Insel führt. Urlauber können im neuen Inselpass alle besuchten Inseln abstempeln. Sie finden dazu vor Ort – oft schon bei der Überfahrt auf der Fähre – eine kleine Messingtafel mit den Umrissen der Insel, die sich in den kleinen Pass mit einem Stift durchpausen lässt. Erhalten kann man den Ø-pas z. B. bei den Reedereien. Er steht aber auch in deutscher Sprache zum Download auf www.visitdenmark.de/inselpass bereit.

Mit der Bahn

Autoreisezüge verbinden mehrmals in der Woche Lörrach, München, Innsbruck, Wien und Villach (Österreich) mit Hamburg-Altona. Von dort rollen täglich Züge nach Kopenhagen (zwischen Puttgarden und Rødby mit dem Fährschiff) sowie über die Große-Belt-Verbindung.

Ein ICE verkehrt zwischen Hamburg bzw. Berlin und Kopenhagen sowie ICs zwischen Hamburg und Aarhus. Von Hamburg aus bestehen tägliche Verbindungen auch nach Jütland und Fünen, u. a. nach Frederikshavn mit Anschluss an Fährschiffe nach Schweden und Norwegen.

Mit dem Flugzeug

Fast der gesamte Linienflugverkehr von und nach Dänemark geht über den Flughafen Kopenhagen (Kastrup). Direkte Flugverbindungen gibt es von Berlin, Bremen, Düsseldorf, Frankfurt/M., Hamburg, Hannover, Köln/Bonn, München, Stuttgart, Wien, Genf, Zürich und Basel. **Inlandsflüge** starten in Kopenhagen zu den jütländischen Flugplätzen in Aarhus, Aalborg, Billund, Esbjerg, Karup, Rønne, Sønderborg und Thisted. Zu den kleineren Inseln Anholt und Læsø pendeln Airtaxis ab Roskilde.
Airtaxis: www.aircat.dk

Mit dem Bus

Von vielen Städten in Deutschland fahren Eurolines und Flixbus mit modernen Fernbussen **täglich** in die dänische Hauptstadt. Weitere Verbindungen bestehen nach Aalborg, Aarhus und Vejle.

Ein- und Ausreisebestimmungen

Reisedokumente

Dänemark ist Mitglied des **Schengener Abkommens** und hat die Grenzkontrollen gegenüber den anderen EU-Staaten abgeschafft. Nachdem Schweden aufgrund des Flüchtlingsstroms die Grenze nach Dänemark überwacht, hat dieses 2016 ebenfalls wieder stichprobenartige Kontrollen an der Grenze zu Deutschland eingeführt. Zur Einreise nach Dänemark benötigen Reisende aus Deutschland, Österreich und der Schweiz einen gültigen Personalausweis oder Reisepass. Seit 2012 ist auch für Kinder bereits ab der Geburt ein eigener Reisepass erforderlich – der Kinderreisepass gilt bis zum Alter von 12 Jahren. Bereits ab der Geburt gibt es für Kinder auch den ePass, der zusätzliche elektronische Merkmale enthält.
Wer mit dem Wagen nach Dänemark fährt, muss Führer- und Fahrzeugschein mitführen. Die Grüne Versicherungskarte ist nicht obligatorisch.

Haustiere

Hunde und Katzen benötigen einen veterinäramtlichen **EU-Heimtierausweis**, der Informationen über die erfolgten Impfungen enthält. Mindestens drei Wochen vor der Einreise muss eine Tollwutimpfung vorgenommen worden sein. Außerdem muss das Tier einen Mikrochip tragen. Das Mitbringen von Haustieren auf die Färöer-Inseln ist hingegen nicht gestattet.

Zollbestimmungen

Für den steuerfreien persönlichen Gebrauch gelten folgende **Richtmengen**: 800 Zigaretten, 400 Zigarillos, 200 Zigarren oder 1 kg Rauchtabak, 10 l Spirituosen, 20 l Zwischenerzeugnisse (z. B. Portwein, Sherry etc.), 90 l Wein, davon maximal 60 l Schaumwein, sowie

INFORMATIONEN

BAHN

DEUTSCHE BAHN
www.bahn.de

BUS

EUROLINES
www.eurolines.de

FLUGGESELLSCHAFTEN

SAS
www.flysas.com

LUFTHANSA
www.lufthansa.com

AUSTRIAN AIRLINES
www.austrian.com

SWISS
www.swiss.com

FÄHRGESELLSCHAFTEN
Fährportal für Bornholm, Als, Fanø, Langeland und Samsø
www.faergen.dk

SCANDLINES
www.scandlines.de

FRS (SYLT–RØMØ)
www.frs.de

MOLS LINJEN
Seit September 2018 verkehrt die Reederei Mols Linjen neben ihren Stammrouten von Aarhus und Ebeltoft nach Seeland auch nach Bornholm. Das gilt auch für die einzige direkte Fährverbindung ab Deutschland, Sassnitz – Rønne.
www.molslinjen.dk

110 l Bier. Für Nicht-EU-Länder wie die Schweiz gelten andere Freigrenzen für Personen ab 17 Jahren.

Detaillierte Informationen gibt es bei der dänischen Zoll- und Steuerbehörde Skat unter www.skat.dk (auch auf dt.) oder Tel. +45 72 22 12 12.

Kranken-versicherung

Versicherte deutscher Krankenkassen haben im Krankheitsfall in Dänemark Anspruch auf ärztliche Behandlung. Auch mit der **Europäischen Krankenversicherungskarte** muss meistens ein Teil der Arzt- und Arzneikosten selbst bezahlt werden. Gegen Vorlage der Quittungen erstattet die heimische Krankenkasse die Auslagen – allerdings nicht für jede Behandlung.

AUSKUNFT

In den meisten größeren Städten und Fremdenverkehrsorten befinden sich Touristeninformationen, wo Reisende sich während ihres Aufent-

ADRESSEN

Hinweis: Gebührenpflichtige Servicenummern sind mit einem Stern * gekennzeichnet.

VISITDENMARK
Dänemarks offizielle Tourismuszentrale
Glockengießerwall 2
D-20095 Hamburg
Tel. *0180 5 32 64 63
www.visitdenmark.de

DIPLOMATISCHE VERTRETUNGEN

DÄNISCHE BOTSCHAFT
Rauchstr. 1
D-10787 Berlin
Tel. 030 50 50 20 00
www.tyskland.um.dk

DEUTSCHE BOTSCHAFT
Göteborg Plads 1
2150 Nordhavn
Tel. 35 45 99 00
www.kopenhagen.diplo.de

ÖSTERREICHISCHE BOTSCHAFT
Sølundsvej 1
2100 København Ø
Tel. 39 29 41 41
www.aussenministerium.at/kopenhagen

SCHWEIZER BOTSCHAFT
Richelieus Alle 14
2900 Hellerup
Tel. 33 14 17 96
www.eda.admin.ch/copenhagen

INTERNETADRESSEN

WWW.DENMARK.DK
Das dänische Außenministerium berichtet über das Königreich.

WWW.KULTUNAUT.DK
Der größte elektronische Event-Kalender für Dänemark

WWW.DAC.DK
Das Danish Architecture Center bietet Rundgänge zu architektonischen und städtebaulichen Highlights in verschiedenen Städten.

haltes beraten lassen können und Infomaterial erhalten. Viele dieser Auskunftsstellen sind ganzjährig geöffnet. Die Mitarbeiter dort sprechen meist mehrere Sprachen, darunter v. a. Deutsch und Englisch.

BADEURLAUB

Badestrände

An der Nordseeküste Jütlands findet man von Süd nach Nord fast durchgehend zum Baden bestens geeignete Sandstrände **mit ausgeprägtem Dünenhinterland**. An der Ostküste Jütlands mit den vielen Fjorden sind die Strände schmaler, Dünen gibt es keine. Bornholm ist das einzige Gebiet mit längeren Felsküsten, besitzt aber auch feine Sandstrände. Auf der Halbinsel Mols und entlang der jütländi-

DIE SCHÖNSTEN STRÄNDE

In **Westjütland**: Henne Strand nördlich von Esbjerg und der bis zu 800 m breite Strand der Insel Rømø
Limfjorden: »Europas Hawaii« wird der Strand von Klitmøeller genannt, Top-Tipp für Surfer!
Auf **Fünen**: Ristinge Hale, südlich von Rudkøbing
Auf **Bornholm**: Strände im Süden, etwa bei Dueodde
Auf **Falster**: Marielyst, kilometerlanges Sandvergnügen
Auf **Seeland**: Strände nördlich von Helsingør

schen Ostküste rücken Wälder oft nahe an den Strand heran. Seeland, Fünen und seine Nachbarinseln weisen herrliche Strände auf. Umweltbewusst versucht man in Dänemark, die Strände weitgehend im natürlichen Zustand zu halten, weshalb Liegestühle, Sonnenschirme und Strandkörbe eher eine Seltenheit sind. Zwischen Blokhus und Løkken, auf Fanø und Rømø sowie bei Vejers Strand dürfen hingegen Autos sogar auf den Strand fahren. Jetskifahren ist überall verboten. Hunde müssen von April bis September an der Leine geführt werden.

Blaue Flagge zeigt saubere Strände

Das Gütesiegel Blaue Flagge darf auch in Dänemark nur an sauberen Stränden gehisst werden. Sie zeugt von der Qualität des Meerwassers und vom Zustand der dänischen Strände.
Kurtaxe wird in Dänemark nirgends fällig, entsprechend gering ist das Angebot an Dienstleistungen direkt am Strand. In der Nähe der Badestrände liegen häufig Parkplätze. Oft sind sie kostenlos, werden aber auch nicht bewacht. Ausgebaut wird der **barrierefreie Zugang** zum Strand, wie er z. B. schon auf Holzrampen in Hvide Sande möglich ist.

Verbot von Strandburgen

Jeder Strand ist frei zugänglich. Daher gibt es keine speziell ausgewiesenen **FKK-Strände**. Vorschriften »mit oder ohne« existieren nicht. Örtlich kann jedoch durch Ausschilderung ein Verbot erteilt werden – wie z. B. in Henne Strand und Holmsland Klit. Das Bauen von Strandburgen ist aus Küstenschutzgründen untersagt – bei Hochwasser trägt die Flut den aufgetürmten Sand mit sich fort. Zuwiderhandeln wird mit einem Bußgeld bestraft.

Informationen für Menschen mit Handicap

Die Website des dänischen Vereins **»Foreningen Tilgængelighed for Alle«** verrät, welche Stätten und Städte von Menschen mit Handicap ohne Schwierigkeiten besucht werden können. Auf Fanø können beispielsweise Rollstuhlfahrer und Gehbehinderte das Wattenmeer aus nächster Nähe erleben. Die Nordseeinsel bietet als erste dänische Destination einen Wattenmeerrollstuhl mit Elektroantrieb und Ballonreifen, der auch im Watt und auf Sand gut vorankommt.
www.godadgang.dk

ETIKETTE

Toleranz

Viele Dänen legen Wert auf **gute Manieren**. Das hat zur Folge, dass sie über flegelhaft auftretende Besucher meist nur im Stillen die Nase rümpfen oder – seltener – diese von oben herab auf ihr Fehlverhalten aufmerksam machen. Grundsätzlich sind die Dänen aber überaus hilfsbereit und Gästen gegenüber sehr tolerant.

Es ist schön, wenn man zumindest ein paar Brocken der **Landessprache** kann. Dänisch ist aber so schwer auszusprechen, dass das Gegenüber oft nur »Bahnhof« versteht. Oder es überschüttet, entzückt über den vermeintlich dänisch sprechenden Gast, diesen mit einen Wortschwall. Konversation macht man besser auf Deutsch oder Englisch.

Rauchen

In Dänemark ist das Rauchen in Cafés, Bars und Restaurants, die größer als 40 m² sind, nur noch in abgetrennten Bereichen erlaubt. Am Arbeitsplatz, in öffentlichen Gebäuden und Verkehrsmitteln ist das Rauchen verboten. **Trinkgelder** sind eher unüblich. Der Service im Hotel und Restaurant ist in der Rechnung enthalten. Bei guter Bedienung ist ein Plus von 5 Prozent angemessen oder es wird aufgerundet.

Besser nicht Flagge zeigen

Die Dänen lieben es zwar, zu allen Gelegenheiten ihren **Danebrog** zu hissen. Die eigene Nationalflagge sollte man aber besser zu Hause lassen, denn das Hissen fremder Nationalfahnen ist gesetzlich verboten. Und auch das Hissen des Danebrog ist Regeln unterworfen: Er darf nur zwischen Sonnenauf- und -untergang hochgezogen werden – und keinesfalls vor acht Uhr morgens.

GELD

Dänische Währung

Währungseinheit ist die Dänische Krone (DKK oder dkr) zu je 100 Øre. Es gibt Banknoten zu 50, 100, 200, 500 und 1000 Kronen. Im Umlauf sind **Münzen mit und ohne Loch**: 50 Øre (ohne Loch); 1, 2 und 5 Kronen (mit Loch, aus Silber); 10 und 20 Kronen (ohne Loch).

Zahlungsmittel

Die Ein- und Ausfuhr von dänischen und ausländischen Banknoten, Reiseschecks und anderen Zahlungsmitteln ist nicht begrenzt. **Kreditkarten** werden von allen Geldinstituten, den meisten Hotels, Restaurants und größeren Geschäften angenommen (Achtung: gelegentlich gilt dabei ein höherer Preis wegen Kartenspesen!). Mit der EC-Karte (Maestrozeichen) und mit allen gängigen Kreditkarten kann an den **Geldautomaten** (»dankortautomat«) der Banken rund um die Uhr Geld abgehoben werden. Ungeachtet der Höhe des Betrags wird bei jedem Umtausch eine Wechselgebühr in Höhe von 20 – 35 DKK erhoben, in Wechselstuben manchmal mehr.

GESUNDHEIT

Kostenlose Behandlung

Reisende haben Anspruch auf kostenlose Behandlung in dänischen Krankenhäusern (sygehus, hospital). Die **Apotheken** folgen mit ihren Öffnungszeiten denen der Geschäfte. In größeren Städten sind Apothekennotdienste eingerichtet. Wer spezielle Medikamente benötigt, sollte dies beachten: Viele der in Deutschland verschreibungsfreien Präparate sind in Dänemark nur gegen Rezept erhältlich!

LESETIPPS

Andersen, Hans Christian: »Andersens Märchen«. Beltz & Gelberg, 2012. Wunderschönes Hausbuch mit 43 Märchen, so stimmungsvoll wie hintergründig in Szene gesetzt mit 120 Bildern des preisgekrönten deutschen Illustrators Nikolaus Heidelbach.

Andersen Nexø, Martin: »Pelle der Eroberer«. Aufbau, 2004. Vierbändiger Roman, in dem einfühlsam das harte Leben von Bauern, Fischern und Arbeitern zu Beginn des 20. Jh.s auf der Insel Bornholm geschildert wird (▶ Interessante Menschen).

Bang, Herman: »Tine«. Manesse, 2011. Die Liebesgeschichte eines Mädchens in den Wirren des deutsch-dänischen Krieges 1864.

Bengtsson, Jonas T.: »Wie keiner sonst«. Heyne, TB 2015. Ein siebenjähriger Junge und sein Vater ziehen wie Nomaden durch das Leben – lakonisch und unsentimental beschreibt der neue Star der dänischen Literaturszene die Dynamik einer dysfunktionalen Familie, in der das Credo des Schweigens dominiert.

Keel, Aldo (Hrsg.): »Skandinavische Erzähler«. Manesse, 1999. 23 Klassiker der Moderne, unter ihnen der norwegische Nobelpreisträger Knut Hamsun, Selma Lagerlöf, Karen Blixen und Klaus Rifbjerg.

Knauer, Claudia: »Dänemark. Ein Länderporträt«. Ch. Links ^{2}2017. Kenntnisreich und unterhaltsam setzt sich die Deutsch-Dänin mit der Geschichte, den Besonderheiten und dem Alltag des Landes auseinander.

Viking, Meik: »Hygge – Ein Lebensgefühl, das einfach glücklich macht«. Lübbe, TB 2017. Ein dänisches Gefühl erorbert die Welt und wird zum (Lebens)Trend. Meik Viking versucht es zu erklären.

Bildband

Dumont Bildatlas: Dänemark. Land zwischen den Meeren. DuMont 2017. Stimmungsvolle Impressionen von Gerald Hänel (Fotos) und Christoph Schumann (Text).

REISEZEIT

Wechselhaftes Wetter

Das Klima unterscheidet sich kaum von dem in Norddeutschland, allerdings weist Dänemark mehr Eigenarten eines Inselklimas auf: Die Winter sind bei Temperaturen von durchschnittlich 0,7 °C eher mild, die Sommer selten heiß, der Herbst ist lang und mild und die Frühlingswärme setzt später ein. Niederschläge fallen in Dänemark das ganze Jahr über, am meisten in den Monaten August bis Oktober, am wenigsten in der Zeit von Februar bis Juni. Am meisten regnet es in den westlichen Landesteilen. Im Sommer beschert der Ostwind dem Osten des Landes oft herrlich trockenes Sonnenwetter. Typisch für Dänemark ist wechselhaftes Wetter, sodass man sich immer auch auf Regen einstellen sollte – wirklicher Dauerregen ist aber eher selten. Die Abende sind auch im Sommer oft kühl, daher an ein warmes Kleidungsstück denken. Von Juni bis August liegt die Temperatur im Mittel bei 15 – 17 °C, sie kann bis 25 °C ansteigen.
Die **Wassertemperatur** erreicht in dieser Zeit 18 – 20 °C. Bedingt durch den Golfstrom und die Gezeiten erwärmt sich im Frühjahr das Wasser der Nordsee schneller als das der Ostsee, erreicht indes im Hochsommer nicht so hohe Temperaturen. Charakteristisch für die nördliche Lage sind die **langen, hellen Sommernächte**, die ihren Höhepunkt im Juni erreichen. In Dänemark weht der Wind häufig, vor allem aus West und Südwest. Im Winter ist er am stärksten. Nicht selten verwandeln sich die westlichen Winde in Stürme, die v. a. in Westjütland große Schäden verursachen können.

SPRACHE

Nicht nur in den Touristenzentren und größeren Hotels, sondern **fast überall in Dänemark** kommt man mit Englisch oder Deutsch zurecht, da die meisten Dänen eine der beiden Sprachen sprechen oder zumindest verstehen. Zur Erleichterung der Aussprache sind alle dänischen Wörter mit einer einfachen Aussprache (in eckigen Klammern) versehen.

Deutsch oder Englisch

Die dänische Schrift besitzt drei Sonderbuchstaben: **Æ/æ, Ø/ø und Å/å**, das traditionell auch oft als doppeltes A geschrieben wird: Aa/aa. Sie stehen **am Ende (!)** des dänischen Alphabets.

Alphabet und Schreibung

KLEINER SPRACHFÜHRER DÄNISCH

ZAHLEN

0	**nul [noll]**	20	**tyve [tühwe]**
1	**en [ehn]**	21	**enogtyve [ehn-ou-tühwe]**
2	**to [toh]**	22	**toogtyve [toh-ou-tühwe]**
3	**tre [treh]**	30	**tredive [trähdwe]**
4	**fire [fier]**	40	**fyrre [föhr]**
5	**fem [fämm]**	50	**halvtreds [hallträss]**
6	**seks [säks]**	60	**tres [träss]**
7	**syv [süw]**	70	**halvfjerds [halljährs]**
8	**otte [ohde]**	80	**firs [fiers]**
9	**ni [nie]**	90	**halvfems [hallfämms]**
10	**ti [tie]**	100	**et hundrede [et hunnrede]**
11	**elleve [älwe]**	200	**to hundrede [toh hunnrede]**
12	**tolv [toll]**	1000	**et tusinde [et tuhsinn]**
13	**tretten [trätten]**	2000	**to tusinde [toh tuhsinn]**
14	**fjorten [fjohrten]**	10000	**ti tusinde [tie tuhsinn]**
15	**femten [fämmten]**		
16	**seksten [seisten]**	1/2	**en halv [en hall]**
17	**sytten [sütten]**	1/4	**en fjerdedel [en fjehredehl]**
18	**atten [atten]**		
19	**nitten [nitten]**		

AUF EINEN BLICK

Ja / Nein / Vielleicht	**Ja [ja] / Nej [nei] / Måske [moskeh]**
Bitte	**Vær så venlig [wär so wännli]**
	Vær så god [wärs' goh]
Danke / Vielen Dank	**Tak [tack] / Mange tak [mange tack]**
Gern geschehen.	**Det var så lidt. [deh war so litt]**
Entschuldigung!	**Undskyld! [onnsküll]**
Wie bitte?	**Hvad behager? [wa behar]**

Ich verstehe Sie / dich nicht.	**Jeg forstår Dem / dig ikke.** [jei forstohr dämm igge]
Können Sie mir bitte helfen?	**Undskyld, kan De hjælpe mig?** [onns-küll, kann die jälpe mei]
Ich möchte ...	**Jeg vil gerne ...** [jei will gärne]
Das gefällt mir (nicht).	**Det kan jeg (ikke) lide.** [deh kann jei (igge) lie]
Wie viel kostet es?	**Hvad koster det?** [wa koster deh]
Wie viel Uhr ist es?	**Hvad er klokken?** [waär kloggen]

KENNENLERNEN

Guten Morgen!	**God morgen!** [goh morn]
Guten Tag!	**Goddag!** [goh däh]
Guten Abend!	**God aften!** [goh aften]
Hallo! Grüß dich!	**Hallo! / Hej! / Dav!** [halloh / hei / dau]
Wie ist Ihr Name, bitte?	**Undskyld, hvad er Deres navn?** [onnsküll, wa är däres naun]
Mein Name ist ...	**Mit navn er ...** [mit naun är]
Wie geht es Ihnen?	**Hvordan har De det?** [wordann har die deh]
Danke. Und Ihnen / dir?	**Godt tak. Hvad med Dem / dig?**[gott tack. Wa med dämm / dei]
Auf Wiedersehen!	**Farvel!** [fahrwäll]
Bis morgen!	**Vi ses i morgen!** [wi sehs i morn]

AUSKUNFT

links / rechts	**venstre / højre** [wänstre / heure]
geradeaus	**lige ud** [lie ud]
nah / weit	**tæt / fjernt** [tätt / fjärnt]
Bitte, wo ist ...?	**Undskyld, hvor er ...?** [onnsküll, wor är]
... der Hauptbahnhof	**... hovedbanegården** [hohwed-bähnegohren]
... die U-Bahn	**... S-toget** [äss-touet]
... der Flughafen	**... lufthavnen** [lofthaunen]
Wie weit ist das?	**Hvor langt er der?** [wor langt är der]

TANKSTELLE

Wo ist bitte die nächste Tankstelle?	**Undskyld, hvor er den nærmeste tankstation?** [onnsküll, wor är den närmeste tankstaschohn]
Normalbenzin	**oktan 93** [oktähn tre-ou-hallfämms]
Super	**oktan 95/98** [oktähn fem-ou-hall-fämms/ohde-ou-hallfämms]
Diesel	**diesel** [diesel]

UNFALL/PANNE

Hilfe!	**Hjælp!** [jälp]

Vorsicht!	**Pas på [pas poh]**
Rufen Sie bitte schnell ...	**Tilkald hurtigt ... [tillkall hurdit]**
... einen Krankenwagen	**... en ambulance [en ambulangse]**
... die Polizei	**... politiet [politiet]**
... die Feuerwehr	**... brandvæsenet [brannwähsnet]**
Es war meine / Ihre Schuld. [de var mien/dähres sküll]	**Det var min / Deres skyld.**
Geben Sie mir bitte Ihren Namen und Ihre Anschrift.	**Vær venlig at give mig Deres navn og adresse. [währ wännli att gie mei dähres naun ou adrässe]**
Ich habe eine Panne.	**Jeg har en skade på bilen. [jei hahr en skähde po bielen]**
Würden Sie mir bitte einen Abschleppwagen schicken?	**Vil De være venlig at sende mig en kranvogn? [will die währe wännli att sänne mei en krahnwoun]**
Wo ist hier in der Nähe eine Werkstatt?	**Hvor er der et værksted? [wor är der et wärksted]**

ARZT

Können Sie mir einen guten Arzt empfehlen?	**Kan De anbefale mig en god læge? [kann die anbefähle mei en goh lähje]**
Ich habe hier Schmerzen.	**Jeg har ondt her. [jei hahr onnt her]**

EINKAUFEN

Wo finde ich ...?	**Hvor finder jeg ...? [wor finner jei]**
... eine Apotheke	**... et apotek [et apotek]**
... eine Bäckerei	**... et bageri [et bäjeri]**
... einen Supermarkt	**... et supermarked [ßupermarked]**
... einen Markt	**... torret [torwet]**

BANK

Wo ist hier bitte ...	**Undskyld, hvor er der ... [onnsküll, wor är der]**
... eine Bank?	**... en bank? [en bank]**
... eine Wechselstube?	**... et vekselkontor? [et wäkselkontohr]**
Ich möchte ... Euro (Franken) in Kronen umwechseln.	**Jeg vil gerne veksle ... Euro (schweizerfrancs) til kroner. [jei will gärne wäksle euro (schweizerfrancs) till kroner]**

POST UND KOMMUNIKATION

Was kostet ...	**Hvad koster ... [wa koster]**
... ein Brief ...	**... et brev ... [et brew]**
... eine Postkarte ...	**... et postkort ... [et postkort]**
Handy	**mobiltelefon [mobiltelefon]**
Speicherkarte	**hukommelseskort**
Internetzugang	**internettet [internettet]**
Akku	**akkumulator**

ESSEN/UNTERHALTUNG

Wo gibt es hier …	**Hvor er der … [wor är der]**
… ein gutes Restaurant?	**… en god restaurant? [en goh resdaurang]**
… eine gemütliche Kneipe?	**… et hyggeligt værtshus? [är der et hüggelit wärtshus]**
Reservieren Sie uns bitte für heute Abend einen Tisch für 4 Personen.	**Vil De være venlig at reservere et bord til i aften til fire personer. [will die währe wännli att reserwehre et bohr till i afften till fier persohner]**
Auf Ihr Wohl!	**Skål! [skohl]**
Bezahlen, bitte.	**Jeg vil gerne betale. [jei will gärne betähle]**
Wo kann man hier tanzen gehen?	**Hvor kan man gå hen at danse? [wor kann mann goh hänn att danse]**

ÜBERNACHTUNG

Können Sie mir bitte … empfehlen?	**Kunne De anbefale mig … [kunne die anbefähle mei]**
… ein gutes Hotel	**… et godt hotel? [et gott hotel]**
… eine Pension	**… en pension? [en pangschon]**
Ich habe bei Ihnen ein Zimmer reserviert.	**Jeg har reserveret et værelse her. [jei hahr reserveret et währelse her]**
Haben Sie noch ein Zimmer frei?	**Har De ledige værelser? [hahr die ledige währelser]**
… ein Einzelzimmer	**… et enkeltværelse [et enkeltwährelse]**
… ein Doppelzimmer	**… et dobbeltværelse [et dobbeltwährelse]**
… mit Dusche / Bad	**… med brusebad / bad [med bruhsebad / bad]**
… mit Blick aufs Meer	**… med udsigt over havet [med udsikt ouer hähwet]**
… für eine Nacht/Woche	**… for en nat/uge [for en natt/uhe]**
Was kostet das Zimmer mit …	**Hvad kostet værelset med … [wa koster währelset med]**
… Frühstück?	**… morgenmad? [mornmäd]**
… Halbpension?	**… halvpension? [hallpangschohn]**

SPISEKORT	SPEISEKARTE
morgenmad	**Frühstück**
sort kaffe [sort kaffe]	**schwarzer Kaffee**
kaffe med mælk [kaffe med mälk]	**Kaffee mit Milch**
koffeinfri kaffe [koffeinfri kaffe]	**koffeinfreier Kaffee**
te med mælk/citron [teh med mälk/sitrohn]	**Tee mit Milch/Zitrone**
urtete [urte-teh]	**Kräutertee**
chocolade [schokoläde]	**Schokolade**
frugtsaft [fruktsaft]	**Fruchtsaft**
et blødkogt æg [ett blökokt äg]	**ein weiches Ei**

røræg [röhr-äg]	**Rühreier**
bacon og æg [bäkon ou äg]	**Eier mit Speck**
brød / rundstykker / ristet brød [bröd / ronnstöckär / ristet bröd]	**Brot/Brötchen/Toast**
horn [horn]	**Hörnchen**
smør [smöhr]	**Butter**
ost [ost]	**Käse**
pølse [pölse]	**Wurst**
skinke [skinke]	**Schinken**
honning [honning]	**Honig**
marmelade [marmeläde]	**Marmelade**
mysli [müsli]	**Müsli**
yoghurt [joghurt]	**Jogurt**
frugt [frukt]	**Obst**

SUPPEN	SUPPEN
ærtesuppe [ärtesobbe]	**Erbsensuppe**
kærnemælksuppe [kärnemälksobbe]	**Buttermilchsuppe**
øllebrød [öllebröd]	**Bier-Brot-Suppe**

FORRETTER	VORSPEISEN
butterdejspostej [budderdeis-postei]	**Blätterteigpastete**
fiskesalat [fiskesaläht]	**Fischsalat**
forskellige forretter [forskällije forrätter]	**Diverse Vorspeisen**
hønsesalat [hönsesaläht]	**Geflügelsalat**
kold steg [koll stei]	**Kalter Braten**
leverpostej [lewerpostei]	**Leberpastete**
pålæg [polläg]	**Aufschnitt**
røget sild [reuet sill]	**Bückling**
sildeanretning [sille-anrättning]	**Heringsplatte**

FISK OG SKALDYR	FISCH UND SCHALENTIERE
ål [ohl]	**Aal**
blåmuslinger [blomusslinger]	**Miesmuscheln**
brisling [brisling]	**Sprotte**
fiskeboller [fiskeboller]	**Fischklößchen**
flynder [flünder]	**Flunder**
gedde [gedde]	**Hecht**
helleflynder [hälleflünder]	**Heilbutt**
klipfisk [klippfisk]	**Stockfisch**
nordsøhummer [nohrsöh-hummer]	**Kaisergranat**
ørred [örred]	**Forelle**
pighvar [piggwahr]	**Steinbutt**
rejer [reier]	**Krabben, Garnelen**
rødspætte [rödspätte]	**Scholle**
sandart [sandart]	**Zander**
sild [sill]	**Hering**
torsk [torsk]	**Dorsch**

KØDRETTER	FLEISCHGERICHTE
bajerske pølser [beierske pölser]	**Würstchen**
bedekølle [behdekölle]	**Hammelkeule**
benløse fugle [behnlöse fuhle]	**Rouladen**
biksemad [bicksemäd]	**Labskaus**
engelsk bøf [engelsk böff]	**Rumpsteak**
flæskesteg [fläskestei]	**Schweinebraten**
frikadelle [frekadelle]	**Frikadelle**
kalveskank [kalweskank]	**Kalbshaxe**
kødboller [ködboller]	**Fleischklößchen**
lever [lehwer]	**Leber**
mørbrad [mörbra]	**Schweinelende**
nyrer [nühr]	**Nieren**
medisterpølse [medisterpölse]	**Bratwurst**
svinekotelet [swienekotelett]	**Schweinekotelett**
tunge [tunge]	**Zunge**

VILDT OG FJERKRÆ	WILD UND GEFLÜGEL
agerhøne [äjerhöhne]	**Rebhuhn**
and [ann]	**Ente**
due [due]	**Taube**
gås [gohs]	**Gans**
hare [hahr]	**Hase**
hjort [johrt]	**Hirsch**
kalkun [kalkuhn]	**Truthahn**
kylling [külling]	**(Brat-)Huhn / Hähnchen**
rådyr [roddühr]	**Reh**

SALATER	SALATE
agurkesalat [agurkesaläht]	**Gurkensalat**
blandet salat [blannet saläht]	**Gemischter Salat**
endiviesalat [endiviesaläht]	**Endiviensalat**
grøn salat [grönn saläht]	**grüner Salat**
italiensk salat [italiehnsk saläht]	**Gemüsesalat**
julesalat [juhlesaläht]	**Chicorée**
karrysalat [karrüsaläht]	**Heringssalat mit Curry**
smørrebrød [smörbröd]	**bunt dekoriertes belegtes Brot**
det kolde bord [deh kolle bohr]	**Kaltes Buffet, bei dem es auch warme Gerichte gibt.**

GRØNSAGER	GEMÜSE
ærter [ärter]	**Erbsen**
blomkål [blommkohl]	**Blumenkohl**
brunede kartofler [bruhnede kartoffler]	**glasierte Kartoffeln**
gulerødder [gullerödder]	**Möhren**
kartoffelmos [kartoffelmohs]	**Kartoffelbrei**
pillekartofler [pillekartoffler]	**Pellkartoffeln**
(syltede) rødbeder [sültede röhbeder]	**(eingelegte) Rote Bete**

rødkål [rödkohl]	**Rotkohl**
rørhatte [röhrhätte]	**Steinpilze**
savojkål [saweukohl]	**Wirsing**
svampe [swampe]	**Pilze**

EFTERRETTER	DESSERT
bondepige med slør [bonnepije med slöhr]	**Apfelauflauf mit Schlagsahne [wörtlich: Bauernmädchen mit Schleier]**
citronfromage [sitrohnfromähsche]	**Zitronencreme**
frugtsalat [fruktsaläht]	**Obstsalat**
is [ies]	**Eis**
jordbæris [johrbähries]	**Erdbeereis**
piskefløde [pikeflöhde]	**Schlagsahne**
rødgrød (med fløde) [rödgröd med flöhde]	**Rote Grütze (mit Sahne)**
æblegrød [äblegröd]	**Apfelmus**
boller [boller]	**süße Brötchen**
kanelkrans [känelkrans]	**Zimtkuchen**
kransekage [kransekäje]	**Mandelhörnchen**
kvarkkage [kwark-käje]	**Käsekuchen**
lagkage [laukäje]	**Sahnetorte**
napoleonskage [näpoleonskäje]	**Sahneschnitte**
roulade [rohlähde]	**Biskuitrolle**
småkager [smo-käjer]	**Teegebäck, Kekse**
wienerbrød [wienerbröd]	**Kopenhagener Gebäck**

VINKORT	GETRÄNKEKARTE
alkoholfrie drikke	**Alkoholfreie Getränke**
kaffe [kaffe]	**Kaffee**
te (med citron) [teh med sitrohn]	**Schwarztee (mit Zitrone)**
æblemost [äblemost]	**Apfelsaft**
mineralvand [minerahlwann]	**Mineralwasser**
juice [djuhs]	**Fruchtsaft**
mælk [mälk]	**Milch**
chokolade [schokoläde]	**Schokolade**
kakao [kakäo]	**Kakao**
appelsinjuice [abbelsiehn-djuhs]	**Orangensaft**
appelsinvand [abbelsiehn-wann]	**Orangenlimonade**

ALKOHOLISKE DRIKKE	ALKOHOLISCHE GETRÄNKE
øl [öl]	**Bier**
fadøl [fad-öl]	**Fassbier**
brændevin [brännewien]	**Branntwein**
snaps [snaps]	**Aquavit**
vin [wien]	**Wein**
hvidvin [widwien]	**Weißwein**
rødvin [rödwien]	**Rotwein**
hedvin [hedwien]	**Dessertwein**

TELEKOMMUNIKATION · POST

Telefonieren Mobiltelefone wählen sich problemlos in die Partnernetze ein; seit 2017 fallen keine Roaminggebühren mehr an.

Portokosten Postämter sind inzwischen äußerst selten in Dänemark. Briefmarken werden oft in **Postshops** im Eingangsbereich von Supermärkten verkauft. Dort kann man gegebenenfalls auch Päckchen aufgeben. Ein Brief bis zu 15 g oder eine Postkarte innerhalb Dänemarks kostet 9 DKK, als Luftpostbrief ins Ausland – gekennzeichnet mit großem A als »prioritaire« – 27 DKK.

LÄNDERVORWAHLEN

NACH DÄNEMARK
0045
Es folgt eine achtstellige Teilnehmernummer, Ortsvorwahlen gibt es nicht.

VON DÄNEMARK
nach Deutschland: 0049
nach Österreich: 0043
in die Schweiz: 0041

AUSKUNFT
für das Inland: Tel. 118
für das Ausland: Tel. 113

VERKEHR

Autofahren Rund um Kopenhagen herrscht dichter Verkehr. Digitale Infotafeln geben Fahrzeiten in der City an. Maut wird nur an den Brücken über den Großen Belt und den Øresund erhoben. Wird man schuldhaft in einen Unfall verwickelt, wende man sich in Kopenhagen an den DFIM – Dansk Forening for International Motorkøretøjsforsikring.
www.dfim.dk.

Vorschriften Es besteht **Gurtanlegepflicht** auf allen Sitzen! Kinder unter drei Jahren dürfen nur in einem anerkannten Kindersitz auf den Beifahrersitz. Motorradfahrer müssen einen Schutzhelm tragen. Man muss ein Warndreieck mit sich führen. Autos und Motorräder müssen immer mit eingeschaltetem Abblendlicht fahren, andernfalls droht eine Geldstrafe. Die Höchstgrenze für den Blutalkoholgehalt liegt bei **0,5 Promille**. Wer mehr Alkohol im Blut hat, gibt sofort seinen Führerschein ab. Das Fahrzeug wird konfisziert; das Bußgeld beträgt mindestens einen Monatsverdienst. An Straßeneinmündungen bedeuten weiße Dreiecke (Haifischzähne) auf der Fahrbahn »Vorfahrt gewähren«.

Bußgelder

In Ortschaften (weißes Schild mit Stadtsilhouette) beträgt die **Höchstgeschwindigkeit** 50 km/h, auf Land- und Schnellstraßen 80 km/h, auf Autobahnen 130 km/h, um Großstädte 110 km/h, für Pkw mit Anhänger 70 km/h. Es gibt viele Tempokontrollen, selbst geringe Verstöße werden mit hohen Geldstrafen vor Ort geahndet. Wer nicht zahlen kann, muss den Wagen bei der Polizei lassen. Handy am Steuer ist nicht erlaubt. In Frederiksberg, Aalborg, Kopenhagen, Odense und Aarhus gibt es eine **Umweltzone**: Dieselbetriebene Busse, Lkw und Wohnmobile über 3,5 t dürfen hier nur mit Partikelfilter fahren. Dänische Fahrzeuge brauchen eine Plakette, für ausländische genügt der Nachweis in den Fahrzeugpapieren.

Umweltzonen in Dänemark: www.eng.mst.dk/air-noise-waste/air/reducing-traffic-emissions/danish-low-emission-zones/

Tanken

Dänemarks Tankstellen haben meist bis 18 Uhr geöffnet. Danach stehen Automatenzapfsäulen zur Verfügung, an denen mit 100-Kronen-Scheinen, V-Pay, Kredit- oder Maestrokarte bezahlt werden kann, gelegentlich auch mit Euroscheinen. Auf Fährschiffen darf im Reservekanister kein Treibstoff mitgeführt werden.

Taxi

Taxifahren ist teuer und kostet in der Regel mehr als doppelt so viel wie in Deutschland – Höchstpreise gelten nachts und am Wochenende. Der Taxitarif wird von den Kommunen festgelegt und setzt sich aus Startpreis und Gebühren je Kilometer zusammen. Wartezeit wird ebenfalls berechnet. Bezahlt wird meist nicht mehr bar, sondern per Kreditkarte.

Tarifrechner: www.taxapriser.dk.

Die landesweite **Rufnummer** für Taxen lautet 55 55 82 92.

Bus und Bahn

Intercityzüge verbinden im Stundentakt die Landesteile und alle größeren Städte. Zwischen Kopenhagen und größeren Städten verkehren Schnellzüge (lyntog = Blitzzug). Auf den übrigen Strecken fahren Regional- und Lokalzüge. In Gebieten ohne Bahnanschluss gibt es ein gut ausgebautes Netz von Überlandbussen. Infos über Busverbindungen und Fahrpläne erteilen die Touristenbüros (►Ziele A - Z). Für Intercityzüge über den Großen Belt, die Blitzzüge sowie Schlaf- und Liegewagen sind **Platzkarten** erforderlich. Kinder bis zu vier Jahren benötigen in der Bahn keine Fahrkarte, Kinder bis elf Jahren zahlen die Hälfte. Eine **Ermäßigung** erhalten auch junge Leute bis 25 Jahre, Senioren ab 60 Jahren und Gruppen ab mindestens drei Personen.

Aktuelle **Preise** auf www.dsb.dk und www.dsb.dk/priser-og-zoner

REGISTER

D

E

F

S

T

U

V

W

Z

BILDNACHWEIS

Akg S. 383
Amme/laif S. 29, 47, 215
Bilderberg/F.J.Alcoceba S. 294
Francis Dean/Kontributor via Getty Images S. 12/13
DuMont Bildarchiv/Gerald Hänel S. 2, 3 (2x), 7, 10 (2x), 16/17, 18, 20/21, 24/25, 26, 45, 51, 56, 66, 68/69, 77, 81, 84/85, 90, 93, 106 (2x), 110, 113, 134/135, 137, 146, 152, 165, 167, 170, 180, 182, 184, 187, 197, 198, 200, 210, 212, 217, 224, 234, 247, 250, 261 o., 263, 275, 279, 281, 287, 289, 299, 312, 315, 321, 337, 341, 342, 345, 347 o., 353, 357, 365, 373, 379, 389, 391, 393, 401, 403 o., 407, 414, 417, 421
fotolia S. 403 u.
fotolia/Christian Schwier S. 402
Bertrand Gardel/hemis/laif S. 15 u.
Galli/laif S. 229
Getty Images/Bloomberg S. 207
Getty Images/Julian Parker S. 355
Getty Images/Keystone-France S. 385
GoBoat S. 194
Günter Gräfenhain/huber images S. 138
Gerald Hänel/laif S. 325
Hotel Admiral S. 177
Huber Images/Günter Gräfenhain S. 191
Interfoto S. 359
iStock S. 409
Ole Jensen/Corbis S. 15 o.
mauritius images S. 366
mauritius images/age fotostock/Ivan Vdovin S. 161
mauritius images/imagebroker/ Harald Wenzel-Orf S. 155
mauritius images/United Archives S. 332
mauritius images/Walter Bibikow S. 270
mauritius images/Westend61 / Matthias Buchholz S. 100
Picture Alliance S. 204, 347 u.
Madeleine Reincke S. 188 (2x), 309, 377
Maurizio Rellini/huber images S. 8/9
Shutterstock/iravgustin S. 23
Shutterstock/Ron Zmiri S. 243
Shutterstock/Alexander Erdbeer S. 121
Shutterstock/Anders Riishede S. 258
Shutterstock/Ekaterina_Minaeva S. 227
Shutterstock/Elisabeth Coelfen S. 222
Shutterstock/Frank Bach S. 73
Shutterstock/Gestur Gislasson S. 254
Shutterstock/Traveller 70 S. 129
Shutterstock/Yoshumura 98 S. 105
Giovanni Simeone/huber images S. 60, 261 u.

Titelbild: Jean-Christophe Pratt/ Schapowalow

VERZEICHNIS DER KARTEN UND GRAFIKEN

IMPRESSUM

Ausstattung:
123 Abbildungen, 31 Karten und Grafiken, eine große Reisekarte

Text:
Hilke Maunder, Dr. Madeleine Reincke, Christoph Schumann

Überarbeitung:
Christoph Schumann

Bearbeitung:
Baedeker-Redaktion (Dr. Birgit Ulmer)

Kartografie:
Franz Huber, München,
Klaus-Peter Lawall, Unterensingen,
MAIRDUMONT Ostfildern (Reisekarte)

3D-Illustrationen:
jangled nerves, Stuttgart

Infografiken:
Golden Section Graphics GmbH, Berlin

Gestalterisches Konzept:
RUPA GbR, München

Chefredaktion:
Rainer Eisenschmid, Baedeker Ostfildern

17. Auflage 2019
Völlig überarbeitet und neu gestaltet

Anzeigenvermarktung:
MAIRDUMONT MEDIA
Tel. +49 711 450 20
Fax +49 711 450 23 55
media@mairdumont.com
http://media.mairdumont.com

Trotz aller Sorgfalt von Redaktion und Autoren zeigt die Erfahrung, dass Fehler und Änderungen nach Drucklegung nicht ausgeschlossen werden können. Dafür kann der Verlag leider keine Haftung übernehmen.
Kritik, Berichtigungen und Verbesserungsvorschläge sind jederzeit willkommen. Schreiben Sie uns, mailen Sie oder rufen Sie an:

Verlag Karl Baedeker / Redaktion
Postfach 3162
D-73751 Ostfildern
Tel. 0711 4502-262
info@baedeker.com
www.baedeker.com

Printed in Italy

FSC www.fsc.org
MIX
Paper from responsible sources
FSC® C015829

ATMOSFAIR

Reisen verbindet Menschen und Kulturen. Doch wer reist, erzeugt auch CO_2. Der Flugverkehr trägt mit bis zu 10 % zur globalen Erwärmung bei. Wer das Klima schützen will, sollte sich nach Möglichkeit für die schonendere Reiseform entscheiden (wie z.B. die Bahn). Gibt es keine Alternative zum Fliegen, kann man mit atmosfair klimafördernde Projekte unterstützen.
atmosfair ist eine gemeinnützige Klimaschutzorganisation unter der Schirmherrschaft von Klaus Töpfer. Flugpassagiere spenden einen kilometerabhängigen Betrag und finanzieren damit Projekte in Entwicklungsländern, die den Ausstoß von

nachdenken • klimabewusst reisen

atmosfair

Klimagasen verringern helfen. Dazu berechnet man mit dem Emissionsrechner auf **www.atmosfair.de** wieviel CO_2 der Flug produziert und was es kostet, eine vergleichbare Menge Klimagase einzusparen (z.B. Berlin – London – Berlin 13 €). atmosfair garantiert die sorgfältige Verwendung Ihres Beitrags. Alle Informationen dazu auf www.atmosfair.de. Auch der Karl Baedeker Verlag fliegt mit atmosfair.

BAEDEKER VERLAGSPROGRAMM

Viele Baedeker-Titel sind als E-Book erhältlich:
shop.baedeker.com

A
Algarve
Allgäu
Amsterdam
Andalusien
Australien
Australien · Osten

B
Bali
Barcelona
Bayerischer Wald
Belgien
Berlin · Potsdam
Bodensee
Brasilien
Bretagne
Brüssel
Budapest
Burgund

C
China

D
Dänemark
Deutsche Nordseeküste
Deutschland
Deutschland · Osten
Dresden
Dubai · VAE

E
Elba
Elsass · Vogesen

F
Finnland
Florenz
Florida
Franken
Frankfurt am Main
Frankreich
Frankreich · Norden
Fuerteventura

G
Gardasee
Golf von Neapel
Gomera
Gran Canaria
Griechenland
Großbritannien

H
Hamburg
Harz
Hongkong · Macao

I
Indien
Irland
Island
Israel
Istanbul
Istrien · Kvarner Bucht
Italien
Italien · Norden
Italienische Adria
Italienische Riviera

J
Japan
Jordanien

K
Kalifornien
Kanada · Osten
Kanada · Westen
Kanalinseln
Kapstadt · Garden Route
Kenia

BAEDEKER
F
FLORIDA

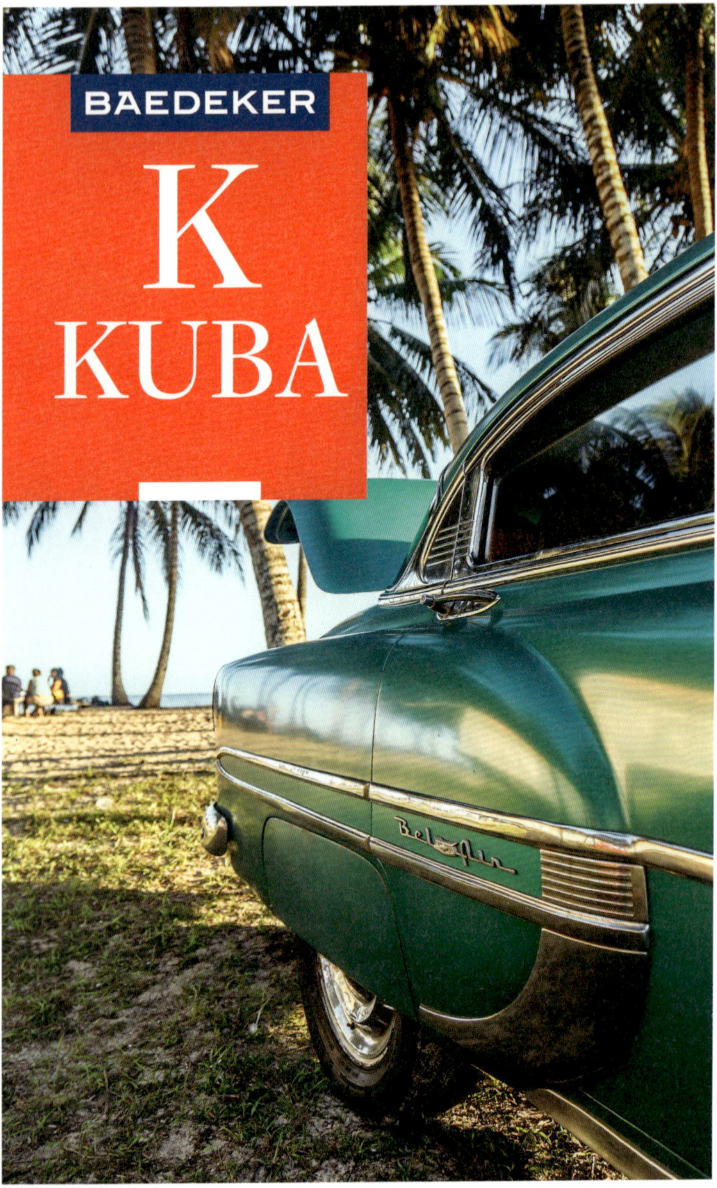
BAEDEKER
K
KUBA
Bel Air

Köln
Kopenhagen
Korfu · Ionische Inseln
Korsika
Kos
Kreta
Kroatische Adriaküste · Dalmatien
Kuba

L
La Palma
Lanzarote
Leipzig · Halle
Lissabon
London

M
Madeira
Madrid
Maldavien
Mallorca
Malta · Gozo · Comino
Morrokko
Mecklenburg-Vorpommern
Menorca
Mexiko
Moskau
München

N
Namibia
Neuseeland
New York
Niederlande
Norwegen

O
Oberbayern
Oberitalienische Seen · Lombardei · Mailand
Österreich

P
Paris
Polen
Polnische Ostseeküste · Danzing · Masuren
Portugal
Prag
Provence · Côte d'Azur

R
Rhodos
Rom
Rügen · Hiddensee
Rumänien

S
Sachsen
Salzburger Land
Sankt Petersburg
Sardinien
Schottland
Schwarzwald

Schweden
Schweiz
Sizilien
Skandinavien
Slowenien
Spanien
Spanien · Norden · Jakobsweg
Sri Lanka
Stuttgart
Südafrika
Südengland
Südschweden · Stockholm
Südtirol
Sylt

T
Teneriffa
Tessin
Thailand
Thüringen
Toskana
Tschechien
Türkische Mittelmeerküste

U
USA
USA · Nordosten
USA · Nordwesten
USA · Südwesten
Usedom

V
Venedig
Vietnam

W
Weimar
Wien

Z
Zürich
Zypern

Meine persönlichen Notizen

Meine persönlichen Notizen

Meine persönlichen Notizen

Meine persönlichen Notizen

50 km
© BAEDEKER
Skagerrak
Skagen
Grenen
Göte
Hirtshals
597
40
Ålbæk
Hjørring
35
Hirsholmene
Frederikshavn
55
E39
585
Sæby
Brønderslev
Jammerbugten
Læsø
E45
541
Hanstholm
29
Brovst
11
11
55
Nørresundby
11
29
Thisted
Løgstør
Lim-
fjorden
Aalborg
181
Livø
29
187
Støvring
Aalborg
Bugt
Kattegat
Tygstrup
26
Mors
Fur
Himmerland
507
541
Nykøbing
Mors
Thyborøn
Lim-
fjorden
29
Hadsund
Als
Mariager Fjord
13
Lemvig
11
Skive
Hobro
Struer
26
507
Vesterhavet
28
Viborg
16
Holstebro
16
Randers
34
16
Fornæs
16
26
46
Grenå
Ulfborg
18
21
16
28
12
13
15
52
Silkeborg
E45
Søndervig
Herning
Ringkøbing
15
15
Ebeltoft
181
12
Aarhus
Himmelbjerget
147
Sletterhage
Skjern
Jylland
Skanderborg
28
18
13
52
Nordby
451
11
Grindsted
E45
Horsens
Sejerø
Henne
12
Samsø
Sejerø
21
Legoland
Endelave
Brattingsborg
Bugt
225
Varde
Billund
52
Vejers
23
DANMARK
Vejle
Oksby
30
Kalundborg
Fredericia
417
225
23
Esbjerg
E20
Kolding
Fanø
24
Bogense
Sjælland
22
Vejen
Middelfart
Store
57
Odense
Mandø
Ribe
25
E20
Slagelse
Nationalpark
Vadehavet
E45
Haderslev
Assens
9
Rømø
Skærbæk
Fyn
Korsør
Nyborg
Bælt
24
Lille
Egeskov
25
8
Faaborg
Holstein-
borg
Aabenraa
Sylt
11
Bælt
Svendborg
Als
Tønder
Lyø
Westerland
8
41
8
9
Vordingborg
Nordsee
Sønderborg
Ærø
Lange-
land
Niebüll
Leck
Langeland Bælt
Lolland
Föhr
5
199
Flensburg
Ærøskøbing
Nakskov
9
Nord-
Bredstedt
Kappeln
friesische
E47
Maribo
Nationalpark
Schleswig-
Holsteinisches
Wattenmeer
7
DEUTSCHLAND
Rødby
Ålholm
201
Schleswig
Inseln
Kieler
Bucht
Geds
Husum
76
Eckernförde
Deutsche
Bucht
Tönning
Fehmarn
202
77
Büdelsdorf
Burg
St. Peter-
Ording
210
Kiel
Mecklenburger
Bucht
5
Rendsburg
Oldenburg